U0511535

语言学及应用语言学名著译丛

语言与性别

〔美〕 佩内洛普·埃克特
萨莉·麦康奈尔-吉内特 著

丁建新 等译

LANGUAGE AND GENDER

商务印书馆
创于1897 The Commercial Press

根据英国剑桥大学出版社 2013 年英文版译出

译者简介

丁建新　中山大学外国语学院教授、博士生导师。中山大学语言研究所所长。威尔士三一圣大卫大学（UWTSD）客座教授。兼任中山大学南方学院外国语学院创院院长（双聘）。入选“教育部新世纪优秀人才支持计划”、中山大学人才引进“百人计划”。在世界著名出版社 Springer 出版著作 *Linguistic Prefabrication*（2018）。专著《韩礼德研究》在商务印书馆出版，合译著作《语言与性别》将在商务印书馆出版。译著《沃尔夫理论体系》、散文集《那年我离开像朵云彩》、论文集《红叶集》在中山大学出版社出版。主编《东亚学术研究》国际期刊和《外国语言文学评论》集刊。

参与翻译人员名单

丁建新（中山大学）

罗　希（广东技术师范大学）

吴雅菲（广州南方学院/马来西亚理科大学）

陈　柳（汕头大学）

唐子茜（广东外语外贸大学）

刘家琪（浙江大学）

蔡雨晨（广州南方学院）

总　　序

商务印书馆出版的“汉译世界学术名著丛书”在国内外久享盛名，其中语言学著作已有10种。考虑到语言学名著翻译有很大提升空间，商务印书馆英语编辑室在社领导支持下，于2017年2月14日召开“语言学名著译丛”研讨会，引介国外语言学名著的想法当即受到与会专家和老师的热烈支持。经过一年多的积极筹备和周密组织，在各校专家和教师的大力配合下，第一批已立项选题三十余种，且部分译稿已完成。现正式定名为“语言学及应用语言学名著译丛”，明年起将陆续出书。在此，谨向商务印书馆和各位编译专家及教师表示衷心祝贺。

从这套丛书的命名“语言学及应用语言学名著译丛”，不难看出，这是一项工程浩大的项目。这不是由出版社引进国外语言学名著、在国内进行原样翻印，而是需要译者和编辑做大量的工作。作为译丛，它要求将每部名著逐字逐句精心翻译。书中除正文外，尚有前言、鸣谢、目录、注释、图表、索引等都需要翻译。译者不仅仅承担翻译工作，而且要完成撰写译者前言、编写译者脚注，有条件者还要联系国外原作者为中文版写序。此外，为了确保同一专门译名全书译法一致，译者应另行准备一个译名对照表，并记下其在书中出现时的页码，等等。

本译丛对国内读者，特别是语言学专业的学生、教师和研究者，以及与语言学相融合的其他学科的师生，具有极高的学术价值。第一批遴选的三十余部专著已包括理论与方法、语音与音系、词法与句法、语义与语用、教育与学习、认知与大脑、话语与社会七大板块。这些都是国内外语言学科当前研究的基本内容，它涉及理论语言学、应用语言学、语音学、音系学、词汇学、句法学、语义学、语用学、教育语言学、认知语言学、心理语言学、社会语言学、话语语言学等。

尽管我本人所知有限，对丛书中的不少作者，我的第一反应还是如雷贯耳，如 Noam Chomsky、Philip Lieberman、Diane Larsen-Freeman、Otto Jespersen、Geoffrey Leech、John Lyons、Jack C. Richards、Norman Fairclough、Teun A. van Dijk、Paul Grice、Jan Blommaert、Joan Bybee 等著名语言学家。我深信，当他们的著作翻译成汉语后，将大大推进国内语言学科的研究和教学，特别是帮助国内非英语的外语专业和汉语专业的研究者、教师和学生理解和掌握国外的先进理论和研究动向，启发和促进国内语言学研究，推动和加强中外语言学界的学术交流。

第一批名著的编译者大都是国内有关学科的专家或权威。就我所知，有的已在生成语言学、布拉格学派、语义学、语音学、语用学、社会语言学、教育语言学、语言史、语言与文化等领域取得重大成就。显然，也只有他们才能挑起这一重担，胜任如此繁重任务。我谨向他们致以出自内心的敬意。

这些名著的原版出版者，在国际上素享盛誉，如 Mouton de Gruyter、Springer、Routledge、John Benjamins 等。更有不少是著名大学的出版社，如剑桥大学出版社、哈佛大学出版社、牛津大学出版社、MIT 出版社等。商务印书馆能昂首挺胸，与这些出版社策划洽谈出版此套丛书，令人钦佩。

万事开头难。我相信商务印书馆会不忘初心，坚持把“语言学及应用语言学名著译丛”的出版事业进行下去。除上述内容外，会将选题逐步扩大至比较语言学、计算语言学、机器翻译、生态语言学、语言政策和语言战略、翻译理论，以至法律语言学、商务语言学、外交语言学，等等。我也相信，该“名著译丛”的内涵，将从“英译汉”扩展至“外译汉”。我更期待，译丛将进一步包括“汉译英”“汉译外”，真正实现语言学的中外交流，相互观察和学习。商务印书馆将永远走在出版界的前列！

胡壮麟

北京大学蓝旗营寓所

2018 年 9 月

语言与性别

《语言与性别》是由该领域里两位主要专家撰写的导论，主要研究性别与语言使用的关系。这一新版本经过彻底的更新和重组，更加强调实践和变革，同时保留了上一版本的普适性和易于理解的介绍，这些介绍以非技术性的方式解释了关键概念。作者更深入地将性别问题纳入讨论，探索了更多的不同性别、性身份和实践。新版重点强调语言资源及其使用、性别、性别意识形态和人格方面的变化。本书探讨了这些变化是如何经常涉及社会和语言方面的冲突和竞争规范的。作者通过自己的广泛研究以及参考其他重要文献，指出语言和性别之间的联系是深层但不固定的，并且出现在社会实践中。

佩内洛普·埃克特是斯坦福大学语言学和人类学专业的教授，指导了斯坦福大学女权主义的研究项目。

萨莉·麦康奈尔-吉内特是康奈尔大学语言学名誉教授，负责指导妇女研究项目。

目　　录

图　表

序　言

自我们出版第一版以来的十年里，语言和性别的研究发生了很多变化——不管是在性别和性秩序方面，还是在语言和社会的研究方面。我们在第一版中尝试公正评判各种多样性，以及多样性带来的变化。在这一版本，我们的研究内容远不止讲英语的中产阶级白人和符合社会性别期待的异性恋者，也不再是几十年前的那些流行的研究对象，他们中的大多数现在至少已步入中年。在一个涉及如此多学科和方法的领域中，不可能面面俱到。相反，我们试图阐明一个从我们自己的研究项目中形成的框架，然后从其他学者那里寻找相关的工作来帮助我们发展一个更完整的图景。因为性别首先是一种意识形态结构，我们鼓励读者质疑他们对性别以及性别在语言使用中如何呈现的信念基础。我们希望读者能够学会正确评价他们所听到的关于语言、性别和性的言论能力，并且能够更好地表达和探讨这方面的问题，认识到最终答案可能不是必定会发生的。这本书在很大程度上是合作的成果，正如在其他所有的合作中一样，两位作者的名字是按字母顺序排列的。

和第一版一样，本书的结构围绕性别实践中的语言使用，而不是围绕语言资源本身。第 1 章为“性别概论”，并比前一版更加关注性别与性的一些复杂联系。它的基本观点没有改变，即性别是社会建构的，但是新的研究和持续的思考帮助我们指出性别是如何被社会建构的。第 2 章通过对语言和性别研究的快速概述，指出一些研究误区，为本书的其余部分奠定了基础。在第 3 章中，我们介绍了人们在构建性别和性身份时所使用的语言资源，本章结尾探讨了语法中的性别，如一种语言的语法约束说话者

（或写作者）在何处援引性别。

通过第 1 章到第 3 章的探讨，我们在第 4 章中讨论“性别话语”。在本章，我们先讨论了性别在对话过程中的作用，接着探讨性别是如何构建言语活动和事件的结构的。第 5 章和第 6 章探讨了与显著性别和语言刻板印象相关的理论和数据问题，我们强调，因为语言资源是多功能的，并依赖于它们对语境的影响，许多关于性别差异的全面主张经不起实证的审视。第 5 章，“言语友善的维护”，描述了女孩和女人都是甜美体贴的，男人都是争权夺势的。我们讨论了公开冲突、礼貌、评价（包括称赞和侮辱）、称谓和敬语诸多方面。第6章，“自信与否”，探索其他相关的问题，包括声调、标签问题、模糊限制语和情感表达。我们认为，作为一个群体，真正的女性和男性在使用语言资源方面更像彼此，而且在每个群体内部，这种语言资源被视为促进或阻碍自信的因素，其多样性远远超过了大众说法的说辞。这并不意味着没有性别差异，但这确实意味着只有在语境中才能理解它们的意义。

第 7 章，“常识从何而来又隐藏于何处”，论述了我们对世界的看法的语言基础问题，包括刻板印象和偏见。语言似乎不仅在培养常识方面发挥了作用，而且在使得那些在更具反思性层面上已经被抛弃的思想默默地保持活力和影响力方面也发挥了作用。在第 8 章“映射世界”中，我们探讨了一些涉及构建性别和性的分类实践。我们不仅关注已建立的标签及其在开拓世界中的作用，还着眼于正在改变的范畴标签，以及管理、理解自己、我们彼此和环境的方案。

第 9 章，“构建国家、构建边界”，探讨了语言、性别和性在建立和维持社会政治进程的宏观层面和地方社区层面的边界交集。像第一版一样，这个版本的结尾是对文体实践的讨论。第 10 章“塑造自我”建立在前几章的基础上，提供了一幅非常详细的具有指向性和可能性的图景，包括对当前出现的一些性别和性人格的讨论。

本书是 20 多年合作的成果，始于 1990 年。当时佩内洛普被要求在加州大学圣克鲁兹分校 1991LSA 语言研究所教授一门语言与性别课程，萨莉被要求为人类学年度回顾写一篇关于语言与性别的文章。我们将这些项目结合在一起，共同努力重新思考语言与性别的方法，特别是将我们在语言学的不同领域的工作结合——佩内洛普在社会语言学变异方面的工作，萨莉在形式语义学和语用学方面的工作。这些早期工作带来了在各种项目上长达十年的合作，最终促成了这本书的第一版。

当时，是剑桥大学出版社（Cambridge University Press）的语言学编辑朱迪思·艾林说服我们写作本书。安德鲁·温纳德于 1998 年从朱迪思手中接任，他在两个版本中都不得不和我们打交道。他很有耐心，也很支持我们，和他在一起总是很开心。第一版是在意大利贝拉吉奥洛克菲勒学习与研究中心（Rockefeller Study and Research Center）为期四周的理想环境中完成的。我们永远感激洛克菲勒基金会，并感谢该中心的主任吉安娜·切利以及她那些出色的工作人员。

在写作本书的这些年里，萨莉在康奈尔大学为本科生讲授语言和性别课程，他们的评论和问题，以及她的研究生助理和年级学生的评论和问题，都非常有助于向我们展示哪些是正确的，哪些是错误的。不仅在写书的这几年里，萨莉在更长的时间里仍感谢她的语言与性别课程的学生，感谢他们的深刻见解、富有想象力和启发性的研究项目。近年来，萨莉有幸与康奈尔大学的研究生一起研究语言与性别问题，其中包括丽莎·拉沃伊、玛丽索·德尔·特索·克拉维托和坦尼娅·马修斯，她从他们身上学到了很多东西。新西兰社会语言学家珍妮特·霍姆斯和康奈尔大学人类学家凯瑟琳·马奇以及她和萨莉在 2001 年教授的特莱瑞德协会暑期项目学生对第一版初稿提出了富有洞察力的意见。

萨莉的第一个大型语言与性别研究项目是“文学与社会中的女性与语言”（Women and Language in Literature and Society），于 1980 年与已故人类学家露丝·鲍克和文学理论家奈莉·弗曼共同编辑。她不仅从她的合作编辑那里学到了很多东西（也从与露丝的合作伙伴丹尼尔·马尔茨的对话中学到了很多），而且在这段时间里，她还与巴里·索恩、谢里斯·克拉马雷和南希·亨利进行了通信，他们都是早期语言与性别领域的活跃人物，彼此也都是好朋友。与康奈尔大学妇女研究院的同事奈莉·弗曼、露丝·鲍克和凯瑟琳·马奇的共同教学经验对于拓展她的知识视野尤为重要。萨莉感谢康奈尔大学心理学家桑德拉·贝姆仔细阅读了该书 2001 年春季的草稿，并感谢她持续的支持。

本书的第一版出版后不久，萨莉与格雷戈里·沃德在 2003 年密歇根州立大学 LSA 语言研究所（Michigan State University LSA Linguistic Institute）合作教授了一门语言与性学课程，她发现这门课程不仅有趣，而且能激发智力。耶鲁大学的格雷戈里和拉里·霍恩帮助她了解了媒体中的语言、性别和性方面的最新情况。在过去十年左右的时间里，其他受邀演讲或参与大量演讲的同事也推动了她在这一领域的工作，包括凯特·比钦、玛丽·巴克兹、凯瑟琳·坎贝尔-柯柏勒、黛博拉·卡梅伦、格雷维尔·科比特、苏珊·埃利希、迪莉娅·格拉夫·法拉、高一虹、布莱恩·约瑟夫、珍妮特·霍姆斯、黄居仁、露丝·凯普森、米里亚姆·梅耶霍夫、安娜·克里斯蒂娜·奥斯特曼、西奥多西亚-索拉·帕夫利杜、罗伯特·波德斯瓦、克雷奇·罗伯特、吉莉安·罗素、吴东英、叶凤霞；基拉·霍尔、罗宾·奎恩、伊丽莎白·克洛斯·特劳格特也对她进行了鼓励，并发表了有益的评论。其中的一些人也成了宝贵的朋友，她很难想象如果没有他们的支持和非常多的陪伴，是否还会继续这项工作。她还感谢拉尔·齐曼、安德里亚·詹姆斯、C. J. 图雷特在思考跨性别者面临的语言问题时给予的慷慨帮助。

佩内洛普是通过研究底特律地区高中的语音变化来研究语言和性别的。在她的人种学研究过程中，令人费心的是，性别与变化的关系远比传统的一维处理方式复杂。她对这个问题最早的想法要归功于艾莉森·爱德华兹和林恩·罗宾斯，他们是 20 世纪 80 年代初密歇根大学研究这个项目的研究生。

佩内洛普来到旧金山湾后，曾进入学习研究所（Institute for Research on Learning）工作。在那里她与珍·拉维和艾蒂纳·温格进行了一次无价的合作，他们共同发展了关于实践社区的想法——这一概念在本书中十分突出。在旧金山湾，她还与玛丽·巴克兹和基拉·霍尔密切接触，他们对语言与性别领域的贡献是不可估量的。他们主要造就了伯克利妇女与语言小组的全盛时期，该小组举办了有史以来最好的会议，并发表了仍处于语言与性别学术前沿的论文集。他们在语言、性别和性方面的持续领导地位非常重要，受到广泛赞赏。在斯坦福大学，佩内洛普受益于许多社会语言学研究生的探索性思维，他们一直致力于研究身份与语言实践之间的关系问题。每一个群体都带来了新的想法和灵感，从流行趋势（詹妮弗·阿诺德、雷妮·布莱克、梅丽莎·岩井、诺玛·门多萨–丹顿、卡罗尔·摩根和朱莉·所罗门）到剖析（莎拉·贝诺尔、凯瑟琳·坎贝尔–柯柏勒、安德里亚·科尔滕霍芬、罗伯·波德斯瓦、玛丽·萝丝、珍·罗斯·戈登、莎拉·罗伯茨、德维雅妮·夏尔玛、朱莉·斯维特兰、安德鲁·黄、张庆），第一版之后的人（艾瑞克·阿克顿、杰里米·考尔德、安妮特·多诺弗里奥、伊斯拉·佛洛里斯–拜耳、罗伊·加夫特、凯特·金伯格、瑞贝卡·格林、劳伦·霍尔–卢、斯泰西·刘易斯、文圭元、泰勒·席勒贝伦、丽贝卡·斯塔尔），以及一些非常棒的访问学者，特别是拉尔·齐曼。佩内洛普认为自己是最幸运的社会语言学家，能够与如此优秀的学生合作，她感谢斯坦福大学语言学系为所有人提供了一个始终如一的支持和协作的环境。此外斯坦福大学佩内洛普语言与性别课程的本科生们多年来贡献了无数个实例，尤其是他们经常独创的实地考察项目。这些实例给我们对语言与性别的思考带来了色彩和洞察力，其中许多出现在本书中。

在本书第一版出版之前，佩内洛普与埃莉诺·麦克比进行了许多精彩的对话，她钦佩埃莉诺·麦克比的探索性思维和智慧上的诚实。佩内洛普对井上都子深表感激，他一直是知识的兴奋剂和友谊的重要来源。她要感谢黛博拉·卡梅伦，因为她是一位伟大的朋友，也是语言与性别领域的灵感源泉。

最后，我们的伴侣伊万·萨格（语言学家）和卡尔·吉内特（哲学家）一如既往地提供了坚定的支持和陪伴——无论是智力上还是其他方面。

和第一个版本一样，我们把这个版本献给语言与性别研究的先驱露丝·安·鲍克。露丝拥有洞察力、想象力和令人敬畏的才智，她对思想和人都充满热情，尤其是她喜欢向学生介绍日常交流中不为人注意的社会和文化复杂性。本书的目的就是要继续进行关于语言与性别的生动对话和辩论，而她为此付出了很多。

第 1 章

性别概论

从很小的时候起，我们就被性别知识所包围。它在谈话、幽默和冲突 1
中无处不在，并且它还被用来解释从驾驶风格到食物偏好的所有事情。性别在我们的制度、行为、信仰和欲望中是如此根深蒂固，以至于我们觉得它是完全自然而然的。世界上充斥着关于性别的观念，这些观念是如此普遍，以至于我们理所当然地认为它们是正确的，并接受了作为科学事实的普遍箴言。然而，作为学者和研究人员，我们的工作是超越看似常识的范畴，不仅要找出性别背后可能隐藏着的什么真相，还要找出它是如何成为常识的。正是因为性别似乎是自然的，关于性别的信仰似乎是显而易见的真理，我们才需要后退一步，从一个新的角度审视性别。要做到这一点，我们就必须暂停我们过去习惯的东西和感觉舒适的东西，并质疑我们最基本的一些信仰。这并不容易，因为性别对于我们理解自己和世界是如此重要，以至于很难摆脱旧有观念并从新的角度重新审视它[1]。然而，正是由于性别似乎不言而喻这一事实使性别研究变得有趣。它带来了一个挑战，要揭示我们创造的长久以来被认为是自然和不可改变的东西的建构过程——研究不是被赋予的性别，而是作为一种成就的性别；性别不仅仅作为原因，而且作为结果；性别不仅作为个体身份，而且作为社会现象。未能认识到这一挑战，其后果不仅体现在大众媒体上，也体现在语言与性别方面的学术工作上。因此，一些钻研性别的学者既能使现有的信仰更加具体化并支持该信仰，又能促进对性别的更多的反思和更有见地的思考。

性与性别

性别不是我们生来就有的东西，也不是我们拥有的东西，而是我们所
做的事情（West & Zimmerman 1987）——我们所表现出来的行为（Butler
1990）。想象一个小男孩骄傲地跟着他父亲。当他昂首阔步、抬头挺胸
时，他正在尽他所能，像他父亲一样——做一个男人。很有可能他的父亲
并没有招摇过市，但这个男孩正在创造一个能体现他所崇拜的成年男性榜
2 样的人物形象的特点。一个小女孩穿上她母亲的高跟鞋，往脸上涂化妆
品，在房间里走来走去，也是一样的道理。这些孩子长大后，他们很有可
能不再昂首阔步，不再扭捏作态，但他们的童年表现中包含了成年男性和
女性行为中可能会出现的元素。也有可能，这个女孩偶尔也会摆出这种大
摇大摆的样子，但成年人不太可能认为这像她的装腔作势那么可爱。如果
这个男孩决定尝试一下矫揉造作，很可能人们就会认为他一点也不可爱。
换句话说，每个人都可以表演不同性别的角色，但随之而来的是谁可以不
受非议地表演哪个角色的限制。这就是性别和性结合的地方，因为社会试
图将行为方式与基于生物学的性分配相匹配。

性是一个主要基于生殖潜能的生物学分类，而性别是生物性别的社会详细阐述。不足为奇的是，异性恋伴侣的社会规范以及由此产生的孩子照料与性别密切相关。但这还远远不是故事的全部。性别建立在生物的性的基础上，但它夸大了生物差异，并将生物差异带入了与之完全无关的领域。例如，为什么女人应该扭捏作态而男人应该昂首阔步，或者为什么女人应该有红色的脚趾甲而男人不应该，这没有生物学上的原因。虽然我们认为性是生物性的，性别是社会性的，但是这种区别并不明确。人们倾向于认为性别是后天培养的结果——是社会性的，因此是流动性的——而性是自然的结果，仅仅是生物学赋予的。然而，先天和后天是交织在一起的，并没有一个明显的点表明这不是性而是性别。

但是，由于没有一个针对男性或女性的单一的客观生物学标准，因此无法进行清晰的划分。性是基于解剖、内分泌和染色体特征的结合，这些性分配标准中的选择很大程度上是基于文化信仰，即什么样的人才是真正的男性或女性。因此，生物学上对男性和女性的定义，以及人们对自己和他人作为男性或女性的理解，最终都是社会性的。安妮·弗斯特–斯特林（Anne Fausto-Sterling 2000）总结如下：

> “给某人贴上男人或女人的标签是一种社会性的决定。我们可以利用科学知识来帮助我们做出决定，但只有我们对性别的信仰（而不是科学）才能定义我们的性别。此外，我们对性别的信仰首先会影响科学家对性的认知。（第 3 页）”

生物学提供了男性和女性的二分法原型，但它也为我们提供了许多在诸多方面并不符合这些原型的个体。布莱克雷斯等人（2000）估计，每 100 个婴儿中就有 1 个出生时的身体在某种程度上与标准的男性或女性有所不同。这些身体可能由异常的染色体组成（例如，每 1,000 个男婴中就有 1 个出生时带有两条 X 染色体和一条 Y 染色体）。同时，激素差异的情况——例如对雄激素不敏感（每 13,000 个新生儿中就有 1 个），或者再比 3
如生殖器和生殖器官的一系列结构和组合。阴阳人的属性并不会在出生时就消失——例如，每 66 个女孩中就有 1 个在童年或青春期经历了阴蒂的生长（被称为晚发型肾上腺增生）。

当“异常”婴儿出生时，外科手术和（或）内分泌治疗可使他们与众不同的身体更接近男性或女性的类别。通常的医学实践对出生时的男性和女性生殖器有严格的要求——当阴茎伸展时长度小于 2.5 厘米，或阴蒂[2]超过 1 厘米，通常都要接受手术，手术中都要降为“可接受”的大小（Dreger 1998）。像许多批评家观察到的（例如，Dreger 1998），男性生殖器的可接受性标准要比女性严格得多，因此最常见的手术是将“不可接受”的阴茎转变成阴蒂，而不管孩子的其他性特征如何，即使这需要从结肠组织中形成一个无功能性的阴道。近年来，积极性组织——北美双性社会③，作为一个为双性人的医疗权利辩护团体，取得了相当大的成功，医疗行业对与性别分配和性别手术相关的生理和心理事务变得更加敏感（例如，Lee 等 2006）。

在那些比其他地方更容易出现某些类型的雌雄同体或双性别婴儿的社会中④，当社会类别会超出标准的两类时，这些婴儿就可以被归入其中。但是，即使在这样的社会中，超越基本的两个范畴也常常被视为是不正常的⑤。甚至在出生时性别分配似乎很简单的情况下，个体也可能发展出一种与最初根据解剖标准分配不同的性别认同。跨性别者通常会接受这两种选择中的一种，或者他们可以完全抵制性别二分法。凯特·伯恩斯坦（Kate Bornstein）是一名跨性别女性，她认为性别问题非常严重，在她（1994）的《性别是条毛毛虫》（廖爱晚译）（*Gender Outlaw: On Men, Women and the Rest of Us*）⑥一书中很好地总结了这种抗拒心理。

人们普遍认为，男性和女性之间的生理差异可以通过在能力和性情上造成持久的差异来决定性别。例如，更高水平的睾丸激素被认为会导致男性比女性更具攻击性；而左脑的主导地位被认为会让男性更加理性，而相对缺乏大脑偏侧化则会导致女性更加情绪化。但是生理与行为的关系并不简单，性别二分法也很容易被反驳。生理学本身就比通常认为的要复杂得多。研究表明，荷尔蒙水平、大脑活动模式，甚至大脑解剖结构都可能是不同活动的结果和原因。例如，对恒河猴物种的研究（Rose 等 1972）及对鱼类物种的研究（Fox 等 1997）记录了由于社会地位的变化而导致的激素水平的变化。

关于大脑中性别差异的研究仍处于初级阶段，还远没有定论（Faust-
4 Sterling 2000）。男性的胼胝体较小，扁桃体较大，乳腺前核较大，这些都是存在疑问的结构差异，这些结构差异被认为是造成从男性更强的视觉空间能力到他们凝视女性胸部的倾向等一些性别差异的原因⑦。许多关于大脑性别差异的流行研究都是基于不太可靠的证据，比如对科学文献中出现的东西进行夸大甚至扭曲。科学文献本身只是基于非常小的样本，通常来自患病或受伤的人群。此外，关于大脑生理与行为或认知之间的关系我们还不太清楚，因此科学家可能正在寻找任何生理差异的后果。最重要的是，大脑的可塑性很强，随经验的变化而变化。因此，大脑生理和活动之间的因果关系是完全不清楚的（Eliot 2009）。尽管如此，任何可能支持生理差异的结果都很容易被掌握，并与各种各样的性别刻板印象结合在一起，这在某些逻辑上往往有相当惊人的飞跃。而这些飞跃的结果反过来又可以直接影响到社会，特别是教育和政策。有人认为，在数学和工程学等“左脑领域”，实现性别平等是不可能的（有关性别差异科学的更多评论，请参阅 Kaplan & Rogers 2003，Fine 2010，以及 Jordan-Young 2010）。

黛博拉·卡梅伦（Deborah Cameron 2009）将生物学中对性别差异的研究称为“新生物主义”，并指出，科学家们试图从生物学角度解释的语言特征（如女性更强的语言能力）甚至没有得到严谨的语言研究的支持。此外，那些试图从生物学角度解释性别差异的人忽略了这样一个事实，即他们所看到的性别之间的语言差异也与种族和社会阶层有关，而且他们所说的许多基于生物学的性别差异实际上在历史上和跨文化上都存在差异（如，Keenan 1974；Kulick 1992，1993）。

一些科学家迫切希望为所有性别差异建立生物学基础，而公众也迫切希望了解并接受这些发现，这表明我们花了大量的精力在强调、发现和加强男女二元分类方面做了大量的工作。在这一过程中，会模糊这些类别边缘的差异或相似之处，甚至可能构成其他潜在的类别，它们都是根深蒂固或是容易被忽略抹去的，包括女性和男性之间的巨大差异。

这里的问题不在于是否存在性别相关的生物学差异，这些差异可能会影响诸如主要的认知方式等方面。目前的问题在于这种研究在社会和科学实践中所处的地位。正如问题和答案一样，性别差异正被置于活动的中心，因为生物差异的薄弱证据往往与未经分析的行为刻板印象联系在一起。这些结果通过最权威的媒体进行传播，就好像它们的科学地位堪比人

类基因组图谱。更糟糕的是，使用诸如 fMRI（功能性磁共振成像）等奇
5 特的科学技术，往往会给基于无意义的小样本和不受控制样本的归纳带来科学严谨的光环（参见 Liberman 2007，了解一些更有力的例子）。说到基因组，帕索普洛斯（Patsopoulos）及其同事在一篇综述中回顾了大量关于性别差异对性状和常见疾病的遗传影响的研究（2007），发现其中许多研究都是虚假的。超过一半的基因—性别相互作用没有达到统计学意义；当发现其具备显著性时，它往往很缺乏证据，甚至最好的研究也很少得到证实。莎拉·理查森（Sarah Richardson）（在即将出版的文章中）指出，性别差异是基因遗传学研究中的一个较容易的目标，因为性别是所有基因数据库中标记的一个类别，这使得简单且方便的统计研究成为可能。

这一事实清楚表明，从科学家到记者再到公众读者，每个人都对耸人听闻的性别新闻有着永不满足的胃口。事实上，性别是我们社会世界的中心。也是证明我们社会世界映射到生物世界的证据，对于那些希望对当前的性别安排或过去的性别安排找到理由并作出解释的人来说，其都是受欢迎的证据。

无论性别与生物学有多大关系，它都不会自然地从我们的身体中直接体现出来。个体的染色体、激素、生殖器和第二性征不能决定职业、步态或对颜色术语的使用。虽然男性激素性的秃顶可能会限制一些成年男性对发型的选择，但有许多男性可以像许多女性一样轻松地拥有一个童花头发型或蜂窝头，而且没有任何生物因素能阻止女性剪掉头发。性别是通过消除相似性和阐述差异性而形成二分法的过程，如果存在生物学差异，这些差异在构建性别的过程中会被夸大并扩展。社会对女性胸部尺寸的迷恋是一个特别显著的例子，因为现在隆胸手术已经唾手可得。2007 年，美国共实施隆胸手术 346,524 例，超过其他所有整形手术[⑧]（吸脂手术以 301,882 例位居第二）。

男性和女性之间的实际差异往往是标量性的而不是二分性的，在这个尺度上，许多女性和男性占据着相同的位置。想想我们的声音。平均来

说，男性的声带比女性的长，从而产生较低的音调。但是，一个人在整个社会中实际的对话声调并不仅仅取决于声带的大小。在青春期之前，四到五岁的时候，男孩和女孩就已经学会区分他们的声音，男孩有意识和无意识地降低他们的声音音调，而女孩则是提高她们的声音。最后，我们通常可以根据他们的音高和音质来判断一个很小的孩子是男还是女，而不管他们的声带长度如何。社交音高的重要性显然已经可以延伸到婴儿期。菲利普・利伯曼（Philip Lieberman 1967）发现，一个 10 个月大的男孩一个人时会以 430 赫兹的频率自言自语，但与母亲在一起时则会降至 390 赫兹，与父亲在一起时会降至 340 赫兹。虽然这更多地反映了人类模仿对话者的倾向，而不是性别，但它确实清楚地表明，音调差异在很小的时候就变得 6
很明显。

相对身高是另一个生理差异，这种差异在性别产生的过程中被显现和夸大。在美国，大约一半的女性和一半的男性（Kuczmarski 等 2000）身高在 64 到 70 英寸之间。有了这个相当大的重叠区间，人们可能会认为，在任何随机选择的男性和女性配对中，女性比男性高的几率都很大。事实上，在异性恋伴侣中，人们只是偶尔会看到这样的组合，因为身高是人们选择异性伴侣的一个重要因素。虽然女性比男性矮没有生物学上的原因，但绝大多数夫妻都表现出这种身高关系，这远远超过了随机选择身高的过程（Goffman 1976）。人们不仅是为了他比她高而成为配偶，即使事实不是如此，他们也认为他应该比她高。莫妮卡・培拉特（Monica Biernat）和她的同事（1991 年，转引自 Valian 1998）向大学生展示了人们的照片，并让他们猜测人们的身高。每张照片都有一个参考项，比如一个门或一张桌子，这样就可以比较照片中人的身高。虽然某一特定身高的男性照片与同一身高的女性照片相匹配放置（反之亦然），但评委们仍认为男性比实际身高要高，而女性比实际身高要矮。

本书将把性别作为一种社会结构来关注，它是社会共同完成构成性别秩序分化的手段。虽然我们认识到生物学对一般的男性和女性施加了某些生理上的限制，但我们把这些差异的阐述和放大，以及男性和女性之间差异的消除，视为是完全社会性的。这并不意味着个人是由外部社会力量塑造的无助的棋子：社会是在个人培养自己的观点、对他人作出反应以及解释他人对自己的反应时产生的。也不意味着一个人的性别身份（或性取向）可以自由选择。虽然没有一个成年人是真正意义上的“天生如此”（例如，新生婴儿还没有意识到自己的性别或对某些人的性吸引力），但每个人都受到其最初的生物禀赋和成熟的社会环境的约束。

读者将带着他们自己的一套关于性别起源和意义的观点来读这本书。他们可能对生物学和医学的性别含义有一定的理解。他们可能会认同一套关于性别的宗教信仰。从社会角度阐述性的概念与相信生物或神的命令的信仰并不矛盾——不同之处在于一方停止而另一方开始。我们对读者的要求是，他们需要开放地考虑我们提出的证据和论点。多年来，我们对性别问题的看法不断发展和改变，随着我们在研究和生活中对性别问题的不断
7 探索，这些观点无疑将继续改变。我们从一个广泛的女权主义的角度来描述性别。正如我们所理解的那样，女性和男性的基本能力[9]、权利和责任的差别远没有人们普遍认为的那样大。同时，这一观点也表明，男女的社会待遇，以及他们的经历、他们自己和他人对他们的期望，与通常所假定的也大不相同。在本书中，我们提供了证据，证明在女性和男性身上发生的这些差异在很大程度上源于人们对性别差异的相互发展的信念，他们依据这些信念和解释来证明男性和女性的不平等待遇。

学会性别区分

分歧的开始：是个男孩！是个女孩！

用西蒙娜·德·波伏娃（Simone de Beauvoir）的名言来说，“女人不是天生的，而是后天培养的。”男人也是如此。男人或女人的诞生是一个永无止境的过程，从他们出生前就开始了——从有人开始想知道这个性别

悬而未决的孩子是男孩还是女孩的那一刻起，以及在出生时实际上宣布它即将从“它”转变为“他”或“她”的时候（Butler 1993），便正式地决定他或她作为男性或女性的一生[10]。这种归属通过命名这一语言事件，进一步公开并持久下去。在某些时候和地方，国家或宗教机构不允许使用性别模糊的名字。例如，芬兰就有一份合法女性和合法男性的名单，在婴儿的名字正式成为法定名字之前，必须咨询这些名单。在讲英语的国家中，并非所有的名字都是某个性别专有的［例如，克里斯（Chris）、金姆（Kim）、帕特（Pat）］，有时名字会改变他们的性别分类。例如，伊芙林（Evelyn）在美国成为一个专有的女性名字很久之后，在英国却可以作为一个男性名字使用；而惠特尼（Whitney），在美国曾经是一个专有的姓氏或男性的名字，现在则被用来称呼女婴。但是这些变化并不能改变英语名字被性别划分的事实。

因此，男性和女性的两性区分是我们从出生的那一刻起建立自我的基础。这些早期的语言行为为生命创造了一个婴儿，开始了一个逐渐学习成为男孩或女孩、男人或女人的过程，并将其他人视为男孩或女孩、男人或女人。目前还没有其他现成的方法来思考我们自己和他人——我们将被期望把所有关于我们自己的事情作为最初的二分法的一个函数。一开始，成年人会做孩子的性别工作，把孩子当作男孩或女孩来对待，把孩子的每一个动作都解释成男孩或女孩的每一个动作。接下来的几年里，孩子将学会
接管这一过程中属于自己的那一部分，做自己的性别工作，并学会支持他 8
人的性别工作。人们想知道的第一件事就是婴儿的性别，社会习俗提供了无数的道具来减少询问的必要性，而且随着孩子的成长，不必询问变得越来越重要。在出生时，许多医院托儿所为女孩提供粉红的帽子，为男孩提供蓝色的帽子，或以其他方式提供一些已分配给婴儿的性别视觉标志。虽然这对社会成员来说似乎很自然，但事实上，并没有指出这种颜色编码与婴儿的医疗治疗有任何关系。走进美国的一家商店为新生儿买礼物，你会立刻被问到“男孩还是女孩？”女孩穿工装裤也许没什么问题（不过如

果是粉色或有花的，或者以其他某种方式标记为“女性化”，工装裤就是“最好的”），但是性别自由主义的作用也仅限于此。你不可能为女孩买印有车辆图案的工装裤，更不可能为男孩买有褶边的泡泡袖连衣裙或粉色花工装裤。如果你为一个你不知道性别的婴儿买衣服，销售人员可能会建议你买黄色、绿色或白色的衣服。颜色是我们对性别的思考方式中不可或缺的一部分，以至于性别归属已经渗入到我们对颜色的看法中，因此人们倾向于认为粉红色比蓝色（不是普通的蓝色，是淡蓝色）更为“精致”。这是一个任意的符号被自然化的主要例子。安妮·弗斯特-斯特林（2000）在报告中指出，在19世纪末和20世纪初的美国，蓝色最受女孩青睐，而粉色最受男孩青睐。

如果性别是自然地从性中产生的，人们可能会期望这个世界会袖手旁观，只是让婴儿变成男性或女性。但事实上，性别的决定为形成孩子一生的性别化奠定了基础，并让他们学会如何成为男性或女性。即使孩子们穿着衣服，名字和衣服也只是象征性资源的一小部分，用来支持持续的性别归属。我们可以说一个孩子是作为一个女孩或一个男孩长大的，这表明最初的性别归属不仅仅是对身体特征的简单观察。成为一个女孩或男孩不是一个稳定的状态，而是一个持续的成就，这种成就是由被归类的个人和与之互动的不同群体积极完成的。新生儿最初依靠其他人来做出性别的决定，他们通过许多不同的方式经历，不仅作为个人，还作为社会结构的一部分，将个人与社会机构和文化意识形态联系起来。也许在生命的早期阶段，最明显的表现是，性别是一种合作关系——一个人必须学会以男性或女性的身份表现，而这些表现需要来自周围环境的支持。

事实上，我们不知道如何与另一个人（或通常其他物种的成员）互动，也不知道如何判断他们并谈论他们，除非我们可以将性别归因于他们。性别在我们的社会实践中，在我们对自己和他人的理解中是如此根深蒂固，以至于我们几乎不可能在不考虑性别的情况下向前迈进一步。似乎，人们甚至将性别刻板印象应用于计算机生成的语音，这取决于他们认

为计算机的声音是男性的还是女性的（Nass 等 1997）。虽然我们中的大多 9
数人很少在日常生活中明显地注意到这一点，但我们大多数的互动都是由我们对自己性别的表现和我们对他人性别的归属所决定的。

从婴儿期开始，对男孩和女孩的解释就不同，相互作用也不同。实验证据表明，成年人对婴儿的感知受他们对婴儿性别的信念的影响。约翰（John）和桑德拉·康德利（Sandra Condry）1976 年发现，如果成年人相信一个婴儿是男孩，他们更可能认为他的哭声是愤怒的哭声，而如果他们相信婴儿是女孩，他们更可能认为这是悲伤或恐惧的哭声。在一个类似的实验中，如果成年人认为一个 24 小时大的婴儿是男孩，他们会认为他长得更大；如果他们认为是女孩，他们会认为她更漂亮（Rubin 等 1974）。这样的判断会影响人们与婴儿和幼儿互动的方式。当人们相信婴儿是女性时，他们会更温柔地对待她们；当他们相信婴儿是男性时，他们会更幽默地对待他们。

他们的对话方式也不同。父母在和女孩说话时比对男孩说话时使用更多的爱称（kitty、doggie）（Gleason 等 1994），他们在和女孩说话时使用更多的内心状态词（高兴、悲伤）（Ely 等 1995），并且他们对男孩使用更直接的禁令（不要这样做！）并多强调禁止（不！不！不！）（Bellinger & Gleason 1982）。也许，有人可能会建议，男孩需要更多的禁令，因为他们比女孩更容易犯错。但贝林格（Bellinger）和格林森（Gleason）1982 年发现，这种模式独立于儿童活动的实际性质，这表明成年人以及其对性别差异的信念远比儿童的行为更为重要。

通过差别对待，男孩和女孩确实学会了区分。显然，男婴和女婴的哭声是一样的（Maccoby & Jacklin 1974），但随着他们长大，男婴的哭声越来越少。有证据表明，这种差异主要是由成人对哭泣的不同反应造成的。行为上的质的差异也是以同样的方式产生的。一项对 13 个月大的日托儿童进行的研究（Fagot 等 1985）表明，教师会对女孩说话、咿呀学语或做手势时做出回应，而会对男孩哭泣、尖叫或要求给予身体关注时做出回应。9 到 11 个月后，同样是这些女孩比男孩说得多，而男孩们抱怨、尖叫以及要求被关注的次数也比女孩多。儿童最终的行为，虽然从统计学上看是不同性别之间的差异，其实是成年人对许多（可能是大多数）情况下确实非常相似的行为方式的不同反应的结果。孩子们确实学会了为自己区分性别，学会了产生性别差异化的行为——尽管有相当大的差别对待，他们最终也不会形成二分法的行为模式。

我们已经提到了声音，它提供了一个戏剧性的例子，说明孩子们开始表现不同的性别化。在四到五岁的时候，尽管有着相同的发声器官，女孩和男孩开始区分他们说话的基本频率。男孩倾向于使嘴唇圆润伸展而拉长声带，而女孩则倾向于张开嘴唇（例如微笑），缩短声带。女孩们在提高她们的音调，男孩儿在降低他们的音调。这可能是成年人更喜欢用高音调和女孩说话，或者是由于他们对男孩和女孩使用不同声音而产生的结果，也可能是孩子们只是单纯地在长辈身上观察到这种差异，或者是他们在游戏中的不同参与（例如扮演角色）需要不同的声音产品。例如，伊莱恩·安德森（Elaine Andersen 1990: 24–25）表示，孩子们在角色扮演中使用婴儿谈话方式或“教师谈话方式”时会使用高音调。有些孩子说话就像其他性别特征所期望的那样，因此，就像对待性别的其他方面一样，在音高上并没有一个完美的二分法（即使是在成年人中，有些声音也不是一贯的分类）。尽管如此，在类似的发声器官方面，还是有一种惊人的音高变化。

关于成年人对待男孩和女孩的区别到底有多大，学者们存在很多争论，许多人指出，相似之处远大于不同之处。关于早期性别发展的研究——事实上，一般来说是关于性别差异的研究——几乎完全由心理学家完成，因此，其研究在很大程度上涉及对有限环境下行为的观察——无论是在实验室、家里还是幼儿园。由于这些研究关注的是有限的环境和互动类型，而不是在正常的一天中跟踪儿童，很可能忽略了许多不同情况下微小差异的累积效应。各方面的微小差异可能足以让孩子了解到，在他们的群体里，成为男性或女性意味着什么。

这些小差异的意义可以从另一个角度来理解。心理学文献倾向于把父母、其他成年人和同龄人视为主要的社交媒介。直到最近，研究人员才开始探索儿童自己走进社交世界的积极策略。埃莉诺·麦克比（Eleanor Maccoby 2002）强调儿童在三岁时就对自己的性别有了非常清楚的认识（即他们是属于男性还是女性）。尽管有了这些知识，我们完全不清楚孩子们需要多少不同的待遇才能学会如何按照自己的性别行事。他们主要需要的是这样一种信息，即男性和女性应该是不同的，这种信息在他们周围无处不在。

越来越明显的是，儿童在自身发展中扮演着非常积极的角色。从他们将自己视为社会的存在的那一刻起，他们就开始关注成长的事业。在某种程度上，他们可能经历的许多我们在这里讨论的性别发展动态，与其说是与性别相适应，不如说是随着年龄增长而变化。最大的禁忌是还是个“婴儿”，但成长中的要点是性别决定的。长大了，离开了婴儿期，对男孩来说这意味着与对女孩来说截然不同的事情。事实上，成长过程中涉及性别差异，这一事实被编入了“评估”这个词中，用以监测进步——孩子们的行为不是被评判为好人或坏人，而是好男孩或好女孩，同时他们也会成长为大男孩和大女孩[11]。换句话说，他们无法选择仅仅成长为人，而是成长为男孩或女孩。这并不意味着他们会严格按照性别来看待自己的所作所为。很可能当男孩和女孩改变他们声音的基本频率时，他们并不想让 11
自己的声音听起来像女孩或男孩，而是渴望某种本身就带有性别特征的品质——可爱、权威。孩子渴望的不仅是个推理问题，而是一个期望问题——将自我投射到理想的社会参与形式中。欲望是一种将自己投射到未来的巨大力量——在不断重塑构成成长的自我过程中。

直到两岁左右，男孩和女孩都表现出相同的玩耍行为。在这个年龄之后，随着男孩和女孩开始选择不同的玩具和从事不同的活动，他们的游戏开始出现差异，孩子们开始监督彼此的游戏，对不适合这个性别的游戏进行抵制。很多人认为男孩比女孩更爱争斗，很多人把这归因于荷尔蒙甚至是进化上的差异（参见 Maccoby 2000 对这些不同观点的简要回顾）。但无论生物学的运作如何，很明显，这种分歧是被社会支持和夸大的。随着孩子年龄的增长，他们的游戏习惯首先由成年人监控并加以区分，最后由同龄人加以区分。研究表明，有小孩的父母会奖励他们的孩子选择适合性别的玩具（男孩选择卡车，女孩选择洋娃娃）（Langlois & Downs 1980）。虽然父母对孩子性别行为的支持，并不总是，当然也不只是一种有意识的性别社会化努力，但他们的行为可能比他们想象的影响更强大。即使是那些争取性别平等的父母，那些相信他们不会按照性别来约束孩子的行为的父母，也在实验情境中被观察到这样做。

了解不对称性

虽然性别的发展需要一个群体，但并不是所有这个群体的参与者都平等地参与强化差异。在关于早期性别社会化的研究中，男性——包括儿童和成人——比女性更致力于强化性别差异。例如，鲁宾（Rubin 等 1974）在上述研究中指出，在基于性别对婴儿的大小和评价的错误评估方面，父亲比母亲更为极端。男人比女人更容易和男孩玩粗野的游戏，和女孩玩温柔的游戏，父亲比母亲对男孩和女孩使用更多不同的语言模式，男人比女人更可能奖励孩子选择适合其性别的玩具。现在有些书的目标读者是那些想要成为比自己的父亲更好的父亲的男性，但是人们仍然通常认为，养育女孩与养育男孩是完全不同的两件事。在游客商店的励志类书籍的架子上，丹·柏林（Dan Bolin 1993）的《如何做你女儿的爸爸：365 种表达你对她的关心的方法》（*How to Be Your Daughter's Daddy: 365 Ways to Show Her You Care*）常常和《如何做你儿子的爸爸：365 件与你儿子在一起要做的事》（*How to Be Your Little Man's Dad: 365 Things to Do with Your Son*）摆放在一起。

不仅如此，成年男性似乎比女性更注重性别。这个举措针对的更多是

男孩而不是女孩。成年人更有可能奖励男孩而不是女孩选择适合性别的玩 12
具，而父亲也更有可能奖励自己的儿子，而不是其他男孩。反过来，男孩对玩具的偏好比女孩更严格，而且相比于玩不适合女孩玩儿的游戏的女孩子，他们对那些玩不适合男孩玩儿的游戏的男孩更严厉。一项针对 3 至 5 岁儿童（Langlois & Downs 1980）的研究表明，虽然女孩对其他女孩的选择往往持中立态度，但男孩只对选择有男性游戏风格的玩具的男孩做出积极的反应，还可能因他做出了女性游戏选择而惩罚他。结果是，被认为是男性的活动和行为是适合女孩和男孩的，但被认为是女性的活动和行为只适合女孩。一种看待这个问题的方式是，女性的活动和行为表现出显著的特征——保留给特定人群的特征——而男性的活动和行为表现出无标记或正常的特征。这反过来又形成了以男性为中心的性别观，我们将在本章的下一节中讨论这一点。

这种不对称性在一定程度上是女性和女性文化贬值的结果。不管怎样，大多数男孩和女孩都知道，男孩的事情和活动比女孩的更受重视，并且不鼓励男孩去对与女孩有关的活动感兴趣。即使他们没有遇到这种明确表达的观点，甚至没有发现他们被明确制止的情况下，大多数男孩和女孩也知道，在成年后做重要事情的主要是男性，而不是女性，他们的观点可以是有价值的，指导公众社会的活动进程。因此，对性别一致性的压力是不对称的也就不足为奇了。

这种不对称扩展到许多领域。虽然女性最初可能会穿被视为男性才穿的衣服，但反过来却会受到高度的歧视：西方女性和女孩现在都穿牛仔裤，但她们的男性同龄人却不穿裙子。甚至连名字都可以从男性变成女性，反之却不然。有女孩叫克里斯托弗，但没有男孩叫克里斯汀。女孩可能会因为“像男孩一样”的行为而受到惩罚——尤其是如果她表现得很有攻击性，还会打架——理由是她“不淑女”或“不好”。但也有一种“假小子”类型的游戏是专为那些采用男性粗犷打闹风格、表现出无畏精神、拒绝与玩偶玩耍的女孩设计的。虽然在某些领域，这种分类可能被认为是消极的，但一般来说，在西方社会，它赢得了一些尊重和赞赏。另一方面，男孩如果模仿女孩的行为，就会受到严厉的惩罚。“娘娘腔（sissy）”这个词是为那些不严格遵守男子气概规范的男孩而用的，从来没有被当作是一种恭维。

如果一个孩子因为她是个女孩而被告知必须比她哥哥做更多的家务，或者因为她是个女孩而长大后不能成为宇航员，那么她[12]很可能会说“这不公平！”。如果有人告诉一个男孩，他不能玩娃娃，因为他是个男孩，或者他长大后不能当秘书，他也会觉得这不公平。但是，当被告知不能当护士时，男孩却觉得太好了。侧面来说，这个女孩实际上是被告知她还不足以当医生。这并不是说，对于一个真正想玩洋娃娃或长大后想当护士的
13 男孩来说，后果是悲惨的。在社会更广泛的正义论述中，他将被剥夺一种合法的不公平感，因此他若感到不公平便会受到孤立。但是性别专业化确实带来了这样一个评价，即男性的事业通常比女性的事业要好，而且儿童很早就知道了这一点[13]。

现在，有一些与这些普遍趋势相反的例子，其中许多是由女权主义和同性恋权利运动推动的。男性正在进入“女性”的工作岗位，而女性正以越来越高的频率进入“男性”的工作岗位。越来越多的男性开始承担家庭任务，比如换尿布和每天做饭，这些都曾经是女性的专属领域。像斯堪的纳维亚半岛那些为男性提供产假的国家无疑是进展迅速的。但是，限制男性进入女性领域并因此而贬值的主导模式并没有消亡。

划分

在不同的文化和不同的社区中，差异在不同程度上被分离强化。男孩和男孩玩得更多；女孩和女孩玩得更多。这种模式在跨文化、非工业社会和工业社会中重复出现（Whiting & Edwards 1988）。西方工业国家的个体在多大程度上参与到同性游戏群体中，取决于他们兄弟姐妹和邻居的性别和年龄。有些孩子在人生的某个阶段花在同性群体上的时间更多，而在其

他阶段花在同性群体上的时间则更少。事实仍然是，不管孩子们在混合性群体中玩得有多开心，都有一种倾向去寻找——并且被限制去寻找——同性群体。这种约束对男孩来说更为强烈——那些喜欢和男孩一起玩的女孩是可以容忍的，也许是受人钦佩的，而那些喜欢和女孩一起玩的男孩则不然。

心理学研究表明，许多美国儿童在接近 3 岁时就开始喜欢同性玩伴（Maccoby 1998），这是他们对自己性别形成清晰认识的年龄，这种偏好随着年龄的增长而迅速增加。埃莉诺 · 麦克比指出，这种偏好出现在学校环境中——托儿所、幼儿园和小学——在这些环境中，孩子们会遇到大量的同龄人。在同一个主题上，巴里 · 索恩（Barrie Thorne 1993）指出，学校提供的人口数量足够大，男孩和女孩可以分开，而在居住社区中，选择的机会可能较少。

即使孩子们在这些环境中倾向于同性群体，但他们往往保持着在校外形成的异性友谊（Howes 1988）。值得注意的是，对同性游戏群体的偏好并不是绝对的，事实上，儿童经常在混合群体中玩耍。埃莉诺 · 麦克比和卡罗尔 · 杰克林在 1987 年的一项研究中，研究了学龄前儿童对玩伴的选择。研究（1987）显示，4 岁半的孩子在幼儿园选择玩伴时，47% 的时间在同性群体中玩，35% 的时间在混合群体中玩，在其他的性别群体（也就 14
是说，在这个群体中，孩子是她或他自己性别的唯一代表）中有 18% 的时间。虽然这些数据显示多数选择了混合群体，但同性群体的数量远远大于随机选择玩伴所产生的数量。在麦克比和杰克林的研究中，6 岁半的孩子们有 67% 的时间在同性人群中玩耍。麦克比（1998: 22−23）认为，在学校里选择玩伴是一种在开放的环境中确保安全和有可预测性的策略，因为孩子们会寻找具有可识别游戏风格的其他人。这就预先假定了不同的游戏风格，呈现出一个复杂的先有鸡还是先有蛋的问题。因为如果性别划分的游戏群体满足了对可预测的游戏和互动风格的需求，它们也是这种差异产生和复制的潜在场所。人们普遍认为，小男孩比小女孩更容易发生肢体攻击行为。然而，实验和观察证据表明，这一分化与同性群体偏好出现的时间正好相同。这种游戏风格在 4 岁左右的男孩中达到明显的顶峰，且仅限于同性群体，这表明性别游戏风格的出现与同性游戏群体之间存在着复杂的关系。

同性游戏群体中，孩子们的划分导致一些性别理论家提出一种观点，即由于他们在童年的大部分时间里的划分，男孩和女孩被社会化为不同的同龄人文化圈。在同性友谊群体中，他们发展出不同的行为、不同的规范，甚至对世界的不同理解。丹尼尔·马尔茨和露丝·鲍克（Daniel Maltz & Ruth Borker 1982）认为，由于这种划分，男孩和女孩发展出了不同的文化——不同的互动方式和诠释互动方式的不同规范。他们进一步指出，这可能导致男女之间的跨文化沟通不畅。性别文化的划分不一定会导致男女之间的误解，尽管它描述了这种误解可能产生的条件。当然，如果女孩和男孩经常被划分，我们可以期望他们会形成不同的行为做法以及对世界不同的理解。这种情况的实际发生程度取决于划分的性质——何时、在何种背景下、为了什么进行何种活动——与男孩和女孩之间的实际接触有关。

这种错误沟通模型借鉴了约翰·甘柏兹（John Gumperz）对不同种族亚文化的研究（如，Gumperz 1982）。它假设男性和女性对互动的理解实际上是不同的，而且关键的是，他们没有意识到这些差异，并相信他们是基于相同的理解。对于这种基于性别的错误沟通（或冲突）的方式来说，最有可能的问题就是这种无意识，因为大多数孩子在同龄人群体之中和之外努力地获得的性别观念强化差异，有时甚至到了荒谬夸张的地步。儿童时期的性别划分几乎肯定在性别语言实践的发展中起到一定的作用。但要理解性别，划分永远不是全部。西方社会中的性别划分实际上总是植根于将两性结合在一起的实践中，甚至在被解释的行为或人有很大相似之处的情况下，也会在解释中产生差异。

随着我们的进一步成长，解释性别差异的复杂性呈指数级增长。随着孩子与同龄人相处的时间越来越长，以及与同龄人相处的情况越来越多，不仅成人影响与同龄人影响之间的平衡会改变，同龄人影响的性质也会改变。同龄人社会变得越来越复杂，而且在很早的某个时候，关于性别的明确观念就进入了儿童的选择、偏好和机会之中。无论导致性别划分的最初因素是什么，划分本身就成为一种活动，也是一个主要的社会问题。巴里·索恩（1993）指出，在学校活动中公开选择团队会限制性别划分，因此涉及选择团队的游戏更有可能是同一性别的，而仅涉及排队或现场游戏更有可能是性别混合的。划分可以蔓延到男孩群体和女孩群体之间的竞赛和竞争，例如在小学活动中的“女孩追逐男孩”（Thorne 1993）。这些活动可以成为构建差异的重要场所，因为无论是哪个活动，人们都声称女孩或者男孩表现得更好。通过这种方式，关于男性和女性“天生”能力差异的信念可能是在很年轻的时候就习得的，而且是间接习得的，以至于它们看起来是常识。因此，我们还不清楚男孩和女孩的个人偏好或社会约束在多大程度上导致了行为和活动上的差异。

异性恋市场

在小学快结束的时候，一个非常明显的男女配对的活动开始占据主导地位。这项活动不是个别儿童参与的，也不是简单地在其他儿童时期“照常发生”的过程中产生的活动。相反，它是形成新兴同伴社会秩序基础的社会市场的开端（Eckert 1996）。随着这个市场的出现，性别划分和性别差异也发生了深刻的变化。在儿童时期，主要是成年人关注儿童的行为。随着同龄人社会秩序的发展，它在发展组织自身社会控制手段的同时，承担了这一职能。异性恋是同伴社会秩序自我组织的隐喻，也是异性恋市场的隐喻（Thorne 1993; Eckert 1996）。虽然在这个时期之前，男孩和女孩可能认为自己只是不同，也许是不相容的，但在异性恋市场的背景下，男孩和女孩作为互补和合作的派别也出现了。

市场的比喻并不是毫无意义的，因为异性恋市场是这个年龄段的人在通往学术市场和就业市场的道路上所参与的一系列社会市场中的第一个。16 正是在这里，女孩和男孩都会发现自己在一个结构化的社会评价体系中占有一席之地。参与异性恋市场的孩子既可以做商品，也可以做经纪人——他们可以配对，也可以参与协商其他人的结对。在这个市场上进行的配对最初是短暂的——一对情侣可能会“在一起”几个小时，几天，一周，有时更久。正是市场上“交易”的迅速发展建立了一个社会价值体系。市场强烈吸引着那些参与者和非参与者的关注，这是建立性别规范的一部分，因为人们的价值是在异性吸引力的背景下重新调整的。

值得注意的是，对于大多数参与者来说，这种活动先于活跃的异性恋活动——甚至约会——一到两年，因为这种关系与情侣之间的依恋几乎没有关系。这些活动在异性恋的欲望和行为真正开始之前，就已经建立了一个理想性的系统和层次。一个人在市场上的价值由他的匹配决定——与其说是匹配的数量，还不如说是与他匹配的人。围绕这个市场形成的新的、持久的地位体系构成了新兴的青少年社会秩序的核心。这样，社会秩序从根本上就是异性恋，极大地改变了这一群体的性别安排。以前对男孩和女孩，仅仅作为男性和女性个体而言是合适的东西，现在在一种社会秩序中定义他们。他们作为人类的价值以及与他人的关系都是基于他们对性别规范的坚持。随着男女分化与男女交往的融合，这些规范的分化便会加剧。

不是每个人都活跃在异性恋市场上，也不是每个参与这个市场的人都是异性恋。这个市场是社会秩序用来假定异性恋、边缘化和使任何最终不参与的人成为越轨者的手段。有时也有其他市场可以宣称其要求和价值——例如学术市场——但是异性恋势在必行，它的保护伞非常广泛，而且由于它在年龄群体中的中心位置，它影响着所有人——甚至那些非常反对直接参与的人。

在某些文化背景下，异性恋并不是发展的早期或核心部分。即使在美国，几代人以前，异性恋市场在这么年轻的孩子中也不明显。然而，在几乎所有的文化中，最终的婚姻是一个标志着成年的中心社会目标，即使年轻人自己在建立异性恋联系中没有发挥非常积极的作用的情况下也是如此。大多数文化都有一些关注年轻人异性恋欲望的机构，这些机构与最终结婚的计划有关。

在美国，性别差异和异性恋深深地植根于（并交织在一起）青春期的制度和容纳这个年龄组的高中正式制度中。异性恋夫妇在高中有着特殊的地位——受欢迎程度与异性恋联盟密切相关，“著名”的情侣获得了额 17
外的知名度，并为他们的同伴提供了舞台（Eckert 1989）。性别差异和划分现象通常被诸如模拟评选之类的事情所强调，比如在“最受欢迎”“最有可能成功”和类似的类别中有男性和女性对应的评选中。这些民意评选传递的信息是成功或者受欢迎对男性和女性来说是不同的——这些地位的术语本身就是性别决定的。啦啦队队长和足球运动员的经典组合强调了女性支持男性的作用，因为后者维护了该制度的荣誉。舞会和同学会的国王和王后的制度习俗强调了异性恋联盟的重要性，将这种联盟提升到习俗制度的地位。近年来，舞会和同学会已成为青少年社会秩序中同性欲望合法化的场所。2010 年是同性伴侣宣称有权参加舞会的一个大好年份（在很多情况下都是成功的），在其他人身上也有类似的法律诉讼。美国公民自由联盟（American Civil Liberties Union）成功地起诉了密西西比州的一个学区，该学区剥夺了一名女同性恋学生带女朋友参加毕业舞会的机会[14]。美国公民自由联盟提起诉讼时，该学区取消了毕业舞会，该学生搬到另一所高中，以摆脱同学们的骚扰，因为她毁了他们的毕业典礼。2011 年，一对女同性恋在圣地亚哥的帕特里克亨利高中被选为同学会的国王和王后。

建立欲望

在异性恋市场出现之前，人们在整个性别发展过程中一直强调差异——强调对立。异性恋市场为二分法思维的本质带来了重要变化，因为人们突然意识到对立的事物应该相互吸引。对立的双方因此获得了这种转变的互补性，以前男性和女性可能会起冲突，现在他们成了合作的关系，随之而来要介绍的就是不同性别在意识层面上的欲望。

无论看向何处，我们都能看到完美情侣的形象。（关于男性和女性在广告中的角色建构，还有一个引人注目的讨论，参见 Goffman 1976）。而且该形象总是异性恋情侣，在这些形象中男性比女性更高、更壮，皮肤也更黑。他们摆出这样的姿势：男性直视前方，目光自信且直接；女性向下看或望向远处，目光时常迷离。无论坐着还是站着，女性都比男性矮，她们或倚靠着男性，或缩在男性怀中，或仰望着男性。不仅如此，在年龄很小的时候，大多数孩子就已经学会了期待自己的伴侣也是那样完美的异性形象。女孩子建立了一种仰望自己男朋友的欲望，她们开始想象自己倚靠着男朋友的肩膀，而男朋友顺势下倾亲吻自己，或在耳边轻语。她们学会了害怕，这样就会有男性来保护自己；她们学会了哭泣，这样男性就能为自己擦干泪水，女孩子们还穿上宽大的男士衬衫以凸显自己的娇小。这种对欲望的关注，或者叫“全神贯注”（Connell 1987），在维护异性恋性别秩序方面起到了特别强有力的作用，因为它不仅仅让人们简单地对异性产生欲望，而且把人们束缚在一个特殊的模子里，从而把自己塑造成他人欲
18 望的对象。女孩们开始想要变得娇小且精致，男孩子们则想变得高大且强壮，或者至少这些是主流社会认可的自我形象，这些形象有时会让人感到不安，因为在需要力量和身高或体重的竞技运动中，女性的数量在急剧增长。然而，即便是年轻女运动员，也会被要求努力让自己的身体对男性有吸引力，这一点在广告和《女性体育画报》（*Sports Illustrated for Women*）等出版物的特点中得到了证实。饮食、发型、修剪腿毛或头发、食欲抑制剂、类固醇、文身、身体穿孔和化妆：所有这些甚至更多都是在为理想的自我服务[15]。各种类型的消费都是由欲望驱动的，而这种欲望绝大多数是由性别决定的。无论是时尚、化妆品、汽车、家居、家具、花园、食物还是休闲活动——都是自我的延伸，都受到欲望的驱动。

我们认为情感和欲望是自然产生的，但事实上它们都是高度结构化并

且可习得的。人们普遍认为，禁止男性哭泣或者表现出恐惧的情绪意味着要求男性学会控制自己的情感，这种情况当然是事实，但很多男孩和男人都可以证明有时候控制情感有多么困难。在 2001 年 9 月 11 日的悲剧事件之后，很多美国人清楚地看到纽约市警察和消防部门的那些勇敢且坚毅的人，为他们在世贸中心遇难的朋友、同事以及其他许多人丝毫不觉得羞耻地哭泣。于是新闻媒体开始猜测，我们正在进入一个新时代，在这个时代男性不再需要控制自己的眼泪。这或许是真的，然而更有可能的是，人们会在某些情况对男性的眼泪产生更大的包容度，但是对于哭泣和其他情感脆弱的表现方式，仍然会受到性别的限制。我们对性别、情感和亲密关系的相关记忆也往往很短，约翰·易卜生（John Ibson）在 2006 年出版了一本书，内容是关于过去的一个世纪里男性在照片中的形象，该书指出二战期间的男性之间通常摆出非常亲密的姿势，这些姿势在今天被认为是“同性恋的”。

对男性情绪控制的关注忽略了一个事实，即女性在学习向他人表达情感，学习应该何时哭泣或表现出恐惧情绪时，也涉及大量的社会化过程。例如，在熟人去世时，女性可以在公共场合流泪，在面对身体威胁时，女性可以表现出恐惧。事实上，女性在阅读小说或看电影时，在这些想象的情境中表达这些情绪都是合适的。在某些情况下，女孩和妇女会强迫自己为一些并没有那么打动她们的事情流泪，有时还会说服自己，这些事情毕竟打动了她们。在观看动作或恐怖电影时表现出恐惧的情绪是女性的一项重要技能。在这些情况下，是选择对恐惧免疫还是不免疫，不同的性别会有不同的选择，而如何做出选择可以在欲望的结构化中得到进一步验证。人们并不是简单地学会做出适当的情绪反应，他们还学会了期待这些反应，以及成为那种能做出反应的人。女孩和男孩会想象自己处于某种情境中，并根据这些情景塑造自己的形象。电影院里常见的一幕是一对十几岁 19
的异性恋情侣在约会[16]。一个悲伤或可怕的场景使女孩钻进男朋友有安全感的臂弯，并把头藏进他的夹克里，男孩可能会出于保护的目的拍拍她的头，或是故意嘲笑她的脆弱。这部电影为男孩和女孩提供了展现自己性别角色的机会，也激活了浪漫、异性恋、性别以及恐惧和保护的本质之间的复杂联系。

性别发展不会在童年或青春期结束，随着我们逐渐进入市场，性别一直在发生变化，比如我们学着像秘书、经理、门卫那样行事的时候。还有，随着我们家庭地位的变化，性别也在不断地发生变化，比如我们要学着成为妻子和丈夫、母亲和父亲、阿姨和叔叔、姐妹和兄弟、祖母和祖父。随着年龄的增长，我们不断学习成为男性和女性的新方法：人们对十几岁的女孩的期望与对四十多岁的女人的期望是相当不同的，而这些期望又与对接近八十岁的女人的期望也不相同。因此，那些不处于异性恋联盟的人也不能免除外界的性别期待。例如，在女同性恋交友广告中，常常明确要求有意者在外表上应该是“女性化”的，而不是“男性化”的（Livia 2002）。

正如我们上面所看到的那样，学习成为男性或女性涉及学习以特定的方式观察和行事、学习以特定的方式参与人际关系和群体，以及从特定的角度看待世界。我们倾向于把我们的许多习惯、偏好和信仰仅仅看作是我们个人过往经历的结果，而不是我们在社会秩序中所处位置的结果。然而，习惯、偏好和信念会随着经验的增长而发展，而社会秩序构成了我们的经验，在这种意义上，我们成长为什么样子很可能都有一种模式。可是这并不意味着所有女人或男人都是同类：有些男人可能很容易哭，有些女人可能永远都不会哭，并非所有人都按照主流剧本活着。但是，我们的发展历程从来就不是个人性格的直接展现，它其实反映了我们对那些取决于性别和其他社会分类的规范、期望和机会的暴露程度。

毋庸置疑，在这个发展过程中，性别绝不是人们学到的社会认同的唯一方面。性别与其他基于社会建构的等级制度相互交织，这些等级制度包括阶级、年龄、民族和人种：例如，我们发现了性别化的种族主义和种族化的性别主义。因此我们可以重写这一部分，只关注孩子们是怎样了解他们的社会经济地位、民族、人种，甚至是他们的体型和阅读能力。我们还可以关注性别、阶级、种族和所有可能列出的重要的社会类别，以它们每一个可能的组合为内容重写这一部分。因为不可否认的是，人们所经历的是不同阶级间的交集（Crenshaw 1989），而不是任何抽象的元素。

当然，重写可能会带来性别和其他结构类别之间一些有趣且关键的差异。重要的是，异性恋市场和更广泛的异性恋必要性之间并不存在一个类比联系，明显的性别两极分化和它所支持的性别互补概念之间也没有。性 20
别规范试图给人们灌输对异性伴侣的期望；尽管在有些情况下，种族和阶级也确实组成了家庭生活的某些方面，但种族和阶级规范并不是以这样的方式起作用的。事实上，人们如果想寻找和自己种族或阶级相同的异性伴侣，就要面临巨大的压力；这是性别、种族和阶级相互作用的一种方式。性别和年龄系统性地建构家庭生活，而种族或阶级多样性在家庭内部则相对较少。正如劳里·鲁德曼和彼得·格里克（Laurie Rudman & Peter Glick 2008: 4）所指出的那样，两性关系涉及无处不在的“异性间亲密的相互依赖”，往往伴有“两性之间真正的爱和情感”，这些情感有助于解释性别概念中的一些典型的模糊观念。然而，尽管性别和社会分化以及不平等之类的原则有巨大的区别，至关重要的一点仍然是，社会等级之间在相互影响、相互作用，只讨论其中任何一个方面都可能产生误导。这是毋庸置疑的，比如女性必须身材苗条这一点在美国白人中产阶级中表现得最为明显，然而并非所有种族的女性都必须保持苗条。

上述这种对发展的叙述提出了几点基本原则。首先，很显然性别是后天习得的。由于性别涉及对选择的限制，对所有人的行为进行严格的约束，以及两性间的不对等，因此性别不仅仅必须是自我习得的，而且必须是经过教育甚至强制添加的。这就引出了第二条原则，即性别是合作的。从个人属性的角度来考虑性别是很常见的——一个人是男性还是女性，是偏男性还是偏女性，都在扮演男性或女性的角色，这种对个体的关注掩盖了一个事实，那就是我们无法凭一己之力完成性别的角色。虽然性别这个概念包括人们自身对性别身份的认识，但它并不只是一个个人问题，而是一种将个体与社会秩序联系起来的实践。正如我们所注意到的，孩子们最初是通过别人替自己做出性别决定来了解到性别这个概念的，并最终承担起扮演好自己的角色和支持别人角色的责任。这种支持包括一些直接的强制行为，但是在大多数情况下，性别根深蒂固于我们做事的方式中，以至于不同性别的人会对简单的行动和互动产生不同的反应，最终人们很少或根本没有意识到这种性别化。

这引出了第三条原则，即性别不是我们所拥有的，而是我们所做的。孩子们常常有意识地进行性别区分——所有人都清楚，趾高气扬的男孩和矫揉造作的女孩都在进行性别区分的表演。随着年龄的增长，他们会更加娴熟地掩饰自己的原始表演，但更重要的是，这种性别表演也成为他们的第二天性。不变的事实是，性别需要维系，当性别的各个方面不能在社会的所有阶层始终如一地得到体现时，这些方面就会消失。正是性别的这一方面引出了朱迪斯·巴特勒（Judith Butler 1990）的性别表演理论，我们将在后面的章节进一步讨论。

最后，性别是不对称的。无论人们怎样看待当前的性别秩序，毫无疑
21 问的是，男性和女性不仅仅是硬币的两面，性别不平等植根于最基础的层面。事实上，凯特·伯恩斯坦（1998）就曾说过性别只是一种证明不平等的制度。为了说明人们普遍相信男性凌驾于女性之上，雪莉·奥特纳（Sherry Ortner）和哈丽特·怀特海德（Harriet Whitehead 1981: 16）提出了类似的观点："性别系统首先是一种威望结构。"在最近的作品中，奥特纳（1990，1996）提出了一个更为复杂的性别观，他观察到在一个特定的社会中，普遍存在着不尽相同的社会价值或威望轴，在这里男性优先于部分人，而女性优先于其他人（这无疑反映了鲁德曼和格里克所指出的矛盾心理），但有些轴更加深刻地嵌入社会生活和思想中。一个相关的重要事实是，权力和影响力并不总是与声望直接挂钩。二十世纪中叶的一部动画片显示了这一点：一个男人对他年幼的儿子说："我决定了所有重要的事

情，比如上帝是否已经死了。我让你的母亲决定你应该上哪所学校，或者我们应该买哪栋房子之类的问题。”

维持性别：性别的秩序

在我们对发展的叙述中，有一件事是无论如何不可避免的，那就是性别无处不在，孩子们可以从任何地方了解到性别。性别是一种关系模式，它随着时间的推移而发展，以定义男性和女性、男性气质和女性气质，同时构建和规范人们与社会的关系。性别深深地植根于社会的方方面面——如我们的制度、公共空间、艺术、服装和活动。无论在政府办公室还是街头游戏，性别都是我们经验的一部分，它存在于家庭、街坊邻居、教堂、学校、媒体，以及走在街上、在饭店吃饭和去洗手间的过程中。这些场景和情况都以结构化的方式相互关联，由于性别复杂地存在于经验的每一个层面，以至于女孩对褶边派对连衣裙的渴望和男性控制的生产资料之间，是接近无缝连接的。我们自己或许古怪的欲望来自于影响深远的性别秩序，这个秩序既支持这些欲望，也被这些欲望所支持。正是这种紧密的联系使得语言对性别来说十分重要，反之亦然。即使是最小的活动，也可能受到性别的影响，我们在这些活动中持续的表现加强了它们在支持性别方面的作用。每当一个小女孩想要一件带褶边的粉色派对连衣裙，无论是坚持要有一件还是要穿一件，她都在进行一种性别化的行为，这种行为重新赋予粉色、褶边、连衣裙和派对服装以性别化的含义，在坚持穿脏兮兮工装裤的小女孩身上，则会产生不同的效果。然而有趣的是，人们往往忽略他们认为是例外的事情，因此不符合常规的女孩行为可能会产生较小的持续性影响[17]。本节的目的是说明粉红色派对连衣裙和男性对制度的控制之 22
间的关系，即说明性别普遍性和男性统治的结构化。

首先我们重申二分的性别观念处于社会秩序的中心，因为我们就把它摆在那个位置。我们的生存并不依赖于男性穿蓝色衣服和女性穿粉色衣服；人类是一种会思考的物种，我们还可以彼此交流。不断地区分男性和女性并不是为了保证生物学上的繁衍，而是为了保证社会意义上的繁衍，以及巩固社会上基于将人类分成男性和女性的安排。这些非此即彼的类别是人类不断取得的成就，因此我们对语言和性别的研究，不仅仅将语言视为反映先前存在的类别，而且将它视为构成和维系这些类别的一部分。

习惯和意识形态

性别秩序是一种基于性别阶级分配的分配制度，包括权利和义务、自由和约束、限制和可能性以及权力和从属的指派，它既得到了习惯、意识形态、情感和欲望结构的支持，也反过来支持着这些结构。这些因素交织在一起，往往很难将性别与生活的其他方面区分开来。习惯或者习俗的力量，体现在我们只是学习生活和做事的方式，而不考虑它们背后的任何原因，也没有意识到它们所处的更大的环境。即使习惯在不断发生变化，社会成员往往认为个人习惯是永恒和重要的，是秩序的关键所在。习惯的一个重要特点在于它的永恒性，的确，习惯化过程的一部分就是抹去产生某种特定做法的实际情况。例如，我们会很自然地说"琼斯先生和琼斯太太"，而不是"琼斯太太和琼斯先生"；以及"丈夫和妻子"，而不是"妻子和丈夫"[18]。虽然这是一个习惯的问题，但这个习惯最早以一个明确的规定的形式出现，即由于男性的优越地位，男性的名字必须出现在女性名字之前。早在 16 世纪，语法学家就主张应该先提及男性："为了男性的利益，让我们保持一种自然秩序，把男性置于女性之前"（Wilson 1553: 189，引自 Bodine 1975: 134）；因为"男性比女性更有价值"（Poole 1646: 21，引自 Bodine 1975: 134）。在这个情况下，很明显地看到语言习惯被性别意识形态所决定，反过来一些习惯也至少很含蓄地支持了这种意识形态。

意识形态是一个观念的系统，人们通过它来解释、说明和证明自己的行为，并对他人的行为做出解释和评价，性别意识形态是一系列指导人们参与性别秩序的观念，人们通过它来解释和证明这种参与的活动。不同的

性别意识形态在性别的本质、性别秩序的正当性、自然性、起源和必要性 23
等方面存在差异。这些差异是否是根本上的差异，是否应该保持这种差异，以及是否能够或应该在平等或不平等的情况下保持这种差异，不同的意识形态间存在分歧。有些人认为差异是既定的，合理的，或者它必然导致不平等，有些人认为差异是为了支持等级制度而被创造出来的。对一些人来说，维持性别秩序是道德义务，无论是因为它有着神圣的起源，还是因为它根植于我们的习惯中。对其他人来说，这只是个方便的问题，一种"如果它没有坏，就不要修理它"的感觉，不可否认的是，这个观点是否可靠取决于个人的看法。

二分法的"本质"和性质

我们在讨论性别秩序时，首先简要描述一下我们认为的社会中占主导地位的性别意识形态的主要特征，即一种当前社会上普遍接受的性别观，以及一些相关术语，这些术语体现了性别二分法已经被大众所接受，以及经常被证明是合理的。任何西方工业国家都有可能创造出以下一系列对立形象：男性是坚强的，女性是软弱的；男性是勇敢的，女性是胆怯的；男性是好斗的，女性是被动的；男性是性驱动的，女性是关系驱动的；男性是冷漠的，女性是情绪化的；男性是理性的，女性是不理性的；男性是直接的，女性是间接的；男性是竞争的，女性是合作的；男性重实践，女性重养育；男性是粗犷的，女性是温柔的（需要注意的是，有些描写对男性来说是正面评价，而另一些则倾向于对女性有利）。这样的例子不胜枚举，将这些对立形象结合在一起造就了最典型的男人和女人。尽管许多（甚至可能是大多数）个人或群体拒绝将以上部分或全部形象当作实际的描述或当作理想来追求，但事实上所有的读者都会意识到它们是普遍存在的男性或女性形象的一部分。主流的意识形态并没有简单地规定男性和女性应该不同，它坚持认为他们就是不同而已。它将这些差异归因于男性和女性不变的本质特征，这种观点被称为"本质主义"。

这些男女对立的影响很大，这既是因为它们在性别意识形态中的地位，也是因为它们的表现形式渗透到社会中的方式。首先，这些对立似乎是一个整体，对每个对立的解释都存在于其他对立的某个方面。当我们仔细研究每一个单独的对立时，它们在本质上并没有联系，但大众认为是构成性别的关系网使他们联系在一起。体型、体力和勇气之间的联系似乎很明显（在这种情况下，我们对勇气的定义仅限于面对身体威胁时的勇气）。然而，力量和侵略性之间的关系并不明显，这两点中的任何一点与情绪性、理性、直接性和竞争性之间的关系也不清楚，或者就这一点而言，它们中任意两点之间的关系都是不明显的。例如，冷漠和理性之间的
24 联系假定一个情绪化的人是不理性的，这意味着情绪化包括缺乏理性和自我控制。对情绪化的看法究竟是什么呢？读者可以仔细研究这些对立之间可能的关系，并寻找它们在主流意识形态中的联系。

男性和女性处于对立面的观点在英语中无处不在，这可以从英语中常见的“异性（the opposite sex）”一词中看到，你很少会听到另一种表达方式，比如“另一个性别（the other sex）”，更不用说“其他性别（another sex）”了。性别对立不仅仅关注差异，还关注潜在的冲突、不理解和迷惑：可能造成性别之间的战争和差距。但是，当男性和女性在异性的社会中成为合作关系时，这种对立就被互补的概念所补充。互补的思想意识在“我的另一半”等说法中得到体现，它强调人们的相互依存关系，暗示了一种生态必要性。吸引力［异性相吸（opposite attract）］[19]以及一方对另一方很重要的概念表明，正是这种针锋相对的性别差异使社会保持平稳。性别差异的核心社会目的是维持社会运行，这样的观点被社会理论家称为“功能主义”，它是性别意识形态的重要组成部分，也在保守的性别话语中发挥着强大的作用。

性别对立无处不在，它出现在各种各样的场所并以各种各样的方式渗透到我们的经验中来。在本章的前面部分，我们评论了一些社会势力，这些势力夸大男女身高的统计差异，以及媒体中男性凌驾于女性之上的形象

在灌输人们渴望拥有特定类型的另一半方面所起的作用。尽管女性的平均身高确实略低于男性，但是只有一小部分异性恋伴侣中男性身高比女性低，这一事实证明了性别形象的普遍性和影响力。

另一种加强这些对立的方式是它们渗透进我们生活中的可能性。例如，对立的强或弱不仅区分了男性和女性，还在男性和女性这两类范畴里起作用。与其他男性相比身材矮小的男性被认为不那么男性化，而与其他女性相比身材高大的女性被认为不那么女性化。苏珊·盖尔和朱迪思·欧文（Susan Gal & Judith Irvine 1995）将这种把对立整体嵌套进对立的各个部分的概念称为“分形递归性”。递归性在性别的执行方面提供了一种尤其强大的力量，因为人们往往不把自己和另一个性别的人比较，而是和同性别的人进行比较。男性认为女性化（或娘娘腔）的男性是低人一等的，虽然女性有时也认为男性化的女性是低人一等的，但是这些女性事实上也被视作在努力追求成为一个有价值的男子汉形象，这就是为什么女性的男性化行为比男性的女性化行为更少受到歧视的原因之一。性别和异性恋的联系也引出了性别非典型性行为与同性恋的关系，尤其是对于男孩和男人们来说。在现代西方社会中，对性别的监管和对性偏好的监管紧密相连。一个四岁的小男孩可能会被教导要远离花朵，转而喜爱他的窗帘上的条纹（或者因 25
为关心窗帘的样子而被取笑），因为他的父亲不希望他长大后成为同性恋。

劳动分工

上一节所列出的传统性别对立与渗透到社会各个层面的劳动分工密切相关，这不仅仅是简单的体力和脑力劳动分工，也是情感劳动分工。当然，没有任何劳动分工是简单的活动分工，因为活动决定了诸如联系和行动的模式和空间的使用等因素。反过来，劳动分工倾向于提倡，甚至灌输作为对立的条件的性别特质。例如，那些负责照顾他人基本生活的人，只有当他们以他人为导向，密切关注他人的思想和身体状况时，才能做好这份工作。

一些活动和领域比其他活动拥有更大的权力和声誉，在这种意义上，劳动分工也可以是价值分工。在整个社会中，性别化的劳动分工包括不同的权力和地位分工。男人的活动，或者说那些拥有最严密守护的男性专有领域的活动，涉及更大的社会权力，并通过商品和服务的处理方式以及对惯例的控制来完成。在大多数文化中，男性比女性更容易获得具有公共权力和影响力的职位。虽然妇女有时在家庭环境或其他非公共领域有相当大的影响，但这种影响受到领域本身的限制。由于私人领域依赖于其在公共领域的地位，家庭妇女在社会中的最终地位取决于她的男性亲属们在市场环境中的地位，她在私人领域行使权力和影响力的能力，也取决于男性们如何分配他们在市场上获得的商品。

在西方社会，性别化的劳动分工在很大程度上依赖于女性在家庭或私人领域的作用分配，以及男性在公共领域的作用分配。人们经常把这种劳动分工与繁衍任务联系起来，女性作为孩子的养育者，不仅生出了孩子，还要抚养他们。不仅要养育儿童，还要养育整个家庭，以及打理家庭赖以生存的住宅。如果我们想象一种仅以性别为基础的劳动分工，那么女性会生育和照顾孩子，而男性不会这样做。而且女性在生育和照顾孩子时，可能会因此在其他活动中受到一定的限制。但除此之外，基于性别的劳动分工并不产生于繁衍的职责，而这一职责在大多数女性的一生中要么是短暂存在的，要么是不存在的。尽管如此，从作为母亲和父亲不同的生物学要求来看，所有领域的性别分工都是合理的。不可否认，繁衍能力并不是唯一被用来证明性别化的劳动分工合理性的观点：女性之所以长期不能从事某些工作，是因为她们被认为太柔弱而不能胜任这些工作（有时这种看法
26 甚至出现在一些早已被证明力量和工作表现无关的领域）。当然，在分配任务时可能会有不同的性别平衡出现，这是由于成功所需的特质需要不同的性别平衡，比如，有些需要特殊能力的任务可能会交给这种能力很强的人，这些能力强的人有些是男性，有些是女性。然而，世界各地的社会完全根据生理性别对活动和责任进行详细的分配，根本不注意实际的生育活

动或身材，许多地区的性别劳动分工甚至与身材或生育活动都没有关系。因此，尽管劳动分工的存在是普遍的[20]，分工的细节却并非如此，在一个社会里被认为是男性的工作或角色，在另一个社会里可能被认为属于女性。

在私人或公共领域的劳动分工里，女性一般负责满足人们的日常需求，如衣服、食物、清洁、照顾儿童，每天不仅要照顾他人还要打理住所。直到最近，这样的分工仍使许多女性无法进入公共工作场所，尽管如今西方大多数女性都在外面工作，但她们的许多职业都是家庭角色的延伸。女性的传统工作主要在服务部门，通常涉及养育、服务和支持的角色，如幼儿教师、护士、秘书、空乘人员。除此之外还有情感上的分工，无论身在何处，女性都比男性更需要记住生日、抚慰受伤的孩子，提供感同身受的理解；另一方面，男性则更需要做出判断、提供建议和专业知识，或者解决机械的问题。

这样的例子还有无数个：男售货员卖硬件、男装和鞋子，以及电脑，虽然男性可能也卖女鞋，但他们很少卖裙子或内衣；但是女性可以卖任何男性的衣服，女售货员还经常卖炊具、内衣以及鲜花。男性用木头和金属制造东西，而女性用纤维制造，男性进行有身体接触的运动，而女性进行不涉及身体接触的个人运动。在家里，女性做饭、打扫房间、照顾孩子；男性在院子里干活、保养汽车、修理房子，每个人都可以根据当前的事态和刻板印象无限制地扩充这个列表。但我们也能看到一些变化，女性开始参加拳击、摔跤和搏击运动；越来越多的女性成为消防员和警察，并逐渐成为消防队长和警察局长。当然，我们看到越来越多的女性在各个领域担任起有责任的职位，但是仍然存在大量的不平衡和不平等。

经过仔细观察，劳动分工与支持这种分工的假定男女特质之间的关系被证明是有问题的。“养育”这一特征似乎和女性的活动有关，女性做饭被认为是在照顾她的家人，而男性在烧烤就不会有人这样想。正如女性的活动常常被视为具有养育的作用，即使她们的意图或达到的效果并不是那

27 样，男性的活动也可以仅仅通过有男性参与就获得声誉，而不管其内在的价值如何。虽然在家里掌勺的人大多数是女性，但男性仍在专业烹饪领域占主导地位，尤其是在高级烹饪领域。一旦男性的工作失去了与之相关的权力和威望，而女性开始接替这些位置时，这种对性别进行评价的过程就变得明显起来。这在第二次世界大战期间得到了充分的证明，在此期间，征兵制度使许多男性不得不离开工作场所，并要求女性取代他们的位置。女性成为了银行出纳员，这本是战前预留给男性的工作，因为人们认为只有男性有足够的能力负责处理大笔资金。战后，女性仍然从事出纳员的工作，这成为了“女性专属”，并逐渐被视为相对卑微的文书工作（当然，在早期女性被认为不适合文书工作）。另一方面，计算机编程在早期被认为是文书工作，并且主要由妇女来完成，然而硬件的开发被视为是困难的以及应该由男性来完成的。创造于 20 世纪 40 年代的 ENIAC 计算机就是由六名女性编写的程序，直到 60 年代，在人们发现编程其实很困难之前，女性仍然从事大部分编程工作。在那个时候，编程行业通过各种公开的歧视活动使其变得男性化（Ensmenger 2010）。

家庭角色带来了一个有趣的对时间的限制。为他人的三餐、清洁和衣物操心，以及家庭日常维护所涉及的其他任务，都是不断更新并蚕食时间的。因此传统上，女性的时间被他人不间断的需求所掌控，另一方面，传统上男性在中产阶级家庭中所做的工作是周期性的。倒垃圾、打理院子和修理房屋都是可以提前安排，以腾出时间做其他活动的事情，这种对时间需求的差异使得女性更难像男性一样投入到市场活动中去。

女性的家庭角色通常局限在私人空间，而公共空间则由男性主导，这种情况还延伸到将女人和女孩们的活动限制在家庭中，这种限制不仅体现在空间的层面上还体现在活动的层面上，而男人和男孩不仅在家庭之外有更多的任务，而且更加灵活、更加有机会进入公共空间。将女性排除在公共空间之外是历史上将性别与阶级融合在一起的做法之一。在英国维多利亚时期，“好”女人不读报纸，不去演讲，也不经常去讨论公共事务的地方。在这种情况下，“好”就是“精英”的同义词。尽管较富裕的阶层总是能让他们中的部分人处于空闲状态，但处于较贫困情况的家庭往往不会有这种歧视。维多利亚时期那些贫穷的女性来到大街上，在市场工作，并且知道公共环境里发生了什么。由于经济上的限制，在统治阶级制定的标准里她们并不是“好”女人。这是我们在本章前面提到的一个例子，那就是性别并不独立于其他显著的社会分类而存在，在这里分类指的是阶级。当然，如今各个阶层的女性都以各种方式参与进公共领域中来，然而情况 28
却仍然是，她们被经常提醒自己不属于那里，以及在许多情况下她们都处于人身或社会危险之中。

即使在被认为适合女性的追求中，公共 / 私人的二分法也会产生一些后果。虽然维多利亚时期的女性被鼓励追求音乐和视觉艺术，但她们只被鼓励私下里这样做。琳达 · 诺克林（Linda Nochlin 1992）调查了为什么“伟大的”女性艺术家很少，结果表明，在一个以宗教作为“伟大的”艺术主题以及艺术性主要体现在人体的再现的时代，只有男性被允许进入工作室，并从人体模特（无论是男性还是女性）身上得到训练。因此，女性无法培养出必要的技巧来创作那种使伦勃朗闻名的画作。后来，印象派艺术专注于女性无法接触到的场景，如妓院、芭蕾舞演出后台和酒吧。这一时期最著名的两位女艺术家玛丽 · 卡萨特（Mary Cassat）和罗莎 · 博纳尔（Rosa Bonheur）专注于家庭场景，如她们家中的女性和儿童，因为这些确实是她们能够接触到的场景。正是这些主题被认为不配称得上“伟大的艺术”，这种情况绝非偶然。

意识形态、信仰和支配

出生在工人阶级的黑人女性与出生在上层中产阶级的白人男性有着截然不同的生活经历，不同的经历会带来不同的知识储备、机会和世界观。皮埃尔 · 布尔迪厄（Pierre Bourdieu 1977）使用“习性”一词来指代一个人在社会的某个特定场所通过不断积累经验而形成的一种信仰和性情。根据人们在社会中的位置，他们会看到和经历不同的事情，认识不同的人，获得不同的知识和培养出不同的技能，以及参与不同的会话，听到不同的谈话：他们会参与进不同的话语。话语是一种具有社会意义的活动，最典型的方式是谈话，但是也包括一些非言语行为，在这种活动中，思想是随着时间的推移逐渐形成的。当我们谈及一个话语时，我们指的是这一个或一组思想背后特定的历史。因此，当我们讨论性别话语，或各种各样的性别话语时，我们指的是一套特定的关于性别的思想在社会的某个或某几个部分中的运作。

正如每种社会地位都有自己的观点一样，每种社会地位也有自己的利益。人们对什么是正确的，什么是合适的，什么对他们自己，对他们周围的人，对整个世界有益的观点可能会有所不同。任何知识、事实或常识都是由其所处的位置和与之相关的利益共同调节形成的。我们之前说过，意识形态是一种用来解释、证明、理解和评价人类及其活动的思想体系。对某些人（比如 Michel Foucault 1972）来说，意识形态和话语是无法区分的：它们都是人们在某一特定社会位置上利益的投射。另一些人则保留
29 了“意识形态”这一术语，用来描述一种涉及中央权力斗争的话语[21]。特里·伊格尔顿（Terry Eagleton 1991: 8）认为，“在吃早餐的时候，丈夫和妻子之间就到底是谁让吐司变成如此怪异的黑色而发生的争吵，不一定是意识形态的问题；只有当它开始涉及性权力的问题，以及关于性别角色的信仰等时，才是意识形态的问题。”但在伊格尔顿的描述中，我们很容易就从一种话语滑向一种意识形态，关于性别的话语不仅在明确的对性别的讨论中展开，而且在对可能与性别有关的食物（如烤焦的吐司）的讨论中展开。如果有足够多的人经常拿男人在厨房里的无能开玩笑，那么女性作为厨师的角色，以及男性在厨房里的无能就会占据中心舞台。这些主题出现在玩笑中的事实赋予了它们一种既定的地位，即一种作为旧信息而不是新信息的地位，它将性别与厨房活动之间的关系自然化，其后果远远超出了家庭中厨房的范围。在要求助理去冲咖啡的办公室里，没能冲好咖啡的

女助理很可能被认为比男助理更不称职，她被认为无法完成“常规”工作，而他则因为被要求完成一项“非常规”工作而获得原谅。一个在家做饭或参与照看孩子的男性（更不用说单亲父亲了）往往比一个女性得到更多的赞扬（和帮助）：她只是在完成她的工作，而他被视为在做一些超出预期的事情。

当我们不再注意思维方式的起源时，它们就变成了常识，这一切发生于思维方式在日常话语中的不断出现。因为参与话语的人的权力，一个话语可能在社会中享有特权地位。因此它可以在更多的地方被听到，获得更多时间去直播权威的声音，当渗透到制度中时，它就变成了“知识”“事实”或“常识”。因此，根据其最初的支持者的立场，一个话语可以在传播过程中抹去它的历史，并掩盖它是意识形态的事实。

一种意识形态可以通过自上而下的权力运作加以利用，例如阿富汗的塔利班政府，它使女性的绝对服从成为法律，但是只有当大部分民众意识到与自己的意识形态产生了冲突时，这种强制措施才有必要。一个主导的意识形态通常不会将其成功归因于野蛮的力量和意识灌输，而是它有能力让人们相信，这实际上根本不是意识形态的问题，而只是“食物的本来面目”。我们把这个过程称为“自然化”，“自然化”一词的用法并不用来特指生物学上的自然现象，而是指人们对不需要解释的事物的感觉。

安东尼奥·葛兰西（Antonio Gramsci 1971）的“文化霸权”理论关注的是权力在每天日常的结构中的位置，它强调最有效的统治方式是将更广泛的人口同化为一个人的世界观。霸权并不是一个广为普及的思想问题，它更广泛地包括了社会生活的组织。雷蒙德·威廉姆斯（Raymond
Williams 1977: 109）采用并调整了葛兰西的概念，解释道： 30

> “霸权”的概念超越了“意识形态”，这是在认识到过程完整性的基础上产生的，起决定性的不仅是思想和信仰层面上的意识系统，而且是由具体、突出的意义和价值实际组织起来的整个生活社会进程。

威廉姆斯强调霸权永远不会是完全意义上的，而雪莉·奥特纳（1990: 46）则利用这种非完全的观点来探讨性别霸权的“松散的，相互矛盾的部分”，可以“考察他们之间和对另一方面产生的短期和长期的互动”。

在这篇引言和其他地方，我们将经常掩盖“松散的，相互矛盾的部分”，以便勾勒出我们自己和与我们类似社会中普遍存在的霸权主义。但是混乱的情况仍然存在，我们将从不同的地方回到这一点上，因为它在挑战和改变性别方面至关重要。

体制

诸如年龄、阶级、性别和种族等类别存在于纸张上，因为它们是我们正式体制的组成部分，其中一部分类别决定了我们的公民地位、权利和义务。随着社会的变化，其中一些类别的重要性有所增加或减少，它们在我们体制中的表现形式可能也会发生变化。直到最近，黑人这个种族类别由于被是否认为存在非洲血统所定义，它在美国部分地区还是一个可以用来定义一个人法律地位的官方类别。虽然多年以来，这个种族类别的具体地位（以及名称）已经改变，但是它在监控人口方面（例如人口普查）仍然具有法律地位，以及在整个美国社会仍然具有非正式地位。这个种族类别是一种社会结构，即使它与生物学标准的联系甚至比性别更少。人们无法辨别出“非洲血统”，而种族划分的真正标准一直是外貌或与祖先外貌相关的知识。当然，对“非洲人”身体特征的辨别本身是完全主观的。然而，种族仍然深深植根于我们关于身份和人格的话语中，真正重要的是作为“黑人”“白人”或“亚洲人”的经历。

例如企业和政府等全球性体制的“性别制度”（Connel 1987）构成了一种性别秩序的官方轨迹。直到上个世纪，女性在政府和公司的参与度都是微不足道的，美国女性直到 1919 年才能参与投票，随着女性逐渐进入公司工作，她们从事的也都是低水平的工作。即使在 21 世纪初，美国财富 500 强公司的首席执行官（CEO）中，女性的数量也只占很少的比例

（这个比例还在增长：2001 年，500 名 CEO 中只有 4 名是女性；2011 年有 12 名）。尽管美国参议院有 17 名女性，众议院有 77 名女性，但它们相对应的总人数分别是 100 名和 435 名。目前还没有接近相等，换句话说，强 31
有力的美国大型体制仍然由男性主导和指挥。尽管在细节和程度上存在差异，但体制权威方面的性别不对称现象在全球各地都存在，即使在存在明显的性别平等意识形态的地方也是如此。但毫无疑问的是，情况正在发生变化。60 年代末，总统候选人休伯特·汉弗莱（Hubert Humphrey）在国家电视台上说，女性不适合担任总统，因为月经周期会导致情绪波动。

在主要的体制里，性别这个概念不仅出现在其结构中，而且出现在日常活动的平衡中。谁发出指令、谁接受指令；谁去接电话、他们会有怎样的谈话？谁来主持会议、谁来发表意见、谁又可以不发表意见？谁的观点会被别人采纳和引用？性别意义的对立在工作场所的意识形态中根深蒂固，人们认为“理性”和“冷漠”的男性更适合管理工作。与此同时，随着女性进入企业领导层，她们的价值被认为是基于她们带来的新品质。很多人都提到她们将“培养”与“合作”方式融入企业文化的价值，以及诸如“情商”之类的新流行语已经进入了管理咨询行业。换句话说，人们认为女性的商业价值与她们改变和改进商业文化的能力直接相关。虽然女性为工作场所带来了值得高度重视的新技能，这一点或许是正确的，但是关注“女性的特殊能力”会使某些技能带有性别，并强化女性在组织中的性别地位。将女性对工作场所的价值与她们带来的有效率的新技能联系起来，会抹杀女性做男性一直在做的事情的能力。近年来，随着商界和政府高层的女性开始树立起精明能干的名声，这种情况正在发生变化。与十年前相比，这种品质在女性身上似乎不那么受歧视了。最近，由于人们意识到自己正身处于伊拉克和阿富汗的战争局势中，女军人的出色表现使反对女性参加战争的意见变得毫无意义，这可能意味着走向性别平等的步伐将会加快，对此我们只能拭目以待。

教育体制也以各种各样的方式复制性别秩序。学校作为社会化的主要场所，是性别建设的关键体制。就在不久前，小学还以将男女分开而闻名，包括让他们分开在校园里行动，让他们在比赛中相互竞争，让他们分开接受体育教育。最近，学校开始贯彻性别平等，经常禁止在操场上进行单一性别的游戏，试图淡化课堂上的性别差异，并处罚学生的性别歧视行为。当然，这种有意识地促进性别平等的努力，与早期造成性别差异的做法一样造成性别分化。孩子们常常会意识到老师有一个明确的目标，那就是促进男孩和女孩的混合，这可能会确认他们对同性别群体的偏爱[22]。

32 由于学校教育主要是通过谈话来完成的，课堂上充斥着性别化的语言行为。每当老师把一群孩子称为“女孩和男孩”时，每当性别被用来教授对立的概念，如黑人 / 白人、好人 / 坏人、男孩 / 女孩时，性别二分法就会得到强调。当性别被用作学习一些主题的隐喻时，性别隐喻在促进产生新事物的同时得到了强化。有些老师教孩子区分辅音和元音时，让孩子们将辅音看作男性，将元音看作女性，这样就有了“A 小姐，B 先生，C 先生，D 先生，E 小姐”等等。令人高兴的是，随着教育工作者对课堂内外的性别问题越来越敏感和关注，这些做法正在消失。

在整个教育体系中，男性比女性更有可能担任高级行政职位。此外，教师职位的性别平衡也发生了巨大的变化，从学前教育到小学、中学，再到大学，女性主要负责幼儿教育，随着学生年龄的增长，男性逐渐取代女性。女性作为养育者的观点深深扎根于整个社会的普遍观念，即女性比男性更适合教小孩子。当前关于在小学增加男性教师数量的讨论，通常都认为孩子（尤其是男孩）需要一个不是那么注重养育和把孩子们当作幼儿看待的环境。就像女性进入企业管理层一样，男性进入女性教育场所并不是因为他们有能力成为一名养育者，而是因为他们能给教育实践带来重要的“男性”变革。随着学习的主题变得更加技术化，教育体制（和工作场所）也发生了类似的性别转变。在我们的社会中，男性更有可能教授科学、数学和技术，而女性更有可能教授人文学科，以及少数社会学科，即使在科学领域，女性也更有可能成为生物学家而不是物理学家。“硬”和“软”科学的隐喻将这种智力分工（连同辅音和元音）与理想化的不同性别的身体和性格类型联系在一起——在这种情况下，男性的理性脱颖而出。这样一来，本质主义者认为女性是养育者，而男性更有理性的观点就根植于我们的知识体系和我们谈论这些主题的方式中。

除了正式的体制，还有一些非正式的体制已经形成了既定的做法：新生儿迎接派对、甜蜜十六人派对、只有男性参加的派对。读者可以考虑一下，有多少这样的体制是不分性别的。许多体制是非正式的，但同时也被列入正式的安排。关于究竟是什么构成了一个家庭的争论强调了家庭复杂的体制地位，有些人认为婚姻是家庭的法律和道德基础，从这个观点来看，婚姻正式认可一个男人和一个女人之间的异性恋结合；它使他
们有责任抚养可能有的后代，因此家庭是由丈夫、妻子和孩子组成的单 33
位。其他人认为，任何成年人或一对做出承诺的成年人与他们抚养的孩子一起生活，就构成了一个家庭。而还有人认为，家庭可以由互相分享生活的非常亲密的朋友构成，并不一定需要家人。是什么构成了家庭体制处于性别问题讨论的核心，因为家庭是生物和社会繁衍的主要合法化场所。抚养孩子的重点通常是父亲和母亲的互补作用，以及孩子对其中一方的需求[23]。

关于同性婚姻的辩论并不主要集中在孩子和家庭上，而是集中在公民权利上，集中在两个人之间的关系以及同性伴侣享受婚姻带来的法律和财政利益的权利上。早在此之前，同性恋伴侣或单身的男女同性恋者就有权利领养和抚养孩子。尽管如此，2003 年 11 月 18 日，马萨诸塞州联邦最高法院在其具有里程碑意义的古德里奇（Goodridge）裁决中，将儿童的幸福纳入该州拒绝同性伴侣结婚的理由之一。同时法院认为“婚姻的必要条件在于婚姻伴侣之间专一的、对彼此永久的承诺，而不是孩子的出生”，法院也认为，“根据我们的法律，由于父母的性取向而剥夺孩子的国家福利是不合理的[24]。”

男性气质和女性气质

在本章的前面部分，我们强调了对性别的概括会很容易地抹去性别经历的多样性。由于性别体现在各种各样团体的社会实践中，所以它绝不是单一的。男性和女性、男性气质和女性气质并不是在所有地方都是一样的，他们的经历和定义也并非处处相同。

罗伯特·康奈尔（Robert Connell 1995）在他的著作《男性气质》中反驳了“真正的男性气质”这一概念。他强调男性气质（就像女性气质一样）不是一个相互联结的事物，而是一个更大的结构的一部分。康奈尔以这种结构为出发点，定位并阐述了两种男性特征：工人阶级男性的身体特征和中上层阶级男性的技术特征。他指出工人阶级的男性气质与身体力量有关，而中上层阶级的男性气质则与技术（科学、企业和政治）力量有关。这并不是说身体力量对中上层阶级的男性不重要，因为整个社会理想的男性气质都包括体力。然而，体力是工人阶级男性气质的基础，而蕴藏在技术力量中的男性气质只是间接的身体力量。虽然有技术的男性拥有一定的个人体力（最好是通过昂贵的休闲运动而不是劳动培养出来的），但更重要的事实是，他们掌握着其他男性的身体力量，即在劳动市场上的男性的体力。军队和劳动力就是那些从事管理工作的技术人员的身体力量。
34 此外，技术环境改善的需求限制了男性体力的作用，一个有技术的男性必须穿西装以看起来整洁，他的手必须是干净的，没有老茧的，他的动作也必须是优雅的。虽然这两种男性气质之间的对立由来已久，但高科技财富的出现似乎正在削弱男性气质与身体力量之间的关系，因为更大的经济权力正在流向那些将自己特别定义为靠大脑生活的人的手中。女性中也有类似的阶级反转，拥有社会地位的女性被认为是娇小玲珑的，她们的身体也保养得一丝不苟。正如身体强壮在某种程度上是对所有男性的期望一样，这种精致在某种程度上是对所有女性的期望。然而，无论是在工作场所还是在外面，由于体力劳动和自我保护的能力对许多工薪阶层女性来说都很重要，因此她们不太注重外貌上的精致程度。（在目前的美甲技术中，我们发现了女性的精致和强健的有趣结合。几个世纪以来，长指甲象征着对体力劳动的远离，如今，那些从事体力劳动的人也可以夸耀自己拥有长指甲，因为丙烯酸树脂制成的甲片十分结实耐用。）

忽视男性和女性的多样性会导致很多人失去相关经验。例如，在一项对美国东部私立学校艾玛·威拉德（Emma Willard）里的女孩的研究中，心理学家卡洛尔·吉利根（Carol Gilligan）和她的同事（例如，吉利根等 1990）发现，随着女孩们进入青春期，她们越来越不确定自己，越来越不坚定，越来越顺从别人，而且通常失去了孩提时代的主观能动性。这种女生的自信危机已经成为了一个著名的性别结构，或者说一种女生发展过程中的必要条件。统计数据显示，这种危机在白人中产阶级女生中的确很常见，比如吉利根和她的同事们关注的艾玛·威拉德学校，但这只是人口中相对较少的一部分。在同样的人生阶段，非常少的关于非洲裔美国女孩的统计数据表明她们没有经历过这样的危机；与此相反，她们似乎获得了一种个人的自信（美国大学妇女协会 1992: 13）。我们认为这种差异是欧洲裔美国人和非洲裔美国人的性别话语，尤其是异性恋话语差异的结果。欧洲裔的美国女孩，至少中产阶级女孩，通常是在女性从属地位和对男性物质依赖的讨论中长大的，尤其是在抚养孩子方面。另一方面，非洲裔美国女孩通常是在有关女性个人效力的话语中长大的，她们希望能够对自己和孩子负全部责任（Dill 1979; Ladner 1971; Staples 1973）。艾玛·威拉德学校里女孩开始失去主观能动性的年纪，与我们上文讨论的青春期前异性恋市场的出现一致。当孩子们开始把自己看作异性恋中市场的个体时，性别和异性恋的话语开始进入她们对自己在世界上位置的认知。由于她们成长过程中的异性恋话语，可能会对中产阶级的欧洲裔美国女孩产生分权效 35
应，对非洲裔美国女孩产生赋权效应。事实上，教育工作者都十分清楚，在这一时期许多非裔美国女孩都变得非常坚定。但是，由于坚定不是主流女性规范的一部分，教育者们倾向于将这种坚定与种族而不是性别联系在一起。一种全面的性别经验的假设使得从一个群体的经验中进行概括太过容易了，一个能成为模特的女孩都是白人和中产阶级，不是非洲裔美国人，也不是工人阶级，这种现象并不是巧合。

正如有些人的行为会因为他们在社会中的地位而产生更大的全球性影响一样，一些人的性别话语也是如此。出于这个原因，吉利根所描述的正在遭遇青春期前自信危机的女孩实际上定义了那个年龄段正常女孩的标准："好"女孩往往是习惯顺从的、安静的和踌躇的。因此，很多那个年龄段的非洲裔女孩所表现出的越来越坚定的行为被认为是不合适的，以及不女性化的。在学校里，非裔美国女孩经常被边缘化，因为白人老师认为她们的行为是反社会的。具有讽刺意味的是，在一种试图帮助女孩们对抗现在著名的"自信危机"的环境中，人们并没有普遍认识到，遭遇这种危机的女孩应该效仿她们的非裔美国姐妹。相反，现在有些人正在为非裔美国女孩创建计划，以帮助她们度过一场她们实际上可能没有经历的危机。

就这样，非裔美国女孩和妇女在对性别的全面讨论中被忽视了。青春期前女孩自信危机的形成既抹去了男孩类似的危机，也抹去了非裔美国人的经历，在他们的经历中通常不涉及这种特殊的危机。而这一年龄段占主导地位的女性形象，是缺乏自信的，有普遍不确定性以及服从于他人的行为习惯，这使得许多非裔美国女孩的行为变得不规范，以至于有些人觉得这种行为是有攻击性和威胁性的。

虽然本书把重点放在性别上，但我们不会忽略它与其他社会类别的关键联系。没有人仅仅是女性或男性，没有人仅仅是黑人或白人，没有人仅仅是富人或穷人，没有人仅仅是年轻人或老年人。如果我们把性别当作独立于其他分类体系以及它们所支持的特权和压迫制度之外来讨论，我们就会抹去大量的性别经验，而倾向于关注我们最熟悉的东西。事实上，危险总会存在，但是面对一个危险总比忽视一个危险要好。

性别实践

社会中性别分类的力量使我们不可能以一种非性别的方式度过我们的一生，也不可能不以一种使他人产生性别行为的方式行事。同时，性别 36
分类的维持依赖于日常行为的不断强化，如果我们没有表现出足够的性别化和性别化行为，如果不同群体的人没有继续表现得像“女性”和“男性”，那么男性和女性就不能作为结构上重要的社会类别而存在。换句话说，性别秩序和它所依存的“男性”和“女性”的社会类别，是通过“社会实践”而存在的。

在强调活动的传统方面及其与社会结构的关系时，我们使用“社会实践”一词来指代人类活动。虽然结构限制实践，但它不能决定实践。一方面，人们的行为方式可能与现有的结构相适应——例如，已婚妇女可能待在家里抚养孩子，而她的丈夫则去上班，在经济上支持他们。当人们这样做时，他们复制了现存的社会秩序。另一方面，一个女人可能去工作，而她的伴侣留在家里照顾孩子，另一个女人可能决定自己生孩子，异性恋夫妇可能决定不生孩子，或者同性恋夫妇可能选择生孩子。如果只有少数被孤立的人有这种行为，那么他们所做的事情对社会结构的影响将是微不足道的。随着这些生活上的选择变得越来越普遍，它们已经形成了实践，成为了一种能被认识到（但不一定被认可）的做事方式。近年来，这种非传统实践的发展有助于改变男性和女性的意义，从而改变社会秩序，以及改变能够反过来塑造性别实践的社会结构。它还有助于为人们开发出新的身份类别和标签，其中一些我们稍后将进行讨论，特别是在第 8 章。那些承认自己有非规范的性或性别身份的人选择并被赋予许多不同的标签：男同性恋者、女同性恋者、双性恋者、跨性别者和阴阳人、酷儿等等，有些甚至是侮辱性的。有时候，每一个不是完全符合异性恋或者性别模板特征的人，都会被扣上 *LGBTIQ* 的帽子。我们尝试使用似乎符合当前语境的标签。

因为结构与实践处于这种动态的辩证的关系中，所以总是存在着变化的可能性。有人可能会说，社会秩序在不断发生变化，甚至那些看起来稳定的事物也不是自然而然的结果，而是社会复制的结果。每次一个小女孩穿着她母亲的鞋子扭捏作态的时候，每次一个小男孩大摇大摆的时候，他们都在复制性别差异，复制性别和行事风格之间的关系，以及这种关系的所有可能结果。但是，我们也能看到推着娃娃车的男孩和带着卡车的女孩，尽管他们的行为还没有被广泛地应用到社会实践中。生活和日常生计是关于变化的——关于正在发生的事情的，关于工作中的创造力和智慧的，而这些是在意识形态和体制的不完全控制下产生的。

第2章

语言与性别研究导论

语言与性别研究的发展

开端

1973年，罗宾·莱考夫（Robin Lakoff）发表了一篇名为“语言和女人的地位”的文章，这篇文章在当时引起了一场轩然大波。两年后，她以同样的标题出版了一本书，书中包括那篇最初发表的文章和另一篇名为“像一个淑女一样说话”的文章。当时有些人认为这整个主题都无足轻重——不过又是一个女权主义偏执狂的愚蠢示威罢了，而另一些人——绝大部分都是女人——开始加入这场争论，并支持莱考夫所发表的内容。这就是美国关于语言与性别研究的开端。

解读莱考夫的这篇文章必须要结合当时的历史语境，因为它是第二次女权运动浪潮的一部分①。1972年美国通过了《教育修正案第九条》（Title IX），确保女性拥有平等获得教育福利的权益。在1970年，虽然有39%的研究生是女性，但在研究类大学里女性教员所占的比例仅有18%。随着女性研究生越来越多地加入女权运动，她们开始认为奖学金的评选标准被狭隘的白人男性视角所限制，并表示对此难以容忍。如果社会理论总是被那些养尊处优又有局限性的部分人群书写，这意味着什么？事实是显而易见的：在女性们开始着手这类研究之前，性别学方面的严肃课题完全不存在。这充分证明了研究人口的同质化会给学术带来什么样的严重后果。由于性别学方面的严肃研究和语言与性别的研究几乎开始于同一时期，因此这个领域经历了快速的变化，性别学理论中的许多理论斗争都在语言学战线上演。在下文中，我们将提供一个综述，在更广泛、更普遍的性别学理论语境和社会理论语境中，概括从“语言和女人的地位”的问世至今的主要发展过程。

20 世纪 70 年代前期，社会科学领域的主流是结构学派理论——其根本观点为：社会是由各种社会范畴构成的一个系统，系统中的每一部分都和其他部分相互关联，当某一部分发生变化时，系统整体也将受其影响。
38 男性和女性被视为两个完全相反的范畴，其各自的角色是一种组织原则，使社会保持在平衡的龙骨上（如：Parsons 1964）。结构学派理论（或者更具体地说，是结构功能理论）的观点无法对社会变迁作出解释，甚至还巩固了当时普遍存在的一个主张，称女权主义者所追求的那种社会变迁将会带来危害和混乱。由于第二次女权运动浪潮中的女权主义者将女性压迫作为一个类别，因此她们倾向于接受固定性别范畴的理论地位以及这些范畴的结构性限制。不过她们既不接受这些范畴的定位方法，也不认同这种结构是良性的；她们承认，她们所渴求的性别规则改变是有重大破坏性的，但她们坚信这种破坏对一个合理的社会来说是必要的，且最终对每个人来说都是有益的。虽然女研究生们所持的观点很难得到她们导师的认同，但随着 60 年代后期女性组织运动的频发，探讨女权主义理念的论坛也日益增加。同时，女权运动促进了女性教员的雇用，而这些女性教员中的一部分人恰好是曾经心有不甘的研究生，因此相关论坛的存在也获得了制度方面的支持。

正是在这种环境下，心怀不满的研究生罗宾·莱考夫成为教授，开始了对语言和性别的研究。莱考夫在文章中指出，女人说话时的习惯与男人不同——这是一种既反映又引发其在社会生活中从属地位的说话习惯。她还指出，女人的语言中充斥着模糊限制语（有点、我觉得）、非必要强势词（真的很高兴、特别漂亮）、附加疑问句（今天天气真好，不是吗？）

等沟通方式。她认为这样的语言使女人的言语显得踌躇、无力且琐碎，也导致她们失去了角逐权力与威信的资格。由此可见，语言本身就是一种压迫的工具——它是女人学习如何成为女人的一部分，它以社会规范之名强加于女人，从而把女人禁锢在她们的地位。

这篇文章并非基于语言使用的系统观察，而是来自于莱考夫的直觉和印象，它引起了一系列的研究和辩论。一些研究者对她的语言学主张进行了实证分析。比如，女人是否真的比男人更多地使用附加疑问句（如 Dubois & Crouch 1975）。另一些研究探讨这些沟通方式是否真的在现实中具有莱考夫所指出的那些功能（如 Cameron 等 1988）。比如，虽然附加疑问毫无疑问地可以表现踌躇，但其同时也可以表明愿意接受其他立场，通过征求或强制他人发表看法的方式，使说话人和他人的联系更加稳固。莱考夫从女人的语言中看到了软弱，另一些人则开始用更积极的方式去解读它，提出女人的言语风格是一种更富协作性、支持性、共情性的风格。因此，在无权无势的女人和主导支配的男人的对立之中，又添上了协作性的女人和竞争性的男人这一对立。

莱考夫也调查了谈及女人和谈及男人时的方式，比如说，她注意到 *lady* 这个词语义的扩大，从最初只对高尚贵族使用，到（最近和绅士 *gentleman*
一起使用）可指任何女人。（她举了一个有趣的例子，英语中有清洁妇 39
cleaning lady，却没有 # 垃圾夫 *garbage gentleman*[2]。）她指出 *lady* 一词的广泛使用是一种空有其表的殷勤，是意图使女人保持举止优雅同时一无所长的一个语言表现。她认为，这种用法对于不淑女的（unladylike）女人是一种长久的威胁，这些人常常被称为泼妇（bitch）甚至更糟。在调查了许多完全不同的男性-女性词对（例如：*master/mistress*）后，她总结道，分析谈及不同性别时的语言，可以得到非常清晰的证据，证实了女权主义者们所主张的、无处不在的性别歧视。在接下来的一段时期，这类语言反映性别歧视的研究虽然在某种程度上也在持续（如：Spender 1980; McConnell-Ginet 1984; Penelope 1990），但主流研究还是集中在女人和男

人在言语互动中的差异。就像我们将在随后几章谈到的，性别化的语言使用、性别化的内容和性别化的语言资源是密不可分的，因为归根结底，带有性别歧视的语言以及其他意识形态色彩浓厚的言语方式恰恰就出现在日常用法中。

差异和权力

莱考夫关于说话方式的研究主张迅速引发了一场辩论，这场辩论主要集中于两个问题——（1）女人和男人的说话方式不同；（2）女人和男人说话方式的不同起因于男性优势，同时维护男性优势。差异本身的存在与否从来没有被彻底质疑过，但关于差异的本质、来源、范围却始终保留在辩论的最前线。莱考夫的著作出版后的数年之中，出现了两种一般被认为是截然不同的，甚至是互相冲突的范式——被称为差异法和优势法（the *difference* and the *dominance* approaches）。注重差异的学者提出，女人和男人的说话方式之所以不同，是因为他们与语言之间的关系存在根本上的差异，这也许是由于早期的社会化和经历有所不同。我们在第一章中谈到，丹尼尔·马尔茨和露丝·鲍克（1982）提出，童年时代朋友群体中的性别隔离使男孩子和女孩子形成了各自独特的亚文化，在这些亚文化中，言语以及其他更广泛意义上的互动有着不同的习惯。黛博拉·泰南（Deborah Tannen）在她的畅销书（1990）《你就是不懂》（*You Just Don't Understand*）里就采用了这种主张，强调了独特的言语文化中产生的男女之间的误解。而采用优势框架的学者通常主张女人和男人在语言上的差异不是良性的，它产生于男性对女性的支配，并为使女人从属于男人而存留。采用优势框架的学者与著作有茱莉亚·佩内洛普（Julia Penelope）的《自由地说：忘记父语中的谎言》（*Speaking Freely: Unlearning the Lies of the Fathers' Tongues*）（1990），或者更早也更广为流传的戴尔·斯彭德（Dale Spender 1980）的《男人创造语言》（*Man Made Language*）。这些书中都指出理解性别与语言之间的相互作用很重要，对女人和男人作出评论时尤为如此。关于互动的一系列实验性研究和自然主义研究都着重于会话（conversation），寻求（和发现）男性在男–女互动中的主导地位，比如说女人得到（如 Fishman 1980）以及维持（如 Zimmerman & West 1975）话轮权（floor）的能力。

不论是注重优势还是注重差异，这些早期研究都认为将男女划分为不 40
同群体并调查两个群体间说话时的差异是理所应当的。无独有偶，这种对差异的重视不仅在语言学领域得到发展，也出现在更广义的心理学研究背景中。例如，卡洛尔·吉利根（1982）指出女人和女孩子有着不同的道德理性模式，玛丽·贝伦基（Mary Belenky）和她的同事（1986）提出习得和处理知识时的性别差异。每项研究都构成了对以男性为中心的认知研究的有力回应——这些研究的结论把与占主导地位的男性相关的思维模式当成常态，并将女性（通常还有少数民族和种族少数群体）的认知过程评价为有缺陷的。然而，虽然所有这些研究原本产生于女权主义者对以男性主导的、为男性服务的知识范式的不满，但却同时吸引了大众对性别差异的渴望。最终，这类研究频繁转化为大众话语，用来证明和支撑男性优势的合理性。这毫无疑问令学者们惊惧万分。

与此同时，以男性和女性对立为主的研究在以下几个方面遭遇了塌方。首先，有色人种女权主义者质疑了所有女人为同质范畴这一论点。该论点声称女人无关种族、国籍和阶级，本质上有着同样的生活阅历（如 Hooks 1981）。其次，过度侧重男人和女人之间差异不仅仅抹消了男女的类似之处，还必然会忽视女人和男人群体内部的巨大多样性和权力差异。在一项对庭审证言的研究中，威廉·奥巴尔（William O'Barr）和金·阿特金斯（Kim Atkins）（1980）发现陪审员倾向于不信任包含莱考夫指出的具有“女人”“软弱”语言特征的证词。然而，他们发现男人和女人都会使用这样的语言——使用这些语言的频率与其说与性别有关，不如说与说话人的社会经济地位以及对庭审环境的熟悉程度有更大的关联。换言之，他们指出，莱考夫所定义的“女人的”语言实际是更普遍意义上的

"无力的"语言，它的性别化主要是因为女人比男人更经常地处在一种无力的位置上。显而易见，当时对全面性别差异的探讨过于简化，研究人员必须更多地考虑社会地位的多样性和言语发生的场景。

同时，人们开始观察在更加抽象的语境中面对面互动中的权力动态。一些批评理论家，比如米歇尔·福柯（Michel Foucault）在他的研究中（如 1972）提出社会中的权力主要存在于社会话语（social discourses）中，社会话语使部分行为和意识形态被称为常识（common sense），与之相比，个体行为的压迫相形见绌。马克思主义思想家安东尼奥·葛兰西在此前（1971）提出，最有效的权力在于文化霸权。其中，一个群体的利益根植
41 于广泛的文化意识形态中，使它看起来符合自然并符合整个社会的利益。这种对无形力量在知识建构中所起作用的新关注使人们认识到，社会结构、男性范畴和女性范畴的性质、是利益化的历史强制力的结果［因此，福柯等思想家通常被称为后结构主义者（*poststructuralist*）］。而一旦性别的理论化阐述开始合并霸权理念、社会话语、意识形态，意义和解释，就应作为话语实践（discursive practice）的一部分来探讨了。性别和语言理论家们开始考察语言实践（linguistic practices）是通过什么样的方式促进有关性别的常识的被创造、被维持及被质疑的。

所以，性别出现不是天生的，而是后天的；不是自然或本质的，而是被社会构建的。它不是人们"有（have）"的，而是人们"做（do）"的。在这种观点中，性别不仅存在，更通过人们性别化的行为表现持续地被制造、重现，甚至改变。人们表现他们自己所宣称的性别化特征，认可或质疑他人的特征，并通过不同方式去支持或挑战性别关系与特权体系，以及他们所扮演的意识形态。就像欧文·高夫曼（Erving Goffman 1977）所指出的，就算是走入公共厕所这种明显按照性别分类的场所——人们也还是会制造（does）性别。朱迪斯·巴特勒的哲学著作（特别是 Butler 1990）非常具有影响力，与之相关联的，还有一些社会学和人类学研究的先驱者（特别是 Kessler & McKenna 1978）也注意到了性别表现的向心性。这让

很多研究语言与性别的学者把“男性的（male）”和“女性的（female）”语言资源与“男人（men）”“女人（women）”区分开来，并探讨语言表现是如何既构建传统的性别化特性，也构建挑战传统性别化特性的某些形式。这种对特质和范畴的区分使得社会学意义上的性别（gender）界线变得模糊了，生物学意义上的性别（sexual）界线也是如此。把男性 / 女性、同性恋 / 异性恋等范畴看作是结果而非原因之后，人们开始更加关心这些二元对立的概念是如何成为中心的，以及这些对立是如何成为现在特有的形式的。米歇尔·福柯在他的著作《性史》（*History of Sexuality*）（1980）中展示了（其中最明显的）“同性恋”是一个最近产生的范畴，它在过去只是指一种（每个人都可能实施的）行为，而现在则成为将人群进行分类并控制的手段。

这些发展推动女权运动思想进入第三次浪潮，脱离二元论而注重多样性、流动性和变化。第三次浪潮接纳了性和性别的多样性，打破范畴，质疑生物特征和个人特性的联系——使男性和女性、男性化和女性化的概念变质了。“酷儿理论（Queer Theory）”的出现（如 Sedgwick 1985; Butler 1993）使福柯指出的性别范畴问题受到瞩目，使人们越来越关注性别表达和性别改变的选择权。语言与性别的研究也从最初考察语言特征和范畴成员的关联扩大到探讨相关特征是如何被利用去构建男性和女性，以及一些其他类别的人物形象的。在某种程度上，性别研究是对二分法的研究，它 42
是关于绝对的二分法如何站稳脚跟以及被维护的研究。除此之外，性别是关于表达的多样性——人们发现自己成为了男性，成为了女性或是别的什么。当然，这也产生了对新的语言表达与旧语言的新表达方式的意义的又一次争论。因此，性别差异的整个问题与将性别分为两类背道而驰，并为其存在方式的探讨开辟了广阔的空间。在这个背景之下，我们越来越多地把语言看作是一种自我构建的资源——对人物形象的构建——为了在社会景观中开拓属于我们的地位。这使我们对语言与性别的关心扩展到对语体的研究——人们是如何通过整合资源来构建新类型的人物形象的？权力问题与其说是关注男性个体对女性个体的主导，不如说是关注性别可能性的更普遍的规则，包括刻板印象（stereotypes）的传播、规范性的期望、范畴体系等。

焦距变化

当研究的重心从作为构建的范畴转变为作为被构建的范畴后，流动性和变化很快变为语言与性别研究的中心。性别和语言都不是静态的。它们都出现于使用之中，因此我们使用语言的方式同时也会影响语言自身的结构。变化是语言中重要的一部分，这一认识一直处于语言学研究的中心。20 世纪 60 年代以来，差异和变化的社会动力学（social dynamics）研究（如 Labov 1966）兴盛了起来。尽管如此，语言学家们普遍视语言为一个纯粹自动的过程，他们坚持语言是一个超越语言使用者范围的系统。很久以前就有人试图通过改变人们的语言来改变社会，不过通常他们都遭到了敌视。70 年代，一些女权主义者坚称人们应该终止使用 *man* 来指代人类（*humankind*），或终止使用 *he* 来指代他或她，被人们称为“代词羡妒（pronoun envy）”而付之一笑。哈佛大学语言学系发出了一个公告，解释用男性代词来指代人类整体（比如每一个学生都应该带着他的书来上课）是一个语言事实，而不是社会事实[3]。

但研究也表明，这种去历史的（ahistorical）语言观是有缺陷的。在英语中使用男性泛称不仅发生了，它在 19 世纪还曾作为一种对男性优越性的承认，故意立法规定过（Bodine 1975）。而女人相关的指称通常要经受语义上的羞辱和性化——比如说贱妇（*hussy*）曾经只表示“家庭主妇（*housewife*）”，情妇（*mistress*）曾经只是男主人（master）的女性版本同义词——这些也仅仅被视为一个语言上的事实。但是同样的语言事实并没有影响到对男性的指称，因此，显而易见，词语在日常使用中语义上的变
43 化与权力动态相关联（McConnell-Ginet 1984）。权力动态也涉及将单词和

定义纳入语言合法性的伟大仲裁者——字典（Treichler 1989）。显而易见，语言和语言的使用是密不可分的——跨越代际和世纪，人们从不间断的交谈将文化信仰和理念沉积在交流媒介中。与此同时，语言系统的权重限制了我们能够言说的事物和我们言说它们的方式。

变化的实践，变化的意识形态

变化的发生不是一次性的或者个体行为，而是贯穿社会结构（social fabric）的行为的积累产生的。这决定了我们不能预测变化的方向——改革将从何而来，当改革渗透在社会之中，它们将变成什么样子。语言通过反复使用、通过使用的顺序、通过使用的历史奠基作用于社会。这样，嵌入历史之中的不仅有言行的内容，还有言行实施者的身份和地位。因此，个体行为便成为广泛话语中的一部分，它的最终效果将是它在这种话语中存在的结果：它是如何被提及的，被谁提及的，以及它是如何融合于其他人的所做所想的。

60 年代末，美国的女权主义者们一致协定将社会头衔女士（*Ms.*）一词带入称呼语词汇表中，旨在提供一个“先生（*Mr.*）”的女性版本同义词——一个只标明性别而不是婚姻状态的词语。这显得至关重要，因为与男人不同，女人常常由其婚姻状态被评判、被认定、被取消资格、被接纳或被驱除。如果一个女人结婚了，她通常会被预判将离开学校和职场；上了年纪的女人如果没有结婚，周围人会觉得其人生失败；而单身母亲则被认定是不道德的。小姐（*Miss*）和夫人（*Mrs.*）的区分使用是为了让女人们待在她们该待的场所。“你是个小姐，不是吗？（It IS MISS, isn't it？）”曾是一种让女人知晓她自身无足轻重的常见表达方式，无论是因为她缺乏经验还是缺乏魅力。因此，这一新词的引入是对女性的一种重构行为，也是一项增进性别平等的运动。当时，绝大多数英语使用者都觉得这是个愚蠢而徒劳的行为，他们认为使用这个词只是为了表明使用者是一个拒绝被她的婚姻状况定义的女权主义者。受到邮政广告业的助力，女士（*Ms.*）一词流行开来，然而，这并不是出于对女性平等的关心，而是为了避免广告商冒犯到婚姻状态不明的女人。虽说如此，日常使用还是反映了意识形态的差异与由此产生的变迁。当今，绝大多数官方表格为女人提供夫人（*Mrs.*），小姐（*Miss*），女士（*Ms.*）的选项。女士（*Ms.*）一词提供了什么样的新信息呢？这是不是与选择不去勾选种族或宗教信仰具有同等意义？年长的女性还是倾向于把女士（*Ms.*）解读为女权主义，使用它抑或是小姐/夫人（*Miss/Mrs.*）的选项取决于她人的政治倾向。中年离婚女性、职业女
44 性依然会在她们的职场中使用女士（*Ms.*）一词，虽然她们并不认为是在表明自身的政治立场。这显然不是60年代末的女权主义者们为她们的新术语所设想的未来。这项协定带来的结果是变革，而一旦变革超出了发起它的团体，它就产生了自己的生命力[4]。同时，在这数十年间，引入女士（*Ms.*）一词之时的初始理念开始成为主流。法国总理于2012年发布命令，禁止在官方表格和记录中使用法语中小姐（*Miss*）的同义词*Mademoiselle*[5]。

在一些团体内发起的变革之命运的另一个例子是女性体育杂志的现状。对宣传和支持妇女成为职业运动员的杂志的大量需求，使一些以女运动员为主题的出版物得以出现。然而，这些杂志并没有像男性体育杂志描绘男人的那样把女人描绘为运动员，而是很快演变成为一种混合品种。在许多方面，它们很像传统的女性杂志，不但强调运动能力还强调外貌，混淆健美和瘦小，发展和维护典型的性感女性躯体形象。换言之，一些女性对促进其运动生涯的诉求被兼并到一个关于女性身体和身体活动的更大的社会话语之中，由此产生了这种混合的现象。

上述的每个事例之中都出现了一些由利益相关群体所作出的协定行为，它们向传播实践（communicative practice）中注入一些变化——其中一些注入语言，另一些注入印刷媒体。但每个利益相关群体都只能将它们的行为推向市场。一旦这些行为被市场看中，它们便脱离了创始人的控制。这是在思考我们的贡献时一个有用的隐喻：在语言的例子中，我们的言语（utterance）被提供给了某个市场，而该例中的所谓市场是一个意义

（meaning）（和影响）的市场。然而，一个理念在市场上的价值与提供它的个人或群体的地位密不可分，只有我们不忽视这个事实时，这个比喻才有效。

变化的社会轨迹

由于我们分析的中心是语言和社会变化，因此我们想强调变化是以一些细微的形式到来的。*Hussy* 这个词意义的改变不是一夜之间发生的，而是通过提及某些女人的行为和特征时反复带有偏见地使用该词造成的。无论在哪个历史时刻，性别规则与语言习俗都在我们的思想和行为中打下了一个钢印，诱使我们遵循世代相传的思想行为模式，并以此贯穿我们的终生。变化的出现干扰了这种模式。虽然有时这种干扰可能很突然，但它通常产生于微不足道的事件，无论这个事件是否是故意引发的。我们在之前的章节中谈到，我们即使在最细微的行为中也会表明我们的性别。正是由于这些表现的累积，性别规则才得以维护；反之，正是由于这些表现当中
细微的变化，性别规则才得以重建。语言的普遍变化与参与性别构建的特 45
殊变化都以同样的方式发生，主要是通过有效利用语言资源中极小的变化而实现的。

在随后的章节中，我们将着重考察单次革新到社会变化（societal change）的过程。与语言学家相同，我们重视日常生活一些言语习惯中的细微表达，这些表达在某种程度上是我们下意识地去使用的。我们把这些习惯和更大的社会话语需求（societal discourses requires）相联系，去思索微小的行为是如何扩大的。首先，我们需要考虑个体的言语行动（move）是如何被其他人捕捉并最终进入公共话语的。为此，我们不能停留在社会抽象的层面上，而必须关注具体的场景与事件。但是，正如我们希望了解细微的言语行为是如何产生巨大影响的，我们也希望搞清单个场景是如何累积以产出和再现抽象社会结构的。这点在第 1 章中有过探讨。我们如何把琼斯家周六早餐桌上发生的事和性别规则联系起来？

正是这个问题指引我们导入一种社会分析层面，这种分析主要根据其在组织活动中的作用来定义，并且一方面在具体的人及其活动之间进行调和，另一方面在性别和阶级等更抽象的范畴之间进行调和。在琼斯家的早餐桌上，在康斯托克太太的拉丁语课上，在伊凡的车库乐队里，人们都非常有规律地聚集起来，参与某项活动。无论这项活动是维系家庭，学习（或不学习）拉丁语，还是演奏音乐，每个群体的参与者都由于长时间的参与而发展出一些和同组其他人一起做事的方式。他们发展活动和参与活动的方式，他们发展共同的知识和信念，相互联系的方式，交谈的方式——简而言之，实践。这样的群体就是珍·拉维和艾蒂纳·温格（Jean Lave & Etienne Wenger 1991）所定义的实践的团体（*community of practice*）。

当不同群体的人对一个共同的场景作出反应时，实践的团体就出现了。一群人开始在公园里打篮球，一群不满的雇员开始每天的牢骚大会，一群父母组成育儿互助小队，一群书呆子在高中阶段团结起来以求安全——所有这些群体开始共同参与实践，是因为在某个特定的时间与场所他们拥有共同的兴趣。因此实践的团体不是随机出现的，而是由社会中不同地点出现的各种场景构建的。像性别、阶级、种族这样的范畴出现在一连串经验中——某人参与的各种实践的团体，以及在那些团体中其所呈现的各种参与方式。女人比男人更多地参与文秘小组、拼车小组、育儿小组和健身课。工人阶级妇女比中产阶级妇女更多地参与保龄球小组、邻里协会和大家庭。某些实践的团体是单性别的，某些则给予不同性别的人不同的任务，或给某个性别的人边缘化的任务。

46 实践的团体是社会组织的层面，在这个层面，人们在个人和日常基础上体验社会规则，并在其中共同理解社会规则。一群高中好友为某个共同兴趣聚在一起——也许他们只是偶然凑到一起决定要做这件事。他们互相之间也许不都是同样密切——也许有一些子群体。他们中也许会出现一个领袖，也许会有一个小丑，也许会有一个总是指望别人建议、关注、安慰的人。参与形式随着他们的共同参与而发展，共同关注的问题和参与这些关注的方式也是如此。他们也许会发展出小笑话、打招呼的方式、外号、重复多次的故事、有趣的发音方式。在食堂里也许他们会常常坐某个特定的午餐桌，在那张桌子上他们发觉并思考与坐其他桌的其他群体之间的关系。他们一起去购物中心、棒球赛、摇滚乐会——思考他们与在那些设施中偶遇的人群之间的关系，思考他们与所参与的活动之间的关系。在这些偶遇和对这些偶遇的讨论中，他们发展出自身对学校社会规则的地位感知，以及在学校之外对阶级、性别、种族、民族的地位的感知。好友团的每个成员都把这些感知带到她所处的其他实践团体的类似活动中——她的家庭、她的垒球队、她的拉丁语班。这些感知中的一部分或许在她的自我构建中比较核心，另一部分相对边缘；她平衡在这些不同实践团体中构建的自我，在这一过程中，她锻造了一个身份（identity）。每个实践团体中的每个成员既寻求共性又寻求特性，理解这点至关重要。当人们谈论团体成员时，他们通常都会过度地将归属感和与他人建立相似性的欲求联系起来——也就是一种从众的欲求。但归属感的另一个重要部分是建立一个独特角色，使某人找到相对于他人的自己的位置，建立一个他人支持的自己。

个人与社会领域关联，在此关联中，我们去平衡我们想要成为什么，以及别人允许我们成为什么。欧文·高夫曼在他的重要洞见中考察了这种联系，即社会互动（social interaction）总是涉及他所称的面子事务（*facework*）（特别参照 Goffman 1967）。要参与社会事务，就要求参与者之间具有一些相同的特点。因此，每一个体都会呈现出一个他或她感到满意的、在与他人互动中认可和维持的自我。面子（face）是一种我们与他人交往时可以“丢失”或“保全”的东西：它密切关系着我们对自身的呈现（presentation），以及他人对我们作为某类人的认可。当与他人接触时，我们总是将自己和其他人放置于一个社会景观；这个景观中，性别常常（虽然不永远）是一个突出特征。在不同的实践团体中，各类场景和各种参与形式要求人们做出不同的自我呈现（presentation of self）。人们为展

现某种形象所做的事情，以及认可或排斥他人宣称他们所展现的形象时所
47 做的事情，这些全部都涵盖在面子事务中。高夫曼说，“面子是一个根据被认可的社会属性自我描绘的形象——尽管这个形象其他人也可能共享”（1967: 5）。因此，面子可以看作是人与人在互动中相互协调的社会黏合剂——正是面子使他们有意识地调整自己的行为。

性别的意识形态和假设的性别认同既塑造了个体希望展现的面容，也塑造了他人乐于归属于其的面容。维持性别规则背后的一股强大力量是避免面子威胁（face-threatening）的情况或行为。为了免受公众的嘲笑，一个喜欢手提包的男孩子会学着不把它带到公共场合；为了避免他人的排斥，一个不受欢迎的男孩子不会尝试和那些受欢迎的女孩子交谈；为了回避多余的性挑逗，一个口渴的年轻女子会选择不走入酒吧。一个异性恋取向的男人由于害怕他人认为他是同性恋而使用毫无起伏的音调说话；一个年轻女人由于害怕他人质疑她的威信而回避说出她的婚姻状态。

塑造自我

在整本书中，我们将强调性别是人们构建和主张身份的一套实践。我们在本书中接下来讨论的所有的语言实践都可以被看作构成惯例的工具箱；这些语言实践构建性别身份、人际关系和意识形态。说话人在说话的任意瞬间都有一系列的选择，而一旦该言语被引入语境中，这些选择以及解释和接受的可能性就会受到限制。我们可以把性别看作是一套制约，对这些制约我们采纳或者仅仅接受，我们在其之中斗争，或者与之斗争。但这些制约并不是永久存在的，改变它们的正是人们的日常活动。同时，当制约改变，工具箱中的资源也会改变。当我们讨论语言实践相关的各个侧面时可以看出，人们在这个语言工具箱中收集各式各样的资源，去塑造他们愿意认可的自己，他们被性别规则和他们团体的语言实践强加了很多制约。每个人都用自己的方式使用工具箱，混合和搭配语言资源，例如

词汇（lexical items）、语法性别标记（grammatical gender marking）、句法结构（syntactic constructions）、隐喻（metaphors）、话语标记（discourse markers）、言语行为（speech acts）、语调轮廓（intonation contours）、发音（pronunciations）、停顿（pauses）、语音重叠（overlapping speech）、节奏（rhythm）和速度（speed）以及语气（tone）。还有一些和资源分不开的因素，如视线（gaze）、动作（movement）、体势（posture）和面部表情（facial expression）等在本书不做直接讨论。某些资源的使用也许是无意识的——是根深蒂固的习惯的结果——也有一些的使用是具有相当策略性的。这些资源的成果是某种交际风格（communicative style），它和其他风格元素如着装、走路的方式、发型、消费方式和休闲活动等结合起来，组成一个人物角色的呈现，一个自我。这样的呈现将个人直接地设定在某个众所周知的范畴中，它也可能构建一个略显新奇的身份，在性别规 48
则的不断变化中成为潜在的、微小的下一步。

我们在性别规则中的定位制约我们的行为，但同时正是我们的那些行为（或他人的行为）把我们定位于性别规则之中，并使性别的不同侧面得以存在。虽然社会结构和可用资源带来了限制，但人们可以决定他们允许自己（以及试图加强或放松这些限制的其他人）受到多大的限制。这些决定并不是单纯地依照性别做出的，而是参照我们生命的所有其他方面——常常是在有意识注意（conscious attention）的层面之下——和性别的相互作用下而做出的。

语体（style）是构成性别的核心部分——我们主要通过语体这一方式把自己呈现为男性或女性，以及不同类型的男性或女性。语体实践（stylistic practice）是社会变化的一个主要轨迹，它也是变化最独特的种类，涉及社会类型的生产和再生产。因此，我们主要通过干扰语体和转变范畴引导变化。我们强调语体，是因为我们想让读者认识到，语言是一种自我表达和社会行为的资源。虽然我们将着重讨论语体和性别之间的关系，以及语体实践和社会变化的关系，但我们不会忘记在日常层面上，语体通常并不是一个严肃问题——倒不如说它是人生的调味品。大量的性别化表达是因为有趣，重要的是思考为什么会这样。事实上，也许最好做以下思考：什么是有趣；为什么人们不总能在什么东西有趣这一点上达成一致；漫不经心地做某些特定的事可能被归类于有趣，而另一些却仅仅是无聊，等等。我们认为某件事只是为了有趣而做，这肯定在某些方面是有意义的。因此，虽然搞乱语体很有趣，但同样很严肃。

本书的读者应该没有多少是生活在那种完全由当地传统来决定他们人生选择的世界里。我们中的大多数人都生活在通常被称为“晚现代（late modernity，如 Giddens 1991）”或“后现代（postmodernity，如 Jameson 1991）”的地方[6]。正是在这种语境下，自我被构建的概念出现了。现代人通过消除明确界定的存在方式而远离传统，让我们以反思的方式构建自我。我们迅速扩大的全球材料和信息获取渠道，为这一构建提供了不断扩大的资源。资本主义的消费向心性使消费成为我们文化的中心，让物质同我们建立起深刻的关系。理论学家们（Veblen 1899; Baudrillard 1970）重视自我构建中消费的角色。后现代理论学家弗雷德里克·杰姆逊在晚期资本主义（late capitalism）中提出（1991: 56）：

> 美学的生产……变成了普遍的商品生产的一部分，以更高的周转率，疯狂而紧迫地生产出外观看似奇特的商品（从服装到飞机），这在当今赋予了美学的创新和实验越来越重要的结构功能和位置。美学生产已经更广泛地融入了商品生产之中。

49 这样，我们的语体产出，以及我们构建自我的更普遍的努力，不是凭空出现的，而是在可能存在的自我（possible selves）和可能存在的资源的强有力的语境中完成的——是一种具有社会意义的经济学。决定戴米奇手表搭配西装可能是心血来潮的结果。但心血来潮并不是凭空产生的，我们可以从商务西装、米奇手表以及该人穿着——或不穿的各种元素的各类组合之外，获得风格变化上的更重要意义。不过，语体风格的变化所构建出的意义不能抹消一个很有趣的事实——虽然语体行为是策略性的，但这些策略通常是相当局部的，并非个体全盘计划的一部分。

研究语言和性别

在下一章中，我们将提供说话人使用的语言要素方面的综述。在随后的几章中，我们将展示说话人在构建性别时如何调用这些语言资源。我们将一直强调变化，与其说是为了社会议题上的利益，不如说是为了培养一种理解，即生活就是变化。没有一个人是静态不变的，我们参与的社会也不是。我们的目的是强调结构是使个人创新行为有意义的原因，从本书提供的语言学角度来看，我们主要的关注点是最微小的语言行为是如何成为变化的一部分的。虽然到目前为止，我们对社会变化的讨论仅强调了我们自己重视的那种变化——即男女平等的增加，以及作为女性和男性的更大自由——但生活和语言是流动的，我们永远无法确定这种浪潮将把我们推向何方。

语言与性别的研究是一项跨学科的事业，跨越文学研究到心理学、社会学、人类学、交际学、语言学。我们报告的调查将包含各种方法，从实验研究到民族志（ethnography）。然而，由于本书的重点是口头语言，我们将不做文学研究贡献的整理。这并不是因为这些贡献不重要，而是因为我们没有能力做所有的工作。语言与性别的研究涉及解释语言资源是如何用来实现社会目的的。那些社会目的是什么，语言形式如何完成它们，这些是需要解释的问题。由于我们思维过程中性别意识形态的作用，分析工作需要十分慎重。分析的价值主要取决于形式和功能之间对应方面的分析质量。

人们对语言与性别之间的相互作用的理论化倾向于注重某个特定论点，每次讨论一个论点，通常是某个论点对应另一个论点。这样一来，理

50 论性的文献总是会包含极端立场，一方面强调权力和男性主导，另一方面强调性别分离和差异。每个强调都表明了性别实践的重要方向，但是单一路径不能辨别事态的全貌，只侧重某一路径将会失去很多重要的事物，从而扭曲全景。关注差异的研究，特别是不同文化的差异及其产生的不同身份，往往会抹消男性特权的主导地位和结构。另一方面，关注支配地位的研究往往会淡化经验和信仰差异的重要性。同样，关注社会结构的研究，不管是探讨差异还是优势，都倾向于淡化性别是流动的、变化的，以及在实践中被保持这一事实；而关注变化和创造则会低估这个被感知为静态系统当中约束的重量，虽然变化和创造确实体现在日常实践中。与之类似的是，关注个体会掩盖性别之间合作的本质，而关注系统又会阻止我们思考个体的能动性。任何社会系统和个体行为之间的断裂都会阻碍我们思考验证这两者之间的关系。

普遍性是调查的中心，在对语言与性别的研究中，我们最终寻求整体上的普遍性。但是，我们需要谨慎地看待我们是如何形成这些概括性结论的——我们如何从观察特定情况下特定人群的行为转化为广泛的社会模式。在这项工作中，我们从几组真实的人（调查的“对象”）过渡到某个类型的人，从真实行为到抽象的行为模式——从某些人的行为模式过渡到我们分类中人群的性格和潜在特征。因此，我们现在要转移到分析方法的问题，分析当谨慎步骤有序进行时大跨步的后果，以及这些步骤的本质。

镜厅

某些语言刻板印象对于寻找性别差异的人来说是非常引人注目的，主要是因为他们愿意接受现成的基于性别的解释。有些语言刻板印象也会引起把它们认识为性别刻板印象并寻求反驳的研究人员的兴趣。因此，在语言使用方面有一些假定的性别差异已经被反复研究了多次——经常有不确定或负面的结果。即使每个研究人员都仅基于个人研究发出最保守的主张，但是研究的绝对数量以及外界对结果应为积极的信念相结合，导致了调查结果为稳健的普遍印象。最后，这些刻板印象成为被采纳的科学事实，变成了语言与性别普遍真理背景的一部分。珊·沃宁（Shan Wareing）（1996，转引自 Cameron 1998a）用“镜厅”一词描述了这种现象。

罗纳德·麦考利（Ronald Macaulay 1978）指出文献中语言能力上的 51
性别差异的镜厅效应。这和一些博学之士的主张相反（Maccoby & Jacklin 1974），人们仍然普遍认为女孩的语言发展比男孩快，女孩的语言能力比男孩优秀。然而，麦考利发现这些主张所依据的研究结果绝不是压倒性的。

评价这类研究的第一个问题是评估语言能力衡量标准的价值。测试幼儿的能力需要相当大的灵活性，调查者通常需要依赖在熟悉场景中对行为的测试以及相对少量的控制。结果，即使在一些合理的测试方法中，麦考利还是发现了部分在测试口语能力时有问题的方法，如“和其他孩子说话更频繁”“观影时恰当的语言表现”“向母亲要求信息或评价”“发出更少的‘ah’”等（p. 354）。人们会质疑这些测试涉及的口语风格，认为它们对衡量口语能力没有什么价值。

但即使假设这个测试手法没有瑕疵，为了证实女性在语言能力上确实具有优势，人们还是会期待在同一领域、可重复的研究中的性别差异在统计学上具有显著性。麦考利调查了很多实验性文献，却并没有发现此类一致性。相反，他发现多数测试方法没有展现性别差异，部分测量方式显示女性具有优势，另一少部分研究则发现了男性具有优势。总的来说，展现性别差异的测试方法仅仅发现了轻微的差异，其中许多并没有统计学上的显著性；还有很多是从大量的结果中筛选出来的，也不能认为存在差异。另一方面，他发现其实社会经济阶级更加稳定并显著地与口语表达相关联，并很有可能解释一些表面上的性别差异。但是麦考利同时也备注到（p. 361）有些研究指出调查者的性别也会影响语言发展测试的分数（Johnson & Medinnus 1969: 159）。由于大多数研究儿童语言发展的研究人员是女性，探讨研究结果和调查者性别之间关系的研究也是很有必要的。根据麦考利的研究，“语言能力”中唯一毫无疑问的性别差异是男孩子比女孩子更容易产生语言失调（language disorders），如口吃等。但是语言失调代表某种干扰（interference），而不必然反映初始能力的差异。

事实上，如果麦考利在语言能力的性别差异调查中发现有研究指出眼睛颜色与语言能力有关，那么这篇论文肯定会遭遇撤稿。但是研究人员和大众却确信这些必然是性别差异。他们分析结果的时候带有很大的偏见，导致他们愿意接受低水平的统计标准。为了说明这一点，麦考利引用了一
52 项关于 8 岁以下语言发展的纵向研究的结论（Moore 1967）。这个研究考察了不同年龄中（6 个月、18 个月、3 岁、5 岁、8 岁）男孩和女孩在 6 项语言测试的表现。这些语言测试并不是每项都可以应用到全年龄段，但总共有 16 个部分可以观察性别差异。摩尔在这 6 项语言测试的表现中仅仅发现了 1 个显著的性别差异，而且仅在 18 个月的幼儿中发现这种差异。尽管如此，他还是以性别问题总结了他的研究：

> 年幼的女孩在家里玩耍时会特别全神贯注在人际关系上，通过这些，她在长大之后可以完成她作为妻子和母亲，以及家庭中“表达主导者”的角色（Parsons & Bales 1956），早早地学习语言以便交际。这样的交际涉及养育性的日常活动等家庭生活中的事务，在这个阶段她开始对此产生兴趣。在她分享和交谈那些家庭事务时，她好像复制和“帮助”了她的母亲，这必然提高了母亲与孩子的共同身份认同。反过来说，如莫勒（Mowrer 1952）和麦卡锡（McCarthy 1953）提到的，这些会使儿童加强模仿母亲的话语并促使语言的进一步习得，这些习得最初指向家庭和人际事务，而此后也会应用于其他方面。她聪慧的表现比较容易预见，因为这根植于此类早期交际。这些交际使她在早期（环境允许下）就有能力展示她的遗传的潜力。
>
> 同样的事情也发生在男孩子身上，但是程度较轻，因为他们无法轻易分享他们的兴趣。他们对摆弄机械物品的痴迷不能引起他们母亲的兴趣，而父亲又很少陪伴他们。同时，或许与关于家庭日常进行的交际相比，关于原因和结果的有效交际更以心智发展的稍后阶段为先决条件。小男孩也许储藏

> 了很多有趣的观察，但他的表达能力限制他只能说火车停这样的话，直到他足够成熟，能够询问为什么火车会停。只有这样，他才能开始借助提供给他的解释来构建他积累的经验，为自己补充语境并逐渐内化，正如维果斯基（Vygotsky 1962）描述的那样。他的语言不如女孩子流利和个性化，也比女孩子出现得晚。他的语言更多的是沿着分析的方向发展，并在适宜的环境中为他后期的智力成就提供基础，这些在他生命中的最初几年是无法预见的。
>
> 与此同时，女孩则习得人类反应的丰富知识，我们叫它女性的直觉。然而，也许是因为人类的反应比起无生命的物体更加不规则，因此她更难发展出聪明男孩所习得的思考时的严谨逻辑习惯，获得女性的直觉使她酷爱人文学科中的微妙秩序甚于科学中的智力刚性。（Moore 1967: 100–101；引于麦考利 1978: 360）

当今，这种满足于明显的性别刻板印象的研究已经非常少了。实际上，绝
大多数当时的研究者都仅是做出谨慎的主张，或者干脆驳回他们曾发现的 53
性别差异的含糊迹象。反而是后来的读者夸大了他们的研究结果，把它们带入镜厅，找回更多带有传奇色彩的反光。虽然目前的语言多少保守了一些，我们依然能找到很多对有限数据的夸大，这种夸大很大程度要归结于性别刻板印象和意识形态。

积累不具备显著性差异的结果并不是唯一导致对性别的可疑概括的解释性举动。很多研究确实展示了男性和女性在口语行为中统计学意义上的显著差异。然而，统计学意义上的显著差异却又和两性之间的大量重合这一事实完全兼容；并且，每个性别分组内部的差异比两性之间的差异要大得多。这些可能性常常被研究人员无视，他们倾向于描述“男人”做某件事而“女人”做一些完全不同的事。此外，在研究情境中观察到的差异常常被泛化到那之外的地方，这样，它们的意义就被过度扩大了。这种过度扩大的一个例子是认为男人在会话当中比女人更多地打断别人的普遍观念。

如何证明这个命题是对的？虽然我们将在第 4 章详细讨论打断的问题，在这里我们还是把它作为我们的第二个警言故事提前讨论。正如我

们将在第 4 章看到的那样，打断这个概念是很复杂的。我们想在这里指出的只是一些诸如“男人爱打断别人”这样所谓“已确立的事实”，虽然在先行研究中从来没有确切证据，但它们却依然长期存在[7]。黛博拉·詹姆斯和桑德拉·克拉克（Deborah James & Sandra Clarke 1993）对 1965 年到 1991 年这 26 年间关于“打断”的研究进行了细致的检验，她们发现没有证据能证明说话人打断别人的一般比率有性别差异。整体看来，詹姆斯和克拉克发现总共有 13 个研究显示男人比女人更多地打断别人，8 个研究显示女人比男人更多地打断别人，以及 34 个研究称没有发现男女差异。这很难说是男人比女人更爱打断别人的压倒性证据。当然，我们也应该指出，我们拼凑了不同种类研究的结果，用这样的方式来尽可能地让我们的论点最大化。当把这些研究分解为非多人组的一对一的小组，或同性别组和不同性别组时，研究结果显示了更多玄妙之处。然而，不论如何分解这些研究，都没有清晰的证据可以证实男性比女性更多地打断别人说话。

男人比女人更多地打断对方的话这种假说很受欢迎，毫无疑问，这个假说的出现是由社会中男人拥有更多的权力这个事实推断出来的。这个假说同样可以套用于女人更加平和、协作而男人富于攻击性和竞争性的这种观点中。这种“女人是可爱的”性别观点充斥于社会、性别学及语言与性别研究的很多文献之中。这种观点不是来源于对语言或者社会实践的其他方面的分析，而是被用作分析的起始假设。我们注意到如果这样的研究不是被女权主义者从事，而是被另一些注重刻板印象、认为女人都是愚
54 蠢长舌妇的厌女者从事的话，他们很可能会把同样的结果解释为女人控制不了她们的饶舌，她们比男人更爱打断别人（事实上，我们经常会听到这些）。人们提出的假设往往基于反对性别刻板印象的组成部分。男人是不是比女人更爱打断别人？女人的话语是不是更加犹豫不定？更有礼貌？更标准？摆在面前的这些问题寻求全面的差异。由于人们寻找的差异被看作是全面的（男人都更加喜欢竞争，女人都更加有礼貌），特殊结论常常被解释成是全面的。

从观察到概括

我们需要思考一个普遍观念，即男人追求等级化，而女人是平等主义者（Tannen 1990）。这种泛化基于一系列对互动的观察，得到了进化生物学和社会领域（想象中的）对互动感兴趣的科学家们的维护[8]。等级化大体意味着将世界视为等级组织，并关注自己在等级制度中的位置。明确关注自己和他人的关系中的竞争性行为，可以说是表示等级指向的。然而，在某个特定场景中的等级指向和普遍的等级观念之间还有很大的距离。差异的存在有可能并不是因为男人比女人更有等级性，而是男人被允许表现出等级性，允许在公众观点中暴露他们的等级指向。当我们谈及“内在的自我”或性情或性格特点时，只考虑表面的行为是有问题的。对男性等级化行为的互动观察主要来源于单一性别组和混合性别组分别完成任务的社会心理学实验。在单一性别组中，男人们表现为创造等级——某些男人说得更多，而其他人则退居幕后。另一方面，女人表现为更多地分享话轮权。但是我们究竟能从这样的实验中得到什么样的结论呢？我们需要思考现实中发生了什么。结论是参加这些实验的男人（绝大部分是在美国研究类大学就读的中产阶级白人学生）在（被相对陌生的人安排并观察的）短期互动中，比参加这些实验的女人（绝大部分是在美国研究类大学就读的中产阶级白人学生）更倾向于创造等级。这完全不能构成男人普遍比女人更加具有竞争性及等级性的论据。

事实上，有很多证据可以证明女人和男人一样具有竞争性和等级性。差异并不在于到底是男人还是女人更有竞争性和等级性，而在于竞争性和等级性所存在的环境以及方式。马乔里·哈尼斯·古德温（Marjorie Harness Goodwin 1990）对居住在费城街区的前青春期儿童进行了一段较长时间的观察。在这期间，她观察到当男孩们一起完成某项任务（如做弹弓）时，互动当中确实建立了清晰的等级。另一方面，女孩们在她们的任务指向（用拧下的瓶盖做戒指时）互动中表现得更加平等。然而，几周之后，女孩们在活动之外的会话中建立起了清晰而持久的等级。男孩们在一个始 55

终平等的群体中一起玩耍，而女孩们却实践了复杂的排挤系统。在其之中，她们不仅仅创造了群体中的等级，还有力地孤立了那些不被接受的女孩们。同样的，在埃克特（Eckert 1989）对高中的调查中，她发现女孩们被紧密地制约于受欢迎程度的等级，而男孩们则倾向于竞争个人能力甚于全面地位。因此，男性更加有等级性的证据仅限于当下的场景——与之相反，事实上女性在长期接触中更多地（甚至更强地）展现等级性。这些考察给我们的警示是，研究方式更多地决定了研究结果。比如，实验性研究仅仅告诉我们短期发生的事态，而不能观察到长时间的、实验中无法提供的场景的动态系统。

由于人们倾向于提出一个整体方面的研究问题，特定场景中的调查结果常常被过度解释为超越了它们所适用的范围之外。研究问题通常直接来源于刻板印象，人们尝试去证实或推翻它们，但这些问题不质疑刻板印象的目的。男性和女性，至少在当代北美社会中，有可能根据不同目的建立不同的等级。因此，一个合理的研究问题应该是，不同人群以什么样的方式建立和参与了社会等级？性别与这种组织有什么关系？

在另一种方法之中，调查中的性别差异也会被过度解释。除了收集语言数据之外，还有解释这些数据背后的基本原理。虽然打断他人言语成为一个支配会话活动及其对话人的极好例子，但观察语音重叠距离观察说话人与支配关系还有好几步。黛博拉·泰南（1989）展示了在很多情况之中，语音重叠并不是支配，而是对会话的支持性活动，某些社会群体的言语风格中充满了这样的语音重叠。换言之，语言形式和社会功能之间的关系并没有我们想象中的那么单纯。但是当对社会功能的解释来源于性别刻板印象时，我们很容易忽略重要的分析工作必须联系形式和功能这个事实。

我们从哪里获得数据？

当我们考虑证据的来源时，对女人和男人的语言实践进行全面概括的问题最为明显。当我们求证到底是女人还是男人在交谈时更多地打断对方或者使用更标准的语言时，我们寻求的是一种泛化，这种泛化只有当研究人员无所不知时才能实现——如果研究人员可以同时（或持续相当长的时间）观察在世界上发生的所有互动。即使我们得到了这种泛化，这又意味着什么？像我们之前论述的那样，即使有庞大的数据，统计学差异的显著 56
性并不意味着没有本质上的重合，那些重合中包含着的也许就是我们理解的关键。无论如何，我们并没有那么大的延伸：我们的证据来源于少量人口，它们全部都多少有些特殊。

对言语的研究一般来说基于实验、对自然发生的行为的观察和记录、问卷调查、民族志、互联网和在线语料库的调查。方法的多样性提供了相当多的来源，当我们把它们放在一起时，可以对语言中性别建构的情境化本质有一个合理的看法。然而，重要的基本原理是认识到每个数据带给了我们什么。因此，其挑战在于我们需要对借用这些手法获得的概括负起责任。如果我们记录了 500 场语言学家的会议，我们的概括只适用于语言学家的会议——控制院系的科目构成和会议的性质……等等。如果我们在某个研究型大学进行一次心理学方面的实验，我们的概括范围是在该类型大学攻读心理学的学生在实验室环境中的行为。

1975 年，马乔里 · 苏维克（Marjorie Swacker）进行了一项实验，她给男人和女人看一张房间的素描，在那之后让他们从记忆中描述那张画。她发现男性被试者和女性被试者回答时有两个差异。其中一个是关于图中放着书的书架。虽然男人和女人在描述书架上有多少书时都出了错，但男性在他们的描述中都说得比较精确，比如，“书架上有七本书”，而女人倾向于给出含糊的答案，比如，“书架上大概有七本书”。另一个是男人说话的时间比女人长很多，有时甚至因磁带用尽而被实验实施人员叫停。我们如何解释这些语言量的差异？当时，针对压倒性的妇女是长舌妇的说法，人们可取的解释是，事实上，男人才是长舌夫。但是还有一种可能是，男人和女人在实验场景中的反应不同——男人感到他们被期望说得长一些，而女人感到别人不希望她们那样。或者换句话说，是否健谈与场景相关。男人感到他人对他们表达准确性的反馈不够时，便认为他们需要继续说话以增进他们的表现，而女人则不那么期待积极反馈。这种解释不是凭空出现的，而是出于对男孩和女孩在口头表达中所获的各种鼓励的考虑。本书作者回想起在机场偶遇熟人和他们的儿子。在他们等待延迟的航班时，那对父母让他们的儿子给他们讲讲恐龙。小男孩喋喋不休，表现出对飞翔的、跳跃的、掠夺的史前生物相当惊人的知识储备。然而，比知识更惊人的是，他的父母对这种表现的鼓励观察者比较确定人们很少鼓励小
57 女孩的这种表现。也许女孩在表达很不一样的东西时才会被鼓励。如果这是真的，那么男孩和女孩也许在成长过程中会发展出不同的认知，认识到某些特定场景中别人期待他们怎么做。

我们可以使用访谈来收集一个较大数量的人群的语例（如 Eckert 2000），但访谈只能提供我们一些有限类型的言语活动。我们可以请求个体准许我们到其家中记录其言语活动，收集各种场景更加自然发生的一些语例（如 Ochs & Taylor 1992），在其活动时进行跟随（Goodwin 1990），让其记录自身（如 Fishman 1983; Podesva 2007）。在这些研究中，我们受限于能够真实研究的人群的数量。我们也可以进行民族志研究，花足够的时间和我们的研究对象待在一起，搞清他们的言语是如何适应当地社会实践的更大框架（Eckert 2000，2008），不过那样我们会被限制在我们关注的特定社区之中。所有这些手法赋予我们某种丰富性，但每种丰富性都有它自身的局限性。用于开发和分析大型数据语料库的新兴技术为研究大量说话者的语言产出开辟了可能性，但我们无法拥有太多关于说话者本人的信息。泰勒·席勒贝伦（Tyler Schnoebelen）（近期刊登）强调了基于大型语料库所得出的广义的性别结论出现的问题，因为由于每个语料库创造出来的方式都对社会范畴成员和其互动的相关性产生深远影响。比如说，CALLHOME 语料库是一个参与人群与最亲密的朋友家人交谈重要问题的语料库，SWITCHBROAD 是一个用电话和陌生人交谈规定话题的语料库，

BUCKEYE 语料库则是一系列陌生人之间的访谈。因此，虽然这些语料库都提供了较大范围的说话人，但人们归纳的很多与性别相关的结论也许会不经意地反映语料库的本质。同时，像我们将在本书中提到的那样，一旦我们在大数据中找到一个有意思的性别差异，我们应该如何去解释它呢？比如，语料库研究（Acton 2011; Tottie 2011）显示出填充词（filler）使用的显著性别差异，指出男人更多地使用 *uh*，而女人更多地使用 *um*。这毫无疑问是个有趣的发现，但这意味着什么？在一项调查研究中，艾瑞克·阿克顿（Eric Acton 2011）发现人们倾向于用性别刻板印象来解释行为模式，比如：女人不愿张着嘴巴四处走动。但这是实际上发生的吗？要理解这些模式，就要发现这两个填充词是如何被使用的。它们在语用上是否相同？男人和女人愿意使用的填充词有真正的统计学差异吗？他们做的和说的有真实的统计学差异吗？

新型媒体和技术给了我们多种模式挖掘真相的可能性——有些可能是很有意义的，而有些不是。就像生物学研究的那样，我们的挑战是不要被我们找到的每个性别差异所诱导。大卫·巴曼（David Bamman）和他的同事们（2012）调查了 14,464 个推特（Twitter）用户在他们发送推特文时所使用的全部资源——从词语到不规则拼写，再到表情符号——他们找到了明确的性别化的语体。事实上，他们有 87% 的概率能够预言一个推 58
特用户的性别。在这个样本中，女人更多地使用不规则拼写和表情符号，而男人更多地使用体育领域（如：运动队）和技术领域的命名实体。这些结果看起来反映了性别中相当不同的部分，那么把这些和性别语体结合起来意味着什么？剩下 13% 的概率又该如何考虑？通过更深入的探索，他们又发现一些明显不使用表情符号和无拼写错误的女性群体，以及常常拼写错误和没有命名实体的男性群体。他们还发现，使用与异性性别相关的语体资源的个体与另一性别具有更密集的社交网络联系（在推特的世界中）。这些语料库既提供了巨大的潜力也具有巨大的局限性，而不言而喻的是，这类研究的价值依赖于研究人员的能力。

语言与性别研究中的刻板印象

刻板印象不是关于语言的“谎言”，而是有目的的夸大其词。它们作为社会中的一种组织手段，一种意识形态地图，规定了我们定位自身和评价他人的可能的范围。它们是构建和凸显社会范畴的手段，不论是为了积极目的还是消极目的。因此，刻板印象，以及它们与行为之间的关系是语言与性别研究的中心。然而性别研究时常将这些刻板印象作为一个起点，而不是研究客体的一部分，研究人员想当然地认为它们代表了某种典型——某种“正常”行为——而把其他行为当作偏差。

我们知道刻板印象在维护阶级统治时的力量，从纳粹分子用邪恶形象和巨大鼻子的宣传画无处不在地丑化犹太人，到轻蔑使用假西班牙语（Hill 1993）和假黑人英语（Ronkin & Karn 1999）中都能看到。克劳德·斯蒂尔（Claude Steele 如 2010）发展了刻板印象威胁的概念，他用其解释少数民族学生在高等教育中表现不佳的原因。实验发现，当人们被告知某种刻板印象适用于他们时，他们会使自己的表现符合那种刻板印象。在一个关于性别刻板印象威胁的著名研究中，玛格丽特·施（Margaret Shih）和她的同事们（1999）提供了当亚洲女人被根据人种（积极）和根据性别（消极）分组进行数字测试时，数学相关的刻板印象威胁所造成的不同表现。在测试之前，给三个组分发了不同的问卷——某个组的问卷通过“在家里说哪种语言”“家庭中有几代人在美国”等问题提醒被试者她们的人种；另一组的问卷则通过同性别 vs 混合性别宿舍的问题提醒被试者她们的性别；第三组是控制组，问卷的问题是关于电话服务等无关问题。控制组作为一个基线，在数学测试中受到亚洲刻板印象威胁的组表现得更好，而受到性别刻板印象威胁的组表现得更差。

59 刻板印象同时也是拙劣的模仿。电影《独领风骚》（*Clueless*）和《坏女孩》（*Mean Girls*）几乎与电视剧《飞越比佛利》（*90210*）和“真实的”电视剧《拉古娜海滩》（*Laguna Beach*）无缝融合。这些影视剧满足了人们对年轻女性被描绘成物质主义、空洞而狡猾的贪得无厌的渴望，同时也为加州提供了一个富裕的白人形象（Eckert 近期刊登），抹消了其内部的极大多样性。互联网内充斥着刻板印象的表演，从兰德尔（Randall）著名的“蜜獾（*honey badger*）”[9] 同性恋模仿到 *shitgirlssay.com* 网站。这些恶劣的模仿巩固等级制度，但也可以挑战它们。我们大家能够获得的性别刻板印象与真人在现实中开展工作时的行为之间存在着相当大的距离。但刻板印象和行为之间的关系本身就很有趣，因为刻板印象通常构成规范——常常是比较极端的规范——我们不服从它们，但是我们被引导去服从[10]。同样地，它们也提供我们意识形态景观及其中呈现的语言的重要信息。

梅兰妮·安妮·菲利普斯（Melanie Anne Phillips）为男转女的跨性别人群提供了一份如何像女人一样说话的线上指南：

> ……在一个句子中女人会把几个词串成一组，没有两个组是同一音高的。这就使女人的声音听起来像是“唱歌”一样。事实上，她们就是在唱歌！有时音高逐渐下降变低，成为一种诡异的音调。其他时候逐渐升高去提高情绪起伏。音高常常像正弦曲线一样在词组之间回转，然后像沙滩上的波浪一样退潮。
>
> （heartcorps.com/journeys/voice.htm）

我们的读者将会意识到这是一个针对女性言语的刻板印象化描述。横在刻板印象和科学发现之间的究竟是什么？我们也许会以女人是否真的比男人更加拥有“唱歌一般的”语调类型这个问题作为开端。当然，在研究这个问题之前，我们会提出一个可能是最棘手的问题——如何在语言上定义一个唱歌的语调，以便我们听到它时可以识别出来，这样就可以测量语音来判断它是否实际上是唱歌？在我们能够从技术上对唱歌语调进行定义之后，又要对比什么样的女人和男人？要用什么样的数据来研究？需要什么样的统计学结果来推断哪个类型算作女性类型？有没有别的方法对这种类型的使用者进行分类——或许我们可以调查女人和男人的性别内部，或超越性别？如何解释类型的意义？这种类型与地区或社会方言有联系吗？它在不同方言之中是如何产生和解释的？

在讨论了假设女人言语所谓“唱歌”的质感之后，菲利普斯的指南还在继续：

> 有些词语比其他词语更加男性化或女性化。其中一部分又来自权力的中介。例如，一个男人通常“想要（want）”，而女人“希望（would like）”。
> 60 “想要”的意思是“缺乏（lack）”而意味着“需要（need）”，进一步暗指拥有的权力。这反映了权利等式中侵略性的一方。
>
> 另一方面，“希望”代表一种偏好，而不是意图，在行动之前先以此把自己的想法提出，看看是否有谁不赞同。这反映了权利等式中顺从的一方。
>
> 你会注意到男人和女人在免下车餐厅点餐时话语方式的不同。男人会说，“我想要（want）一个巨无霸”，而女人会说，“我希望（would like）可以有一个沙拉”。

我们再次认识到，男人的话语中表现出权力和权利，女人表现服从和温顺这一刻板印象。确实，如果一个人想最大限度地用“女性化”的方式说话，这些都是很好的刻板言语行为，再配上有褶边粉红色的衬衫、长长的卷发和高跟鞋。但极端地应用这种方法会创造出举世罕见的高度女性化的小丑。

在“同性恋”的话语研究中，刻板印象特别显著。设想一下，你将如何对大量人群进行研究，以了解同性恋者和异性恋者的言语是否存在系统性差异。我们的性别规则保证，总的来说，对男性–女性的二元分类按照名字、服饰、发型、举止、音高进行充分索引，使得研究参与者被分配到男性和女性范畴在大多数情况下都不产生问题。因此，用性别范畴划分说话人是一种非常简单的方法，且研究规模越大，偶然的错误造成的偏差就越小。但是，人们没有可识别的性偏好迹象，也没有对任何规模的人群进行研究来控制这一点。少数几项研究确定了说话者的性取向，这些研究对于自我选择的人群来说是必要的。比如，珍妮特·皮尔亨伯特（Janet Pierrehumbert）和她的同事（2004）调查了 108 人，包括男同性恋者和女同性恋者说话时的语音差异，并确实发现了语音上的差异。然而，这一人群已经自愿参加了一项关于性取向的心理学研究，这表明他们认为自己的性取向是其公众形象的一个突出方面。事实上，这类人“出线”的部分越多，他们相对于异性恋的同龄人话语中的差异就越多。这是一个有趣的发现，但同时也让我们认识到言语毫无疑问是这种“出线”的一个功能，而不是性别定位本身。虽然儿童会很早地意识到他们的性需求与同龄人不同，但在这个基础上他们无法在不引发问题的基础上被社会化为一个语言社区。换句话说，“同性恋”言语与“男性”或“女性”言语没有相同的历史。因此，大多数关于同性恋言论的研究都将其视为一种风格——不论是公然地还是含蓄地——通过从同性恋言论刻板印象的元素开始（比如音高的变化性和齿音 /s/），测试听话人对这些同性恋的看法（如 Smyth 等 2003; Levon 2006b），或研究个体的变异性作为同性恋情境显著性的变量（如 Podesva 2004，2007，2011）。我们将在第 10 章再次讨论这个问题。

也许有人会认为我们是在反驳语言使用中的性别差异，甚至认为我们 61
否认它们的出现。绝非如此。我们的目的不是去否认差异的存在，而是指出研究质量取决于人们发现和建立这种差异的方法。最重要的是，人们不能假设最有趣的差异是男性作为一个群体的行为和女性作为一个群体的行为之间一分为二的直接对立。就像我们在接下来的章节中所说的那样，性别往往表现在男性和女性之间行为范围的差异上。同时，性别不仅仅有差异：在特定男性和女性之中，它常常显现出相似性。重要的是，性别建立在一生中不同的经历上，从而难以避免地混合了韧度、职业、权利、礼节、阶级、爱好、家庭情况、种族以及其他任何能够列举的人生经历。将性别与社会生活的其他方面分离是不能用钝器完成的，而且往往也不能用最锋利的手术刀来完成。我们必须认识到性别的全景——认识到它与人生经历其他部分的不可分割性。因此，在接下来的章节中，我们将不仅局限于讨论男性和女性如何使用语言，还将探讨人们如何通过语言把自己创造为特定类型的男性或女性，人们如何通过语言来构建与维持性别规则，性别意识形态在日常交谈中如何被反抗、挑战和加强等问题。最重要的是，我们将性别视为一种正在进行的项目，而且将语言视为追求该项目的资源。

第3章

语言资源

前言

语言是一种高度结构化的符号系统，或者说是形式和意义的组合。性别内含于这种符号之中，并以多种方式内含于交际实践的使用中。性别可以成为某个语言符号的真实内容。比如，英语中的第三人称单数代词区分为中性词（*it*）、男性代词与女性代词（*he*/*him*/*his*; *she*/*her*/*her*）。中性代词主要用于非生物，但我们之后会发现它有时也会用于动物甚至是人。更让人吃惊的是，男性代词和女性代词有时也会使用于非生物（Curzan 2003），有时男性代词用于雌性生物，女性代词用于雄性生物［参照麦康奈尔-吉内特（近期刊登）］。后缀 *-ess* 使一个男性或通用名词转化为女性名词（*heir*; *heiress*）。同样，一些词汇条目中直接指男性和女性（例如 *male* 和 *female*; *girl* 和 *boy*）。在其他情况下，语言符号和社会性别的关系是二次级的。比如，形容词漂亮（*pretty*）和帅气（*handsome*）都有"好看"的意思，但具有分别对应于女性和男性"好看"的文化理想（cultural ideal）相对应的背景含义，或调用与男性或女性相关的属性。比如，设想一下，当漂亮（*pretty*）和帅气（*handsome*）修饰像房子或花这样的物品时会让人有什么样的感受。虽然描述一个人是帅气的女人（*handsome woman*）比较正面（似乎将她归为一个比较特别的类型），但说一个人是漂亮的男孩（*pretty boy*）一般来说不会被当作一种恭维。我们有很多方法调用性别来为话题增色——即使我们表面上在谈论别的东西，我们也会援引性别和性别话语。与此同时，语言提供的资源在某种程度上也制约了我们如何让性别出现在谈话之中。当我们使用第三人称单数代词时，英语会强制我们明确一个人是男还是女（*he*，*she*，*it*），而汉语则不会。

同样，我们在说话时也用语言渲染我们自己。语言资源可以被用来表现我们是某种特定类型的人；表达某种态度或立场；影响谈话和想法的流动。这些都可以以无数的方式涉及性别。音高、语调的类型（或者“旋
63 律”）、词汇的选择，甚至发音和语法类型都可以标记说话人性别化自我表现的各方面。它们还可以在一些场景中表明说话人接纳或强化互动参与者的性别。同时，这些语言装置与女性或男性意识形态的关联，使它们成为复制或挑战女性气质 / 男性气质保守话语的潜在材料。例如，使用柔弱尖锐的声音会唤起女性性别与娇小和脆弱之间的联系。避免说脏话或使用胡说（*fudge*）、糟了（*shoot*）这类委婉的代替品会唤起女性的性别与礼貌之间的联系，而使用脏话则会挑战这些规范。

在整本书中，我们探索语言与其他一切事物之间的相互作用，特别是在广义的符号学语境中的意义，其中意义不仅仅附着于语言符号。语言学中的语义学和语用学通常关注语言符号如何用于表达（*represent*）场景和想法；语言表征（linguistic representation）是意义的一个重要成分，我们将在不同的地方讨论它。但语言与非语言的部分一样，它们像一条镶褶边粉色晚礼服裙一般可以暗示（*indicate*）物体、人、态度和其他。查尔斯·桑德斯·皮尔斯（Charles Sanders Pierce 1940）介绍了术语指示符号（*index*），来指代语言或语言以外的符号，这些符号暗示、指向或唤起其他一些事物，这通常是因为符号和它所象征的事物之间的一些熟悉的联想。一个女人隆起的腹部是她怀孕的指示符号。一个柔弱尖锐的声音是娇小（以及女性性别和脆弱）的指示符号。当说那个的时候，用食指指向一条镶褶边粉色晚礼服裙可以指示镶褶边粉色晚礼服裙。镶褶边粉色晚礼服裙反过来可以指示女性化。我们会使用名词指示（复数形式 *indices*）来表

示“指示物”，用动词指示来表示“指向”，但对指示性（indexicality）的实义以及复杂性的讨论要到第 10 章之后再进行。

在这一章，我们从构建性别时语言提供的语言资源范围开始讨论。其中许多构成了一个工具箱，我们依照自身有意识或无意识的计划，从中拾取和选择。还有一些我们避免不了的东西——语法范畴（grammatical category）迫使我们明确性别，不管我们想或不想。我们的讨论开始于语言资源的综述，结束于讨论那些制约我们选择的语法范畴。

为了进行分析，语言学家把语言系统分成很多部分或层面，每个部分或层面都展现了各自分析上和理论上的关注点。在接下来的几页中，我们将陈述这些部分，并简要指出一些可以用来产生社会意义的方法。然而，因为语法的任何部分都不存在与社会功能一一对应的关系，我们没有围绕语言资源的类型组织以下章节，而是围绕这些资源的用途。因此，没有音韵学、代词或虚词的单独讨论，因为这些都可能出现在一个以上的章节之中。本书也并不围绕性别的各个方面展开，不围绕性别理论或语言与性别理论——不围绕优势或差异，或者权力展开。相反，本书的讨论围绕语言
实践如何构建与反映社会规则开展，就像讨论任何其他社会分类（种族、 64
阶级、民族或年龄）的组织构建一样。语言系统的某些部分在特定的实践中确实发挥了非常重要的作用，因此会有一些语法部分的集中讨论。我们试图避免过度重复，因此与社会实践的许多不同方面相关的特定资源只在实践的特定方面给予主要强调。为了照顾非语言学专业的读者，本章会提供一个简短的语言学系统的概览。本章中出现的许多例子会在接下来的部分里被细致地讨论。

语言和方言

对语言资源的探讨必须从最高的层面开始——语言的层面。儿童具备学习任何语言的装置，不管他们的父母和祖先有什么样的语言背景。

他们学习在他们童年时期照顾或陪伴他们的人的一种或多种语言变体（linguistic variety）。一个孩子如果在婴幼儿时期生活在说英语的家庭环境中的话，即使他的亲生父母说汉语普通话，他也会学习说英语而不是汉语普通话。即使一个孩子的父母都说英语，且具有古老的盎格鲁–撒克逊血统，假如他幼年时期用汉语和照顾他的人交流，他还是会成为一个汉语母语者。在早期，儿童通过某种方式精通说与听，而不是其他方式。儿童在学习汉语时必须注意区分音节的旋律类型（也就是声调）的差异，而学习英语或西班牙语的儿童则会忽视这些。当然，他们习得的并不仅仅是音韵，也包括形态、句法、词汇。比如说，说西班牙语的儿童会在早期就注意到形容词和限定词上附着的性别标记，而在学习汉语或英语的儿童则不需要注意这些。

世界上大多数人至少会说双语，许多人会说多语，而日常交流涉及这些语言之间的相互作用。这种相互作用是高度结构化并充满社会重要性的。某种语言会在正式场合使用，其他一些会在私密场合使用；某种语言的使用者主要是女人，其他一些则是男人；某种语言看起来与权力有关，而其他看起来与相对较低的社会地位有关；某种语言（而不是其他语言）指向某类特定的话题。社会变化可能涉及这些公共约定的变化——在现代晚期，它涉及语言的死亡（language death）。

儿童学习各种语言时，他或她会学习一种或多种特殊的方言。我们在
65 这里对语言和方言做一个区分，但事实上，用任何语言学的标准都不足以精确地做出区分。在第 9 章我们会发现，世界上很多地区构成了语言连续体（linguistic continua）——阿拉伯语从北非到中东地区各不相同，虽然我们认为法语和西班牙语是不同的语言，但它们实际上是语言连续体中的不同位置。然而，由于政治和军事权力，巴黎和马德里地区的方言被拔高到语言的地位，而连续体的其他部分被保留为“方言”。确实，语言学家对语言的定义是“军队的方言”。不必多言，语言和权力之间的关系让语言和方言成为性别动态的主要资源。

在整本书中，我们故意使用一个不明确的术语——变体（*variety*）来指代任意一个语言系统。这是为了避免一些悬而未决的划分，比如语言（*language*）、方言（*dialect*）和口音（*accent*）。由于语言变异性的社会动态可以具有相似的特征，因此无论所讨论的语言差异是大还是小，我们有时会选择这个概括性术语，以便能够同时谈论几种情况。然而，显而易见，在某些情况下两个变体虽然被明确地区分开了，但它们却非常相似，可以被看作同一个语言中的不同方言。英式英语和美式英语听起来非常不同，我们很容易分辨出美国南部和北部的口音，波士顿和纽约的口音以及中西部和东部的口音。而读者们只要深思几秒就可以意识到各种社会刻板印象都与语言差异有关。然而，它们显然是说同一种语言的不同方式。

由于个体语言，甚至是该语言的方言具有相对持久的性质，以及学习其他人的语言或方言具有相对困难的性质，因此我们倾向于认为我们的（一种或多种）语言变体构成了我们对自身认识的基础。因此，方言差异（更不用说语言之间的差异）带来了大量的社会包袱。美国人和英国人，北方人和南方人，纽约人和中西部人，他们都在各自的方言中被不可磨灭地书写了刻板印象，而读者将会发现这些刻板印象以复杂的方式与性别相互作用。

如果我们使用的语言为“我们是谁”提供了信息，那么读者到现在应该非常清楚“我们是谁”永远不会是静态的，并且我们不能仅仅由说话人幼儿时期学习的语言变体来定义他们。接触是发展一种变体的语言能力的关键，而我们获得最多的接触是来自童年时期我们的家人和亲友。当我们长大后，我们可能会移动到新圈子，获得新变体——我们可能会找到动机去学习使用新变体，或淡化 / 凸显那些让我们的旧变体看起来与众不同的部分。

即使对于那些一生都生活在同一社区的人来说，方言也不是静态的。从一出生，我们就发展出一系列变体，这样我们的言语就不会简单地反映我们在社会空间中的固定位置——我们是谁——而是允许我们在那个空间中四处走动，通过利用向我们开放的可变性空间来处理事务。许多在纽约 66

成长的孩子在他们长大后都意识到并不是在所有的环境中汽车（*car*）一词的 /r/ 都不发音，并学习根据场景改变发音。与之类似的，在双语环境中长大的孩子不仅仅从语法角度，也从策略角度学习如何使用两种变体。双语以及多语社区的每一种语言都可能和特定的组群、场景、活动、意识形态等相关。并且，语言选择的模式已经融入了社区的社会结构中。说话人可以借用某个语言的词汇条目用于其他语言。他们可以在不同场景中对不同的人群使用不同的语言；他们可以在某次会话中使用一种以上的语言，在话轮（turn）之间或在句子之内转换语码。这些策略通过与同一语言中的变化大致相同的方式产生社会意义。

我们从最开始就学习了策略性地改变我们的语言变体来定位我们自己，使自己与他人保持一致，并表达特定的态度。我们使用语言变体在我们最初的实践家庭社区中活动。同时，我们的语言也能适应新社区和场景，此外我们可以使用语言来帮助我们获得进入新社区和场景的机会。语言变体是社会流动性和自我展示的关键，因此也是性别构建的关键。我们将在许多构成多样化社会景观以及语言景观的实践社区当中出现的性别与参与的关系之中发现性别和语言变体相关的叙述。

语言的层面

语音学和音位学

语言结构的音位学层面是构成语言形式的语音单位（就如符号语言中的手势一样）。每个语言的音位系统基于一个结构化集合的语音的区分（音位 phoneme）。英语单词 *pick*、*tick*、*sick*、*thick*、*lick* 的差异在于每个单词的第一个音段（segment）的辅音音素 /p/、/t/、/s/、/θ/、/l/[1]。音素自身不承载语意，而是提供区分的方法，而区分又与意义上的区别相关。因此这些区分并不是基于音位实际特性而是基于音位之间的对立。关于英语的 /p/，重要的是它区分于 /b/ 和 /t/，以及其他。只要这些语音（以及这些语音和其他语音之间的区别）保持不变，/p/、/b/、/t/ 的实际的语音学特性可能就会有很大差异。因此在英语单词 *pool* 中，无论 /p/ 的发音是送气（aspirated）还是不送气，[p^{h}ul] 相对 [pul] 都不会产生语意上的差异，而在韩语中，[p^{h}ul] 的意思是“草”，而 [pul] 的意思是“火”。

正是因为单一音位语音多样性的实现，性别特性才得以融入其中。比 67
如，英语 *sick* 发音的第一个音段，当空气在舌头和口腔顶部的前端之间传递时，气流通过，可以使用舌尖或稍微靠后一点的舌头来完成。舌头可以推撞牙槽嵴（牙齿正后方的脊状部位）的后面或前面，或推撞牙齿。最后发出的这些声音全部不同，但是使用英语的人都会把它们认识为 /s/。只有在舌头在牙齿之间移动时产生的发音才会让人困惑，因为那样产生的发音跨过了 /s/ 的界线进入 /θ/（*thick*，比较典型的例子是儿童的口齿不清）的语音范围。于是，/s/ 范围之内的所有空间都可以根据语体目的被自由地使用，而包括性别和性征在内的各种社会意义都内含于这种语体多样性。而在北美英语中 /s/ 通常用舌尖在上牙后面的牙槽嵴部构音；如果用靠门牙边缘的脊部前方的部位构音（容易被认为有轻微的口齿不清），在刻板印象中通常让人联想到严肃谨慎、女人、和男人中的同性恋者。读者也许会注意到乔治·W. 布什（George W. Bush）与很多德州人一样，在发 /s/ 时的构音相当靠后。因此，音位系统虽然自身不包含内容，但它是个唤起社会意义的强有力资源。

我们对语音音段的感知几乎不是机械的。我们可以毫无困难地适应不同人的声音和不同口音，而言语认知系统的设计师很难让机器也做到这点。并且，我们不仅仅适应我们听到的，还有预料自己会听到的。琼·鲁宾（Joan Rubin 1992）报告了她的实验，她将英语母语者讲课的录音放给两组本科生听，并给学生们看一张假定为演讲人的照片。其中一组，照片上的人是白种人女性，另一组则是一个亚洲女性。当学生确信讲课的人是亚洲女性时，他们报告说其有外国口音。而且这些学生在课程内容理解测试中的成绩也没有那些相信讲课人是白人女性的学生好。

语音学家伊丽莎白·斯特兰德和基思·约翰逊（Elizabeth Strand & Keith Johnson 1996）使用类似手法展示了人们对说话人性别的信念确实地影响他们听到的语音音段。齿擦音 /s/ 和 /ʃ/ 可以互相转化，平均来看，女人对这些音位发音转化的频率比男人略微高。这就导致单词 *shin* 中 /ʃ/ 的发音些微地接近于 *sin* 中 /s/ 的发音。斯特兰德和约翰逊操作了单词 *sod* 的音响信号，将单词的第一个辅音从 [s] 排列到 [ʃ]（比如从 *sod* 到 *shod*）。之后他们将这些录到录像带上，随机地向被试展示，有时候这些录像带和一个女性说话者的照片匹配，有时候会和一个男性说话者的照片
68 匹配，然后分别询问被试他们听到的是 *sod* 还是 *shod*。他们发现被试看到的说话人是男是女决定了他们感知 [s] 和 [ʃ] 之间的界线不同——当他们看到说话人是女性时，界线会处在一个略高的频率，也就是说一个从男人嘴里发出的听起来像 *sod* 的发音，从女人嘴里发出时会被认知为 *shod*。换句话说，说话人在不知觉的情况下学习感知微小的音响差异，并把这个信息不自觉地运用到解读别人的言语中。再加上其他因素，我们可以看出社会影响，比如性别，对我们的语言知识是完全必需的（Strand 1999）[2]。

韵律包括说话时的速度以及音高和响度的变化，这些都包含了丰富的社会潜势（social potential）。节奏和旋律（或者说语调）既承载重要的性别意义，同时也承载性别刻板印象的产物。近几年来，音位学方面的研究得到加强，但是目前我们还没有达到可以像讨论语调类型一样自信地谈论音段类型（辅音和元音）。上升语调的陈述句，一般指升调话语（*uptalk*），在 21 世纪的头几年吸引了很多对性别的关注与刻板印象——目前渐渐减少。同时，对音质（voice quality）的关注日益增加。近来，年轻女人发出的嘎裂声（creaky voice）受到新闻界人士的注意[3]，读者将会发现，不同的音质被用作与性别和性征相关的语体工作的资源。

形态学

形态学是语法的层次，在这个层次上，重复出现的语音单位与意义配

对。*pick*、*tick*、*sick*、*thick*、*lick* 这些单词的意义不源于它们包含的语音，而是来自于意义和语音 /pik/、/tik/、/sik/、/ θik/、/lik/ 组合之间的习惯性联系。这些组合中的部分构成整个词语，就像我们上面举的那几个例子一样，也有部分其他的组合不同。比如，*-ed*、*-s*、*-ish*、*-en*、*-ing* 这些形式都有它们自身的意义。然而，它们必须附着于词根（stem）——*picked*、*ticks*、*sickish*、*thicken*、*licking*——并且在某种程度上改变了这些词根的基本意义。在一种语言中，形式（语音）和意义的组合（不可分割的核心部分）被称为语素（*morpheme*）。

词汇语素是当我们想到单词时通常会想起的一些要素，比如，像猫或跳舞这样的内容形式，只有在我们想要说到猫或跳舞时才会使用。与之对立，语法语素具有非常抽象的意义，可以以某种规则同许多不同的语素组合，因此无论主题如何，它们或多或少都会出现。比如说，后缀 *-ed* 可以用于 *pick*、*attack*、*thank* 或绝大多数动词词干来标记过去时态[4]。与之类似，后缀 *-ish* 可以用于大部分名词、形容词词干来组成一个减轻意义的形容词。此外，还有一些惯用词，如自命清高的（*priggish*）、微红的（*reddish*），如果需要，还可以杜撰一些新词，比如说“离她远点，她看起来有点生气（angry-ish）”。语法语素无处不在，不受特定内容区域的 69
约束，更具生产力，因此是语言的基础。某个语言使用者被限制一次又一次地重复使用这些语素，并且需要通过语法语素表示一些区别。说英语的人可以轻易避免使用语素 *-ish*，而不是过去时态的 *-ed*：英语的陈述句需要时态动词以及规则动词（换句话说，以这样方式将其变为过去时态）的比比皆是。对语法语素的需要并不仅限于口语范围。在标准英语中，使用像金翅雀（*goldfinch*）或主意（*idea*）这样的名词时必须要明确是单数还是复数，当为复数时可以变为复数形式或计数（用数字或许多（*many*）、一些（*many*）这类表达）[5]。并不是所有的语言系统都实行同样的区分，比如，汉语普通话中的时态和复数就无须标记出来。

不同的语言在形态上非常不同——在它们拥有的形态数量和语法形态

学含有的意义方面。在拉丁语或俄语这样的语言中，语法关系以形态表达，而在汉语和越南语这样的语言中则通过词语顺序表达。土耳其语和匈牙利语这类语言则可以通过将一系列语素粘在一起来构建相当长的单词，这些语素构建复杂的词汇项目并指示语法功能。

有些语法语素在它们的内容中包含性别。语言强化性别的最明显方式之一是要求使用性别形态——强迫说话人用言辞指向或指示参与谈话的不同人的性别。我们将在本章的末尾用很大的篇幅来讨论这个问题。

词汇

我们用词汇（*lexicon*）来指代一门语言中词汇语素和词语的详细目录。词汇是一个文化先占观念的储藏室，因此性别与词汇之间的联系既深刻又广泛。同样，词汇也是语言中最善变的部分，是引入新概念的重要一环。美国方言学会（The American Dialect Society）每年都会举行一次年度热词评选。2009 年的热词是推特（*tweet*），2010 年是应用程序（*app*），谷歌（*google*）则成为了 21 世纪最初十年的热词。无须多言，这些热词表明了与那个时期信息技术有关的文化先占观念，以及在美国创新的重要性。像代词这样的语法语素比词汇名词或动词更稳定，并且产生和消失都非常缓慢（尽管它们可以而且确实会变化）。性别语法中的痕迹可能更多地反映了早期时代先占观念的文化，而不是目前使用特定语言的人的文化。另一方面，词汇中的性别标记常常比性别形态中的标记更加复杂和多面。

然而，在 2000 年 1 月美国方言学会考虑千禧年的英语候选词时，女性代词 *she* 获得了胜利。历史语言学家安妮 · 科赞（Anne Curzan 2003: 1）指出：

> 70 *She* 得到了全方位的支持：*She* 代表了这个千年里语言学上的一个革新（*She* 最初引用于 1154 年）；*She* 的导入改变了英语词汇的核心；对 *She* 神秘起源的最好解释是英语中可区分音位处理与语言接触效果的结合……*She* 作

> 为一个女性标记代表了一个基本社会范畴，它的崛起可以看作是千禧年末妇女取得成就的象征；*She* 允许我们庆祝这个代词。

在 12 世纪以前，女性代词是 *heo*，男性代词加一个后缀，同时也是一般复数。我们会在本章末尾讨论资源的时候再次谈到英语代词，它或多或少地把性别强加于我们。不过即使是语法核心也会发生变化，虽然这种改变比起词汇革新（比如在数年前使 *tweet* 产生了一个新的语意）要慢很多。

词汇也是一种资源，不同的说话者因其性别不同而使用不同的词汇。这种不同不仅仅体现在女人似乎更加熟悉衣袖（*gusset*）和镶边（*selvage*）（缝纫领域的词语），男人似乎更熟悉转矩（*torque*）和流速表（*tachometer*）（机械词学领域的词语），还体现在性别相关的特定词汇项目的使用规范上。相对女人，男人更容易被他人认为会使用粗言秽语，且不在女人周围使用粗言秽语。事实上，人们如何以及何时使用这些词汇中的“禁忌”部分也有性别上的差异——但恰恰不是规范标准决定的差异。

有些性别指示不是语法上强制的，而是在说话人想要特指性别时使用，比如女医生（*lady doctor*）和男护士（*male nurse*）。这样，说话人不仅仅特指了性别，还唤起了作为背景的默认假设，也就是“医生通常是男性，而护士通常是女性”。代词这类强制的指示会使人想起男性和女性的范畴，而可选择的指示则会唤起这些范畴的内容。在唤起这些内容时，这种语言装置的使用会加强或再现性别与职业之间的联系。

这些语言资源似乎是现成的。然而，就像性别一样，它们都有一段历史。我们配置的资源通过使用而融合到语言之中——有时跨越代际，有时一夜之间。莫妮卡门（*Monicagate*）一词产生于克林顿总统时期，人们在一瞬间知道了这个词是什么意思，因为政治家们低级行为的社会意义通过对水门（*Watergate*）一词的使用而变得突出。这个词通过在大众传播媒体中的使用一夜之间走红。网络从业者（*dot-commer*）一词直到 21 世纪才出现，这个词指在网络创业公司工作且身价不凡的人。这个词充满了批判——

一个网络从业者绞尽脑汁地想花钱，想奢侈地生活，但既没有时间也没有品味。这个词产生于当时充斥于硅谷的一股怨气。人们对这些年轻的新贵们心怀怒火，因为他们导致了该地区生活成本的上涨。反过来，网络从业
71 者的出现源自 20 世纪 90 年代网站（*dot-com*）一词。这个词现在早已消失了。一切就这样过去了。创造一个新词或词组的能力同时也是创造它意义的能力。网络从业者，或与之相关的怪兽屋（*monster house*），这些由于剧烈社会变化而产生的词（网络从业者在财富短暂爆发时建成的巨大房子），它们的诞生是因为创造它们的人拥有关注度，也因为有足够的人关注社会变化，并接受和使用它们。

意义如何被编码于语言之中取决于谁说了它，以及如何去说它。有些词语从未被广泛使用或被编入词典，这是因为它们表达中涉及的事物不是广为人知的。灰白色（*ashy*）一词代表皮肤表面干燥而展现的灰白色的面庞，这个词主要由非裔美国人使用。虽然这种生理学上的现象是普遍的，但皮肤表面的干燥更显著地出现于深肤色，而深肤色人群在美国说英语的社区中通常是被无视的。就像我们在第 2 章中提到的夫人（*Ms*）的例子，一些新形式由于特定的目的而开始被使用，它们的核心意义如何变化取决于很多因素。对一些受女权主义者推崇而产生的词语和短语，人们表现出的不仅是对那些表达中指涉的事物漠不关心，还对其抱有很大敌意，这又促使另一部分词语出现（如：女权纳粹 *feminazi*）。语言围绕着时代的关注点来积累词汇，使得人们更容易去谈论这些关注点，而不是其社区经验较少的事物。但是从结果来看，所有语言都允许我们谈论所有事（虽然很难避免招惹到讨厌的协会组织——参照 McConnell-Ginet 2008），爱斯基摩人创造大量的词汇来描述雪的“大众神话”不过是耸人听闻罢了（Pullum 1991）。

在英语中，我们有很多男性泛指（人人为己 *every man for himself*），反映男性和女性社会不对称性的词对（如：男主人 / 情妇 *master/mistress*，老狐狸 / 刁妇 *fox/vixen*，单身汉 / 老处女 *bachelor/spinster*），甚至将性别

归于物品（轮船是她 *she*）。但它们不仅出现在语言中；它们通过人们世代相传的使用而融合于语言之中。它们当中的一部分最终从语言消失，或被修改，通过变化而再次被使用。几十年来，社会态度一直在有意识地将男性泛指排除出去；情妇一词则悄然消失，因为在 21 世纪由于性别规则的改变，这个词和被男人“包养”而不结婚的女人已经失去了关联性。

句法

句法使单词组合形成句子——一个表达思想或命题的语言结构。句子描述事件或场景，句法表现那些事件或场景中的参与者之间的关系。比如说，“琼亲吻了约翰”和“约翰亲吻了琼”是同样词语组成的两句话。这两句话意义的不同之处体现在句法上。在第一句中，是琼发起了亲吻这个 72
动作，而在第二句中则是约翰担任这个角色。琼是第一句的主语而约翰是宾语；这些句法上的关系在第二句中是颠倒的。在使用亲吻和许多其他动词时，主动句中的主语在事件中是“明星演员”，而宾语则仅是接受主语发起的动作。语言学家常常说这类句子中的主语起到了施事者（*agent*）的作用，而宾语则是主题（*theme*）的作用。这些语法上表示的含义本身并没有什么性别色彩，但我们发现在许多英语教材中（例如：20 世纪 70 年代的小学教材和 90 年代的句法文章）[6]，绝大多数的施事者或行为者都是男人或男孩，而女人和女孩即使出现，也只是事情发生的主题。在这里性别化的含义实际上并非来自单个句子，而是来自于整个话语中句子的累积。

句法为描述同一事件提供了多种方式：比如，被动句“约翰被琼亲吻了”或者“琼被约翰亲吻了”基本和上面的主动句表达了同样的内容。这些被动句中的主语成为了主题，而施事者被降级为一个介词短语。事实上在英语和其他很多语言中，施事者在被动语态中都会被省略。当施事者不明确或与当下目的无关时，用所谓的无施事被动语态（*agentless passives*）非常方便。比如说，如果我们只关心房屋的屋龄时，“这个房子修建于

1908年”就够了。然而，语言学家茱莉亚·佩内洛普（1990）指出，无施事被动语态常常被用于转移男人对女人的压迫的注意力。在报道中使用“她被强奸了”并没有提及强奸犯，特别是当同时添加一些描述，比如说她穿着袒胸露背的衬衫和紧身牛仔裤等，便很容易将指责从男性强奸犯转移到那个被强奸的女人身上。当句子的内容与性别或性行为有关时，句法选择可能不仅表示性别意识形态的某些内容，而且还可能在维持性别秩序的某些特征方面起一定的作用。这不代表句法本身直接映射社会意义。重点是性别相关的信息不仅通过词语表现，还在它们出现的句法结构上体现出来。句法选择提供了在本质上相同信息的不同传达方法，以不同角度或不同重点描述相同场景或事件。就像其他语言上的选择一样，它们可以使信息染上性别意识形态的色彩。

句法和与之相关的形态上的选择也可以描画说话人，以各种方式使其成为性别表现的一部分。其中一种方式发生于标准（*standard*）语法和非标准（*nonstandard*）语法的对立中。许多英语使用者可以选择单一或双重否定，比如在标准英语中会说我没有做任何事（*anything*），但在非标准英语中会说我没有做没事（*nothing*）。后者具有两个否定形式，但是第二个否定没有撤销第一个否定。两个否定反而使双方都加强了，就像我们说五只猫（*five cats*）时，五（*five*）和复数形式 *-s* 都传达了“大于一”的意思[7]。在法语中，加强双方的双重否定相当标准。比如在 *je ne sais*
73 *pas*“我不知道”中，画线的两个成分都表示否定，这个句子可以直译为“我不知道不”。在早期，英语中所有的变形都像法语一样加强双重否定。上述两个英语句子的命题含义是相同的，但前者与教育有关，更通俗地说，与中产阶级地位有关，而后者则与缺乏教育及与工人阶级的言论有关。这种对立主要在于语言意识形态，并以有趣的方式关联于性别意识形态。

其他句法替代方式可能表明针对所说内容、立场略有不同。家长会用以下三个句子中的任意一个来询问孩子的作业进度：“你做好你的作业了吗？”或者“你还没做好你的作业，是不是？”或“你已经做好你的作业了，不是吗？”所有的疑问都是同样的命题，但是第二句和第三句体现了对回答清晰的假设。虽然这些形式中的差异没有直接反映性别，但是性别很有可能影响了人们做某些事时的方式，比如说询问自己孩子的作业。我们将在接下来的章节中讨论许多与句法选择相关的更加细微的一些区别。

语义学和语用学

语义学探讨基本单位的意义，也就是语法和词汇语素的意义，这是我们在讨论词汇时已经提及的主题。并且，语义学探讨这些单位的意义如何组合以产生句子表达的命题意义。这涉及将句法结构标记到某些类型的描述上。就像我们曾指出的，同样的场景可以通过句法选择从不同的角度来表述，就像主动句和被动句那样。有时语义学探索意义如何在一连串的句子、一个有场景的话语过程中发展出来。

如上所述，词汇语素与文化问题关系最密切，并且最易变化：词语意义与语言系统的联系远不如语法语素、句法结构与语言系统的联系紧密。语义学提供了对形态和词汇单位及其句法组合的解释。词汇语素的解释常常是不充分的，于是我们依靠社会环境补充语意。社会和文化的意义很容易注入词汇，因为它们通常不是由语言的语义系统决定的，而是产生于使用单词时的实际社会实践。探讨词语意义时必须将语用学的见解加入语义学分析。

粗略地说，语义学处理话语的字面命题内容，建立单词含义一些可转换的参数，且特别关注所用单词的句法关系。语用学在某种程度上进入了
场景，是为了考察以什么样的方式传达了什么内容——人们成功地表达了 74
什么——不仅仅取决于他们说了什么[8]。比如，为什么“你说起话来跟个小女孩似的”听起来像一句侮辱？可以看出，字面上的意义是中立的，贬损性信息源于解释在某个特定语境下说出那些词句时的背景假设。

语用学使语言实践与理解意义相关。哲学家保罗·格赖斯（H. Paul Grice 1989）有效区分了语言表达的含义和在使用语言时说话人的含义。因此，像“他字写得很好看”这类句子意味着某个男孩或者男人的书写受

到认可，很可能说的是字迹的易读性。而当这句话写在大学哲学系教职候选人的推荐信中时，写这封信的人当然可能是想说他的书写还不错，但基本上我们可以确定他是想表达这个候选人不足以胜任工作或达不到要求。听话人不仅解读语码，还会推论为什么说话者说他们所做的事情（或者不说他们可能期望说的话），以及为什么他们以一种形式而不是另一种形式表达自己。语用学强调语言理解完全与推论有关，这是一个主动的过程。

语用学还强调，产生语言话语的说话者是在做某事，不仅使用意义，而且创造意义。言语是一种行为——古老的表达“他光说不做”反映了对以言行事的一种狭隘的观点。与此同时，创造意义从本质上来说是一个社会项目，让说话者和听众都参与进来。

哲学家 J. L. 奥斯丁（J. L. Austin 1962）在他的著名的研究《如何以言行事》（how to do things with words）中区分了三种不同的行为，人们说起某事时，通常都会涉及这些行为。言内（locutionary）行为（产出具有明确意义的词语，例如：牛在田里）为言外（illocutionary）行为（告知或警告某人牛在田里）做出准备，以及潜在的言后（perlocutionary）行为（引起听话人的畏惧，让听话人把牛赶走）。具有核心意义的言语行为（*speech act*）是言外的——说话人设法通过说某些言语来做一件事，以表达意义。然而，这些工作要通过听话人领会才能生效。换句话说，需要识别说话者正在尝试的言外行为，并基本理解。说话者通过说某事来设法做什么，他们的言后行为或行动，不仅取决于推断说话人在做什么：它需要听话人与说话者的传达进行某种合作。然而，一些基本的言后行为的成功要求充分的语义效果：比如，某人理解“牛在田里”这个警告，至少应该更新（*update*）他们的心灵记录，以反映已公布的危险信号，并解释为什么尽管如此他们依然打算走入田野。如果完全无视说话者的断言或警告，甚至未能更新心灵记录，便严重削弱了说话者的能力。意义传达的基本成
75 功既需要领会也需要更新。当然，我们绝大多数时候需要进一步的言后影响——例如听话人关闭了田地大门——实现这种更进一步的效果超出了最

小的语义有效性。

为了打破话语和行动对立这种观点，奥斯丁提醒人们注意他说的施事（*performative*）话语。他指出，当某人具有恰当的制度权力时，他可以说“你被录用了！”并以此给信息接收者一份工作。这个话语本身被赋予了恰当的制度环境，说话人有权产出它，使它带来信息接收者确实被录用的结果。这些词语是一系列事件的开端，如果信息接收者接受了录用通知，那么他需要开始工作，并在一段时间后领取一定的薪水。录用和解雇，给船和孩子取名字，在法庭宣布判决，让两个人结婚或使他们成为一个家庭中的成员：口头施事是做这些事情的核心。尽管奥斯丁（和绝大多数同时代的解析哲学家一样）泛泛地言及个体说话人，就好像他们的社会身份以及与他人之间的关系和他们作为说话人（或更通俗地说，作为施事者）的地位无关似的，但他还是把承诺或取名这样的公然施事称为“裤管词语（trouser words）”⑨，这个施事概念自产生起就被性别化了。我们之前提到过并将进一步讨论朱迪斯·巴特勒的性别表现概念，她的理论构建于奥斯丁的理论，并将奥斯丁的洞见扩展到作为行动的言语。

言语行为文献中的一个主要议题是间接言语行为。“你说起话来跟个小女孩似的”表面上指信息接收者的言谈听起来像（很多 / 绝大数）女孩子，实际上在很多环境中是在侮辱信息接收者的言谈。我们甚至通常都注意不到这里的间接性——这需要我们超越传统上句子所能承载的意义，搞清说话人的意图，并意识到这种意图性的侮辱。另一些例子要求更多的推论，更加模糊——甚至连说话人或者书写人自己也意识不到。在学术职位的推荐信中谈及被推荐者的书写字迹，几乎可以肯定会被正确地理解为对候选人的学术能力的抨击。但是提到候选人的笑容呢？授课才华呢？这完全取决于在特定情况下谈论和不谈论什么的更大模式。

间接性只是巨大推论冰山的一角，它使人们的意义复杂化，导致交际上的冲突和真实的误会。这也是戴尔·海姆斯（Dell Hymes 1972）提到的基调（*key*）：谈话是严肃的、玩笑的、尖刻的、讽刺的吗？比如，调侃的评论并不总是没有更沉重和伤害性的重要意义，很少有人总是完全清楚自己的意图，这有时涉及相当复杂的动机，更不用说能够完全可靠地辨别他人的意图了。基调的问题常常潜藏于背景之中，我们只有开始考察多个话语时才能富有成效地探究它。

话语

语言学家通常使用话语（*discourse*）一词指代超越句子层次的结构和
76 意义的研究。换言之，话语分析主要研究以上介绍过的几种资源在语篇建立中的展开。不言自明，话语研究和语用学密不可分。虽然到目前为止讨论的语法层面本身是相当有限的，但当我们观察它们实际展开的结构会发现其模糊延伸的一系列可能性。话语结构的研究可以限定为有清晰界限的语篇中的组合原理，比如一个单次交换的话轮转换（turn-taking），或使用连词建立句子间的连贯性（coherence）。正如我们曾提到的，话语研究可以涉及各种不同教科书中施事人性别的研究。它也可以扩展为建立长期人际关系中语言使用的研究。言谈依序连接，产生一个持续生成的语篇——不论是口头的还是书面的，不论是个人的还是协作的——可能被打断或持续多年，也可能涉及千变万化的参与者。因此，话语环境在时间和社会空间中无限期地扩张。出于这个原因，虽然音位学家通常能够在音位学研究范围里取得一致，句法学家也通常对于句法研究包括什么有着相同的看法，但话语分析学家在定义他们的研究上很难有一致的见解[10]。

在接下来的章节中，我们将主要从两个角度来探讨话语。一方面，我们通过对每个词、每句话的选择建立我们的言谈，我们将这些言谈与对话人连接，这些是我们构建性别的初始位置。从“谁在说”到“事物如何被言说”，甚至“什么被言说”，这些可以影响所有事物。另一方面，我们也可以以更抽象的社会层面上的思考方式来谈及话语。比如说，性别二元论是性别的广义话语中的一部分。这两种话语只在规模上有区别。单个话语进入会话，会话又是参与者之间持续关系的一部分，而参与者又参与其他关系。在所有这些会话的过程中，谈论事物的方式有助于在不断扩大的圈子中思考和相信事物的方式。不必多言，有些人的贡献比其他人的影响更为深远和广泛，因此大众社会话语并不是每个人平等贡献的结果。本书的终极目标之一，可以说是研究性别的广义社会话语是如何从个别的谈话实例中产生的——以及沉默，什么时候被认为可能没有言说，以及什么被认为是理所当然的。

话语分析在某种狭义的层面上关注句法组合的类型，研究时可以不关注语篇中文本之外的意义，就像关注句子层次以下的语法层次一样。比如，我们可以在不关注更多社会环境知识的情况下，考察所以（*so*）和但是（*but*）在连接命题时作为一般语言策略的使用。在下面两个句子中，所以和但是的使用使“我的车爆炸了”和“我离开了”这两个命题产生不同的关系。在使用所以时，两个命题的连接比较常见，而使用但是时第二个命题在某种程度上表达了意外。

（1）我的车爆炸了所以我走开了。 77

（2）我的车爆炸了但是我走开了。

两个命题之间的关系不会因为言语场景和说话人对被描述事件的态度而有什么不同。当然，如果说话者没有足够接近爆炸而处于危险之中，人们可能会说（1），而（2）往往表明说话者在爆炸中处于危险之中。我们要注意如果在（2）中用“我成功地走开了”代替“我走开了”，这句话还是很自然，而如果在（1）就会很怪。虽然（2）的说法更能传达事件的恐怖性质，但如果说话人想要故作勇敢，那么他可能会用（1）。但这既不会改变但是和所以的意思，也不会改变这两个命题之间连接的性质。听话人会把（1）的情况解读为没有危险，也许会意识到说话人实际上是有危险的，也许不会；也许会意识到说话人实际上试图用这句话构建自己勇敢的形象，也许不会。我们需要从一种句子之上的视角去观察连词“但是”和“所以”，因为它们会参与不同说话人产出的命题。在某个话语中，当第一个说话人说

“我听说你的车爆炸了”，第二个说话人可能会用（1’）或（2’）回应：

（1’） 是啊所以我走开了。

（2’） 是啊但是我走开了。

我们上面说过的大致相同的事情，所以和但是在单个说话人产出的复杂句和由两个说话人用两句话组成的话语当中的用法是一样的。话语结构的这一侧面在当前背景下变得相关，因为它再现了关于性别的假设，比如：

（3）她很聪明但是你得约她出去。

（4）她很聪明所以你得约她出去。

最狭义的话语分析可以不关注构建话语的更高层面上的互动和社会关系。这种相对狭义的话语分析很少涉及社会权力和意识形态的问题意识。但这个分析工具同样可以用于理解社会权力是如何构建的，我们在接下来几章中会说明这个问题。这也是批评话语分析的核心任务[11]。

会话分析是话语分析中更综合的一部分，它更加侧重会话的互动及协作本质。言语互动需要交换。问题要求回答，谢谢要求不客气，打断行为强制说话人停止说话。

当然这些要求并不一定总能实现。为了理解在各种维度上实际发生了什么，包括预期的交换，会话分析研究人员注意到许多在普通写作中被忽
78 略的细节。因此读者会觉得会话分析中的转写看起来很奇怪。当我们引用一些会话分析研究中的会话互动时，我们需要确切地再现会话分析研究人员使用的符号。转写需要尽可能地传达事物更加细节的信息，比如停顿、相对响度、吸气声、拖长音、其他说话人的语音重叠等等。标点符号表示语音特征而不是语法。比如，问号代表音高的上升，逗号和句号代表下降语调，大写字母代表音量的增加。双括号括住的是分析人的注解。很多分

析人都使用由塞科斯（Sacks）和他的同事确立的（1974: 731–733）由盖尔·杰斐逊（Gail Jefferson）发展的会话转写系统。不过，这套系统有时会用其他方式简化或改进。我们对和目的无关的符号不做说明，对此感兴趣的读者可以从会话分析的原始文献中找到那些摘录。

为了理解性别如何显露在会话中，我们需要研究所有场景中的谈话——聚会或家庭餐桌上、职场中、学校里、法庭上、国家议会厅中、医生办公室里、餐厅和商店里。电话、邮件、短信、推特等虽然不是面对面的交谈，但也是交际传播的广义的会话中的重要因素。当然，人们即使在没有语言互动的环境中也会使用语言资源：他们记录歌词，写书，讲一节正式的课程，在布告板或电视节目中放上广告。在这些情况下，虽然会话互动的交替不存在，但一个人话语的影响并不仅仅取决于词语本身和他们如何说出，也取决于对那个话语的反应。语言产出者总是将话语指向接收者。接收者的回应也许对说话人或写作者没有意义，但它也是批评性的，虽然它没有用语言表达出来；失去合适的接收者会使发言失去它词句中的力量，导致它们没有意义。

会话基本上是可分析性的，部分原因是它强迫我们关注听话人的反应，关注口语互动的基本社会特征。同时，会话在体验上是基本的，因为它在人类生命中俯拾即是。除了由于天灾人祸而被迫远离他人的人，或者怀抱特殊信念而孤立自己、不愿交际互动的人（比如隐士）以外，每个人从婴儿时期之后就参与到各种不同的会话中了。在许多文化中，即使是语言能力刚刚开始发展的婴儿也会被当作会话对象来看待。

我们将我们的语言使用于话语中，让我们的语言对对话人产生效果，并期待他们的反应。反过来，对话人的反应让我们对后续话语进行调整。这样，在这个世界中我们通过语言安排每天的事务——维持人际关系，从事各种活动，发展各种想法。在所有这些活动中，我们说之前从未说过的
话，并以之前从未使用过的方式来说。所有这些创造力都服务于经验的流 79
动——我们的人际关系、我们的信念、我们的知识、我们的兴趣、我们的任务、我们的活动全部一刻不停地进行着。我们可以将社会世界看作是一

个正在进行的、极度复杂的多重任务的调和。

言语场景、事件和活动

谈话不是在任意时间地点随机发生的。每个文化都有一套关于场景和环境的惯习，在这些场景和环境当中谈话可以、应该甚至必须发生。同样一个场景在某一文化中要求人们说话，而在另一个文化中却可能要求人们沉默不语。比如，基思·巴索（Keith Basso 1972）报告了在亚利桑那州西贝丘的阿帕切族社区中，沉默是应付人际关系不确定性的一种特定文化样式。他发现在离开家到寄宿学校生活过一段时间的孩子回到社区后，他们和父母之间时常会沉默。这是因为孩子们在学校经历了一些改变，给家人之间的交际带来一些不确定性。此外，因为刚开始的浪漫关系具有不确定性，一对热恋的情侣在一起的时候他们也会保持沉默。这种特别的沉默也会被当成羞怯的信号，如果女孩和女人在这类场景中说话太多、显得热情，甚至可能被人认为其对男人"过于亲密"，将她们热情的举动解释为对（谈话之外的）性的积极意愿。

虽然沉默是阿帕切族对不确定性的适当反应，但在许多欧洲文化中，谈话（而非沉默）通常用于抚平尴尬的局面。关于进行交谈的目的，各个社区之间有着极其不同的社区规范。在公交车站等车时，和一个陌生人开始谈话是不合适的吗？如果不这么做，会被认为是粗鲁的吗？什么时候必须进行闲谈，闲谈时什么样的话题比较合适？其他人可以加入谈话吗？闲谈可以或应该持续多久？上车之后交谈还要不要继续？这些问题的答案取决于文化、社区、同行人的性别、年龄、种族等等。这些活动受社区特定的制造闲聊言语活动规范的约束。这些规范规定了一项特定事件什么时候可以发生，如何被发起，事件本身如何呈现——谁在何时用什么方式说了什么。在某个群体，人们被要求在守夜时讲述一些关于死者的笑话或趣事，而另一个群体的成员则被要求保持安静和忧伤。

一些学者，比如海姆斯（1972），探讨言语事件——布道、授课、饶舌聚会、争论等文化上公认的事件，这些事件构成了特定类型言语的发生。在某些情况下，言语事件受到较大约束，它们在某些特定环境中的发生是可以预测的。授课和布道发生在固定的时间和场所。但事件的仪式化 80
程度越低，事件之间的相互渗透程度就越高，对探讨言语活动反而更有意义。当一个人给自己的孩子授课时，所有的教室课堂特征都会出现，除了学校环境：父母指导时的知识吸收更加高效，可以避免外界干扰和孩子走神。因此，虽然我们有正式的授课事件，但是将授课当成各种环境中都可能发生的言语活动更加实用。饶舌（如果我们可以准确定义它的话）通常发生在相当私人的环境中，但它也会出现在深夜电视节目里，有时甚至从演讲厅的前面发出。在戈窝热（Gwere）文化（东乌干达）中，特定事件和言语活动之间的关系体现在对性教育谈话的命名上。即将初潮的少女在与女性同伴收集柴火的时候进行性教育谈话（Mukama 1998），这让社区将这种类型的言语活动称作“拾柴”。

在西方城市文化中，有部分言语事件可以在公共场合发生在两个陌生人之间或陌生人之中——这是产生于移动环境中的事件。询问公共信息——地点、方向、服务、时间——通常可以发生在陌生人之间。然而，这些事件的发生必须受到严格界定和控制，以保证其公共性并保护参与者的安全和匿名。比如，当我们需要在陌生的城市或街道询问方向，我们首先要辨别哪些人是可以询问的。我们不太可能靠近正在激烈交谈的两个人，在咖啡店读书的人，或者那些显然在赶时间的人。我们通常会寻找那些明显知道问题答案的人——也许是个警察，而不是一个孩子或者拿着照相机和旅行指南的人。在靠近他们之后，我们首先通过一系列的微小动作（常常是一些无意识动作，如眼神接触和步伐改变）确定他们是否确实可能或愿意与我们对话。我们保护他人以及我们自身的匿名性，因此我们不提供或询问私人信息——我们通常不会自我介绍，或告诉他们到需要他们指路的地点的原因。另一方面，如果在某个小型社区中匿名是不恰当行为，同时将外来人员看作是潜在威胁的话，我们也许会被要求做这些事情。

这些场景的复杂性为策略留出空间，因为同样的事件可以被解释为和许多事物有关。欧文·高夫曼（1974）提出了人们以框架（*frame*）参与互动的说明图式；吉尔认为与教授的午餐会是用来讨论她的论文的，而教授则有可能把这看成一次约会。许多人可以证明，某些人有时会利用交谈场景来建立会话，并尝试把这种公共场所的互动转变为私下交流——也许是试图“勾引”。一个人同意参与公共互动的前提是他相信这是非个人的。但与他人交谈可以被视为迫使一个人在对话中合作，并且随着信息收
81 集者利用谈话的状态涉及更私人的内容——“你是这里人吗？”“你现在忙吗？”——信息提供者时常对这种试图转换框架的盘问行为感到不适。性骚扰的实施时常会利用人们感到明确讲出框架会造成面子威胁这一特点。性骚扰者的惯用策略是当他们遭到质疑时，总是声称他们仅仅是在表示友好——或只是开玩笑。

即使是问候这种不要求进一步交谈，并且看起来非常单纯的行为都具有清晰且复杂的结构，每个社区之间可能有极大不同。什么时候需要问候，谁先进行问候等等都有不同的规范。一个人是外来人员还是本地居民？他是坐在咖啡馆的人还是刚刚来到的人？人们在问候的时候说什么？朱迪思·欧文（1974）描述了在塞内加尔的沃洛夫人身上观察到的复杂的问候习俗。习俗不仅严格规定了什么时候需要问候，就连问候的过程本身都是一个精心设计的地位交涉，且具有深远的影响。相反，问候行为在欧洲农村社区却很平常。在这里，人们一整天在路上遇到别人都会互相问候。因为在这个地方，问候只是为了标记一天之中的时间与活动之间的关系。本书作者佩内洛普观察到在法国比利牛斯山一个叫做苏朗的小乡村里有一种问候的规则循环：*as mingeach?*（你吃饭了吗？）*as mouilluch?*（你给牛挤奶了吗？）*as barrach?*（你关上谷仓大门了吗？）这些问题的目的并不是询问信息，而是如当今美国某些地方的常规问候序列一样：“whassup?（你准备做什么？）”“not much.（没什么做的。）”这种问候让

人们用一种毋庸置疑的方式来承认彼此一直共同存在于同一地区。

在对语言的探索中，我们将会发现场景和事件在构建有关性别的所有类型的事物上扮演了至关重要的角色。性别问题始于进入发生特定类型言语活动的场景，然后转向关于谁参与以及如何参与这些活动的权利和期望上去。因此，我们下一章的讨论将会以言语活动的性别化开始。不过现在我们先回到语法中的性别，这个层次上性别的表达更加本质地强加于我们，不论我们的个人目标是什么。

语法中的性别

尽管以上讨论的语言装置为执行事务提供了资源，但有些语言却通过其装置让我们套上了沉重的枷锁，让我们别无选择。性别被构建在语法之中，正如其他社会关系反过来与性别相关联。我们经常找到绕过这些装置的方法，它们可以成为明确的语言计划或游击战的中心，但它们在任何明确的意义上都不是可选的。最明显的是，很多语言的形态系统强制说话人
明确性别，即使性别似乎与话语内容完全无关。这些系统会强制，至少会 82
培育在谈及人物时性别不对称的方式，它们总是倾向于忽略女人和女孩，或者将她们或多或少地作为非正常人来对待。

英语本质上要求我们在使用第三人称单数代词来指代人类时明确性别：他 / 她到城里去了，教师对他 / 她的班级说，我看到他 / 她了。人们有时会抵制这种要求，却很少成功。在某些情况下，*they*（或 *their* 以及 *them*）指代单数的特定个人，但这种用法相对较少——即使非常留心，但还是很难把“克里斯已经学会了绑他们（their）自己的鞋带了”解释为克里斯习得了绑鞋带能力。双性别者和跨性别者比起其他类型的人，更容易尝试使用中立性别替代词来指代人物，包括使用性别中立新词，比如 *ey*（或 *er* 以及者 *em*）。但根深蒂固的语言系统挫败了这种努力。跨性别者时常发现，他们的家人以及其他在转换性别前就认识他们的人，在提到他们时还是使用

与他们出生时的性别相对应的代词，而不是与现在的性别对应的代词。对每个人来说，仅仅要求每次谈论一个人时都要标记他们的性别，就会比不做这种区分的语言更频繁地将性别摆在明面，比如汉语或者马来语。

古阿拉伯语的动词变形里有三个单复数形式：单数、双数和复数。如下所示，在第二人称和第三人称中，动词标记了主语的性别。在单数形式和复数形式（而不是双数形式）中，第三人称代词也用于标记性别。因此虽然使用英语的人可以使用复数形式来拒绝表明性别，避免“每个人都要付他/她自己的账单”这样的句子，而古阿拉伯语的复数形式没有给这种策略留余地：

katabta “你（阳性单数）写了”
katabtum “你们（阳性复数）写了”
kataba “他写了”
kataba： “他们两个（阳性）写了”
katabu： “他们（阳性复数）写了”
katabti “你（阴性单数）写了”
katabtunna “你们（阴性复数）写了”
katabat “她写了”
katabata： “她们两个（阴性）写了”
katabna “她们（阴性复数）写了”

当一种语言含有少量与特定类型的一致模式相关的名词类时，语言学家会谈到语法化的性别。有些语言学家在谈论具有大量名词类的语言时也使用性别一词，无论这些类型是否与社会性别有任何联系。班图语中有十到二十个甚至更多的名词种类，每个种类中都有扩大的语义范围与大量的任意性。在纳瓦荷语中，动词的标记是根据其有生性（animacy）、一致性（consistency）以及句中作为主语或宾语的名词的意义特征决定的。这些系统对男性/女性的区分和社会性别没有关系。接下来，我们将关注以某种方式编码男性和女性概念的一致体系。

世界上很多语言用性别体系来区分有生命的和无生命的。很多语言也区分阳性和阴性，以及中性。一些有生命—无生命的体系，还在有生命中 83
区分阳性和阴性。大多数读者可能会熟悉一些带有语法性别范畴的印欧语系语言——比如德语、俄语、法语、西班牙语、意大利语、印地语。在这些语言中，语法性别确实和社会性别有联系：指代女人的词语很多是阴性的，指代男人的词语很多是阳性的，词对在语法上常按性别区分，在语义上按照它们潜在指涉物的性征属性区分。但即使在这些语言中，名词的语法性别范畴与它可以指代的事物或性别的属性之间也不存在完美的对应关系。比如说，法语单词 *personne*（人）和 *lune*（月亮）是阴性性别，但是在德语中 *Mädchen*（女孩）是中性的而不是阴性的，而 *Mond*（月亮）是阳性的，这和法语对应的阴性词语不同。这类事实让部分语言学家认为，这些语言中的语法性别和社会性别不相关联。这里我们仅仅提及一些印欧语系中语法性别和社会性别在其语言系统中的关联方式。我们将主要从法语中选取例子。

法语名词被分为阴性或阳性。从语法角度来看，这意味着冠词和形容词与它们所修饰的名词在性别上是一致的。代词回指一个名词（比如充当先行词的名词）也必须在性别上与之一致。带有先行词的代词常常被称为回指语（*anaphoric*）。在下面的例子当中，*maison*“房子”在语法中是阴性的，而 *camion*“卡车”是阳性的。

> Regardez *la* maison. *Elle* est *grande*.
> “看看那栋房子。它真大。”
> Regardez *le* camion. *Il* est *grand*.
> “看看那辆卡车。它真大。”

这是纯粹的语法事实。但与之相同地，代词和形容词在指代人的时候也必须同那个人的社会性别一致：

Regardez Marie. *Elle* est *grande*.
“看看玛丽。她块头真大。”
Regardez Jacques. *Il* est *grand*.
“看看雅克。他块头真大”。

而当话语中没有出现先行词，由代词来分辨究竟是玛丽还是雅克的情况之中，代词被称为指称语（*deictic*）而不是回指语，在涉及指示对象时它与社会性别一致：

Elle est grande.
Il est grand.

法语中绝大多数指代女人的名词在语法上是阴性的，指代男人的名词则是阳性的。但如上文所示，这并不是完全对应的。如果出于某些原因，一个阳性名词——比如法语的 *le professeur*“教授”——在日常口语中用来指代女人的话，在过后提及同一个人时，说话人倾向于切换到阴性代词。我
84 们将在第 8 章论述，在很多拥有这类性别系统的社会当中，女人进入新角色和职场的浪潮带来了变革，它们中的一部分确实取得了成功，还有很多牵涉职场术语女性化形式的导入。这些变革建立了职场术语的性别对称，让说话人避免了在选择代词的两个不同规则之间的冲突。语法性别的一致性规定代词应与先行词名词短语一致。指称指代的规则要求代词应与社会性别一致——其指代的个体与生俱来的性征。对于适应语法性别的说话人来说，如果他们的词汇为他们提供选择，那么一切就轻而易举了，这样这两个代词选择规则就不会发生冲突。

叙述人类之外的事物时，也会出现将与生俱来的性征与性别化代词紧密结合的现象。在法语中，比较熟悉的，或家养的动物（猫、狗、奶牛、鸡）可以（但不必要）用指称的代词性指代来区分性别（也就是说，人们可以根据特定动物的性别，而不是指定该动物的单词的性别，使用阴性

或阳性代词）。有些动物的命名既有阳性形式也有阴性形式：*chien*（阳），*chienne*（阴）“狗”；*chat*（阳），*chatte*（阴）“猫”。而其他动物（比如老鼠、大鼠、蛇）就没有这种区分。老鼠都是阴性的，而大鼠和蛇都是阳性的。即使在英语这种不具有成熟的语法性别系统的语言之中，也有无视一些动物的性征而使用性别化形式指代它们的趋势。许多说话人如果不熟悉话题中谈论的动物，他们会随意地对猫使用 *she*（她），对狗使用 *he*（他）。

我们提到过，语法性别不局限于动物。其他的法语词汇也被分为阳性和阴性（桌子、愤怒、学校是阴性的；树、圆圈、医院是阳性的），虽然词语的意义在每一语法性别范畴中都不能以任何普遍方式与社会性别关联。（请回忆“月亮”一词在法语中是阴性，而在德语中是阳性。）指代树或者桌子这些词时，代词的指称性用法当然不能依照所谓“自然”性别。当某个名词总是被用来指示一个特定种类的事物，人们会使用一个性别化的代词来与之一致，这就是为什么上述现象会普遍发生。英语中 *it is big* 可以用来描述某种物体的巨大，无论所指的东西是否是一张桌子或一棵树（还是别的什么）。在法语中，*elle est grande* 说的是“桌子大”，而 *il est grand* 说的是“树大”。一些证据表明，在印欧语系的语言中，我们现在所说的性别一致模式产生于语音重复模式，而不是对名词意义的考量[12]。即使如此，人们还是继续探索各种阴性 / 阳性名词本质意义的理论。这些理论通常忽视了语言的实际演变，而试图以二元的社会性别来展现一些文化先占效应。

我们重申，语法与社会性别之间存在联系，即使它们似乎不存在于不同性别分类中名词的任何语义统一中。我们在以上章节中已经提及对人类 85
的第三人称指代，但这种联系是更进一步的。在法语中，某人谈及自己时会使用非性别化的第一人称代词 *je*，描述自己时会使用连系动词和一个形容词。习惯上，如果将自己表现为女性，则选择阴性形容词形式；如果将自己表现为男性，则选择阳性形容词形式。尽管大多数名词所对应的语法性别并不真正植根于社会性别，但语法性别为思考和谈论事物提供了与社会性别的便捷联系。在法语中，说到 *la lune* 的时候，使用阴性代词 *elle*

（她）是恰当的，当认为某人社会性别为女的时候，同样的形式也可以用于指代某人或与其相关的事物。在德语中，*der Mond* 是“他”，这个形式用于指示某人或将其属性分配到男性范畴。不出所料，法国诗人和德国诗人为月亮拟人化时所做得非常不同。这样的事不仅发生在诗人身上，普通人思考事物时似乎也会受到该名词被普遍认定的性别影响。在一个精心控制的实验中，莱拉·博格迪特斯基（Lera Boroditsky）和她的同事（2003）发现当说话人的优势语言是德语时，他会给桌子分派男性特性，因为德语中桌子的名词 *der Tisch* 是阳性的；而当说话人的优势语言是法语时，他会给桌子分派女性特性，因为法语中桌子的名词 *la table* 是阴性的。换言之，不论印欧语系的起源是什么，在当今，它们的语法性别系统确实以各种各样的复杂方式与社会性别相联系。

性别介入形态学的另一个地方，是指代男性的名词向其对应的女性词汇变形时的处理。一个我们都比较熟悉的例子是英语中的 *-ess*（最初从法语中舶来），就像 *actress*（女演员）、*waitress*（女服务生）、*stewardess*（女管家）。通常来说，*-ess* 之前的名词暗示但不特指男性。演员（actor）和服务生（waiter）通常被认为是男性（虽然当今很多从事表演行业的女人称自己是“演员”而不是“女演员”），但是司机（driver）或者杀人犯（murderer）既可以指男性也可以指女性。需要注意的是我们使用这种后缀时的习惯。“女杀人犯（murderess）”不是“女杀手（killeress）”或“女犯（criminaless）”，和“女贼（thiefess）”也毫无关系。没有“女运动员（athletess）”或“女司机（driveress）”，虽然“女诗人（poetess）”甚至“女画家（paintress）”曾经出现过，但它们早就变成了死语，就像 19 世纪中期瓦萨学院（Vassar College）雇用的“女教授（professoress）”一样。在过去很多个世纪，语言规定与“国王（king）”配对的是“女王（queen）”，而不是“女国王（kingess）”，这甚至和他们的儿子（prince）、女儿（princess）的规则不同。但即使非派生名词一般既可以指男性也可以指女性，*-ess* 后缀却没有任何歧义。“母狮（lioness）”不可能是公狮。

我们会在本书里反复看到这种情况——指定为男性的形式常常可以广泛使用，而指定为女性的形式却不可以。[比如，伙计们（you *guys*）可以用来招呼一群男性以及 / 或者女性。但女孩们（you *gals*）却不行。] 同时，要注意与性别联系的其他意义可以渗透到派生名词之中，影响它的本质意义。因此我们可以发现，词汇项目中有一些旧词对呈现出不对 86
称的性别意义，这些意义与社会之中不平等的两性社会地位有关，比如主人（*master*）和情妇（*mistress*），主管（*governor*）和女家庭教师（*governess*）。在某些情况下，这些术语可能永远不会完全平行：多个世纪以来，某人可以通过婚姻成为女公爵（*duchess*）但不能成为公爵（*duke*）。

actress 一词中使用女性后缀令人想到表演被性别化的事实——男性演员和女性演员通常塑造不同类型的角色，被认为具备不同种类的技能，甚至可能男性和女性演员之间的异性恋关系对他们的职业生涯也很重要。这可能和几百年前英国只有男演员登台演出有关。女人开始作为专业演员去表演是 19 世纪以后的事，而当时的人们常常认为女演员在性道德上很不检点。

我们时常会发现女性后缀给词语本身带来了附加意义。比如说，Ray Charles 的雷莱特斯组合（*Raylettes*）中的女性后缀（*-ette*）就融合了性别与娇小的意思（像这样的词还有 *pipette* 或 *cigarette*）。这说明这些具有 Ray Charles 背景的歌手们不仅是女性，而且娇小可爱。*-ette* 带来的娇小化作用在芭比娃娃（*Barbie*）——女性消费者（*Barbie-consumerette*）身上展现得淋漓尽致，引于珍妮特 · 霍姆斯（Janet Holmes 2001）。在 19 世纪和 20 世纪早期，人们开始为女人争取投票权，这部分人被称为妇女政权论者（*suffragist*）。他们之中的绝大多数是女人，但不是全部。于是，反对女人拥有选举权的英国报纸《每日邮报》（*Daily Mail*）于 1906 年创造了妇女争取选举权团体成员（*suffragette*）一词指代女性妇女政权论者。这份报纸试图使这次争取女性投票权的运动变得轻佻而不严肃 [参考 20 世纪 60 年代后期到 70 年代前期对女性解放（*women's liberatio*）和解放运动家（*liberationists*）的词语改写 *women's lib* 和 *libbers*] ——与那些愚蠢小女人相关的事。

需要注意的是，人们对 *-ess* 和 *-ette* 这类女性词缀的避用比对性别化代词或对法语等语言中性别一致的避用要早得多。在面对职业名称问题时，关心性别平等的法语使用者倾向于力争创造阴性形式来让女人进入传统男性行业，而英语使用者则认为应该导入无性别语言，以及使用真正的性别中立词语，而不是女性配对词语。空中乘务员（*flight attendant*）一词基本上完全替代了空中小姐（*stewardess*），这也许是被男人推着饮料车走过飞机过道的潮流所驱使的。不同的语法使不同的策略更加合理。

社会性别通过将性别纳入语言形式得以唤起。有时语言让说话人很难无视性别，或说起某个特定人物时不去提及性别。当然，虽然语法可能让性别标记成为义务，但说话人可以通过选择、避免、加强提及性别的方式来构建他们的话语。一个人可以在毛巾或车牌上粘贴“他的（*his*）”或“她的（*hers*）”。一个人可以使用男性代词“他（*he*）”来泛指所有人，
87 或者寻找方法来避免使用“它”[13]。提倡性别平等或挑战性别规范 / 性别二分法的人可以随意改动语法性别、代词选择或语言提供的任何资源[14]。他们也可以尝试扩充语言资源。但是冒进地超越既定的语法系统让产出的内容变得不知所云，至少对于他们实践社区小圈子之外的人来说是这样。语法在提供资源的同时也设置障碍。

第 4 章

性别话语 88

在第 2 章，我们的任务是了解个体的口语行为如何被其他人甚至公共话语捕捉：我们如何把琼斯家周六早餐桌上的发生的事与性别规则联系起来。这个探索的第一步在于口语活动的实际结构——琼斯家早餐桌上的发生的事是如何结构化的，以至于事物能够被确切地言说和倾听。从总统演说到高呼绰号，口语活动是人类交际的一个巨大而高度结构化的系统。每个文化中口语活动的参与习惯都有差异，学习如何参与这项活动是一个人成长的重要部分。有些文化认为，只有孩子开始恰当地加入利益交换的互动时，他们才能被称为人，也有些文化中成人抱起婴儿并挥动他们的手——“说拜拜”——无论是在哪种文化中，成长都涉及学习大量有关什么时候说、在哪里说、如何说的知识。因此对言谈性别化的调查始于对限制言谈的多种方式的细致关注。

人类的话语是一项持续制造意义的活动，某一个人或群体或某类人对这项活动在现实中的作用范围取决于他们有多大的能力可以让自身话语被他人倾听和关注。这意味着他们需要在各种场景和会话中、在各种不同类型的口语活动当中有能力使自己的见解进入会话，并使那些见解被其他人听到并采纳。在这些会话中，人们有什么样的空间来发展语体或策略，又有什么样的空间让这些语体和策略影响社会差异？从辩论到八卦，从打情骂俏到心里话再到布道，性别出现在我们从事的活动中，影响我们在那些活动中的表现以及对那些活动的观察。

进入话语

说话人的贡献的命运甚至在言语出口之前就已成为问题，因为在一个人能够将自己的想法变为话语之前，他必须处于适合谈论某些事情的情境
89 和会话中。而一旦处于那个场景，他必须有能力将想法变为话语——在特定场合发表特定言论——并使那个言论融入场景中。因此，显而易见地，语言与性别分析的起点在于清晰的分工。一天当中，特定场景开始时谁在场？在这些场景中会发生什么样的言语事件和活动，谁参与其中？在这些事件当中谁有权利以及/或者有权威参与，怎样参与？谁被授权讲话，他将关注什么样的话题？一个人如何将自己的贡献融入话语之流？而谁能够在其他情况下跟进该贡献？一个人对某个正在进行的讨论的贡献不仅取决于那个人产出的言语，还取决于会话中那些言语被其他人接收和解读的方式。在会话以外，一个言语的力量取决于人们在随后的互动中怎样对待它。它是否被转述了[①]？它是否被无视或蔑视了？它是如何被解读的？在哪里被谁解读的？一个言语的力量不是自明的，它的命运产生于它被放置的话语之中——它开始了它的话语生涯。它的命运不在最初制造了它的说话人的掌控之中，而取决于说话人在当下和后续场景中的意义创造权，以及那些领会该话语并将其内容带入其他场景与社区的人。一直以来，正是这样的命运决定了什么样的想法能够成为共同话语。

在某处

说话的权利取决于出现在某个场景的权利，以及参与那个场景中某些特定项目的言语活动的权利。这样，性别化分工以及第1章中出现的公共的/私人二分法就在语言经济和思维经济上具有重要的含义。当一个文化中女人不在公开场合发言，她们的想法就不会被摆在明处，至少不会直接地出现在决定公众事务的场景中。

尽管女人的社会影响力和地位有了巨大的进步，但在很多情况下，实质上只有男人才有权力参加对巨大数量人口产生影响的会话，并用言语行为改变人们的市民身份。正规机构中的性别平衡深刻地影响了谁构建官方话语，也就是谁设计了这个世界。尽管在过去的数十年中，美国参议院、众议院以及内阁当中女性成员的数量有了显著的增加，但和男性相比，还是相当少。这意味着很少甚至没有女性参与者构建绝大多数美国的国家政治会话。同时，2009 年任命希拉里·克林顿为国务卿更是对平衡的严重颠覆，提醒我们不能只是简单地观察女人的数量，还要注意女人的选择以及她们所处位置的价值。法院也改变了。2006 年，桑德拉·戴·奥康纳（Sandra Day O'Connor），美国最高法院的第一个女人辞职了，这使鲁思·巴 90
德·金斯伯格（Ruth Bader Ginsburg）成为九个法官中的唯一一个女人。直到 2009 年索尼娅·索托马约尔（Sonia Sotomayor）的任命，以及一年后的艾蕾娜·卡根（Elena Kagan）的任命才打破了这种局面，并让女人在最高法院的比例高达三分之一，这也是美国历史上的第一次。这些改变当然非常重要，然而，虽然早在四分之一个世纪前女人就在取得法律学位的人中占据了半数，但目前在各级联邦法院中，男性法官还是占了 70% 左右。

女人的缄默不只在政治地位中。虽然在过去几十年中，更多的女人进入技术岗位，但绝大多数技术还是由男人设计的（并且在这种情况下，他们时常有意识地为自己设计技术），因此关于发展什么样的技术、这些技术需要有什么特点等等的对话通常不会涉及女人。与之相关地，医疗实践和研究中女性的缺失导致了女性健康、药物反应、女性身体治疗和其他类似信息的极大缺口。

能否进入场景大概也是由性别角色分配决定。宗教实践带给我们很多例子。女人在天主教堂不能做弥撒，因为只有神父可以这么做，而女人不能担任神职。然而，在美国某些教派当中增加了很多新教女牧师。由于其数量的增加导致了当今我们有时会听说女人布道，给婴儿施洗，以及主持结婚典礼。当前这些教会争论的焦点是这些女人是否可以是同性恋。美国的犹太教提供了一个范围，从要求男性进行重要祈祷而女性不大声朗读《妥拉（旧约圣经）》的正统教会，到由女性担任拉比的改革团体（这是一个相对较新的发展，但仍然是一个重要的发展）。中国的伊斯兰教也有女性伊玛目主持的女清真寺，在那里她们可以实现除主持葬礼和清洗男性尸体以外的绝大多数男性伊玛目的职能，但世界上绝大多数国家中伊斯兰教大多都是男性主导的。

我们可以思考一下大众喜剧在使想法变成共同话语时的作用。在性别话语中，男性对待人际关系不耐烦的笑话为数众多，而关于女性对照顾婴儿不耐烦的笑话则很少。人们可以轻易地在深夜喜剧节目中听到前者，但后者则通常只在每天照顾孩子且不以照顾孩子为乐的女人之间传播，不会传到这些特定的小圈子以外。2002 年有一个手机广告表现了一个男人开着闪闪发光的新车，偷偷摸摸地环视周围，而后用他孩子包着尿布的屁股去擦拭一小滩水。虽然一个母亲也可能会用她的孩子来给她昂贵的新车上光，在广告中让她这样表现不会取得同样的效果。至少广告商们会这么认为。但如果广告商们想要在广告中用女人来吸引女性顾客，这样的女性形象就很有可能出现在广告中，并十分奏效了。当以女性日常生活为主题的
91 内容逐渐进入大众话语时，单人喜剧表演中出现的女人可能将给性别话语
带来强烈效果。

要确定某一个人的事物是否进入话语，单看其说话的权利是不够的。排除其他方面，口语活动的作用取决于说话人是否具有参与那项活动的明显正当性。同样的话语被一个看起来像教授的人说出来，就比不像教授的人说出来更具权威性。当然，能否成为教授也取决于他们的外貌（和声音）是否有这份职业的特点。女助理教授痛感学生不像尊重她们的男性同龄人或比她们年纪大的同事那样尊重她们。很多亚裔美国女性感到种族与性别刻板印象的联系加剧了这种效应。一个人像（或不像）一位教授，除了表现在外貌上，也可能体现在“纸面上”。R.E . 斯坦普耐斯（R. E. Steinpreis）和其同事（1999）让一百位以上学术心理学家评价初级职位和

终身职位的个人简历。参加调查的人会收到一份简历，每份简历的开头部分都会写着该人是初级职位还是终身职位，是男性还是女性。除了性别不同以外，男性和女性简历在每个等级的职位中的所有其他方面都是完全一样的。这次调查中初级职位申请人的结果和 20 年前 L.S. 菲德尔（L. S. Fidell 1975）的类似调查结果非常接近。无论是男性被试还是女性被试在初级职位上都更倾向于认为男性版本的申请人更“值得雇用”。而在等级较高的终身职位的简历中，无论是写在简历上的名字是男性还是女性都被认为值得给予教职，不过还是有很多短小的附注，比如“我需要看到她独自取得这些专利和业绩的证据”，这些评价只出现在女性版本而不是男性版本的申请书中。虽然一个享有丰功伟绩的女人能够获得认可，但在结论不那么明确的部分，比如初级职位的申请中，在具有同等研究、授课、行政记录的基础上，情况还是对男人更加有利。

如此一来，女人借助男人的口吻来表达自己声音这一实践也就无可厚非了。乔治·艾略特（George Eliot）就是一个女人有意使用男名出版书籍的著名例子。艾米莉·勃朗特（Emily Brontë）和她的姐妹们也曾使用男性笔名，而艾利斯·贝尔（Ellis Bell）在研究中发现，当艾米莉·勃朗特使用男性身份时，她的散文被认为强势而有说服力，但当其女性身份暴露后，评论家却开始认为其文笔纤细温和。由此可以看出，重要的不仅是一个人的话语是否被阅读和倾听，被如何判断也很关键，比如作者的性别就会影响读者的判断。“女人通过影响男人而在幕后施加她们的影响力”，我们对这种说法并不陌生。这种说法指出有些女人确实有机会让一部分男人知道她们的见解从而影响他们。即便如此，最终决定这些见解能否超越私人领域、如何被处理的还是男人。当然，决定她的见解命运的，还是参与公共审议以及讨论并制定规则的男人。

有一种说法是，做出决议时，女人的偶然缺席导致了她们没有对决议 92
发挥作用。但需要做的是，将一个人的想法融入话语过程时的每一个元素分开，并检查它与更大的整体的关系。这是因为分割经验太容易了——人们注重某个特定事件而看不到惯有模式，或将每个部分归因为巧合。女人的缺席很可能是被性别构建的，不论她们的缺席是否是因为她们不被允许加入对话，还是因为她们没能预先获得关于对话的信息，还是因为她们忙于因自身性别而从事的事务，或仅仅因为她们觉得那种场合不舒服。

通过分配劳务工作来分配意义重大的机遇不仅存在于正式领域，也存在于非正式领域。种族、民族和性别都会限制人们在非正式场合得到的信息资源，从而加强种族、民族、性别群体的知识专业化。在某种范围内这种限定的知识也许只在非正式领域出现，但非正式活动的隔离也对正式制度中的人群关系有重大影响。一些最重要的制度性认识不是从教室或职场获得的，而是在午餐或晚餐的餐桌上、拼车或者高尔夫球场中获得的。这种非正式的排斥造成女人只和其他女人一起吃午餐，男人只和其他男人一起吃午餐，而这些都是无意识和无形的。但这却毫无疑问是真实且影响深远的。

个人的职业网络是一组重叠的机构、专业和个人关系网，个人组合这些网络的方式对获取成功至关重要。大量的个人信息流动在制度性网络中，同时大量的机构信息也流动在人际关系网中。正是因为如此，个人不可能无视人际关系，但更为重要的是，关系网是机构资源流动的一个关键轨迹。机构资源在个人接触中交换，这一事实创造了一种生态系统。在这种生态系统中，在非正式和私人场合传播而具有机构重要性的信息可能永远不会出现在公共场合中——很多职场问题都在酒吧、餐厅、扑克牌局和某些人的家中解决。职场中的很多重要发展都源于定期的互动群体。定期沟通的同事之间会建立一种非正式制度，这巩固了他们之间的共同利益以及意见与计划策略的交涉。另一个由个人关系网和制度网络结合产生的信息需要是个人的信息——谁是谁的朋友或恋人，谁与谁结婚了，谁不与谁结盟。这类信息对于人们职业生涯的指引是不可或缺的，甚至可以说缺少这类信息会陷入危险。简而言之，人们通过学习个人与职业的调和来学习
93 制度的社会结构。为了获得这些信息，人们必须花费大量个人时间与构成

关系网的人进行私人谈话。

如果说这种个人关系网与制度网络的结合明显地使职业资源的流动最大化，那么同样明显地是这种结合让女人在追求高阶职业时由于各种原因更加不利。如果个人情况或活动被视为与职业气质冲突，那么个人关系网和职业网络的混合就会助长职业网络中的破坏性信息。对女人而言，这所带来威胁显然比对男人更甚。仅仅是家庭内部的角色就常常会对女人的事业产生毁灭性打击。不言自明，当女人在夫妻关系中处于弱势地位时她的事业会遭受打击，然而，即使她比丈夫更加强势也不代表这会对她的事业有帮助。性别就是全部——不论是在传统关系中还是其他方面——对女人职业印象的毁坏都要比男人更甚，并且女性的传统规范毫无疑问地使她们更容易受到“负面”个人信息泄露的影响。在一定程度上，女人确实参与到男性的个人网络中（一些女人确实和她的男性同事成为了朋友），但她和她的男性朋友可能会遭受性方面的流言蜚语或怀疑，这对女人的打击通常更大。公开的女同性恋者、老年女性或没有身体吸引力的女性会比潜在的“可交往”异性恋女性更容易成为男人个人网络的参与者。当然这并不意味着这些女人就能够获得更轻松的生活。在个人关系网和职业网络中，很多女人的终极难题是家庭内部的责任依然频繁地限制女人的社会活动，阻止她们像独身人士和多数结了婚的男人那样活跃地维持他们的社会纽带。一个带孩子的女人，特别是如果她是个单身妈妈，将很难建立各种网络：她的母亲身份也许会被认为和职业气质有冲突，而家庭责任以及由此带来的灵活性欠缺使职业活动与网络联系受到牵连，更加剧了这种情况。在一些提供男性育儿假的社会，父亲更多地参与到育儿活动之中，在公共场合也可以更普遍地看到父亲一个人与婴儿待在一起——特别是在斯堪的亚维亚半岛的国家中——这显著地改变着父母身份的意义。

会话编排

虽然我们通常认为交谈是一个无意识的过程，但事实是，会话是一个高度结构化以及合作性的活动。谈话的结构允许完全陌生的人进入谈话，而无须协商如何进行交流。谈话的结构让会话开始得不那么唐突，也让其结束得不感冒犯。同时，它也给大量的策略留下了空间——人们欺骗和挫
94 败、支持或颠覆对方，给予对方发言权或剥夺对方的话语。因此，在语言与性别研究当中，会话实践得到了充分的分析。

交际惯习包括调节交谈中话轮的惯习，比如同一时间内多少人可以发言以及什么样的谈话可以同时发生。此外，交际惯习还包括什么时候适合发言，发言多久得当，让他人知道自己想得到发言权的方式等。婴儿不是生来就会交谈的，他们（在很早期的时候）学习如何加入会话，而良好的话轮交换标准在不同文化、社区中都相差甚远。会话惯习是会话分析（*conversation analysis*）领域中重要的研究主体。在北半球英语社区中，会话的普遍规则是说话人按照顺序进行话轮交替，并且相邻话轮之间的沉默时间要尽可能短（参照 Sacks 等，1974）。这样的规则既不允许一次会话中大量的同时发言，也不允许长时间的沉默，因此说话人需要注意在话轮发生交替时不产生明显的沉默。会话惯习为人们提供了规则，比如如何开始和结束会话，如何表达话轮即将结束——也就是当其处于说话人可能会改变的转换关联（*transition-relevant*）位置（Schegloff 1972; Schegloff & Sacks 1973）。视觉和听觉的调查（Duncan 1972，1974; Ogden 2001）表明说话人使用各种复杂并难以察觉的暗示来表明他们的话轮马上就要终止，等待自己话轮的人同样也用很多微妙的暗示来表示他们希望得到话轮权。因此人们使用这种方式来精心安排他们的会话以避免严重的语音重叠和长时间的沉默。

很多说英语的孩子被灌输了交谈中一次只能有一个人发言的这种观念。他们深知不要去干扰别人的言语，以及不要把自己想说的一次全说完。学校里的教师通常告诉他的班级，他一次只能倾听及理解一个声音。当然，这并不完全是真的，但这种信念加强了教师对班级里会话的控制。但当人们在餐厅里说闲话时，他们也会偷听旁边桌的会话，人们在打电话

时也会同时参与他们周围发生的会话。可见确实需要一定数量的同时交谈。人们在参与主要谈话时提供他们积极参与会话的证据，仅仅是点头还不够，还需要一些语音上的产出：然后呢（*uh-huh*），对（*yeah*），真的吗？（*really?*），别开玩笑了（*no kidding*），等等。这类对对方的支持性发言我们称为反馈行为（*backchanneling*）。英语社会普遍需要这种行为，但其形式和频率大不相同。不过通常来说，如果听话人不做出反馈，说话人会感到孤立无援，会困惑他们的话语是否得到了倾听或理解，或他们是否说错了什么。一些针对美国人的研究发现女人的反馈比男人多（Bilous & Krauss 1988; Roger & Nesshoever 1987; Edelsky & Adams 1990）。原因尚不清楚，该发现是否站得住脚也是如此。坎贝尔·李帕尔和梅勒妮·艾 95
尔丝（Campbell Leaper & Melanie Ayres 2007）对互动方面的论文进行了元研究（meta-study），他们发现在认可对话人贡献方面没有显著的性别差异（这种贡献通常指的就是反馈）。有研究（Maltz & Borker 1982）指出女人和男人用不同的方式反馈——特别是女人通常使用简短反应“对（*yeah*）”和“然后呢（*uh-huh*）”来表达对交谈的专注，而男人则用这些形式来表达赞同。在此之上他们提出，在男女交谈时，男人有可能会把女人的专注理解为赞同。虽然这是一个有趣的想法，但在我们的知识范围之内，（抛开趣闻逸事的信口开河）并没有什么证据能证明性别间差异确实存在。

当然，与之相关的还有一些关于会话中笑声的研究。笑声在会话中有很多功能，从纯粹的幽默到挖苦再到掩饰尴尬。会话分析研究者盖尔·杰斐逊曾听说会话进行中当男人发出笑声时女人也会一起笑，但当女人发出笑声时男人却不会这样。她感到这个结论虽然似乎是正确的，但使用男性和女性这种分类来解释普遍现象值得怀疑，于是她开始寻求更具有说服力的解释。她调查了 63 组男性女性的会话，这些会话中有笑声出现。她发现男人和女人在加入对方笑声的时间上有所不同。她发现当互动中没有敌对行为时，女人通常会加入男人的笑声；而男人只有在互动特别友好时才会和女人一起笑（2009: 124）。但是，如果男人为了缓和交谈中出现的问题而笑，女人又没有一起笑的话，这可能表示在她们看来问题非常严重。换言之，这虽然是一个展现性别差异影响笑声使用的好机会，但这并不是普遍层面上笑声次数的差别，甚至参与笑声的差别，而是通过笑声达成了什么的差别。

谁干扰了谁？

话轮交替惯习是性别差异研究中非常成熟的部分，因为这位于语言实践更容易意识到的一端。人们从小就被教育话轮交替的规则——不要打断别人，孩子们都知道如果被人打断了就很难得到话轮权。由于得到话轮权是对世界发出声音的根本，因此会话策略处于语言之中权力运用的基本位置。所以这个脉络中的很多早期研究都成为主导模型的一部分。如我们在第 2 章提到的，公众信念认为男人比女人更多地干扰别人，女人比男人更多地受到干扰，却又认为女人比男人话更多。这是一个有趣的刻板印象并置，虽然它们事实上都是错误的，但干扰和言语数量都与权力的行使有
96 必然关系，而且研究结果比刻板印象要有趣得多。1965 年到 1991 年之间性别与干扰相关的研究综述（James & Clarke 1993）表明两性之间没有差异。克莉丝汀·安德森（Kristin Anderson）和坎贝尔·李帕尔（1998）以此为基础对 1965 年到 1996 年之间发表的 43 篇论文做了一个统计学的元分析。该分析考虑了多种因素，发现男性比女性更多打断别人的观点是不充分的。绝大多数有关干扰的研究只验证了学术或实验室环境中与陌生人短时间（通常在 10 到 15 分钟）互动中的交谈，并且这些研究对干扰的识别标准常常前后矛盾。安德森和李帕尔发现，仅在统计明显试图控制的侵入性干扰的研究中，以及在大于 2 个人的群体中，性别差异更为明显。同时，他们发现当第一作者是女人时，研究结果更容易出现男人干扰更多，而男作者很少发现女人干扰更多。

绝大多数研究并没有控制互动中关系的性质，而彼得·科洛克（Peter

Kollock）和他的同事（1985）将关系放在了他们研究的中心。科洛克和他的同事试图发展超越性别的模型，他们调查了 20 对异性和同性伴侣中会话模式和长期主导模式之间的关系。根据建立关系主导模式的大范围问卷，他们选择了 300 对伴侣成为被试。权力也成为了数据采集的一部分。每对伴侣中的两个成员都阅读了一些有关某对伴侣争吵的小故事。这些故事虽然相似，却带有些微偏差。他们要在每段故事中选择自己的立场，而后和自己的伴侣一起讨论这些故事，并得出一个结论。他们发现与伴侣双方的性别无关，处于主导地位的一方对另一方的干扰更多；而权力分布比较平衡的伴侣干扰对方的频率相等。这个结论和我们在第 2 章谈到的庭审研究（O'Barr & Atkins 1980）相同：干扰的出现与权力（而不是性别）有更大关联。

当然，检验会话中干扰的首要问题是它的定义。在当下说话人结束她言语的最后一个字之后开始插话是否算是干扰？还是在很难被认定为转换关联的位置（Sacks 等 1974）打断对方才算是干扰？这很难确定，而研究干扰时其判断标准并不统一。

黛博拉·泰南（1994）指出语音重叠在会话中常常是一种支持性策略，增强（而不是侵犯）说话人的发言权。泰南在她的会话的民族语体研究中创造了高度参与（*high involvement*）这个术语来描述以言语同时发生为规范的一种语体。在实践这种语体的人群中，如果有人在说话的时候没有受到“干扰”，他并不觉得受到了支持，反而会感到不自在。会话分析的规则描述了美国中产阶级盎格鲁裔白人的交谈，可以以此为出发点去思考其他会话体系。比如，赖斯曼（Reisman）（1974）观察到安提瓜岛
（Island of Antigua）上的会话通常由多个说话人参与。一个西非男人曾经 97
告诉本书作者佩内洛普，当他到英国上大学时，他花了一段时间去适应英国式的话轮交替体系。在他的学业刚刚开始时，他感到同学对他说的东西似乎并不感兴趣，因为他们从不在他说话的时候参与进去。

因此，干扰和语音重叠可以成为支持别人意见的策略，针对女人会话

语体进行的研究（如 Coates 1996）也指出女人在进行非正式交谈时大量使用这种策略。不过由于目前没有足够的研究检验男性的会话中是否也有同样的现象，因此还不能证明这方面存在性别差异。此外，要开始证明也是很难的——我们很有可能倾向于把女人的语音重叠当作支持性的，而把男人的当作干扰。语音重叠当然可以完全是支持性的，但也不能否认一个人完全可能为了展示他的主导地位而干扰另一个人。主导模型倾向于关注支配者，因此严格意义上的语音重叠通常被视为是一个支配行动。但就像泰南（1994）所强调的，如果当下说话人不停止说话，干扰就不能算是完成了。为了让某种模式的干扰持续存在，一个人不仅要在另一个人还在发表自己意见的过程中开始说话，还要让另一个人放弃说话。这种模式可以在关系和扩展的互动中发展，如果是这样，这些干扰的性质将告诉我们，干扰者是否实际上对被干扰者行使权力。

最后，值得思考的是，主导和干扰等策略之间的关系究竟是什么？无法发出自己声音的人是弱小的；但另一方面，不断干扰别人的人也不一定就是有力的，而只是迫使他们干扰的人（至少是暂时地）处于一种较弱的立场。然而，由于干扰当中权力的展现不加掩饰，所以这是主导中一种非常直接且容易察觉的形式。当权力没有被察觉时，我们通常会认为这是一种“霸凌”而不是权力。有最高权力的人是不需要干扰别人的，他身边的人会心甘情愿地放弃话轮权，因此干扰本身并不代表主导，反而要看作一种建立主导的需要。这一类型的模式会逐步发展于长期关系当中或者建立地位差异的互动当中。

权力和会话中的支配既不是单向的，也不必然是个人实现的。本书作者佩内洛普在观察五年级和六年级班级时，发现受欢迎的群体通过给予成员更有质量的自我表现时间来获得在班里的支配地位。当受欢迎的孩子得到话轮权时，他的朋友会专注地听他们讲话，为他们的笑话而发笑，回答他们的问题或对他们的表现做出回应。这样话轮权便从某个受欢迎的孩子那里转移到另一个受欢迎的孩子那里。另一方面，社会地位较低的孩子就很难获得话轮权，这使他们更难获得关注和合作。从结果来看，获得话轮权对那些社会地位较低以及倾向于减少自我表现的人来说没有什么吸引 98
力。实际上，每当他们要求公众关注的尝试失败时，他们的面子都会受到威胁，这样他们的地位只会越来越低。这一观察的重要之处不仅在于地位决定了谁获得了更有质量的自我表现时间，而且这种自我表现时间的分配对于地位的实际构建至关重要——而这种构建是一项合作性的事物。

我们以往总认为干扰是权力的道具，但我们应该意识到沉默也是这样。社会场景中的沉默从来不是中立的：我们谈论意味深长的暂停、令人尴尬的沉默、威胁性的沉默、愕然的、不自然的、敬畏的、恭敬的、尊敬的沉默。沉默不总是，或不仅是表达的缺失。言语被沉默这种言语的缺失所打断，而言语与沉默在相互作用中构建了彼此。在美国盎格鲁裔的文化中，沉默具有意义是因为我们要求社会交换伴随着合理的持续交谈。（另一方面，斯堪的纳维亚人则会对一定时间的沉默感到舒适，而厌倦他们的美国朋友持续不断地说话。）因此，两个话轮之间的长时间沉默是一种不寻常的信号。不过，这究竟意味什么，则取决于交谈的历史。如果会话中玛丽对艾伦说："我相信性别是社会构建的"，而艾伦什么都没有说，我们要如何解释她的沉默呢？这有可能意味着艾伦觉得玛丽的话太骇人听闻，以至于她"词穷"了。另一方面来说，沉默也可能意味着玛丽的意见太过于显而易见，而她不必再说什么了。还有可能她被这个话题不太熟悉，因此不知道如何接话。或者她被玛丽的智慧之言所震惊，以至于只能留下敬畏的沉默。甚至有可能是她对会话置之不理，或她不想这个话题继续下去。我们只有知道会话的长期语境和短期语境之后才能知道艾伦沉默的意义——艾伦对性别的信念是什么，她们曾在会话中说过什么等等。观察会话如何进展可以有效地追溯特定的沉默的重要性。

意义的产出不仅仅是说话人的权利或义务，还与听话人，甚至旁听者有关。听话人既可以只扮演知识和信息的接收者，也可以扮演一个裁判。诺玛・门多萨–丹顿（Norma Mendoza-Denton 1995）指出在克拉伦斯・托马斯（Clarence Thomas）的听证会上，沉默被用来为托马斯讲述他与安妮塔·希尔（Anita Hill）教授的互动增添了分量和戏剧性，后者指控他在她是他的雇员时对她进行性骚扰。门多萨–丹顿测量了庭审录像中托马斯与希尔的言语分别与某位委员会成员言语之间的时间间隔长度。她发现该成员与托马斯话语之间的平均时间间隔长度为 1.386 秒，而与希尔的话语之间则为 1.045 秒，具有统计学上的显著差异。这些差异并不是自始至终均衡地在庭审中持续，而是策略性地让托马斯的言语更具有分量，并通过较短的时间间隔和快速的话题转移打乱希尔的节奏。门多萨–丹顿认为，参议员更认同托马斯，在他戏剧性的回答后留下更长时间的间隔，使他的回答听起来更具有分量、更让人同情。比如下面这个例子（p.60）：

99 托马斯：参议员先生，主观地处理案件和眼睁睁地看着自己被处以私刑是有很大区别的。这没有可比性。

［间隔 2.36 秒］

荷夫林：啊是的［叹息］

［间隔 1.12 秒］

哈奇：我想加一句，他对此也有个人知识，以及个人辩解……为愤怒。

参议员们的沉默不仅为托马斯的话语增加了分量，还重申了他们自己发表言论或保持沉默的权力。

谁参与了所有的交谈？

我们都很熟悉西方社会关于言语数量的性别差异的刻板印象。西方社会常把女人描绘成说个不停的样子。有个说法是一个男人每天大概说 7,000 词，而一个女人每天说 20,000 词。如果这是真的，那么这个数字所包含的意义确实很有趣。然而我们将会发现这当然不是真的。马克·利伯曼（Mark Liberman）尝试寻找这个数字的来源，却发现根本查找不到[②]。我们所能找到的最接近的调查是马蒂亚斯·梅尔（Matthias Mehl）和同事们（2007）做的。他们给美国和墨西哥的男女大学生共 396 人配备了电子录音机来记录他们几天内课程之中的言语数量。录音机每过 12.5 分钟自动录音 30 秒，录音过程中比较安静所以佩戴设备的人不会感觉到他们正在被录音。基于这部分录音的词语计算，调查者估算出每个人每天平均产出约 16,000 词，男女之间没有显著差异。我们能从这个结果中看出什么？言语数量方面是否不存在性别差异？当我们在一个大型数据库中发现了性别差异，我们总是询问这种模式的基础是什么，这种差异是不是存在于所有人群中，是不是所有场景中都适用？当没有发现差异时我们也应该有同样的疑问，而有些研究也指出，如果我们记录一个较大数量的人口在几天之内遭遇的所有事情，我们就能发现很多有意思的东西。

流利度不容易测量。在初始阶段，有些研究指出男性比女性的语速略快一些（Yuan 等 2007）。也许针对一定数量的言语，最好的测量方法是计算一定时间内的词语或音节的数量，比如每秒发出的音节或每分钟说出的词语。这取决于分析人员如何将言语分段，停顿的时间长度是否纳入计算，但一次说得很快却停顿时间较长的人（如柯克船长）显然不同于以一成不变的语速说话的人。还需要考虑一下我们实际上如何看待言语数量
作为一种社交活动的重要性。语速快的人可以在较短的时间内说较多的内 100
容，而他们也需要听众在言语过程中更多的注意力，这样双方之间互动的时间就少了。而语速也不是没有社会意义的。通常来说，人们认为语速快的人有智慧，而语速慢的人迷惑或缺少智慧，但也有人偏好中等语速而不是过快或过慢的语速（Street & Brady 1983）。最后，一个让人们甘愿让出话轮权的人有资本慢慢说话——事实上这种缓慢的语速有可能是展现权威的一种方式。这类研究对言语数量进行调查时使用的测量方法不同，收录言语的场景也各不相同，因此要概括这些研究的结果非常困难。

尽管如此，在一些小规模调查中最显著的事实是，在绝大多数场景中男人比女人说得更多。黛博拉·詹姆斯和贾尼斯·德拉吉克（Janice Drakich 1993）发现在言语数量方面男性压倒性地成为主导者。坎贝

尔·李帕尔和梅勒妮·艾尔丝（2007）在一项跨越了40年、70项研究的元分析中也证实了这个发现。但性别差异并不是一个全面的差异。詹姆斯和德拉吉克发现男人在正式场合和任务导向活动中比女人说得更多，但在非正式场合则很少这样。卡罗尔·叶杰利斯基（Carole Edelsky 1981）在一项单次互动研究中发现了这个区别：男女混合的教职员工会议会话中，正式的单独讲话部分男性的言语显著多于女性，但在会议中不那么正式的部分中男女参与比较相近，这时有多个说话人同时取得话轮权。李帕尔和欧雷斯发现在大学中进行的调查比在其他场所进行的调查更容易得出“男人比女人的言语数量多”的结论。同样的，男女混合小组的调查比同性别组的调查更容易得出该结论；以两人一组的调查比多人数组的调查更容易得出该结论；在组内成员的亲密程度多样、以及小组成员互不认识的调查中也是如此。换言之，男人在非亲密环境中控制话轮权。而女人则在与孩子以及同学交谈时说得比男人多——但男人在与配偶或伴侣互动时说得更多。权力在这种区别中发挥了作用，这不容忽视。权力关系长期存在于人际交往中，女人在与孩子的关系中掌握了权力，与她们的同学平等；而男人则在异性恋伴侣中占据主要地位。科洛克等人（Kollock等1985）的调查探讨了这类发现，并有个有趣的转折。他们发现权力对等的异性恋伴侣言语的数量差不多，而在一些权力关系不对等的伴侣中，不论男性是处于主导地位还是从属地位，男性都说得更多。实际上，最没有权威的男人说得最多。这给我们留下了一幅在关系中反映和构建权力的言语数量图作。

当然，人们在情境中的权力和地位的差异不仅让有权力的人更倾向于发出声音，也使得没有权力的人甘愿让出话轮权。詹姆斯和德拉吉克依照
101 社会心理学的地位特性理论（*status characteristics theory*，Berger等1977）来解释正式场合中男人的主导权，这个理论根据参与者的相对社会地位认知，提供相互作用的解释。那些具有更高地位的人希望且并被他人希望表现得更好一些。因此参与互动的各个群体帮助公认有更高地位的人取得主

导权。当然，构成地位的根据各不相同。有性别和种族这样的大范畴——也有相对特殊和小众的特性。

阿琳・埃斯基尔松和玛丽・格伦・威利（Arlene Eskilson & Mary Glenn Wiley 1976）为了调查专业知识与性别的关联，以 144 个大学生为对象进行了实验。她们把学生分成三组，基于一场（伪造）测验的成绩指定了三位组长。这项研究不针对言语数量，主要关注完成任务的领导能力，从实验结果可以看出不论是男是女，被指定的“专家”都比其他人说的话更多。与之类似的，约翰・多维迪奥（John Dovidio）和他的同事们（1988）让 88 个大学生用从一到十的尺度评估他们对 14 项日常活动的熟悉程度之后，与异性交谈。他们对比了男性和女性的评估后，将主题分为男性主题（给汽车加油）、女性主题（针线活）以及无性别主题（园艺）。随后，他们将男女配对为 24 组，就这三个主题中的每一个进行三分钟的对话。主题的性别化明显对谁看起来更懂行产生了影响——男性在男性主题的会话中占据主导权，而女性则在女性主题的会话中占上风。然而，即使在自身性别的主题中，女性也不如男性那么具有主导权，同时，在无性别关联的会话中男性也占主导。

言语数量不仅仅是话轮权分配的有趣特征——显然，会话还具有性别节奏。一项由哈佛大学组织的调查（Krupnick 1985）发现在由男老师授课、多数学生是男生的班级中，男生发言的时间是女生的 2.5 倍。女生在女老师授课的班级中参与情况是前者的 3 倍。但即使女性参与到班级讨论当中，她们的发言通常也很简短——即本书作者所说的“爆发”。科鲁尼克的观察中非常有趣的一点是男人和女人说话像是“赛跑”，男性发言较长时间之后，会出现一个全部由女性发言的短暂爆发。

迈拉・萨德克和戴维・萨德克（Myra Sadker & David Sadker 1985）观察了 100 个公立学校的文科班和理科班，发现男孩的言语数量平均是女孩的 3 倍，而男孩喊出回答的次数是女孩的 8 倍。他们也发现教师更能忍受来自男孩的喊叫。由于课堂上的行为受到老师的控制，因此将老师的行为纳入任何对课堂支配地位的测试都是合理的。教室中其他学生的行为也一样。男孩的主导地位是如何在整个班级系统中被支持的呢？为了解决这个
102 问题，琼·斯旺和大卫·格兰多（Joan Swann & David Graddol 1988）检验了小学的两个班级拓展性讨论的录像。他们发现两个班级之中，男孩的言语数量都是女孩的2倍——无论是话轮数量还是词语总数。在某种程度上这似乎可以归结于两个有趣的教师-学生动态系统。第一，斯旺和格兰多发现教师的视线通常更集中在男孩身上。他们也发现当男孩举手时，教师容易将视线由女孩转向男孩，但相反情况下视线转移的频率却没有那么高。人们通常认为男孩在学校所获得的一部分关注是由于他们也许更需要控制。教师的视线也许是选择性监视和控制的无意识实践的一部分，最终使男孩获得更多关注和点名。第二，斯旺和格兰多发现教师更乐意点那些举手快速且热情的孩子的名——通常这类男孩更多。

本书作者佩内洛普在观察了五年级和六年级的班级后，发现当这些孩子进入前青春期时会意识到公开场合表现的新性别规范。女孩们开始觉得在公开场合做一些滑稽的举动显得"孩子气"——比如大声讲笑话，表演有趣的走路姿势，以及做一些"愚蠢"的事。而男孩们依然利用做这些事的技巧获得地位。这种傻事包括明明不知道答案却举手，或者说一个愚蠢的答案。不配合甚至无视学业对于男孩来讲是一种开始独立的信号，但对于女孩来讲却并非如此。因此，除非女孩确信她们知道正确答案，不然不会举手，这导致她们举手的速度比男孩子慢一些。这不能说明女孩在学业上不如男孩自信，而是她们没那么任性，因为社会规则更少地容忍她们的无能和吵闹。

换句话说，至少在目前的绝大部分情境中，男人在与异性交谈时比女人更能获得他们想要的。在同性别会话中，女人在单位时间内的贡献比与异性进行会话中要多，男人却刚好相反。事实上，当女人和其他女人交谈时流利程度提高，而男人与其他男人交谈时流利程度降低，这导致了当与同性交流时，单位时间内男人和女人对会话的贡献一样多。林恩·史

密斯–洛万（Lynn Smith-Lovin）和她的同事（1986）进行了一项实验，其中白人大学生被赋予了一项性别中立的任务，需要共同承担。在由六个参加者组成的同性别组中，男性和女性分别在各组中做出了相同数量的贡献。而在异性组中，男性的贡献比同性别组多，女性比同性别组少。换句话说，男性和女性参加者在与异性进行互动时，都根据适合不同性别的参加效率调整了他们的行为。很多教师也发现了这样的对照。他们发现女孩和年轻女性在男女混合班级比较沉默，而到了按性别分配的班级便会发起辩论。但抢到话轮权就足够了吗？很多女人都感到在职场的男女互动中，103
女人的意见没有占据和男人同等的地位——而当那些意见被采用时，他们会把这些归结于男人。事实上，有一些实验性的证据表明确实如此。凯瑟琳·普罗普（Katherine Propp 1995）发起了一项实验，她让男女混合组的大学生对一起监护权案件进行审判。实验参与者获得有关案件的信息，而后进行案件讨论并做出裁决。实验设计者为组里的每个人提供的并不是相同信息，因此参与者必须在讨论期间向其他人提供信息。实验实施者发现男性参与者提供的新信息比女性所提供的更容易被纳入考虑。

但是，虽然获得发言的机会是将一个人想法纳入话语的基础，但仅凭言语的数量并不足以衡量一个人的想法进入话语的程度。拥有足够权力的人可以让其他人说出他们自己想说的。拥有代言人是一个人地位和权力的标配——总统、议员、企业和企业首脑都有代言人，这也许是因为他们将时间用于与其他重要人物交谈，而没时间亲自传递信息。塞内加尔的沃洛夫人（Irvine 1989）中有一类特殊种姓，他们的职责是为贵族代言。地位低下的格里奥具有声音尖锐、语速飞快的口技，他们执行口头工作，但他们相对无权无势。欧文·高夫曼（1974）在单一评估准则下，区分了说话人的三种独特角色：首脑、作者、实施者。首脑对正在表达的言论负责；作者决定精确的用词（名人作家的代笔者、公众忙人的演讲稿撰写人）；实施者讲出或书写现实中被观众消费的话语（宣读老板发言的代言人、饰演角色的演员、撰写邀请函的书法家）。格里奥人兼任贵族客户的作者及实施者，而贵族本身是沉默的首脑。

正如我们曾谈到的那样，传统文化中，女人通过家庭中的男人将她们的意见带入公众话语。历史上很多有名的女人通过给有名的男人吹耳边风来扩大她们的权力。她们可以被看作首脑，而那些与她们进行亲密行为的男人可以看作是作者和实施者。但维多利亚时期的妻子和沃洛夫贵族之间的差异是巨大的。格里奥经济命运取决于能否成功代表贵族的想法；维多利亚时期的丈夫却不受这种约束。维多利亚时期的妻子也不会因为她的意见得到赞扬：与沃洛夫贵族不同，她不会被公众认为是话语的终极来源的首脑。当然，连讲出她意见的丈夫或情人都顺水推舟地忘记了那些来源。直到当今，职场或商业中的女人还发现她们的观点时常遭到无视，直到某
104 个男人把这些观点当成自己的东西重复出来，表现得像个首脑和作者，但事实上他只是个实施者（虽然他也通过利用隐藏在他话语中权威的影响力而成为首脑）。而许多女人主要在公众视野之外继续行使影响力，让其他人认为她们没有自己的想法。这种“幕后注视”的一个原因可能是，女人意识到被视为来自一些权威人士的想法，往往比那些来自不太受尊重的来源的想法产生更大的影响。当然，当更多的女人开始出现在权力地位中，她们也会被看作是作者，而她所表达的言论很可能源于不那么有权力的女人或男人。

井上都子（Miyako Inoue 2006）指出一种非正常意义上的会话参与角色——用难以察觉的视线观察他人话语的人。电话窃听狂、偷窥狂、进行观测的研究人员和临床医生，以上这些都与话语实践有关，因为他们不仅在观察，还进入了他们所观察的事物的话语之中。井上都子特别谈到了20世纪初日本男性研究人员对女生隐蔽的观察。他们的地位使这些观察者能够将女孩的行为传输到学术和公众视野之中，因此构建了一个特殊社会范畴“女学生”。正常的对话让人们参与到意义的共同构建当中。但作为非参与者，这些男人从不需要在会话中检查他们对女孩话语的解释。然而他们的高社会地位又允许他们将这些解释输入公众话语之中。

事实上，直到近年，几乎所有的研究人员、临床医生、新闻记者和作家都是男人。这意味着女人与孩子一样，一直遭受着非参与性的视线。男人对女人行为和话语的阐释压倒性地侵入公众话语之中。这是西蒙娜·德·波伏娃将女人称为“第二性（*the second sex*）”的一个重要理由。

获得听众

如果我们只关注男人和女人的说话方式就容易忽视这些话语对对话人产生的作用，因此关注会话的互动性质很重要。人们如何回应和他们对话人的语体？他们如何理解它？安妮特·汉娜和塔马尔·穆拉赫弗（Annette Hannah & Tamar Murachver 1999）发现虽然不同性别可能涉及不同语体，但人们回应的是对话人的语体而不是性别。因此当对话人的言语语体容易接受时，无论是男人和女人都会说得更多。丹·朱拉斯凯（Dan Jurafsky）和他的同事在对快速约会进行研究时发现，无论男人还是女人，无论他们的对话人是男性还是女性，当对话人更多地合作、提问以及发笑时，他们会认为对方非常友好。但接下来我们将看到，朱拉斯凯和他的同事发现参加快速约会的人很难分辨他们是否是被对方调戏。所以即使我们假定自己确实对会话做出了贡献，也不能保证对方是否理解了我们的意图。正如第 3 章中指出的，古典言语行为理论无法彻底解释什么是社会 105
言外行为。麦康奈尔-吉内特（2012）提到的言外行为的完全语义有效性（*full semantic effectiveness*）指的是，听话人既需要领会，即基本理解或意识到说话人试图做什么，还需要话语的更新，也就意味着将言外行为看作后果性的，视为在话语内完成的事情。当我们说起“获得听众”，我们说的既是被理解、被领会，也涉及稳定的更新。言语被记录为一个特定种类的话语行为，而不是被忽略。

然而即使是最基本的更新，也不容易做到。说话人不总能保证听话人理解了自己言语的言外之意：比如，“我渴了”究竟只是一个陈述还是进一步对饮料的请求。更成问题的是，听话人自己的希望、恐惧和意识形态倾向可能会扭曲理解。认为同性相吸只是发育期一个阶段的父母可能不会真的“理解”他们的儿子或女儿公开性取向的尝试，他们会说“噢，等你遇到对的人你就会抛开那个了”。男职员不一定（完全）理解他的女上司婉转的说法“我希望明天早晨的会议上能收到那份报告”是一个命令，因为他没有完全接受她在他之上的威信。他不愿认识她被制度认可的正当性，这削弱了她的完全语义有效性，削弱了她的意义被正确认知的能力。或者他也许理解了，但是选择无视她的命令。既不完成报告也不对此举做出解释。解释这种更新不足的一种方式是伪造成领会的问题。无论问题在于领会还是更新，女老板都没能得到成功的倾听。

意识形态的盲点也会阻碍人们理解或领会。一个女人对男人的性邀请说“不”时，她确实是在拒绝。当男人相信女人都欢迎他邀请，但喜欢故作腼腆来表示自己难以追求时，他会觉得女人的“不”并不是在拒绝他，而是让他“再多试一次”。然而，这里的重点是，问题中的女人可以准确地说出她的意思，但她说得清楚直接可能还不够。她的语义有效性要求他理解和领会，但他对女人和性行为的看法则阻碍了这种领会。西莉亚·基辛格和汉娜·弗里斯（Celia Kitzinger & Hannah Frith 1999）强调拒绝是会话分析研究者所说的非偏好（*dispreferred*）社会行动，以及一个明确的“不”并不是唯一或最好的拒绝方式，以此指出“大胆说不”预防强奸运动的误导性。我们在这里要强调的困难是女人说“不”甚至都不会被理解为这是在实施拒绝的言外行为③。

黛博拉·卡梅伦和唐·库利克（Don Kulick 2003）也探讨了其他性爱语境中关于拒绝的复杂情形。比如（双方同意的）SM（施虐/受虐狂）实
106 施者们明确将“不”和“停”原本的语义架空。由此，性爱在精心安排的抗议或拒绝的错觉之中开展，只有伴侣中“顺从的”一方（“下位”）说出提前设置好的安全词时才会真正终止。这种情节中的错觉是伴侣当中的支配方理解的抗议，但忽视了它。虽然一些人指出 SM 实践中，女性顺从方强化了这样一种观念，即说“不”的女人并不（真的）是那个意思，但

斯泰西·福勒（Stacey Fowler 2008）也指出，事实上，就如何解释所说的内容，预先进行明确的讨论并达成一致，能够提供一种信任和相互理解的模式，这种模式在其他很多性爱情境中也很有用。福勒提出，尽管表面上缺乏理解和更新，但人们有责任让彼此得到真正的倾听。

言语活动、事件和体裁

正如我们在第 3 章谈到的，每一个言语社区以及实践社区都进行着一些有限而反复出现的言语活动：打情骂俏、授课、布道、说闲话、开玩笑、争吵、斗殴、诊疗、闲聊等等。有时这些活动分散在一天当中，有时它们被组织成众所周知和经常发生的事件。就像我们有一系列的活动一样，我们可以认知到构成这些活动的事件：授课、争吵、辩论、商议、会话、座谈会。

事实上，有些言语活动在所有言语社区都会发生，但有些言语活动只在一些特定的言语社区中出现或常见。虽然有些言语活动在很多社区中出现，但可能每个社区的开展方式和所持的意识形态都不同。言语活动的差异可能存在于最基本的层次。比如说，有些伴侣觉得争吵很有必要，但其他人却不这么认为。有些社交小组鼓励成员之间进行快节奏的打趣，而其他小组可能在他们的会话中表现得更加稳重。有些特殊的实践社区可能时常传闲话、交流色情故事、相互侮辱、谈论问题、抱怨、大声阅读、祈祷，这些活动甚至有可能是社区建立的基础。其他人可能会远离这些社区。斯科特·基斯林（Scott Kiesling 1997 等）调查了美国大学兄弟会的口语实践，他展示了在这个实践社区中玩笑和仪式性侮辱是如何被广泛用来强制异性恋的。

言语社区的形成本身就可能带有性别意识形态的色彩，而这种色彩反过来又会加剧性别阶级。有些交流非常类似，但由于参与者不同，在英语中的命名方式也不相同。约翰和朋友 / 同事的“谈论公事”很难与简和朋

友 / 同事的“说闲话”区分开来。某个人的调情对另一个人来说可能是骚
扰或是其他人的“欢迎信号”。此外，人们可能基于意识形态将某些活动
107 归于某个性别——有研究记载了美国非裔男孩之间的仪式性侮辱（Labov
1972），并暗示这是一项限于男性的活动，但后来有调查发现美国非裔女
孩也进行这类活动（如 Troutman 2001）。

调情

调情是一项交际性活动，对于它边际的争论也是性别和性意识形态争论的一部分。她是在调情还是她（仅仅）在表示友好？他（仅仅）在和她调情还是在对她进行性骚扰？调情的本质属性就是不明确、可否认的，并且严格来说是开玩笑、不“认真”的。调戏者明显表现出自己对被调戏人的吸引或兴趣，同时刻意做出一些以吸引被调戏人为目的的事。调情并不一定（而且常常不是）以实际的性爱或浪漫为目的的，但完全不包含色情的兴奋或性暗示的互动只能被理解为广义上的调情。有时我们会说一个人与一个较大的群体调情——比如政治家比尔·克林顿（Bill Clinton）和萨拉·佩林（Sarah Palin），他们之间的政见虽然大不相同，但都被指出善于和观众调情，想办法使观众“陶醉”，就像潜在的情人试图迷惑他们喜爱的目标一样。人们有时会说散发魅力的公众人物和所有人“调情”——他们可以让很多观众感到自己的“特别之处”得到了认识和欣赏。虽然这些魅力超凡的公众人物与受他们吸引的大众之间不会产生性爱甚至浪漫的幻觉，人们还是会用爱的语言来形容这些关系。

典型的调情主要依赖非语言信号：笑容、用眼睛长时间直视某人、轻微的接触、眨眼。在过去，和女人调情常常要用到扇子之类的小道具。绝大多数人认同，没有共同语言的人之间可以互相调情（俗话说“眉目传情”）。那么人们是怎么通过口语资源调情的呢？计算机语言学家朱拉斯凯和他的同事（Jurafsky 等 2009；Ranganath 等 2009）调查了快速约会中大学生们的言语行为。基于 1,100 个 4 分钟约会，他们发现虽然有些人始

终尝试调情，且他们的同伴理解到那是调情，但意图和理解并不完全一致。最重要的是，如果人们自己在调情，那么他们更容易察觉到他们同伴在调情。男人和女人都更容易被较快的语速、较高的音调和笑声感染。当男人调情时他们会更加安静，而女人则会更大声。当男人调情时他们问更多问题，使用更多与性有关的、负面感情的词语；而女人很少使用这些策略。女人调情时更多地发誓，可男人不会这样。

调情为我们上文中谈到的言外之意的“失败”可能性提供了一个非 108
常好的例子。有些情况下一个男人认为他自己“只是在调情”，但他的调情对象不止拒绝回应，还认为他是在骚扰自己（Debbie Dougherty 等 2009 中谈到了这类案件）。另一方面，当一个男人和一个女人进行了一些温暖且似乎亲密的交流（甚至可能是她先亲近他的）之后，她拒绝了他的性提议，面对他的愤怒或至少是困惑时，她会说“嘿，我只是在调戏你——你把我想成什么样的女人了？”（Mortensen 2010）他认为她在“鼓励”他进行性活动的邀请，而她却只把他们之间的互动看成有趣的交流，和进一步的性行为的暗示毫无关系。在意大利，和别人说话时触碰自己的耳朵会被看作在调情。哲学家凯莉·詹金斯（Carrie Jenkins 2006）指出外国人在意大利不知道触碰耳朵的潜在重要性，因此不被认为是调戏（或试图调戏），但会被看作是在进行（当地的）轻佻行为。换言之，典型的调戏是某人有意为之的事（至少是在较弱的意义上，不一定是清晰意识到的程度）。但就像丹尼尔·诺兰（Daniel Nolan 2008）指出的，无论实施者的意图如何，如果调情的对象出于一些原因没有理解清楚的话，调情必定熄火，不会成功。

说闲话和女生悄悄话

说闲话（*gossip*）这个词很有问题。一方面，它像是没什么意义的谈话；另一方面（比较负面地），它传递幽默和私人信息，不过通常是交流一些不在场的人的负面信息。唐娜·埃德（Donna Eder）和珍妮特·林恩·恩科（Janet Lynne Enke 1991）把它定义为“对不在现场者的评价性谈话”。虽然定义如此，但它却总是被看成一项女性活动。近年来一些女权主义分析家再次提起“说闲话”的概念，他们认为这个词浓重的女性性别色彩和糟糕的名声都有问题。

首先，女人口中的“说闲话”也就是男人嘴里的“谈公事”。谈公事涉及对不在场的团体及人物进行的评价性（且常常是批判性）言论，这和说闲话的定义相同（参考如 Wierzbicka 1987）。当然，教职员会议中评论学生的会话可能与学生评论自己同学的会话非常相似。但由于教职员的评价具有制度地位，因此这不算做说闲话。当然，传统上女人不像男人那样能够参与到具有制度地位的会话中。女人自己也更乐意把她们的谈话称为说闲话。女人在宿舍或联谊间里坐成一圈，谈论其他人，或仅仅谈论她们自己。她们乐于把这件事描述为“只是说说闲话”。但男人们却用其他词描述在宿舍或联谊间围坐一起时说的话。黛博拉·卡梅伦（1997）分析了居住在弗吉尼亚城区一个小型大学里的一群年轻男人在电视机前消磨
109 时间的谈话。有些谈话涉及有关性征服的吹嘘（同时，也确实提到了他们“得到”过的女人的私人事务）和对酒精的耐受能力。不过他们也评论了不少其他（不在场的）男人。他们嘲笑的同性恋男孩子被贴上同性恋（*homo*）、白痴（*faggot*）、窝囊废（*wimp*）等标签，因为那些男孩看起来多少有些“古怪”，行为穿着或外表不像他们所认同的标准中的“真男人”。他们几乎没有谈及他们所批判的男孩们的性偏好或行为的真实信息。卡梅伦的解释很有说服力，她认为这些年轻男人对不在场男性使用了仇视同性恋的话语，以此建立他们自己的异性恋男子气概，并加强他们所确信的男子气概的标准。她也指出这些男人对不在场人物的贬低完全符合“说闲话”的标准定义——除了性别以外。

那么这种说闲话的观念究竟从何而来？说闲话一词源于古英语中的“上帝的亲戚（*god sib*）”。这个词最初（早在 11 世纪）指受洗仪式时扮演保护人的教父或教母。词义随着时间扩张为老相识或好朋友，到 16 世

纪左右扩张为女人临盆时邀请出面的女性朋友。这个时期的英语中，生育是一项完全由女性主导的事件，黛博拉·琼斯（Deborah Jones 1980）猜测人们之所以把闲话看成是一种充满恶意的女性谈话，是由于男人对女人在这种无人监管情况下相互交谈的恐惧。她指出，这导致了 gossip 目前的词义“性格轻浮无聊的人，绝大多数情况是女人，特别是喜欢闲聊的人；喜欢饶舌的人，爱打小报告的人”（《牛津英语词典》）的产生，而最终扩张到交谈本身以及（作为动词的）这种交谈活动。从古至今，人们看到几个女人聚在一起进行非正式谈话时，都会立刻判断这不是什么好事。不久之前，女人们聚在一起说话时总会有男人凑过来开玩笑问“女士们在做什么”或做些类似的行为来表明他们对这个团体的女人可能会进行的“说闲话”（或“耍阴谋”）感到不悦。

“说闲话”在所有词典中最严格的定义是“揭露个人或他人耸人听闻的事实的交谈”，这既可以是正面的又可以是负面的，但正面信息很少是耸人听闻或有新闻价值的，因此我们对说闲话的看法通常是负面的。同时，很多人使用说闲话一词来指涉更普遍的日常会话，包括事件报道和感兴趣的人，可能这种对他人活动和感受的更普遍的兴趣是性别化的。詹妮弗·科茨（Jennifer Coates 1988，1996）把“说闲话”用于任何女性朋友之间的非正式交谈，不论交谈的内容是否限于对不在现场的群体做陈述和评价。她的侧重点在于这类交谈是女人之间的积极沟通，这又回归到琼斯的词源学观察。这样说闲话的意思和我们所说的女生悄悄话（*girl talk*）很相近，通常被看作是纯粹的亲密活动，也是性别幽默的主体。

实际上，人们都知道说闲话可以让人们团结一心（比如 Gluckman 1963; 110
Haviland 1977; Besnier 1989，2009）。尼科·贝斯尼尔（Niko Besnier）研究了努库莱（波利尼西亚）的闲话，他发现人与人之间的和谐是闲话成功的先决条件，且说闲话的人只有确定听话人一定会对闲话内容表示赞同才会开始说闲话。努库莱的闲话集会在室内以大型团体形式进行，但闲话主要由两个参与者交流，通常这两个人是同性别者。贝斯尼尔注意到虽然男人和女人都会参与这类活动，但女人更多地对别人的闲话表示关心。尽管说闲话对维系社会纽带很重要，但贝斯尼尔也指出说闲话的人通过“牺牲”被说的人而获得了私利，并占了听话人的上风。在努库莱，说闲话的人为了减轻这件事的责任，通常策略性地隐去最重要的信息（比如他们在谈论的人的名字），强制他们的听话人提问——以此胁迫他们真正参与到闲话中来：

> S：我们的朋友怎么了呢，（她）走进了（厕所），她大便了。[我对她说，]“你在干什么？”我看着她，她把她的两只脚都放进便池里边去了。
> V：谁呀？
> S：Saavave！“Saavave！怎么了？”嘿，她不知道怎么冲水，所以她把她的脚放进便池里去了。
> V：她把她的大便踢下去了，为了冲下去。
> S：为了冲下去。你相信吗？我发誓，那个女人！
>
> （Besnier 1989: 326）

虽然说闲话有助于社会团结，但贝斯尼尔（2009: 12）还是强调它同时也是“私人领域中政治行为的典型工具。对于闲话的关注（……）可以促进我们‘由下至上’地理解政治，特别是从难以在公共场合发声的群体的角度，或是从被认为‘不重要’人群的角度的理解。”

库兰和派勒德（Kurland & Pelled 2000）在谈及闲话构建职场不同类型的权力的作用时，也谈到了闲话的多种角色。负面闲话会制造强权，正面闲话会让说闲话的人成为“好人”，正面闲话可以让某些人成为掌握重要信息的人，以此提高他们的职场价值。本书作者佩内洛普（1990）观察了六个高中女生之间的持续会话，这些女生在初中时期是很好的朋友，但毕业后很少见面。会话随着互相之间的叙旧展开，但叙旧的一个重要部分是交涉社会地位。这些女生中的一个是高中受欢迎团体的一员，她通过提供受欢迎的人的一些正面闲话表现出这一点。这些女生花了很久来制定会话交涉标准，而且有趣的是，她们努力想要得到一些某种形式上的一致。111
比如，小组内的宗教信仰有很大的差异，从无神论者到虔诚的天主教徒都有，最终讨论宗教时的解决办法是每个人都必须决定对她们来说什么是正确的。这次会话使女孩子们得以重温旧日的友情与亲密，也使她们交涉了个人象征资本。它使她们展示了各自当下的关系网，也构建了她们良好的个人条件。事实上，在这次会话以后，这些女生再也没能像过去那样时常见面。

对无权力地位的人来说，理解周围发生的事情、人们的行为、倾向和意图是他们生存的基本问题。无权力者会用说闲话互相支持，交换共同感受和必要信息。但谈论其他人也是一种建立某种社会控制的方式，在这种情况下，有关（在所有意义上的）闲话的性别化也值得思考。说闲话是一种收集关于生存和改变的必要信息的方法之一。欧洲农业地区的妇女缺少资源或制度性政治权力，于是她们在从事共同活动（比如纺纱、在公共水槽洗衣、在集会中一起准备食物）时频繁地进行非正式交谈，并通过策略性地使用这些信息对社会施加重大影响。苏珊·哈丁（Susan Harding 1975）在一篇著名的关于西班牙的一个小村子，欧罗艾尔（Oroel）的短文中提到，女人的话语使她们在本地一些重要事务中能够真正地行使权力。我们要看到女人们所做的并不仅仅是对她生活当中的女人和男人说话：她们的话语极大地限制了其他女人和男人，这点也值得关注。然而，哈丁也指出，这种权力被限制在它适用的领域中。女人们的话语不能真正挑战构成欧罗艾尔居民生活的各种制度（教堂、学校、法庭、议会）当中极度男性至上的特点。尽管如此，在这个地方女人们的闲话并不“闲”，而是行使各种不同的社会工作。当然，这类交谈也会形成真实的行为。在一个离欧罗艾尔不远的法国村落里，有人告诉本书作者佩内洛普，年长的妇女们处理了一名男子，该男子对村里的一名年轻女子进行性骚扰，她们伏击他，拔掉他的阴毛，然后把他赤身裸体地送回村里。人们说闲话本身其实是一种社会威慑——一般表达中的“他们”究竟是谁？“他们”会说什么？什么时候说，在哪说？

最后，说闲话是一种交涉规范的手段，而且有理由相信女人比男人从这种闲话中获得的东西更多。就像我们在第 1 章说的，一个男人的个人价值本质是基于市场中物品、地位、权力的积累。由于女人被剥夺了公众权力，因此她们需要通过道德威信的构建来发展个人影响力。男人可以用他们的成就、财产、制度中的位置来证明和定义他们的地位，而女人常常还
112 必须通过她们的综合形象和她们与其他人维持的关系种类来证明和定义她们的地位。由于市场将男人的价值建立在他的资本之上，而女人的象征性资本必然被其行为是否符合所在社区的规则所衡量，这些规则的建立和维持则要求时时监视。女人们必须要在这些规则中竞争，所以正是她们对于这种监视最上心。她们对规则的控制范围越大，就越能增加自己的竞争优势，而说闲话正好可以满足这种目的。

这类谈话不仅建立了关系，也建立了等级评价和排斥。它开始于女孩们进入异性恋市场的时期。本书作者佩内洛普在进行小学的调查时（Eckert 1996），发现女孩们从五年级开始，不是尽情游戏而是站在操场一边，非常显眼地“随便聊聊”。这类交谈涉及异性恋市场中的配对、女生之间关系的重组以及着装与行为标准的交流。“女生悄悄话”的开始，是女生向青少年时期迈步的一块公认且非常理想的里程碑——就像开始来月经或买第一套性感内衣一样。唐娜・埃德和珍妮特・林恩・恩科（1991）在她们对初中生的调查中发现，女生们主要对其他人的身体外观以及“自负”行为说闲话，而男生们的闲话主要和运动表现有关——典型的性别化。

争论

争论（argument）有多种形式，是高度性别化的。学术社区中的争论与家庭餐桌上的争论大不相同，某个文化或实践社区中的争论可能是其

他文化或实践社区中的吵架。争论在某些文化中可能被高度评价（比如 Deborah Schiffrin 1984，讨论了犹太文化中争论的价值），在某些文化中可能需要避免。因纽特社区的人在北极地区靠传统方式维持生计，他们在日常互动中尽量避免争论，因为在北极严酷的环境下，人与人之间的冲突会威胁社区安全。在一个需要合作才能生存的社区之中，冲突是很危险的。因纽特人调整他们的口语互动，用安全的且仪式化的方式来处理冲突（Eckert & Newmark 1980）。

《新牛津英语词典》（*New Shorter Oxford English Dictionary*）引用了弥尔顿（Milton）的名言："在异性争论中，女性是更糟糕的一方"。弥尔顿带有厌恶女性色彩的句子为以下有关争论的意义做了说明："陈述一项命题的利弊；讨论，辩论（特别是有争议的）；一场口头的争吵，吵架。"虽然吵架（*quarrel*）一词在争论的定义中出现了，但我们也发现争论也被用来定义吵架，但这两个词的性质还是很不一样的。相比之下，吵架看起来更情绪化，主要是"脾气"的表现，并常常导致参与者之间友好关系的破裂。就像安娜·威尔兹彼卡（Anna Wierzbicka 1987: 138）所说，"吵架 113
通常更加针对个人，而争论本质上侧重主要问题（……）争吵涉及意气之争以及脾气的流露"。乐于争论并不一定是件坏事：它可以体现强烈的信念和智力能力（"善于或敢于争论"，摘自《新牛津英语词典》）。相反，爱吵架却并不显示任何能力，只反映一个人倾向于进行有争议的"暴躁"言说。将一次争论说成斗嘴（*bickering*）是对它最大的蔑视：吵架被用来定义斗嘴（*bicker*）[还有拌嘴（*squabble*）和口角（*wrangle*）]，而争论不会被这么用。

当然，将理智与情感相对立是绝大多数使用英语的国家里主要的性别构建。男人争论，而女人吵架或斗嘴。虽然弥尔顿的观点在当今很难被公然支持了，但分歧和争议性言语行为还是对性别构建十分重要。一次冲突究竟被定性为争论，还是吵架，很少取决于这个冲突实际上如何进展，而是取决于下结论的人对争论人智力能力的假设以及他们各自观点（而不是感觉上）的性质。这些假设常常被性别意识形态深刻地影响着。

争论在许多不同的实践社区中都十分重要。在注重科学和其他学术实践的社区中，虽然争论的语体变化较大，但其占据的位置是非常中心的。在部分这类社区之中争论性的论证语体是常态：A 学者发展出一个研究见解，并展示给她的同事。她的同事们测试观点，并检验其是否有缺陷。他们把这件事当作是工作中很重要的一部分。他们可能会批判 A 举出的证据，或她以那个证据推导出观点的方式。他们也有可能提出与 A 举出的证据相冲突的新证据。他们也许会在实验室或喝咖啡时面对面地辩论，还可能在一次会议或公共课程等旁观者更多的场合进行辩论。他们也可能在印刷品中继续辩论，在某些学术杂志中 B 对 A 的论文进行评价，A 再回应 B 的评论。其他学者也有可能会介入，他们对 A 的见解提出附议或对 B 的评论提出支持。B 也可能越过评价，提出他自己的研究见解。网上写博客的人可能会加入辩论。黛博拉·泰南（1998）观察到的这类争论绝大多数应该认定为战斗，人们使用语言参战。哲学家珍妮斯·莫尔顿（Janice Moulton 1983）提出，主流美国哲学学科中女人的明显缺少与哲学家们拥护这种敌对的论证模式有很大关系。她认为很少有女人喜欢参与这种口头格斗，她们认为这会破坏他人的自尊心，最终更像是为了个人的晋升而不是真正的智力收获。当然，很多男人并没有真正进行过哲学辩论，而有些女人做过；近来很多人怀疑莫尔顿的观点是否真的能够解释高层次哲学课程与职业当中女人相对缺乏的原因④。哲学和学术争论的普遍化可
114 以培养对待观点的缜密态度；同时，争论使参加者更难对相互的观点提出建设性意见。结果部分取决于参加者交换意见时的态度。

就像互殴一般，口头上的争论也可以十分有趣，而且不以伤害其他参与者为目的。在某些实践社区中，争论常常是一种游戏，或至少被当作是一项注重争论本身、而非争论参与人的活动。此类文化规范大不相同。比如，在很多说意大利语的实践社区中，女人和男人时常既热烈又大声地共同参与到一些争论中去。大多数盎格鲁裔美国人生活在将明显的分歧最小

化的实践社区之中，他们有时会震惊于这些热情激烈的交流，更惊讶于看到这些“参战者”在结束他们的争论时笑着拥抱对方。在这种环境中，争论会加强参与者相互之间的关系。

公开性取向的故事

某些具有强烈文化特色的口语类型本身就可以形成事件。在 20 世纪末 21 世纪初的美国，对女同性恋、男同性恋、双性恋、跨性别者以及其他“反常”身份的人来说，公开性取向是一种很熟悉的经历，这种经历导致了一种叫做公开性取向的叙事类型。由于我们一直在自身的个人历史中解释自己的身份和行为，因此个人叙事是我们口语生活的中心。夏洛特・林德（Charlotte Linde 1993: 98）在她对人们长期的生活故事的研究中指出，“叙事是制造和维持个人身份的最重要的社会资源之一”。公开性取向的叙事是个人叙事的一种特殊题材，安德鲁・黄（Andrew Wong 2009）将其定义为“（……）个人对自己的性倾向做一种自传体的描述（口头的或是书面的），向他人透露自己对同性的性取向，在男同性恋或女同性恋社区寻求庇护，以及 / 或者其他被认为与公开性取向有关的经历。”[5] 这种叙事是一种言语行为叙事——它的出现伴随着它的确立。A. C. 梁（A. C. Liang 1997）强调公开性取向“不仅仅是一种描述状态的语言行为，如承认说话人是个男同性恋，还将那种状态，即作为男同性恋的自我，变成现实”。梁强调，公开性取向的故事使叙事者脱离他或她过去封闭的自己：“公开性取向的叙事者通过塑造与听众之间共有规范相违背的另一个自我，建立作为同性恋的完整自我”（1994: 416-417）。

就像很多其他言语行为一样，不同文化中公开性取向的特征也不相同：虽然原则上每个人都可以将自己的性取向告诉其他人，但在很多文化语境中这绝不是一种时常发生的言语行为（性偏好或性别与性爱的其他方 115
面并不经常出现，也不总是社会或个人身份的核心）。黄指出在香港很多不活跃的男女同性恋者不倾向于向家人公开他们的性取向，因为虽然他们的家人已经发觉了他们的性倾向，但他们还是不希望明确面对这件事。而且，很多同性恋者认为性生活是他们自己的事，和周围的人没有关系，而公开性取向又会突出他们身份中的某个自己认为并不重要的侧面。

鲁道夫·高迪（Rudolf Gaudio 2009）进行了尼日利亚豪萨语（Hausa）变性人（yan daudu）的民族志调查。我们将在第 8 章到第 10 章更具体地讨论到，“样道都（yan daudu）”就像是印度的“海吉拉斯（hijras）”，他们居住在他们社会中一个局限（不同意义上的局限）的空间里。他们是“女性化的男人”——具有复杂性别和性表现、从事制作、贩卖食物这类女性职业的男人。由于他们生活在穆斯林社会并希望自己做个虔诚的教徒，因此他们将自己局限在一个被限定的地区里——不信教的女人和娼妓们生活的市场里。变性人通常在其他地方有家人和妻子，他们中有些人从事卖淫工作，有些有男朋友。他们也与其他变性人具有亲密的“女朋友”关系。变性人对待他们的性生活极端隐私；公开性取向对于他们来说并不是一种言语行为，而是离开家庭，以及在公共场合表现为女人这种物理行为。虽然这些故事在会话中出现，但这并不构成一种叙事类型——不像是在男同性恋以及女同性恋社区的人那样频繁地告诉或询问别人。

和其他言外行为一样，公开性取向并不需要直接实施：人们可以通过一些明显以非异性恋身份为前提的话语来公开自己的性取向。西莉亚·基辛格（2005a: 234）报告了学术会议期间坐在一起吃午餐的两个女人的一次会话：“Ali: 你成为素食主义者有多久了？ May: 从我遇到我的伴侣开始。她是个素食主义者。Ali: 哦”，在这之后 Ali 转向了另一边，并在接下来的几个小时中没有再和 May 说话，她显然对 May 暗示自己是女同性恋这件事感到极度不适，所以不愿继续和她交谈！拉尔·齐曼（Lal Zimman 2009）指出，对于一个跨性别者来说，公开性取向（或“出柜”）并不真的是展现一种身份，而是一段历史。对于跨性别者来说，隐瞒的绝不是被认定的身份，而是有关与生俱来的一个特别身份的历史。纽约客（*New Yorker*）杂志在几年前刊登了一张漫画，画着一群女人在职员聊天室里，其中的一个说“我很愿意和你们一起说说男人的龌龊事，不过我曾经就是个男人”。

人们有时也会“公开”一些无关性别或性的社会 / 个人身份或历史：人们会说某个人“公开”了自己是个女权主义者，或无神论者，或前啦啦队队员，而他们并非在所有语境中都透露过这些身份或历史。一个人只有在极其特殊的环境下才会“公开”自己是个异性恋者：因为异性恋太普遍了，如果不举反例那么人们普遍都是“直的”。“公开”需要在他人对你的 116
预期下进行：2012 年 4 月 1 日《纽约时报》（*New York Times*）的副刊“风格”（p. 48）报道了“两个同性恋男子在他们初遇之后的几年互相公开了他们是体育爱好者”。但如黛博拉 · 奇瑞（Deborah Chirrey 2003）观察到的，如果一个人需要公开的性或性别身份被认定为少数派，他通常很难成功。

性别化的交谈语体？

以英语母语者为对象进行的性别与会话研究倾向于强调女人的合作性、支持性谈话策略。女性提出并发展了各自的主题（Kalčik 1975; Coates 1996），她们时常发生支持性语音重叠（Eckert 1990; Coates 1993），她们提供充分的反馈（Bilous & Krauss 1988; Roger & Nesshoever 1987; Edelsky & Adams 1990）。这类语体被拿来和男性语体做比较，后者被认为更富竞争性而非合作性。人们发现男人的会话中含有更多竞争性玩笑，以及对等级制度的树立（Kiesling 1997）。比如，伊丽莎白 · 艾瑞斯（Elizabeth Aries 1976）进行了一项大学生在同性别组和异性别组会话的纵向实验性调查，她发现男人在互动之中建立了一种会话支配地位的等级，并在随后的时间中维持了这种等级。而女人的交谈更加分散，如果在某段时间内出现了一个支配性模式，那么在接下来的时间中会发生逆转。他们讨论的话题也不一样，这与他们的语体相符：

> 男性喜欢夸张和讲故事，从一件逸事跳跃到另一件，他们通过分享故事

> 和笑声建立情谊和亲密。女性讨论一个话题半小时甚至更久，倾诉更多的感受，通过更多亲密的自我表露获得紧密关系。内容分析和互评分数的调查结果反映了女人的亲密和人际关系主题以及男人的竞争和地位主题。
>
> （Aries 1976: 13）

从研究结果来看，男人和女人的会话之间的差异是显著的。但这个结果需要正确的处理。首先，男人会话的语料比较匮乏，而且语料通常在一些仪式性场景中收集，这可能会让男人觉得需要表现得有男子气概：比如，艾瑞斯的实验，以及科斯林（Kresling）的大学兄弟会环境[⑥]。同样的，人们可能会认为女性说唱团体会出现在卡尔奇克（Kalčik）调查的高度女性化环境中。科茨（Coates）在调查中长期收集女性密友之间的会话（1996等）。结果是，两个性别团体可能会有非常两极分化的表现。

过于注重差异容易抹杀相似性。艾瑞斯和费恩·约翰逊（Fern Johnson
117 1983）在一项研究中强调了这个问题，她们调查了成年人的友情，让男性和女性成年人仔细思考他们和最好的同性朋友经常讨论的话题。她们发现男性和女性与他们亲密的朋友在一起时讨论的话题是相同的：宗教和道德、回忆、家庭活动、个人经济、友情、社会和政治问题、过去的秘密、社区和市民活动、以及工作。此外，男人和女人都很少谈及他们对性爱和性取向的关心。不同之处在于关于刻板性别话题的谈话比例。女人比男人更多地谈论个人问题、疑惑和恐惧、家庭问题、亲密关系，而男人比女人更多地讨论运动。女人讨论个人问题的深度也比男人更深。需要注意的是，自我报告在衡量实际言语时并不是非常可靠的指标。毫无疑问，这些项目中存在真实差异，但这只构成这些人群中自我报告的边缘。过于注重男人和女人之间的差异会忽视男女之间绝大多数行为的一致，造成一种男人和女人关心的问题以及会话截然不同的印象，把一种边缘性的差异成倍放大为一种整体的差异。

人们选择的话题可以反映他们的特定责任，甚至他们对世界的思考。

这些话题的性别期望可能是管理这些思考的一部分（并且可能影响人们对自己的报告）。一般来说似乎女人比男人花更多时间和自己的朋友交谈，而男人花更多的时间和自己的朋友做些别的活动。艾瑞斯和约翰逊（1983: 1187）发现在她们的语料中女人比男人花更多的时间和她们的好朋友打电话聊天。一半女人，以及只有 19% 的男人，称他们每天 / 每周用电话聊天 10 分钟以上。四分之一的女人和 14% 的男人说他们至少一个月会进行一次这样的会话。在这些会话中，话题的构成有部分差异。通常人们认为这些差异显示女人比男人更有亲和力——为了寻求联系和亲密关系。相对的，人们认为差异反映了男人更加我行我素以及有竞争性。在我们的社会规范中，男人倾向于花更多时间与他人一起活动，而不是进行会话，因此这个观察结果并不令人吃惊。由于男人由成就获得报酬，而女人由她们的个性获得报酬——她们的外表，性格，道德高尚——于是，理所当然地，女人不得不去谈论或改善她们的个性，而男人不得不谈论或致力于他们的成就。这又反过来被用来证明竞争和合作问题。

我们将在接下来的两章中发现，不仅仅是整体的谈话风格，还有首选的言语行为和对所说内容的立场，导致许多人将男性言论描述为竞争和个人主义，而将女性言论描述为合作和以他人为导向。人们时常暗示竞争性和合作性是男性和女性各自性格或特征的基本（及尖锐对立的）特 118
征。我们在前面所见的那些突出女性关联的话语很难使人愉悦地接受，因为正是它们塑造和维持了社会等级。与之类似，从字面上来看，男性的竞争性有时可以理解为培养一个团体内成员的积极社会联系。詹妮·柴舍尔（Jenny Cheshire 2000）比较了英国单性别阅读托儿所中女孩子和男孩子的叙事，她发现男孩子们讲的故事比女孩子的更有合作性。男孩子要求并从组里的其他人中获得了更多信息；他们比女孩子更多地用突出自己和其他组员联系的方式说话，比如，回顾共同经历。柴舍尔指出，男孩子更强调讲述，而女孩子更注重故事，她们把故事看成是某个讲述者个人的财产，而不是小组的产物。柴舍尔发现同一个人可以有时显得合作，有时显得竞争，她观察到“矛盾和质问可以认为是竞争策略，但这忽略了共建这种允许一个以上的人加入讲述的情况”（p. 250）。她的观点不仅仅是人与人不同，或者性别概括往往过于仓促。她是在质疑这种以粗线条的对立来解释性别化自我和关系构建的交谈的实用性。“女人更希望通过与朋友的交谈寻求联系，而男人则寻求独立这种观点（……）遮掩了会话互动的复杂性。”（p. 259）

第 5 章 119

言语友善的维护

罗恩（Ron）、米格尔（Miguel）和曼纽尔（Manuel），3 个五年级男生，向 8 个五年级女生走过来。女生要在足球场上击败男生。下面这次争吵发生在女生 Emi（埃米）与凯西（Kathy）和男生罗恩与曼纽尔之间：

埃米：今天这里是我们的。
罗恩：我们每天都踢足球的。= 好吗？
米格尔：男生比女生多。
埃米：所以呢？你想说什么？
罗恩：这是我们的地盘。
埃米：这不是你们的地盘。你们给钱了吗？没有。
　　　你们的名字没有写在这块土地上。
凯西：而地上有我的名字。K-A-T-H-Y！（在泥土里划着自己的名字）

古德温（2006: 1，例 1.1）

语言与性别研究中反复出现的一个主题是，无论是成年女性，还是女孩，她们都倾向避免直接冲突，而且特别注重友善待人。她们乐于共情和亲密，并把关心他人当作首要任务。她们善于合作、彬彬有礼。相比之下，成年男性和男孩则被认为是等级制度的创造者、致力于争夺高位、注重个人自主权。他们争强好胜且直接坦率，重视工作的完成而非让他人感觉愉悦。故事里一般都是这样写的。以上摘录来自马乔里 · 哈尼斯 · 古德温（2006）的民族志研究，记录女孩的日常社会生活，生动描述了此类二元图景中的很多问题。遭遇冲突的不仅仅是小学女生。“游击队女孩”（Guerilla Girls）是总部位于纽约的女性艺术家团体。她们通过海报、明信片和戴着大猩猩面具说话等途径，来抗议艺术界中女性和有色人种所面临的障碍。她们主动选择冲突。该团体的一位创始人，在 2012 年 3 月的演讲海报上，写下了一句宣传语：“不想对人友善？政治让你失望？总是遭遇性别歧视？”游击队女孩从不刻意友善。

女性普遍地反对直接冲突，这样的观点并非基于可靠证据。正如古德温（1990，2006）和其他学者所观察的，大多数言语互动研究都集中在合作这一主题上。实际上冲突是无处不在的，只是很少被研究。因它通常被视为是例外的、非正常的。唐·库利克（1992，1993）认为，西方学者对此的研究，通常侧重于冲突的解决。这种侧重在某些文化中尤其明显，虽
120 并非绝对。库利克认为冲突是表达不满的一种方式，且不应期望一定能找到相对应的解决办法。解决方案（如果存在）可能会以其他方式显现。社交生活往往充满难以消除的委屈怨尤，冲突性语言则提供一种方式让这些不满得以反复表达。

在新几内亚，有一个名为加通的村庄，库利克对其进行了民族志研究。他记录了一种名为 kros 的经常发生的言语行为。这是一种通过喊叫的表达、愤怒的口头暴力（通常是污秽的）发泄方式。值得注意的是，kros 的发起者和主导者往往都是女性。她们对人喊叫，特别是男人，以此确认自己的权力并建构公共常识。这无疑违背了人们对女性的普遍印象，即女性热爱和平、寻求联系、是男性侵略性的受害者。kros 充分描述了女性公开向个人或众人宣泄不满的行为。虽然 kros 言语行为的目标（目标们）可能会做出反应，但通常参与的双方会彼此远离。例如，他们会躲在家中向彼此喊叫。因为，如果发生直接的身体对抗，最终很可能以暴力收场。因其高度的可闻听性，kros 可殃及整个村庄。最终村子里其他人可能也会参与其中。库利克强调，这样的冲突并没有什么解决办法。只要没引

发暴力，它自己会逐渐平息。他认为，通过参与 kros，女性掌握了公共话语权。而且关键是掌握了构建社会常识和规范的权力。库利克所目睹的 kros，很明显涉及关于性别的主张——关于定义女性和男性应该做什么、以及应该如何做。因此，kros 宣告确立女性话语权的同时，也导致大众对女性产生了另一种刻板印象，即女性具有“破坏性、分裂性、嫉妒性、反社会性和过于情绪化等特征”（Kulick 1993: 512）。

直接冲突很少被认真研究，但长期以来，即使在西方意识形态中，也一直存在着一些不同的潮流，与那些塑造关爱友善的女性和女孩形象的广为流传的故事格格不入。例如，我们在前一章讨论过的八卦，常被认为是一种女性特有的特征，是一种令人讨厌的行为，显然是不好的。2004 年的大卖电影《坏女孩》（*Mean Girls*）由喜剧演员蒂娜·菲（Tina Fey）撰写。这部影片借鉴了罗莎琳德·怀斯曼（Rosalind Wiseman）在 2002 年所著的一部励志书，《女王蜂和跟屁虫：帮助你的女儿在小团体、八卦、男朋友、以及女孩世界的新现实中生存》（*Queen Bees and Wannabes: Helping Your Daughter Survive Cliques, Gossip, Boyfriends, and the New Realities of Girl World*）。媒体大肆报道这样的信息，好像女孩们并不都是甜美无忧的事实还能算得上一桩新闻似的。在拒绝接受女孩和女性本性上是关爱他人的和反对冲突的观点时，人们可能走向了另一个极端，即把她们视为天生刻薄的。正如我们在前一章所看到的，八卦涉及对不在场之人的负面评价，而非直接对抗。因此在八卦这一言语行为中，刻薄的女孩可能就会显得懦弱起来。但实际上无论女孩和男孩，还是女性和男性，都比这些刻板印象所表明的要复杂得多。

语言既不能被简单地性别化，也不能轻易地被分类为冲突的或友好的。我们在前一章中讨论言语活动时就意识到了这一点。例如，八卦并不是女孩和女性的专属，且并不一定就是令人厌烦的或刻薄的。八卦也能促
成积极的社会行为。同样，争论也并不局限于男性和男孩。冲突对促进智 121
力，甚至在适当情况下，对推动社会进步都有着重要的意义。例如，古德

温（2006）指出，在本章开头的对话中，女生反对男生独占学校足球场地的争论，有些是与男生的，有些是与助手、老师和管理人员的，这些最终都促使学校采取在性别上更为平等的方法来管理操场资源的使用。

在本章和下一章中，在讨论自信（或不自信）这一议题时，我们将专注于在一系列演讲情景、事件和活动中以及我们自身和我们对他人的行为。由于善意和冲突通常与自信和表达自信有关，因此本章内容与其前后章节之间存在许多联系。

在本章我们还考察语言表达评价的情况，包括赞美和羞辱，因为这些评价措施与友善和冲突之间有着复杂的联系。我们还将考虑在性别和礼貌的讨论中出现的两个语言使用领域：称呼语和敬语。首先，我们将从礼貌本身的概念开始，你将看到礼貌并不是一个简单的概念。

礼貌

与女性擅长“言语友善”这一观点相关联的是，女性是有礼貌的。罗宾·莱考夫（1973）或多或少把“女性语言”等同于“淑女语言”。自此，“礼貌语言”才刚刚起步。在大多数概念中，友善或周到是礼貌的核心组成部分。

在一般用法中，礼貌与其正式表达相关联——*请*、*是的*，*女士*、*对不起*。虽然这些表达通常用于维持友好关系，但它们也可以用于表达讽刺或强制。而且，虽然这些形式可能确实表明对听话者的关注或尊重，但它们也帮助说话者展现自己的体贴或“友善”，而忽略他们是否是真正关心他人福祉。这种联系很复杂，且很容易将礼貌仅仅视为好人的外衣，而忽视其在维护社会等级制度中的作用。

在词源上，礼貌一词源于 *polish*（*文雅*）一词。礼貌不仅意味着周到，还意味着精致，并且将阶级与社会礼仪专业知识联系起来。过去，学习淑女举止的目的，是让女孩们在“礼貌社会”中有一席之地，而如今已很难

再把“礼仪先生（Mr. Manners）”当作我们的导师。（有趣的是，Marina
Terkourafi 2011 指出，最早涉及礼貌的文献是针对男性的，而女性直到 17 122
世纪才成为礼仪教学的目标。）

如今，做个淑女，像淑女一样说话，就可以提升女性的阶级地位，并不需要她体贴周到或关心他人福祉。精致文雅（refinement）也确实会使女性被男性视为淑女。社会心理学家彼得·格里克和苏珊·T. 菲斯克（Susan T. Fiske 1996）将男性对（精英）女性的、言语或非言语的特殊礼貌，即骑士风范（chivalric customs），称为*善意的性别歧视*（*benevolent sexism*），他们认为这模糊了被动文雅（enforced refinement）的约束特质。另外，在格里克和菲斯克（Fiske 2001）的报告中，*敌意的性别歧视*（*the hostile sexism*），常常与女性特殊优雅地位这一信念相关。骑士风范包含了一种神秘的两性关系。它允许（某些）男性使用礼貌来巩固男性特权，同时却表现出是为女性的利益着想。（当然有些人确实认为，骑士风范符合女性利益，而非男性利益。但他们没有注意到，那些被捧得高高在上的人，是无法全面参与人类活动的，她们会受到诸多阻碍。）礼貌还可能涉及对权利关系的更普遍的神化，有助隐藏权力的行使，许多女性可能已经利用了这种可能性（“天鹅绒手套中的铁拳”）。

礼貌理论

在过去的几十年里，礼貌研究蓬勃发展。这项研究，包括那些特别强调性别的研究，均借鉴或反映了人类学语言学家佩内洛普·布朗（Penelope Brown）和斯蒂芬·列文森［Stephen Levinson（1978），1987］提出的框架。在 20 世纪 80、90 年代，许多关于礼貌的文章和书籍都关注到礼貌中的性别问题，其中包括珍妮特·霍姆斯（1995）。21 世纪，已经出现了一些以礼貌为主题的专著和作品集，包括一些强调性别的作品（如 Mills 2003）。《礼貌研究杂志》（*Journal of Politeness Research*）于 2005 年开始出版。2011 年在土耳其安卡拉举行了第六届国际礼貌研讨会，该期刊和研讨会定期对性别问题突出的相关讨论进行收录。

布朗和列文森的灵感来自欧文·高夫曼（1967）关于面子功夫的想法，我们在第 2 章中介绍过。他们关于面子和面子功夫（facework）的概念比高夫曼的更具普遍性，更抽象，没那么具体，也没那么充分的社会化。他们认为，每个人都想要自理和独立，想要摆脱强加于人的要求：这就是他们所说的负面面子。他们将消极礼貌定义为关注人们的消极面子需求。例如表达尊重或保持距离是消极的礼貌。他们所称的积极面子，包括渴望与他人建立联系、与他人结盟、以及得到他人的赏识。因此，积极礼貌就是关注人们的积极面子需求。例如表达团结或亲密是积极的礼貌。

123 布朗和列文森的基本观点是，你处理他人的面子需求，并期望这样做能引导他们处理你的面子需求。根据他们的框架，为了最终保护自己的面子需求，你需要在多大程度上处理他人的面子需求，取决于三个因素：你正在采取什么样的行动、它所受到的面子威胁排名（R）（它的强加程度，可能由于跨文化而不同）、以及你和其他互动者如何根据社会距离（D）和关系权力（P）来解释你们之间的关系。这种观点认为，当有人做面子威胁动作（FTA）时，礼貌就会发生：重点是关于伤害控制，关于减轻（布朗和列文森的术语）负面或正面面子所受到的可能的或实际的伤害，关于避免冲突。

要了解这是如何运作的，应该对向他人发号施令的一般指令进行研究。给人递罐盐，会比给人借 1,000 美元的 R 等级更低，所以对于同一个人，我们可以对比：“（请）帮我拿一下盐”与“我真的很不好意思，但你能不能借我 1,000 美元，几个星期就行？”。请求一起用餐的 D 等级低位上的同伴拿一下盐，可能会用上述直接方式。而如果同样的请求，面对的是一个跟你一起拼桌的 D 等级高位上的陌生人，你可能会说“请问你能不能把盐递给我？”或“不好意思，请问能不能请你帮忙拿下盐？”。或者以其他一些不太直接的方式提出请求。最后，关系权力的 P 等级是有可能发挥作用的，比如，如果有人对同学说：“（请）把那本书递给我”，以及对老师说："请问能否把那本书递给我？"，前提是同学和老师在 D 等级上处于相同的位置（也许说话者只是从课堂环境中了解他们）。在人们如何在各种文化环境中互动这个问题上，R，D 和 P 三个等级都有其作用，这当然是十分合理的。但也有人强调，它们并不是唯一的相关因素，并且实际行为并不总是能用布朗和列文森所述之具体战略计算（strategic calculus）来解释。尽管如此，总体框架已被证明是极有影响力的。

关于礼貌以及如何最好地研究它（Watts 2005 是一个很好的概述），最近的研究提出了许多重要的问题，在这里我们无法公正地回答。负面和正面面子需求之间的区别无疑是重要的（尽管与高夫曼所说的有些不同）。为了便于讨论，我们将保留布朗和列文森的术语。然而我们要提醒读者，他们所认为的"礼貌"有时也可以用其他的术语来理解。而且在特定的社会环境中，人们所认为的礼貌可能无法用布朗和列文森的术语来解释（也无法对什么是礼貌、什么是不礼貌进行争论）。换句话说，礼貌研究的道路是崎岖不平的，其成果很少可以直接阐释，特别是涉及性别的时候。

尽管萨拉·米尔斯（Sara Mills 2003）有时似乎在暗示什么，但我们知道，即使对判断礼貌的范围进行限制，也没人会声称女性整体绝对比男性整体更有礼貌。的确，佩内洛普·布朗在墨西哥特内贾帕所调查的性别 124
和礼貌的相互作用中，强调了当地的特异性。这项研究为她与斯蒂芬·列文森共同开发的理论提供了经验基础。布朗（1980，1990）基于她在玛雅社区的人类学田野调查，认为特内贾帕的女性比男性更能促进他人的正面和负面的面子需求。布朗并没有预料到女性之间会出现大量的消极礼貌行为。因为在特内贾帕，女性普遍服从于男性以及家庭中的特定男性，这已经被深刻地制度化了。但她形容女性之间的关系比她预想的更为复杂。她假设女性需要对他人表现出消极和积极礼貌，是因为她们彼此间的关系极其脆弱，需要倚靠来自于家庭和村子里其他女性的善意。可能这些女性是想确保她们所说的话，不会危害她们在家庭和社区中的未来前景。

在20世纪末，布朗和列文森的消极礼貌和积极礼貌的概念，在大多数关于性别和礼貌的研究中被毫无顾虑地接受了。然而，在一般的礼貌理论领域（Eelen 2001和Watts 2003），人们已经对其理论从整体上提出了强烈的批判。特别是该理论在性别和礼貌问题研究中的实际用处受到了质疑（如Mills 2003）。而最近理论研究的重点，是强调礼貌（不礼貌）在话语实践中的构成，特别关注礼貌（不礼貌）的评价是如何运用的，以及这种评价的争议状态。米尔斯特别关注了使用礼貌、不礼貌或粗鲁等标签所引发的冲突。他认为，研究人员并不能合理地将这些标签应用于无法契合的实践社区（communities of practice）的行动中。从礼貌2，即礼貌的理论概念中，艾伦（Eelen）有效地区分出了礼貌1，即普通人眼中的礼貌。布朗和列文森的研究也因过于个人主义而受到批评。尤其是一些学者指出，在大多数亚洲社会中，面子不仅关涉个人状况，还涉及其家庭、以及更大的社会单位中其他人的状况（如Matsumoto 1988）。这些社会中，强烈的社会联系意味着：在考虑到诸如摆脱强制以获得自由（freedom from impositions）等问题时，不能把所有的"他人"视为相同的。

没有任何话语本身就是礼貌的。但人们往往会把注意力集中在那些在孩提时代就被灌输的经典礼貌用语上：请，谢谢，多么好的聚会啊。很难让美国学生相信，像你这个老婊子这样诙谐的绰号是（积极的）礼貌的例子。但在适当的情况下，这样的话语可以对听话者产生非常积极的影响。大多数人所说的礼貌行为被布朗和列文森归类为消极礼貌：表现出尊重或顺从，避免强制或冒犯，承认他人的权利。例如，道歉常常试图纠正或至
125 少减轻人们对他人所犯下的社会错误。感谢通常是承认别人愿意为了自己的利益而伸出援手。仪式化的问候和道别提供了一些准则，可以缓解互动开始和结束时给面子带来的压力。（对于许多数字通信形式，这种惯常用语仍然处于起步阶段。）像请就是一种口头标记，旨在减轻请求可能对他人造成的面子威胁，而谢谢则是承认对方为了自己的利益承担了一些负担。

相比之下，布朗和列文森所说的积极礼貌，强调连接和相互关系，通

常并不依赖准则，也不依赖专门知识。比如规定要把（一部分）手肘放在餐桌外面，或告诉人们不要祝贺新娘等（本书作者萨莉记得曾被无情地提醒，这样做的话她可能永远都找不到丈夫。而找到丈夫，在那个时代的某些圈子中，被认为是女性人生的终极目标）。玩笑话或脏话，以及听上去像是赞美之类的言语行为，都可能增进友情，加强社会关系，增强听话者的积极面子，从而体现出积极礼貌。但它们通常还够不上文雅。虽然这样的举动，可能不会被归类为不礼貌，但大部分也不会被认为是礼貌的（而它们的缺席，则可能会被认为不礼貌）。

人们声称，高夫曼关于面子的观点，为关注他人和自己的面子需求提供了可能性。这种需求超越了正面（联系）面子和负面（自治）面子之间的对比。例如，想达到“文雅”，就意味着要获取社会地位，这种地位是通过取得成就和习得规范的知识而得到的。从高夫曼的总体观点来看，这当然是面子工程（facework）。这是采取某一特定路线，并希望获得他人认可。追求文雅并不完全符合布朗和列文森的原始框架。但在一些性别和礼貌研究中却是一个重要的分支。拒绝文雅，崇尚“自然”或“诚实”，是人们有时候追求的另一条路线，这往往与性别意识形态有关。

评价

人们对他人的评价是社会交往和社会规范建设与实施的核心。正如我们所观察到的，八卦是在当事人不在场的情况下，在他人背后进行评价。在这一节中，我们关注面对面评价，包括正面（赞扬）评价和负面（侮辱）评价。首先，我们简要地探讨了一般人际评价的社会意义。

评价建立于学校、工作场所以及家庭情境之中。共居生活总是涉及制定相互行为模式。而对彼此的生活模式和活动的评价不可避免地在其中发挥作用。抚养孩子需要不断的评价，包括细微的评价和不那么细微的评价。评价工作由父母、兄弟姐妹和其他亲人、亲密朋友和看护人共同分 126

担。埃莉诺·奥克斯和卡罗琳·泰勒（Elinor Ochs & Carolyn Taylor 1995）对洛杉矶一些相对富裕的欧美家庭的餐桌谈话进行了研究。他们认为在这些家庭中，父亲负责对其他家庭成员进行评估，包括母亲和孩子，但父亲本人很少成为别人评价的对象。有趣的是，通常是母亲们引导对话，这样父亲们就会被定位为家庭评判员："告诉爸爸你今天早上做了什么，詹妮弗。"

别人对我们、我们所做的事情或活动说的任何话，都可以被看作是一种潜在的评价。有人在娜塔莎的厨房里对她说："我看到你在顺时针搅拌酱汁。"为什么观察者要提到这一点？提到它意味着它是"值得一提"的重要事情。搅拌方向会影响酱汁的质地吗？娜塔莎是不是被提醒去注意它？这是否揭示了她的社会出身？当然，如果观察者试图向娜塔莎学习烹饪，那么娜塔莎很可能被构建为搅拌方向的权威。她不太可能把观察者的评论当作评价性的。走进客厅，客人惊呼道："我看到你有一张紫色的沙发。"紫色沙发"是"流行"还是"过时"？客人喜欢还是讨厌它们？客人是否欣赏或看不起那些坐紫色沙发的人？当然，娜塔莎可能会表现出并不关心家居装饰或烹饪习惯。在这种情况下，她不太可能认为来访者的观察构成了含蓄的评价。或者她对来访者的看法可能是，她很少或根本不重视所提供的意见，因而忽略了任何可能的评价的重要性。一般来说，评价本身暗示了评价者认为他或她有资格对被评价者作出判断。而被评价者对待评价的认真态度则确认了评估者的位置。

称赞

赞美似乎是"待人友善"最好的例子。说话人通过提及外貌、成就、财产或任何可以归功于听话人的东西，来给予他们积极的评价。为什么不喜欢呢？的确，凯瑟琳·克布拉特–奥雷基奥尼（Catherine Kerbrat-Orecchioni 1987: 15）将赞美描述为"un cadeau verbal"，即一种口头礼物。然而请注意，在做出赞美的举动时，说话人有权评估任何能被称赞的东西，例如听话人的发型。这样的权威可以取决于专业知识，也可以取决于赞美者和被赞美者之间社会关系的性质。在不对等的社会关系中，赞美之词可以自由地倾泻而下（老板可以轻易地赞美员工，成年人可以轻易地赞美孩子）。但放弃等级制度的赞美常常被归类为恭维，而且被认为是不恰当的。当这种情况发生时，接受赞美的人更有可能是女性，赞美的人更有可能是男性（这可能表明，性别等级有时可以凌驾于其他等级原则之上）。既然称赞是为听话人所做的面子工作，那么在这种情况下，赞美者 127
也会认为赞扬听话人所做的事情或取得的成就会让他们感到高兴。所以，比如称赞一个人的长相意味着对这个人很重视，至少是在意他人对他 / 她长相的评价。这也意味着，只有当长相是（或应该是）他们试图表现的面子（face）的一个重要组成部分时，赞美才会发生。

赞美之词会告知听话人别人对他们的评价。在实践社区中，对某些特性的赞美是相当频繁的，这种赞美的缺席可能和它们的存在一样有说服力。小孩子很少恭维他人（与赞赏相比）。本书作者佩内洛普观察到，作为建立异性恋市场规范的评估实践的一部分，六年级女生中出现了赞美行为的爆发。真诚的赞美会带来价值，而不真诚的赞美（例如对一个头发凌乱的人说“发型很好看”）则会降低价值。在这两种情况下，人们都建立和加强了规范。

已经有几个语料库收集了英语的赞美（参见 Herbert 1990 及 Holmes 1995）。这些语料库有几个缺点。首先，收集赞美的情境，是由收集者自己平常所处的情况决定的，或者至少是收集者可以接触到的情况。这当然既不能保证充分的多样性，也不能保证平衡性。此外，我们必须依靠收集者去判断，在特定的情况下什么是恭维。尽管如此，这些语料库在提供自然发生的言语行为方面具有相当大的优势。在这些语料库中，女性和男性赞美女性的频率最高，且外貌是主要话题，尤其当女性是听话人。总的来说，这些语料库中较少是由男性给予的赞美，而给与赞美的男性往往比女性更关注被赞美者的能力或成就。无论如何，他们对女性的赞美绝大多数都是关于她们的外表。从这些模式中，我们很容易得到另一个印证，即男性是主动的主体，而女性是被动的对象。然而，或许更有启发性的是，探究赞美和其他评价是如何构建标准期望的，即外貌和可爱度对女性非常重要，而才能和积极计划对男性更重要。赞美在构建和规范性别秩序中起着重要作用。成年人总是赞美男孩的坚强勇敢和女孩的美丽善良。青春期之前的女孩赞美他人的方式显然对发展和加强社会规范很重要。在那个年龄，知道该赞美谁、赞美什么以及如何赞美是一项重要的社交技能，也是身份的象征。

20 世纪 80 年代中期，本书作者萨莉认识的一位年轻女子，在她所就读的大学的一个食堂里做清洁工作。她的老板，一个 60 岁左右的男人，每天都会对她的着装或外表方面给予一些赞美。他总是不厌其烦地告诉
128 她，她有多漂亮。毫不奇怪，他从未向男性雇员做出过类似的评论。她向老板指出了这种不对等。他的恭维确实让人有面子，但却不是年轻女子想要的面子。他还能继续恭维下去，也许永远也理解不了她的恼怒。因为他对女性的文化观念根深蒂固，总是以外貌来评价她们。他的行为与建筑工人对路过女人的身体做出的赞赏和评论不太一样，但却是同样的不合时宜。加德纳（Gardner 1980）、奇斯林（Kissling 1991），奇斯林和克拉马雷（Kramarae 1991）都讨论了陌生人赞美女性的现象。在过去的 50 年里，这种评论的频率已经大大降低。但是我们的学生报告说，这种街头言论仍然可以听到，有时带有种族主义和性别歧视的意味。然而，社会变化偶尔也会出现逆转。当男人走过时，女人会大声喊出数字（“嘿，你至少是 9 分”），或者对男人的身体表示赞赏（“爱你的腹肌”）。即使是身居高级专业职位的女性，有时也会遇到同事对她们外貌的类似不恰当关注。高夫曼（1979）写了一篇文章，是关于尼克松总统在新闻发布会结束时称赞资深记者海伦·托马斯着装的故事。如果对外貌的赞美是没有限制的（例如，如果当一位女性的男同事刚刚赞美了她的裙子，她也可以对他的着装做出类似的赞美），那么它们在调节性别秩序方面的作用就会有所减弱。

然而请注意，并不是只有男性在赞美女性时强调外表，女性也是如此。

黛博拉·泰南和珍妮特·霍姆斯提出，女性比男性更容易称赞他人和受到称赞。对于女性而言，赞美主要产生（积极的）效果，也有利于促使实践群体成员之间更加和睦与团结，即泰南（1990）所说的融洽（rapport）。他们认为相比之下，对男性来说，称赞主要应该是维护一个人评价另一个人的权威，因此可能会带来更大的面子威胁（face threat）（假设对这种权威的要求被拒绝了）。在我们看来，赞美对任何人来说，都可能有风险或威胁到他人的面子。对于赞美者来说，他们的评估权威可能会被质疑。无论他们的评估能力，还是他们对被称赞者的特定属性进行前瞻性评论的权利，都有可能受到挑战。

赞美可以引发更多的社交行为。我们不能只看到赞美而不考虑对它们的反应。对于被称赞的人来说，他们调节自己给他人留下的印象的能力面临着潜在的挑战，即他们在被称赞的情形下能够表现出什么样的人格。接受礼物也意味着要承担义务。对赞美的心理反应往往是矛盾的。在许多英语实践社区，简单地说一句感谢是一种常见的反应（意味着至少在表面上感谢对方的这一举动），或者是其他的口头赞同："是的，我自己也喜欢这件衣服。"在《新西兰语料库》（*New Zealand Corpus*）（Holmes 1995）中，129
来自两性的回答基本上有一半属于上述类别之一。无论是男性还是女性，直接拒绝或表示异议的情况相对较少。而某种程度的绕弯子或回避在两性中都相当常见。赞扬也可以从其他地方获得（"我丈夫给我买的"）。有时，赞美之词会被直接忽略。但通常情况下，对方会用另一个角度的赞美来回报你，报答你的好意。

同时，对男性和女性来说，接受赞美不仅能增强自尊，还能增加对赞美者的好感（被赞美者会更加相信赞美者对自己有好感）。通过这种方式，巧妙的赞美可以达到高夫曼所说的面子工程。

男性和女性都发现，商议评价范围，更具体地说是赞美，是一项有潜在价值的工作，但有时也有风险。其中一种风险与赞美和赞美者的可信度有关。赞美常常是例行公事和公式化的。字典上对恭维的定义经常提到礼貌、客气，以及正式。有些赞美使用夸张的语言："我爱那件衣服。"或"那些耳环太棒了。"恭维者和被恭维者都知道夸张的语言就是这样，但是他们很可能把它作为恭维练习的一部分。有时赞美者为了印证前一句赞美（"我喜欢你昨晚音乐会的独奏"），和避免被赞美者仅仅把这句话归类为恭维（"哦，谢谢你的赞美"），会继续说一些比如"这不是（只是）恭维——我真的觉得你的独奏很棒。"这样的现象证明，为了表示善意和增进团结，赞美有时超越了字面上的真实界限。

对于许多实践社区来说，在某些特定的情况下，赞美是被期待的，并且经常以夸张的形式被给予。这些赞美不一定就是不真诚的。相反，它们是对社区成员之间社会义务、规定成员表明愿意互相给予积极的举动的准则的一种传统意义上的认可。就像"最近怎么样？"或者"你好吗？"这类话语一样，只起到传统问候的功能，而并不是真正地探究对方的生活状况。使用加强程度的词（比如，很，非常）和其他增强机制（比如，爱，而不是喜欢）会让人们注意到礼貌的体现。例行的赞美在女性中很常见。然而，并不会因为赞美是例行公事就意味它不能是一个好的举动。即使是承认其例行地位的被赞美者也会感觉良好。赞美者的努力很明显是为了被赞美者的利益。这种努力通常是值得赞赏的，即使赞美者说的话超出了被赞美者的判断范围。罗伯特·赫伯特（Robert Herbert）认为，男性的赞美比女性的更容易被接受，因为男性的赞美听起来不像例行公事，因此更值
130 得信赖。虽然赫伯特没有为这种解释提供任何证据，但这可能是故事的一部分。另一个原因可能是男性的赞美更有分量，因为男性的判断通常更具影响力。

例行的赞美与讽刺的赞美大不相同。挖苦和讽刺在任何一种言语行为或社交活动中都是可能的，尽管它们在某些实践社区中比在其他社区更常见。一般来说，这类公开讽刺的恭维就像是在模仿一种明显的恭维，目的是为了嘲弄它。这是一种侮辱，表面上是赞美，但很明显，在这种情况

下，假定的积极评价被判断为可笑的，荒谬地偏离了主题。有时候会用声音来暗示，比如假声，表明某句话是讽刺的，但也并不总是这样。讽刺意图很容易被忽略，特别是因为存在着真诚的夸张恭维。这意味着，仅是表示评价文字内容上的不适用性，并不代表就是讽刺。（另一种情况是，有人可能会错误地把真诚但夸张的赞美当成讽刺。）然而，讽刺的赞美，往往确实会打击伤害到它们的目标。正如我们早些时候所指出的，当年轻女孩试图将某些其他女孩排除在其群体之外时，她们把这作为一种武器，用讽刺的赞美攻击正面面子（positive face）。

最后，还有欺骗性赞美。这种情况下，赞美者并不相信字面上表达的积极评价（在真诚的夸张和讽刺的情况下也是如此）。欺骗性赞美通常主要是自私的。他们想要增强被赞美者对自己的好感：增强被赞美者对自己的好感也并不是目的（就像在真诚的夸张案例中那样），而只是一种手段。被视为欺骗性恭维者的人，可能会被描述为“拍马屁”或“马屁精”。他们也可以被看作是单纯的算计——就像服务员经常赞美她的顾客，不是为了交朋友，而是为了增加小费。

真诚的例行赞美和欺骗性赞美之间的界限并不总是很清楚，尤其是因为人们的动机往往很复杂。你可能真的想让别人感觉良好。当然，你也可能想让他们对你感觉良好。但是，如果其他导向的动机正如期望的一样强烈，企图让我们发现你是“真诚”的，那么这些动机会使得你很难向第三方观察者表明，你说的漂亮话并不是真心的。它掩盖了日常赞美的真正积极作用，使其偏离事实，与讽刺或欺骗混为一谈。

赫伯特（1990）将建构团结性的赞美与真诚的赞美进行了对比。他认为美国人，尤其是美国女性，普遍喜欢使用赞美来建构团结性。他所讨论的似乎就是我们所说的日常赞美。其他人也提出了类似的建议，认为美国女性和男性在赞美时遵循不同的规则：女性通过赞美来建立团结，男性则通过赞美来实施排序和评价。为什么男性和女性似乎都更喜欢称赞女性？因为他们认识到女性喜欢赞美？（这意味着男性确实把建立团结视为一项 131

重要的赞美功能，即使它的作用仅限于让女性感觉良好和对女性友善。）还是因为人们通常觉得评价女性更自由，尤其是在外貌方面？

女性可能会更多地使用日常赞美（以及其他明显有助于建立团结的举动）。这在一定程度上是因为她们认识到，在生活中被视为友善的人，对一个人的成功非常重要，往往比被视为能干或勤奋更为重要。对男性来说，培养与展现某一种世人所期待的男性性格才是重要的，而让他人感觉良好则并不是他们的义务。男性常常被期望高度重视表现强壮和能干之类的事情。当然，这样的建议太过简单，尤其当赞美既为了表示友好，也为了控制社会。而且，许多女性和男性也并不追求扮演符合主流性别意识形态的角色。不论如何，与其说赞美的准则依性别不同，或者说性别角色会引导人们对赞美有不同的态度，不如探究一些语言实践的方式，比如由赞美产生的性别角色和性角色（gendered and sexual personae），及其与社会的关系，这是有益的。

侮辱

侮辱与赞美几乎是同一种行为，但却有着截然相反的极性。侮辱是一种消极的评价，通过对被批评或贬损的对象进行含蓄的指责，包括其个人特征、所有物和行为，攻击人的正面面子（positive face）。毫无疑问，侮辱可以而且确实发生在冲突性谈话中，而且它们看起来不像是“好”的举动。

但是，侮辱和赞美并不是完全对立的。在许多（也许是大多数）实践社区中，一个默认的预设是：人与人之间是希望（看起来）能彼此照顾的。当然，在某些特殊情况可能会有不同的表现。因为某些实践社区的组织方式，可能恰恰是围绕对抗发生的。不过，赞美的缺位容易被解读为一种侮辱，而侮辱的缺位则不会被解读为赞美。不同的默认值及其影响，与仪式化侮辱和传统化侮辱之间的差别相关。

有些实践社区会时常模拟仪式化的侮辱行为，大部分研究对象是男性。阿兰·邓迪斯（Alan Dundes）及其同事（1972）研究了年轻的土耳其男孩之间仪式化的辱骂比赛。威廉·拉博夫（William Labov 1972）也提供了一些非洲裔美国青年男性进行对骂游戏（playing the dozens）的故事。在这两种情况里，侮辱性交流是高度程式化和交互式的。这对口头表达能力提出了很高的要求。参与者应该迅速而巧妙地回应对方的言语讽刺。迈克尔·纽曼（Michael Newman 2001）所引用的一些说唱歌手，也明确地提及了这种口水战在替代身体暴力方面的作用。正如我们在第 4 章中所提到的，在仪式化侮辱研究中，把重点放在男孩身上，很可能既是研 132
究人员对这种行为的性别本质的认识，也是研究人员对这种行为的看法。古德温（1990，2006）在报告中提到女孩也会和男孩互相辱骂。她和埃德（1990）发现女孩们也会互相进行这种侮辱行为，有时是开玩笑，有时则更严肃。

明显不是针对目标的仪式化侮辱很容易与严重的侮辱区别开来。在辱骂对战中，回骂一方应与骂人一方咒骂的程度大致相似，但通常会更激烈一些。回骂不够猛烈的一方会输掉对战。比如，古德温（2006: 232）观察到，在四年级男孩们的对骂情景中会出现这种话语，“你妈浪荡得像条发情的狗”，回应为“你妈肥到要在大峡谷睡觉”（242）。她还发现，三年级女孩和男孩会互相嘲笑侮辱对方，把本来可能变得更严重的冲突转变为一场游戏，一个轻松游戏的竞技场。

然而，戏谑式侮辱与真正的侮辱间的差别可能会非常细微。事实上，科克曼（Kochman 1983）发现，他调查过的参加口头决斗的男孩在互相侮辱时至少会使用一些事实作为依据。古德温（2006）发现，一个四年级的受欢迎的女孩小团体排斥另一个女孩安吉拉的方法之一，就是拒绝安吉拉试图以开玩笑的方式回应她的嘲笑。安吉拉说：（“**至少**我没有穿着破洞内裤”），小团体则击中要害：（“**至少**——至少我们有朋友”）（Goodwin 2006: 236）。针对对方的真实属性来进行夸大和侮辱往往会产生问题。因体型肥胖被称为软式飞艇的人，可能不会因为“只是开个玩笑”这一句话而获得宽慰，反而会把该称呼视为对他的人身攻击。但如果这个被叫软式飞艇的人，能够想出一些类似过分的侮辱来回击，冲突就能成功解决。

同样，一些即使不是故意的评论也会被当作严肃的侮辱。埃德（1990，例 7，77–78）报道了一组八年级女孩之间的交流，她们在访谈中谈到男孩在她们的生活中的重要性，并一直谈论一个人是否可以同时拥有多个男朋友。娜塔莉试图强化特里西娅的回应，她说“我们可能与他们成为朋友，但我们不是荡妇，”汉娜和艾伦认为她在暗示她们全都是荡妇。而只有艾伦把自己从对话中抽离出来，认为这是针对她一个人的。这也引发了一场关于艾伦不具有“接受”这些言语的能力的讨论（78）：

> 娜塔莉：她啊，每次，每次我—我们骂她的时候，她就当真，然后就走人，还噘嘴。((愤怒的语气))
>
> 佩吉：她还不是一 // 直骂我们。((愤怒的语气))
>
> 娜塔莉：对啊，她每 //（天）都骂我们。
>
> 特里西娅：((耳语))：她还会骂你是婊子，无缘无故的。她一进来 // 就说（ ）

埃德指出，这群女孩确实会依靠这种仪式性咒骂来制定规则（比如是
133 否可以拥有多个男朋友）。她还观察到，女孩们在互相辱骂中所获得的巧辩技能，能帮助她们在对抗男孩时占据更大优势。

> 男孩：女孩都是狗！
>
> 特丽西娅：噢，那你可是个真狐狸。

特里西亚的反应（例 9，79），名义上是一种恭维，但却带着明显的讽刺，让男孩无话可说。

与恭维一样，侮辱通常与社会控制有关，有时也是为了以牙还牙，避免进一步的攻击。被侮辱的人会改变他们的方式或更换盟友。盟友也可能会自动选择离开。乔治敦大学（Georgetown University）学生桑德拉·弗卢

克（Sandra Fluke），根据她的所见，试图证明有必要要求保险公司免费为女性提供避孕服务。2012 年 2 月 29 日，美国右翼电台名人拉什·林堡（Rush Limbaugh）对此做出了以下评价。“大学男女同校的苏珊（原文如此）弗卢克，在国会委员会面前说，她的性生活必须得到报酬，这说明了什么？这使她成了什么样的女孩？荡妇，对吧？这不就是一个妓女。她希望得到报酬才能发生性关系。”过了一会儿，林堡让步了，说：“好吧，那么她不是一个荡妇。她只是穿着圆跟鞋［旧时对淫乱女人的委婉说法］。”他继续说道：“所以，弗卢克、还有你们这些女权纳粹们，我们来一场交易。如果我们要为你们支付避孕药……那么我们需要得到回报……例如把你们的视频放在网上，这样我们就都能看了。”但 2012 年 3 月 3 日，林堡在他的网站上发布了以下“道歉”：“二十多年来，我一直在用荒诞来解释荒诞。一周五天，每天三小时。在这种情况下，我在进行上述类比时发表了不当言论。我并不是有意对弗卢克进行人身攻击，”林堡写道，“为了幽默，我用词不当，在全国引起轰动。我真诚地为我侮辱性的用词向弗卢克道歉。”

从本质上讲，林堡用“只是开玩笑”来为自己的“不当用语”开脱。这恰恰是孩子们，在他们的侮辱性言辞或其他负面评价，被“视为针对个人”时的说辞[①]。幽默的确经常是“尖锐的”，即使是坚定的反种族主义者和反性别歧视者，有时也会发现自己被基于种族主义和性别歧视的刻板印象或情绪的笑话逗乐（尽管也许很尴尬）。也许很少有人会真的认为林堡是在暗示弗卢克或许想要成为一名性工作者。林堡的侮辱似乎确实过于夸张，很难想象有人会觉得这很有趣。但一些网络评论员认为，对林堡言辞感到愤怒（或至少是批评）的反应表明，那些比林堡更为政治自由的人缺乏“幽默感”。

伊莱丝·克莱默（Elise Kramer 2011）提出，幽默本质上是政治性的，是关于不同的社会身份和社会群体的表征。“为了找到有趣的东西，就必须能够想象出一定会有人不觉得它有趣……分歧成了幽默的必要组成部 134
分：那些认为笑话有趣的人和那些觉得无趣的人是相互依存、无法分离的共生体”（p. 163）。所谓的“下流”笑话，即那些以性为主要关注点的笑话之所以好笑，部分原因是因为它们并不“礼貌”：虽然不一定总是涉及所谓的侮辱，但它们是轻微的行为失范行为。赫尔加·科特霍夫（Helga Kotthoff 2006）指出，这类玩笑通常会涉及对女性的侮辱。但同时她也观察到，女性在性幽默和其他幽默上更为活跃。迈克·劳埃德（Mike Lloyd 2007）注意到，大量关于阴茎的别称，[另见 Cameron 1992（2006）] 以及许多用来指代性行为的暗喻形式的出现，为机智有趣的文字游戏创造了机会，而其中很多可能都是在拿男性开涮。随着性别和性关系的变化，开玩笑的方式也发生了变化：它们可能会咬人一口，但同时也会给那些似乎被诋毁的人带来极大的乐趣[②]。

比如，为了将分歧转化为社会联系，也为了磨炼我们和我们的团体与其他不同群体打交道时需要的技能，有时我们会跟我们有着相同社会认知的人进行模拟战斗和仪式化侮辱行为。这类玩笑有利于促进社会团结和增强凝聚力，尽管这样的交流可能不会给他人留下“礼貌友好”的印象。团队关系在这里显得至关重要。有时侮辱的作用是把目标对象排除在外，而把和诋毁者一起嘲笑的人团结起来；古德温研究的那个风靡校园的四年级小团体就是这样，她们一直排挤安吉拉。有时侮辱也会加强那些倾向于支持侮辱者取笑侮辱对象的人之间的关系。而从林堡对弗卢克女士的评论所引发的强烈负面反应可以看出，侮辱还有一种意想不到的效果，即加强那些观点更有可能与侮辱目标一致的人之间的联系。持观望态度的人则可能会以某种方式巩固自己的意见。要么认同“只是开玩笑”一说，要么坚决地认为这是一种对人的侮辱。到底向哪一方倾斜，取决于他们是相信“只是开玩笑”的辩解，还是对这种过分的辱骂感到反感。

在某种程度上，由于通信科技的发展，许多性别和种族诋毁越来越多地进入公共领域。婊子（*bitch*）、妓（*ho'*）（来自妓女 *whore* 一词）在说唱歌词中出现，黑鬼（*niggah*）一词也是如此：而何时何地这些词语具有了侮辱性，是一个复杂的问题。斯科特·基斯林（2002）指出，男性利用婊子一词，将从属关系置于另一男子，这利用了异性恋的意识形态，即女性屈从于男性。与此同时，一些自称为女权主义者的女性，声称这个词是她们的，认为抵抗而非服从才是最重要的。请注意，被贴上标签的是女性还是男性，这很重要。"当婊子这个词被用作侮辱时，它往往指那些勇于表达观点的女性。她们独立思考并且善于表达。当受到骚扰或冒犯时，她们不会只是坐在一旁不自在地笑。如果直言不讳的女人等同于婊子，我们会把这当作一种赞美。"这是《婊子杂志》(*Bitch Magazine*) 关于刊名的解释 (bitchmagazine.org/about-us)。2011 年 1 月，多伦多一名警官曾表示，女性应该停止穿得像"荡妇"一样，以避免被性侵犯。对此，北美各地都举行了一系列的荡妇游行 (SlutWalks)，第一次是在多伦多。尽管这位多伦多警官随后发表了道歉声明，但为时已晚：它通过社交媒体迅速传播，并激励人们组织起来反对性暴力。

那些新到的春装不打折，*女士*。你做好清洁了吗，*亲爱的*？*夫* 135
人，您得停车了。*先生*，报告放在你的桌子上了。*妈*，我的足球在哪儿？*兄弟*，最近怎么样？*史密斯教授*，有人打电话找您。*史密斯*，该卖的票你都卖完了吗？你听清楚了吗，*婊子*？*女士们*，*先生们*，请找到你们的座位。*孩子们*，我需要你们安静几分钟。*教练*，你说过我能学会这个游戏的。*朋友们*，需要我为你们介绍甜点吗？*第五排的那位*，能把*你*的帽子摘下来吗？*乔希*，帮我搬动一下这个箱子。我们还以为你不来了呢，*萨拉*！

图 5.1　英语中的称谓

和赞美一样，侮辱也有多种用途：它们可以卷入冲突，也能建立社会关系。

称谓

我们有时使用一些特殊形式来称呼某人，比如打电话的时候或为了引起他们的注意。或者只是为了明确听话人的身份以及我们与他的关系。某种意义上，用于称呼的术语在语法上不是必要的：在写作中，它们被逗号隔开；在口语中，它们是根据语调来区分的。图 5.1 中，句中例子用着重号标示。

图 5.1 中，一些句子中也有指代被称呼者的形式（也就是说，是谈论提及而不是大声喊出），即被称呼者。图 5.2，在同样的句子中，指代被称呼者的形式用着重号标记。我们所说的称谓包括两种形式。一种用于称谓，如图 5.1 中的着重号所示。还有一种用于指代被称谓的形式，如图 5.2 所示。如图 5.1 所示，多样化的称谓选择在社会工作中发挥着巨大的作用。相比之下，如图 5.2 所示，英语中对被称谓者的指称则非常枯燥。

136 *你*做好清洁了吗，亲爱的？夫人，*您*得停车了。先生，报告放在*你的*桌子上了。史密斯教授，有人打电话找*您*。史密斯，该卖的票*你*都卖完了吗？*你*听清楚了吗，婊子？女士们，先生们，请找到*你们的*座位。孩子们，我需要*你们*安静几分钟。教练，*你*说我能学会这个游戏的。朋友们，需要我为*你们*介绍甜点吗？第五排那位，能把*你的*帽子摘下来吗？我们还以为*你*不来了呢，萨拉。

图 5.2　英文中被称谓者的代词

在英语中，第三人称指称（即未标记为说话人或听话人的指称）受到的限制要小得多，更像称呼。我们有第三人称代词（例如，她，他，他们），我们将在第 8 章讨论它们带来的一些性别上的复杂性。我们也有更多类似于已知称谓的社会的多样化称呼上的选择，这是非常有益的探索。当史密斯教授不在的时候，她可能会被同一个说话者称呼为琼，或者那个丑陋的母牛，或者我的数学老师。当然，从这些可能性中做出选择对构建社会关系有重要的作用。

然而，由于社交是面对面的交流（至少在传统上是这样，尽管书写的发明和现代其他技术让远距离称呼对方成为可能），称谓为维持友善或参与社会冲突提供了最肥沃的土壤。虽然，第三人称形式在英语中可以用来指代听话人，但它们主要用于讽刺（“殿下会来吃晚餐吗？”）、对年幼儿童说话（“曼迪想要她的泰迪熊吗？”）、模仿婴儿说话等等。有一些高度仪式化的场合——例如，立法机构——使用第三人称形式来指代被称呼者。（“来自肯塔基州的参议员陈述完毕了吗？”）。但总的来说，英语称谓的社会可能性仅限于称谓的形式。重要的是，英语中不需要显式称谓语（overt address forms），很多交流都不使用这种形式。但是很多称谓都有严重的性别差异。跨性别女性把女士（ma’ma）用作动词：“我今天被女士了（I was ma’amed today）”表明她的女性地位得到认可，是一个重要的成就。

与当代英语不同的是，许多语言在其语法中都包含一些资源，能够让说话者在与对方交谈时，或谈论到对方时，表现出对对方的尊重或表示与对方团结一致。的确，不同于英语的称呼语，这些语法资源往往迫使说话者摆出相应手势（force the speaker’s hand），本质上是需要一些社会关系的标记。

读者们可能熟悉一种或多种欧洲语言，它们有两种第二人称代词，用于与对方交谈或谈论对方。例如，在法语中，tu 指的是熟人，vous 指的是不太熟悉的人。由于 tu 在语法上是单数，而 vous 在语法上是复数，所以在它们中进行选择也意味着言语上的一致。在祈使句中没有显性代词的情况下，我们仍能发现对比：例如，mange 用于表示一个熟悉的人在吃东西，mangez 则表示一个不熟悉的人（或者一群人）在吃东西。

几代人以前，在你/您（*tu/vous*）的选择中，等级制度比现在更重要。你（*tu*）用于社会地位较低的人（包括与说话者社会地位相同的年轻人） 137
和非常熟悉的同龄人，而您（*vous*）用于社会地位较高的人（包括与说话者社会地位相同的长者）和不太熟悉的人打交道。一般来说，当一段关系变得更加熟悉时，在不平等关系中，上级应该主动从最初的相互称“您”切换到“你”。但是当关系发展到更加亲密的时候，男性应该请求女性允许他使用你。这并不意味着女性社会地位比男性优越，而是规定了对妇女的某些礼仪。在其他地位不平等的情况下，地位较低者不应该请求切换到“你”，而应等待地位较高者发起这样的切换，他们也许是为了不炫耀自己的地位优势而做出这样的要求（就像男性应该和女性做的那样）。在许多使用这种 T/V 代词区分的欧洲语言的文化中（1960 年，布朗（Brown）和吉尔曼（Gilman）首次使用了术语 T/V，由 *tu/vous* 简化而来），性别差异被解释为社会距离，特别是那些可能是潜在性伴侣的人之间。保罗·弗里德里希（Paul Friedrich 1972）提到一则俄语评论："彼佳已经长大了，他对女孩们说'您'（*vy*，相当于法语中的 *vous*）。"彼佳并不是屈从于这些女孩，而是通过尊重她们，避免在语言上显得跟她们熟络，来表明自己与她们（新的）的社会距离。

如今，在欧洲语言中，第二人称代词标记熟悉程度，而不仅仅是等级。正如布朗和吉尔曼所说，权力语义已经让位于团结语义。（同样地，在美式英语中，头衔加姓氏这样的称呼也变得越来越少。在服务中，甚至在第一次与顾客见面时，也会称呼他们的名字）。性别平等的意识形态也大大减少了等级和距离这一权力语义在性别方面的使用。

然而，权力语义并没有消亡。等级较高者仍然习惯于担当那个从您转换向你的发起人。而且对儿童的较低地位的标记依旧普遍是你。随着许多学生和左派人士对成年陌生人和熟识的人统一使用你（*tu*），平等主义的意识形态应声而出。在瑞典，走向国家社会主义导致了公众对这一区分的否定，并采用了团结语义。T/V 选择受限与语言本身有关。在法国的双语社区中，保有权力语义的奥克西坦语（Occitan）和具有团结语义的法语并存。例如，一个较为年轻但生疏的人，在法语中被称为您（*vous*），在奥克语中可能被称为你（*tu*）。即使是在句子中间，说话者也可能在转换语言时改变代词的用法。

几个世纪之前，在英语中，几乎所有表称呼和被称呼的指称中，最初表复数和尊敬意义的代词 *you*（你），取代了表单数和熟悉意义的 *thou*（你）。主要的例外是某些非常特殊的情况，例如祈祷（在这种情况下，被称呼者是神，被认为太过亲近，而不能被不熟悉的形式所疏远）。但是教友会（Soceity of Friends）和贵格会（Quakers）的成员，仍继续使用 *thou* 这一人们熟悉的形式。他们拒绝使用表复数和尊敬的 *you* 来指称人与

人之间的关系，而是把它分隔出来，用来称呼上帝，因为对上帝表示尊重 138
被认为是恰当的。然而，在大多数英语使用者中，等级（leveling）是指最原始的尊重和恭敬的形式，而非最原始的熟悉和团结的形式，这种形式今天在大多数欧洲语言中似乎占据上风。

说话者与听话者之间的关系系统清晰地体现出，强调尊重与顺从的权力语义与侧重熟悉与亲近的团结语义之间的张力。在这两极中，我们也看到了社会平等和等级制度各自诉求的对立。展现强制而非给与尊重，意味着要求顺从。展现亲密（familiarity）却不要求对方回应，是炫耀社会地位，以表现不尊重或不屈尊俯就。T/V 系统，显示了性别对等级和社会距离意义的复杂影响。

敬语

构建社会关系是日语语法的重要组成部分，表示尊重或顺从是日语中所谓女性语言的核心内容。通过复杂的敬语体系，日语要求说话者在不同的场合能表达出不同的等级社会关系。这种限制，不光体现对第二人称代词和动词形式的使用上，像在欧洲语言中那样，也不光体现在称呼语的使用上，比如英语。日语敬语体系撒下了一张范围更广的网，编码了话语情境中在场和缺席的参与者之间的关系，即说话者、听话者和被提及者之间的关系。日语绝不是唯一一种拥有精致敬语体系的语言，但它可能是最被广泛研究的，人们还探索了它与性别意识形态之间的联系。

在仅包括说话人及听话人的话语情境中，希望表达对听话人的尊重或顺从的说话人，可以使用表尊敬的形式来指称听话人或与听话人相关的人、事物和行为，以提高听话人对自己的尊重；或者，他们可能会使用谦语来指代与自己相关的人、事物和行为，从而放低自己的位置。也可能选择中性语，以避免抬高他人或贬低自我。但尽管这样的回避确实让说话人无须绝对地受限于相对地位，但实际的选择本身不可能是中立的。因为它表明说话人故意不选择敬语。敬语的可能用法实际上总是在背景中徘徊，总是非常突出。这与英语中可能使用的敬语形式先生（*sir*）形成了对比，*sir* 在英语中有时会出现，但通常不突出。即使是法语中的第二人称代词和动词变化，虽然比英语的称呼形式更容易引起争议，但也不像日语中的敬语选择那样引发全球关注。

139 当话语主题涉及说话人及听话人以外的人时，选择就变得复杂。这种复杂性将不仅体现在说话人与听话人的关系上，而且还表现在这两者与指称者，或多个指称者之间的关系上。说话人可能希望对被提及的人表示尊重或象征性的尊重，但这样做可能被视为暗示听话人也需要表现出尊重。这是一个特别的因素，因为被谈论者被认为与说话者或听话者有关，这通常被称为“群体内（*uti*）”或“群体外（*soto*）”关系。因此，有必要评估，被谈论者是与听话者相关的、说话者群体内成员，还是与说话者相关的、听话者群体内成员。例如，说话人可以用谦语来指称其家庭成员的行为，用敬语来指称听话者家庭成员的行为。不仅是家庭，还有公司、友谊团体、学校和其他相关团体，都让讨论恰当的敬语用法成为一件非常复杂的事情。

概述敬语用法的所有可能性，远远超出了本章的范围。井出祥子（Sachiko Ide 1982）和珍妮特·芝本·史密斯（Janet Shibamoto Smith 1985）对这些形式及其规范用法进行了深入的讨论。为了我们讨论的目的，这里将列举一些例子，来说明日语使用者所拥有的资源。以下是一些常见的动词，它们有独立的词干，可以表示谦逊、中立和尊重：

动词	谦逊	中立	尊重
“是”（be）	oru	iru	irassharu
“走”（go）	mairu	iku	irassharu
“做”（do）	itasu	suru	nasaru
“说”（say）	mōsu	iu	ossharu

也可以用 be 作为助动词的动名词形式，在这种情况下 be 的三种形式（如上所示）都带有敬语含义：

谦逊　yonde oru　　　　“我正在读书”
中立　yonde iru　　　　“我 / 你 / 他正在读书”
尊重　yonde irassharu　　“你 / 他 / 她正在读书”

名词性前缀 *o-*（或者在中文词源的词前加 go-）可以表示对与名词指称者相关的人的尊重：

中立　watakushi no kangae　　‘我的主意’
尊重　sensei no o-kangae　　‘老师的主意’

在人称代词和称呼术语的使用上也可以做出类似的选择。

虽然所有日本人都使用敬语，但女性在社会阶层中的地位使得她们在
说话时要比男性更尊重他人。但除此之外，由于敬语的使用表明说话者正
在遵守尊重的标准，敬语的使用意味着礼节。由于敬语的复杂性和对社会
交往中细微之处的关注，敬语的使用本身被认为是一种艺术，并因此与优 140
雅联系在一起。这样，敬语的使用就体现了女性气质，因为它表达的是得
体和文雅。

名词前缀 *o-/go-*（见上文）还有另一种用法。这种用法将此前缀授予荣誉的功能扩展为更广泛的美化能力，从而有利于高度细化和等级化的社会关系。因此，将这个前缀与指代普通物品的单词一起使用，特别是与某种程度上被认为粗俗的物品或词语一起使用时，可以达到一种振兴社会的效果。毫不奇怪，语言美化，就像插花一样，是一门非常女性化的艺术。过度使用这一前缀，特别是用在那些被认为不需要美化的单词上，就会被贴上矫枉过正（*hypercorrect*）的标签。井出祥子（1982）将这种矫饰与愚昧无知和向上攀附联系起来，显示了女性气质与阶级等级之间的紧密关联。我们再一次看到“言语友善”并不总是关于体贴周到或女性气质，而通常是关于社会控制和巩固阶级特权。

141 # 第 6 章

自信与否

自信心仍然是励志类书籍和网络的热门话题。2012 年 2 月底，在亚马逊网站励志类图书中搜索“自信”一词，结果显示 6,055 本；搜索“女性的自信”，结果是 1,170 本；而搜索“男性的自信”，结果是 424 本。在图 6.1 中，网络上关于自信的建议是针对女性的，尤其是那些在事业上有抱负的女性。不过作者表示，不论女性还是男性，都会觉得她的建议很有用。图 6.2 的重点是如何减少人际冲突，在维护良好人际关系的同时避免成为一个“受气包”。这两个网站都提供了一些建议，告诉人们如何在追求自己目标的同时，不损害自己“友善”和关心他人的印象。图 6.3 中，该网站提供的技巧显然只针对男性，目的是如何成功地与异性约会。

快速浏览一下书籍的标题和类似内容就会发现，图 6.1—6.3 所示的样本并不罕见。女性的自信通常是在事业成功的背景下，而男性则是因为与女性“相处”得成功。有时，男性和女性都会收到人际关系问题方面的建议，但女性似乎收到更多。在异性恋中，女性确实会得到关于自信的建议。但大多是告诉女性如何“说不”以及如何防范性骚扰和约会强奸，而不是告诉她们如何给潜在的男性约会对象留下深刻印象。这似乎意味着，女性在工作和家庭环境中缺乏自信。还有一个明显的担忧是，男性需要释放出自信（霸道？），因为女性认为这样的男性更具性吸引力。

一方面，自信通常区别于被动或胆怯；另一方面，自信也区别于侵略性或欺凌他人。自信（看上去）包括在表达观点和设定目标时（表现得）自信和有力，还意味着要致力于（看上去）推进这些观点和目标，并在其中投入情感。自信的讲话有时被认为与“友善”相悖。莱考夫（1973）认为，避免过于自信是“淑女”语言的一部分。自信（或不自信）确实会成为性别意识形态的一个部分。但就像“维持友善”一样，它比早期讨论时所显示的要复杂得多，而将其视作社会实践的一个独特方面是有益的。坎贝尔·李帕尔和梅勒妮·艾尔丝（2007: 329）认为，“在某种情况下，自信的语言能够促进一个人的能动性”，并强调它与“维持友善”或他们所说的从属性语言一样，后者“具有肯定或积极吸引他人的功能”。琳达·卡拉利（Linda Carli 1999）提供的证据表明，使用试探性的、不自信的语言的女性，通常被认为是能力不足的。但相较于自信而能干的女性来说，她们能够施加的影响力更大（参见 Eagly & Carli 2007）。这种现象有助于解释为什么女性经常被建议把她们的自信和“友善”结合起来。“显然，自信的语言并不总能促进一个人的能动性，但可以肯定的是，自信指努力增强一个人的能动性，一个人自我行动、影响他人行动和想法的能力。”

在这一章中，我们强调说话者对他们所表达的内容的定位，探索许多可用语言资源中的一部分，来阐明我们所说的内容立场（*content stance*）。我们将这些资源组织在三大类（明显的）内容立场下：提问，校准要求，和表达影响。我们将看到，同样的语料也常常表明说话者对语言交流中他人参与的期望，即他们的互动立场。毫不奇怪的是，性别意识形态常常不仅影响这些资源的使用，而且影响对这些资源的解释。

值得在一开头就引用克里斯汀·普雷希特（Kristen Precht 2008）的结论，她对美式英语中大量的立场标记词（indicators of stance）进行了语料库研究。我想强调这项研究结果的重要性：“就原始频率而言，除了咒骂

142 在工作中，女性的可接受行为的范围通常小于男性。如果她们太好相处，就会被视为软弱的或易被操控的。如果她们太咄咄逼人，就会被认为表现得像男人或是典型的婊子……当一个泼妇和在社交上表现自信是有区别的……这是强迫别人接受（你的）观点和说服人们听取（你的）想法之间的区别……

以下建议对男女都有用：

1. 尽管你对自己的信仰充满热情，也要允许他人持不同意见。

2. 一旦你理解了他人的观点和关注点，寻找共同点。

3. 选择引领革命而不是反叛。

4. 允许他人骂你。

女性自信艺术大师马西娅·雷诺兹（Marcia Reynolds）发帖于 2010 年 11 月 7 日 www.psychologytoday.com/blog/wander-woman/201011/the-fine-art-female-assertiveness

改编自马西娅·雷诺兹（2010）的《流浪女人：成功女人如何找到满足和方向》布雷·克勒出版社：旧金山。

图 6.1 对女性在工作中保持自信的建议

143 自信的沟通可以加强你的人际关系，减少冲突带来的压力，并在你面临困难的时候提供社会支持。对别人过多的要求礼貌而坚定地说“不”，可以避免你的时间超荷，从而促进生活的平衡。自信的沟通也可以帮助你更容易地处理难以应对的家庭琐事、朋友和同事，并减少冲突和压力。

方法如下：

1. 当你和某人谈论你希望看到改变的行为时，坚持用事实描述他们所做的让你失望的事，而不是给人贴标签或评头论足。

2. 如果是描述他们的行为带来的影响，也应该这样做。不要夸大其词、给人贴标签或评头论足；只是描述。

3. 使用以我开头的说话方式（“I Messages”）。简而言之，如果你用“你”作为句子的开头，听起来更像是一种判断或攻击，会让人处于防御姿态。如果你以“我”开头，重点更多的是你的感受，以及你如何受到他们行为的影响。同时，这也显示出你对自己的反应有更多的自主权，而且责备也更少。

4. 这里有一个很好的公式，可以把这一切结合起来：“当你做（他们的行为）时，我感受到（你的感受）。”

5. 这个公式的一个更高级的变体是将他们行为的结果包括进去（同样，用事实说明），即：“当你（他们的行为），然后（他们行为的结果），我感觉（你的感觉）。”

小贴士：

1. 确保你的身体反映出自信：站直，看着别人的眼睛，放松。

2. 使用坚定而愉快的语气。

3. 不要假设你知道别人的动机，尤其是当你认为他们是消极的时候。

4. 在讨论时，不要忘记倾听和提问！理解他人的观点也很重要。

5. 试着双赢：看看你是否能找到一个折中的办法，或者找到一种双方都能满足自己需求的方法。

伊丽莎白·斯科特，通过五个简单的步骤学会自信的沟通。

http：//stress.about.com/od/relationships/ht/howtoassert.htm

图 6.2　对女性（和男性）在日常关系中保持自信的建议

这一类别（在下面的“影响”一栏后面讨论），男性和女性在情感、言据［与前文的“提问？”相关］以及量化［我们的“校准要求”］方面差别不大。研究发现，男性和女性在姿态（stance）表达上的频率非常相似，这一发现具有很强的说服力，可以为更大范围的语言、性和性别研究带来新的转机。”坎贝尔·李帕尔和梅勒妮·艾尔丝（2007），即上文提到的大型元分析研究发现，在亲和话语与自信话语中（affiliative and assertive speech），性别差异是非常小的，在女性和男性的使用上有很大的重叠[①]。

提问？

女性话语往往被认为充满问题，包括表意不明、没有立场以及缺乏信心。在本节中，我们讨论英语中两种问题性话语资料：附加问句和陈述句

144 自信表明你是个男人！女人厌倦了我们这些害怕她们的娘娘腔“好男人”。是时候提升你的自信，展示你是一个男人了！

1. 为她点餐，不要表现得像个厌女症患者。

2. 自己选择座位，不要让她帮你做决定。

3. 默认她会同意，不要请求许可。

4. 打电话约女人出门，而不是发短信。

5. 保持忙碌，别为她放弃一切！

［小贴士 2：记住，如果一个女人不想做某件事，她本就应当说“不”，你不必一直和她确认是否一切都好。］

发表于 2009 年 6 月 19 日（作者不详）www.charismatips.com/5-tips-assertive/

图 6.3　男性对约会中的女性保持自信的建议

的升调（“uptalk”）。当它们与女性话语相关联时，被认为会释放不安全信号。而对它们用法的考察，表明情况要复杂得多。相同情形下，这也为其他参与者打开对话的大门，为他们的贡献提供空间，也可以用来表现攻击性。它们的性别（their gendering）可能至少和他人如何解释它们，以及谁造就了它们一样有很大关系。

反意（附加）疑问句

莱考夫将人们的注意力引向了语言学家们在研究英语时所说的附加疑问句（*tag questions*），即在一个普通的陈述句后面，附加一个问句片段。附加疑问句通常包含一个倒装的助动词形式，由主句中的助动词决定，以及一个与主句主语一致的代词：“the weather’s awful, isn’t it?（天气糟透了，
145 不是吗？）”或者“your friends couldn’t come next week could they?（你的朋友们下周不能来，是吗？）”在这两个例子中，主句的极性（polarity）在附加疑问句中是相反的：一个肯定的主句后面，跟一个否定的附加疑问句。一个否定的主句后面，则会接一个肯定的附加疑问句。肯定的附加疑问句可以和肯定的主句一起出现，但是与主句相匹配的附加问句，和

反极性（polarity-reversed）的附加问句的功能不一样："she would like me to come, would she?（她希望我来，是吗）？" 语调影响这些附加问句的理解，尽管还有其他因素，我们将在下面讨论其中几个。和许多其他语言一样，英语也包含无形变附加疑问句（*invariant tags*）。顾名思义，无形变附加疑问句的形式是不变的，无论它附加到哪一种主句："we've got a reservation at eight，right?（八点钟我们有个预约，对吗？）" 或者 "you'll write up the final section，okay?（你来写最后一段，好吗？）" 虽功能类似，但是不同种类的附加疑问句有不同的特定使用范围。

贝蒂·卢·杜布瓦和伊莎贝尔·克劳奇（Betty Lou Dubois & Isabel Crouch 1975）对莱考夫关于反意疑问句的观点进行了第一次实证研究。通过在学术会议上录制的互动视频，他们发现使用这些附加问句的男性比女性更多。他们对莱考夫的说法提出了质疑。莱考夫声称女性是附加疑问句的主要使用人群，而且附加疑问句表达了讲话者的不安全感或缺乏信心。但是朱莉·麦克米兰（Julie McMillan）和她的同事（1977）发现，在美国学生中，女性在任务导向的交流中使用更多的附加疑问句。其他在非正式环境下的研究也得出了相互矛盾的结果。例如，朱迪·拉帕达和莫林·萨萨哈（Judy Lapadat & Maureen Seesahai 1977）的报告称，男性使用更多的反意疑问句（比例为 2∶1），而帕米拉·费什曼（Pamela Fishman 1980）报告女性在使用反意疑问句方面领先（比例为 3∶1）。就我们的目的而言，最重要的是，他们并没有真正明确地注意到所考查的反意疑问句的功能。

随后的研究试图理清附加疑问句功能的复杂性及其与性别构建的关系。研究人员珍妮特·霍姆斯（1982）以及黛博拉·卡梅伦和她的同事（1988）指出，附加疑问句有一系列不同的功能：它们可以表明不确定性和要求他人予以确认［它们的认知模态功能（*their epistemic modal function*）："he was behind the three-point line, wasn't he? 他站在三分线后面，不是吗？"］，但它们也可以是促进性的（*facilitative*）、软化性的

（*softening*）或挑战性的（*challenging*）（这个术语来自 Holmes 1995）。促进性附加疑问句引导听话者在谈话中做出贡献，而且通常出现在谈话的开始。或者来自从事教师或脱口秀主持人等职业的人，他们常常试图引导他人讲话。例如，当你走出剧院，碰到朋友时，你会说："great performance, wasn't it?（很棒的演出，不是吗？）"或者在婚宴上，当你和某人谈论新郎的家庭情况时，你可以说："she doesn't look old enough to be his mother, does she?（她看上去挺年轻的，不像他妈妈，是吗？）"软化性的附加问句，可以减弱或减轻诸如批评类话语的潜在负面影响："you were a bit noisy, weren't you?（你刚才有点吵，不是吗？）"而具有挑战意味的附加疑问句通常会导致令人沮丧的沉默，或不情愿地承认过错。想象一位愤怒的家长说："you thought you could pull the wool over my eyes, didn't you?（你以为你能蒙我，是不是？）"或者"you won't do that again, will you?（你不会再这样做了，对吗？）"，又或者，擅于盘问的律师会说："your friend Jane promised to pay my client a lot of money, didn't she?（你的朋友简答应给我的当事人一大笔钱，是吗？）"。附加疑问句的语调可以帮助识别在给定的话语中，哪些功能是主要的，（认知模态的附加疑问句通
146 常是升调，助动的附加疑问句通常是降调）但语调与许多其他因素相互作用。

即使我们排除附加疑问句的挑战性用法（如莱考夫所做的），也有其他因素可以解释附加疑问句的特定使用方法。附加疑问句并不意味着无能为力或无法表明立场。它们促使他人进入对话或减缓主句对人的打击，这两种功能都主要与人际关系、面子和社会关系、互动姿态有关。另一方面，附加疑问句的认知模态用法表明说话人对主句内容的立场，并通常邀请听话者帮助评价该内容。其中一个原因可能只是想让他人确认或否定该内容。在试探性地提出自己的观点后，向他人寻求判断，可能会发生在对自己的证据不完全肯定时候。例如，当不确定投篮是否在三分线以外时，只能转而求证于可能看得更清楚的人。这种不确定性存在于典型的认知模

态用法背后。然而，莱考夫明确排除了这类用法，因为它并没有将说话者置于弱势地位。为什么不呢？大概是因为不确定性的存在是完全合理的：如果一个球员在三分线附近投篮，任何看不清楚的人都不应该确认这个球是否为三分球。莱考夫认为，表疑问程度低的附加疑问句发生在说话者几乎完全可以对内容进行自我评价的情形下。莱考夫似乎暗示，这里的问题在于说话者不愿意对她所说的内容承担全部责任，而是转向其他人来证明她的评估。（这里的女性代词印证了莱考夫的判断，即附加疑问句的这种“弱”用法是“女性”语言的一部分。）

那么对莱考夫来说，福尔摩斯归类的附加疑问句（主要）是促进性的还是抑制性（facilitative or mitigating）的呢？答案并不清楚，尤其是考虑到她使用了诸如“this war in Vietnam is terrible, isn’t it?（越南战争是可怕的，不是吗？）”或者，举一个更现代的例子：“the September 11 attacks on the World Trade Center and the Pentagon were terrifying, weren’t they?（9 /11 袭击世贸中心和五角大楼很恐怖，不是吗？）”主句的主要目的是想要开始讨论战争或自杀式炸弹袭击，而不是寻求对所陈述的（非常普遍的）观点的肯定或否定。不同于“it’s a beautiful day, isn’t it? ”（今天天气真好，不是吗？）”将谈话引向一个特定的方向，这样的用法显然主要是促进性的。正如卡梅伦和她的同事们所观察到的，即使是一个明显寻求确认主句表达内容的附加疑问句，也可能被用来软化原本可能威胁到面子的话语，而不是表示缺乏信心。他们的例子来自伦敦大学学院英语使用情况调查（University College London Survey of English Usage）的文本：“you weren’t there last week, were you?（你上周不在那儿，对吗？）”他们将这种话语归类为（认知）模态，因为它实际上是在上下文中请求确认。也就是说，它确实公开地表示说话者不确定事实是什么，也不相信自己的主张。然而他们指出，这句话如果是一句光秃秃的陈述“you weren’t there
last week（你上周不在那里）”，或是直截了当地质问“were you there last 147
week?（你上周在那里吗？）”，可能看起来更像是指控，从而威胁到说话对象的面子。可以说，这里的附加疑问句是一个隐性柔化剂或缓和剂，也是一个明确的确认请求。正如卡梅伦的研究小组总结的那样，不仅不同的附加疑问句具有不同的功能，其单一疑问句表达本身也可能是多功能的。在一个话语中，存在共存功能的可能性被一些学者称之为一词多义。黛博拉·泰南（1994）指出，权力和团结指标普遍存在一词多义（*polysemy*）现象。一词多义与歧义（*ambiguity*）形成了鲜明的对比。歧义是指在同一话语中，一种形式包含多种含义，但具有双关语的效果，可能是玩笑。然而在日常使用中，我们常常称多义词是歧义的：当前的重点是，附加疑问句和许多我们将考虑的其他多功能形式（multifunctional forms）可以轻易地在一个话语中发挥不同的功能——这取决于上下文。

不过总的来说，福尔摩斯和卡梅伦及其同事都发现，女性为了促进或缓和而使用附加疑问句的比例更高，而男性则更多地是为了寻求认同——也就是福尔摩斯在最近的讨论中所说的认知模态。然而，在他们的一项研究中，卡梅伦小组研究了在明显不对称情境中使用附加疑问句的情况：老师-学生、医生-病人、父母-孩子、雇主-雇员、面试者-应聘者。特别有趣的是，在这些不对称关系中，相对弱势的个体，更有可能使用认知模态附加疑问句，而相对强势的个体更有可能使用促进性或软化性的附加疑问句。事实上，在对不平等交流的考察中，这项研究没有发现任何地位较低的参与者使用促进性或软化性附加疑问句的例子。在软化的情况下，很容易看出，批评或其他潜在威胁到脸面的社会举动（如我们在前一章讨论的赞美），绝大多数都是自上而下，而不是自下而上。因此，处于更高层次的人更有可能对他人的负面面子构成潜在威胁，从而将自己置于可能使用软化性问句的位置。当问题出现时，那些威胁到他人负面面子的人往往会选择缓和，即使他们在与情境相关的层级中明显处于优势地位。在实践社区中尤其如此，在那里，对他人赤裸裸地展示权力是令人不悦的；在那里，有明显的相互尊重和基本平等主义的意识形态，与实际的权利和责任的不对称分配相冲突。

为什么在特定的人际互动中，拥有更大权力的人会如此压倒性地、便利地使用附加疑问句？原因可能不那么容易阐明。术语促进（*facilitate*）一词听起来好像促进者所做的主要是帮助他人实现目标。尽管促进性附加问句通常被用来为对方提供想要的机会来参与对话交流，但引发对方的明确回应也可能是行使权力的一种行为。没有准备好的学生可能并不想对老师说什么。而想要摆脱家长监控的孩子在特定场合可能更愿意完全不与家 148
长接触。附加疑问句不仅邀请他人参与交流，而且让对方难以拒绝。即使是促进性的附加疑问句，也能起到强制的作用。

与促进性和软化性附加疑问句用法相反，认知性模态用法来自于强者和弱者，但更多来自于弱者。然而有趣的是，卡梅伦小组发现，在使用认知模态附加问句方面，处于不同阶层的人有着显著的不同：弱势群体倾向于使用这些附加疑问句来寻求肯定，而强势群体倾向于使用它们来总结事情，并结束交流。正如他们所指出的，在医学和课堂环境中，人们往往会向负责人寻求肯定。这一事实可能解释为什么在这项研究中，无权者会更频繁地使用附加疑问句[2]。

这是怎么回事？在熟人之间的非正式交谈中，我们主要使用统计上与女性相关的、促进性和软化性的附加疑问句，而在非对称（asymmetric）交流中，则使用更为强势的附加疑问句。而在与同龄人，以及非对称交流中的弱势一方交流时，我们主要使用认知模态的、统计上与男性有关的附加疑问句。这是否意味着真正有社会权力的是女性，而没有权力的是男性？与此相关的语境因素还有很多，但卡梅伦和她的同事提出了一个重要的观点，那就是我们不需要假设一个（难以置信的）倒置的性别等级制度来拒绝女性话语与无力话语（powerless utterances）之间的自动关联。他们问道：

> 会话促进者这一角色，看上去对非正式对话与不平等交流是有利的。它是否是所有女性群体的亚文化规范，是下级说话者所承担的一种负担，还是

> 用来控制对话的一种策略？或者，当然，它也可能是所有的一切，只是在不同的时间和不同的环境中表现不同而已。……没有女权主义者会否认女性是一个从属群体；但下级团体毕竟要与压迫她们的社会环境进行谈判和斗争。分析她们的社会行为的某些方面也许是有益的。但不能只是简单地罗列这些社会条件，而是要找到应对的综合方法，甚至是针对这些条件的一种抵抗方式。（Cameron 等 1989: 91–92）

女性经常把自己定位为谈话的推动者，这背后有许多原因。毕竟，促进会话从表面上看是一种“友好”的合作行为，为女性在特定的社会情境下的应对和反抗提供了一种社会认可的模式。情形当然是复杂的。一个人可能会对内容采取一种明显的试探性立场，主要是出于莱考夫所建议的社会原因：例如，为了将权威赋予他人，而非自己。然而，如果一个人试图把自己塑造成一个不傲慢、尊重他人、对他人的潜在贡献持开放态度的
149 人，也会产生同样的效果。说话者是把自己定位为对他人恭顺的人，还是仅仅把自己定位为愿意倾听他人意见的平等的人？说话者是缺乏安全感，缺乏自信，还是思想开放？或者两者兼而有之？

试图采取开放和容忍立场的说话者可能会被理解（*interpreted*）为采取软弱和脆弱的立场，无法或不愿支持自己的立场。然而，邀请他人参与自己的项目，并促进他们积极参与谈话，实际上可能会提高自己的效率。有时，权利的氛围和权威的假设确实会给别人留下深刻的印象，让他们相信自己所预判的权威是合法的，应该得到重视。但并非总是如此。在某些情况下，那些看起来不像传统上处于权威地位的人，往往比那些看起来像权威人士的人，更难以赋予他们的言论以真正的力量，但他们有时确实会成功。尽管如此，使人看上去权威和听上去权威，已经进入了性别建设领域的多个方面：劳动分工让男性在许多公共领域占据主导地位、女性的“柔弱”被异性恋色情化（和图 6.3 中所建议的男性“自信”）、对女性聪明才智的系统化的贬低和破坏。男性的关怀和沟通能力也被低估；卡梅伦

（2000）指出，这使得他们无法胜任那些像（低回报）银行话务员之类的、需要和陌生人（显然）进行大量富有同情心的交谈（sympathetic talk）的工作。雇主们认为，自然是女性更适合这份工作。

注意到语言形式复杂的多功能性，并不能让我们忽略不同形式使用的具体细节。例如，当主句内容显然不允许听话人做出回应时，附加疑问句就不能很容易地附加到主句后面。注意以下句子的奇怪之处（peculiarity）：# “*I have a headache, don’t I?* ”（我头痛，不是吗？）、# “*You remind me of your mother, don’t you?*（你让我想起了你的母亲，不是吗？）”。或者甚至是刚刚从外面进来、还在抖落雪的人，对一个在无窗的室内房间里待了好几个小时的人所说：# “*It’s snowing, isn’t it?* ”（下雪了，不是吗？）。如果有一些特殊的语境，例如，你可能对连我自己都不清楚的头痛有一些了解，那么这样的话语可能是有用的。附加疑问句与直接疑问句密切相关：至少有这样一种可能性，即听话人对主句问题的回答可能对正在进行的论述产生影响。相反，无形变附加问句并不总是要求听话人对主句中所述问题的意见具有可信性。这是一个貌似有理的论述。甲：“把音响关小点好吗？”乙：“为什么？”甲：“我头痛，好吗？（I have a headache, OK?）”

在新西兰的一项研究中，米里亚姆·梅耶霍夫（Miriam Meyerhoff 1992）发现了一种无形变附加问句：什么？（*eh?*），主要由男性毛利人使用，现在被年轻的新西兰白人（欧洲后裔）女性使用。通过研究这个附加问句的使用，她发现它绝大多数被用来建立共同点、构成一种群体内部的积极礼貌。这个附加疑问句最罕见的使用者是白种新西兰男性（Pakeha men），梅耶霍夫认为这种身份和团结的标记对权力缺失的群体（out-of-power groups）更重要。

无形变附加疑问句：对吗？（*right?*）在美国的一些习惯使用你知道 150
吗？（*you know?*）的地方出现。这似乎与毛利人的什么？（*eh?*）有着共同点。在她的小学工作中，本书作者佩内洛普听到人们的叙述中不时穿插着对吗？（*right?*）这一附加问句，而且往往带有一种咄咄逼人的姿态，就像下面这段关于一个六年级女生和她的同学打架的故事：

> 我走到她面前，对她说："怎么了"她也说："怎么了？"接下来我就一直——她一直说："我做什么了？"我说——我说："我听到你在说屎话，贱婊子！"她说："你哪儿听到的？"然后我又开始打她的脸，踢她右边，她闪到一边，因为正好在泥地里，我向后滑了一跤……

无形变附加问句（invariant tag）可以被解释、也可以不被解释为与它所附加的主句有关。而附加疑问句则总是与主句连在一起。因此，尽管不同种类的附加问句和其他各种话语定位手段之间存在着许多共性，但它们确实需要区别对待，并以不同的方式介入性别建构。

同时，我们将在本章中看到之前重复出现过的重要内容。正如我们在前几章中所看到的，当人们相互参与创造话语时，创造意义并让他人接受意义的权威一方通常处于危险之中。那些能够让说话者清楚地表达自己对某想法或计划的立场的语言资料，几乎总会在他们对其他参与者所采取的立场上发挥作用。这是一种社会功能，不足为奇。毕竟，构建话语——开启意义并使之被接受、合作提炼世界观、集体规划项目（collectively planning projects）——本质上是一项社会工程。

升调

媒体充斥着关于"升调（uptalk）"的讨论——在陈述句中使用升调，作为对青春期女生话语更广泛关注的一部分。青少年一直是成年人和媒体轻视的对象。但目前对语言的关注特别重视女孩，尤其是作家眼中那些揭示了女孩的犹豫不决和精神空虚的用语。这种痴迷甚至让史密斯学院和曼荷莲学院（Smith and Mount Holyoke）开设必修的演讲课程，意在摆脱这些特征。布莱恩·诺尔顿（Brian Knowlton 1999）在《国际先驱论坛报》

（*International Herald Tribune*）上发表了一篇关于这一发展的文章。他把这种冒犯性的语言称为“Mallspeak”和“Teenbonics”——试图用性别和种族主义的刻板成见给他的报告增加一些耸人听闻的东西。现在越来越多的专家建议人们为了成功而放弃升调，比如在某网站上：

> 这种说话方式不仅让听者感到厌烦，而且通常会让说话者显得不成熟，
> 不够聪明。这样一来，他或她所拥有的任何威信都会立刻跑光。为此，我建 151
> 议客户，如果他们想在商业环境中被认真对待，就要练习打破这种模式。有
> 趣的是，这种开始于十几岁和二十多岁的女孩的发声习惯，在过去的几十年
> 里已经打破了性别和年龄的障碍。我必须告诉你，当一个中年男人在商业环
> 境中，或在任何环境中，都听起来像是20世纪80年代歌曲《山谷女孩》中
> 的扎帕时，会让人感到非常不安。悲哀！
>
> （http：//communicationscopilot.com/media-training/uptalking-robbing-your-authority）

但这种升调真的是从穆恩·尤尼特·扎帕（Moon Unit Zappa）开始的吗？陈述句中的升调和我们所有的语音记录一样古老。它肯定不是在20世纪80年代才出现的，也不是由女性发明的。升调出现在多种英语中——它在新西兰、澳大利亚和爱尔兰所有人的讲话中都很常见（参见Grabe等2005；Guy等1986；Britain 1992）。在美国的各个性别及年龄段的人的讲话中也由来已久③。但在20世纪70年代和80年代，年轻女性确实更多地使用这个升调，而问题是为什么是这样。

早在1973年，莱考夫就指出，在非问句中使用“问句”语调，是她所描述的“女性化”“无力”或“软弱”风格的核心组成部分。这种疑问句的语调在句末有一个很高的音调，我们称之为“升调”。下面是她经常被引用的例子（1973，1975）：

> 丈夫：晚饭什么时候准备好？

妻子：6 点钟？

麦康奈尔-吉内特（1975）在评论莱考夫的书时指出，妻子在这样的言语交谈中使用升调语气表达（HRT）有许多可能的原因，而不是对建议的时间是否正确感到不确定，或者不情愿做出承诺。她可能会问许多问题，这些问题的内容在话语中没有明确给出："你为什么想知道？""你在听我说话吗？""我不是已经告诉过你了吗？""你有别的计划？""你是提议出去吃，不在家里吃？"，或者只是在表明她愿意继续交流。请注意：升调语气表达（HRT）和附加疑问句的确很不一样：妻子只会回答："六点（我会准备好），不是吗？"如果她自己没有直接负责决定什么时候会做好——也许今晚有一个孩子在做饭，她认为预计的时间已经宣布了，（也许是温和地）提醒她的丈夫，他已经得到了信息。同样的，当一个人被问及在哪里出生时，只有对自己的生活史不太了解的人（被收养者，健忘症患者，患有老年痴呆症的老人）才会用附加问句来回答，而 HRT 通常用于这种情况（而且更常见的情况是，比如，听话人被预设并不熟悉出生地——例如，纽约的伊萨卡，而不是马萨诸塞州的波士顿）。
152 对某人名字的询问通常也会得到 HRT 回应，但不会得到附加疑问句，如果名字相对不常见，HRT 的可能性就会增加。

麦康奈尔-吉内特（2011）报告了 20 世纪 70 年代末，和她的一些学生在康奈尔大学校园进行的一项小规模研究的初步结果。调查人员在一所大型校园建筑外找到路人，问道："这是什么建筑？"男性和女性在回答"奥林图书馆（Olin Library）"时，语调都会提高，但女性比男性更频繁[④]。萨莉和她一起工作的学生们认为，很难相信有任何受访者对这栋楼的身份有任何怀疑，或者对他们所说的话有任何不安全感。与晚餐时间场景一样，在上下文中也可能存在一些隐含的问题：这真的是您想知道的吗？这个答案你能理解吗？你为什么要问我（而不是其他人）？ D. 罗伯特 · 拉德（D. Robert Ladd 1980）认为在句末出现上升语调只是意味着不完整，缺乏最终结果。

将 HRT 视为“非最终”的基本含义，与理解它在回答问题时作为隐含问题的用法是一致的，同时也传达了“我愿意继续这种交流”的信息。可能有很多原因导致女性比男性更容易发现，不要简单地在句末用低沉的语调来结束对话是明智的。例如，一些研究表明，与句末升调体现的社交性相比，在句末用下降语气会被认为是以自我为中心的（见 Edelsky 1979）。女性对自身的构建，往往使社交能力显得至关重要，而表现出以自我为中心对女性来说尤其是个问题。同样地，女人可能比男人更警惕陌生人的接近和说话，而含蓄地询问陌生人动机的策略可能非常有用。无论他们如何定位自己，在康奈尔大学的研究中，男性和女性有时都会用 HRT 作答。在某些情况下，男性用 HRT 回答问题的概率处于领先地位。在斯坦福大学校园里的一个快餐店里，收银员接受订单后，加上一句“请问您的名字？”一个基于 300 个互动的家长周末课堂项目发现，绝大多数用 HRT 来回答问题的人是年龄较大的（父亲年龄）的男性。家长周末的亲善宣教氛围很可能会让社会上更有权势的人做出特别的努力来展现他们的社交能力。

在情感统一体的另一端，升调长期以来一直被用于权力利益。大卫·布莱西（David Brazil 1985）提出的理论认为，升调隐含的不完全性可以是强制性的，因为升调既可以稳住发言的机会，也可以迫使对话者做出贡献，还可以唤起共同点。在一项针对德克萨斯大学女生联谊会上的语调用法的研究中，辛西娅·麦克莱莫尔（Cynthia McLemore 1992）发现，HRT 通常出现在会议上，不仅促进他人的参与，而且是为了表明发言者还没有准备好让出发言的机会，而且在某种程度上是为了迫使大家在工作任务中进行合作。换句话说，升调的“未完待续”使用可能表明，对话中的其他人不仅需要提供下一步行动，还需要提供适当的下一步行动。基于香港一个大型的英语语料库，程温妮和马丁·沃伦（Winnie Cheng & 153
Martin Warren 2005）发现，无论性别如何，升调的使用都随着主导地位的增加而增加。在地位平等的谈话参与者中，他们使用的升调是一样的，但在等级森严的场合，如商务会议和学术监督中，占主导地位的参与者，使用的升调要远远多于那些不那么强势的对话者。马克·利伯曼在他的博客中[⑤]追踪了乔治·布什在一次关于“反恐战争”的演讲中的语调，发现了一系列的升调，如下：(/ 表示升调)

> 上个月，我的政府发布了一份名为“伊拉克胜利国家战略”的文件。/
> 最近几周，我一直在与美国人民讨论我们的战略。/
> 在美国海军学院，我谈到了我们打击恐怖分子的努力 /
> 以及训练伊拉克安全部队，让他们能为本国公民提供安全保障。/
> 上周在外交关系委员会面前，/
> 我解释了我们如何与伊拉克部队合作
> 和伊拉克领导人 / 帮助伊拉克人改善安全和恢复秩序，/
> 重建从敌人手中夺取的城市，/
> 并帮助伊拉克政府重振基础设施和经济。/

利伯曼将升调的这种用法比作他听过的一则广告：“一位咄咄逼人的汽车销售员在句末重复使用升调，就像一个声音手指狠戳你的胸膛。”[⑥]

当然，对这种模式的强制性解释（coercive interpretation），不仅在于模式本身，还在于听者对说话者的相信程度。因此，大学女生联谊会的女孩们使用 HRT，认为它有益于社交互动，并没有什么问题。她们认识到 HRT 连同她们对彼此说话的音调的其他特点，在她们的讲话中被外界贬低了，被认为是软弱无力、空洞无物的证据。这就造成了双重困境。为了使自己在女生联谊会之外拥有一定的权威，她们必须注意和修改她们在联谊会内部频繁而有效使用的语调策略。在这种情况下，人们可能会喜欢谈论不同的男性和女性语言文化。但与马尔茨和鲍克（1982）提出的关于误解的通用观点不同的是，我们讨论的不是女性语调或者男性语调，而是讨论特定女性实践社区中的语调传统，这是一个非常清楚其“内部”言论与

"主流"言论的不同之处的实践社区。

校准主张 154

从表面上看，有一些资源似乎校准了对所传达内容的依附程度，即对此内容的"所有权"。例如，莱考夫认为（受过良好教育的白人）说美式英语的女性倾向于用有点（*sorta*）或可能（*probably*）等限定词来为自己的言谈留有余地。当然，也有像"你知道的""当然"和"比如"这样的话语助词，它们听起来像闲谈，或者像伸手争取所需的支持一样。而在日语中，句末助词代表说话人做出承诺的程度和种类，是日语"女性语言"图景的核心。我们首先讨论英语中的一些语篇助词和模糊限制语，然后是日语的助词。

语篇助词和模糊助词

典型的"模糊"修饰语，比如"可能""有点"和"比较"，以及"你知道的""当然"和"就像"（在某些用法中）等助词，在许多情况下都让使用者对其说话内容感到不肯定或采取防御姿态。克里斯汀·普雷希特（2008）报告了一项大规模的语料库研究，研究了大量的她用来表明立场的表达，包括模糊限制语。她发现其中的很大一部分模糊语在使用上没有明显的性别差异。而少部分模糊语的使用则是男性稍稍领先（例如，"我挺累"），还有少部分是女性领先（例如，"她可能50岁"）。

语篇助词一般不会在句法上整合到主话语中，它们对内容的贡献通常不如表明立场的词语的贡献大[7]。它们有时被认为是"空洞的"或仅仅是"语言的填充物"，就像"她家极有钱，你知道的"或"当然，大多数女人都期望成为母亲"或"我就好像被他说的话给震惊了。"但无论是模棱两可的修饰语，还是"空洞"的话语助词，都不会总是削弱说话人的立场。与其他语料资源一样，这些词具有许多其他（有时是同步的）功能。

卡洛琳·霍顿（Carolyn Houghton 1995）研究了一项针对年轻女性的集体治疗，主要是来自经济边缘社区的拉丁裔女性，她们（非自愿地）住在一家治疗机构中。尽管在特定的话语中，她强调你知道的在技术上并不是作为语篇标记（因为它在句法上与所产生的句子整合在一起，因此在语法上不是插入语）出现的，但年轻女性“就诊者”对它的使用以及治疗师对它的反应，对“你知道的”作为一种语篇助词的使用有着相当大的启发意义。

> 就诊者：你知道的，当你想要个孩子的时候是什么感觉，是你的，只属于你的……
>
> 155 治疗师：不，米娜，我们不知道是什么感觉。请告诉我们，但不要说“你（you）”。这是你的经历，不是我们的，所以你需要说“我（I）”而不是“你（you）”。“这就是我看到孩子时我的感受。”
>
> 就诊者：好的。我知道了。（Houghton，1995: 123–124）

“你知道的”可以将听话人定位为和说话人有共同的观点的人，和她形成一个共同体。正是这种试图将他人定位为潜在支持者的做法，受到了治疗师的挑战，并被直接加以阻止。还请注意，治疗师口中的我们将她放在群体代言人的位置上，这个群体就是年轻就诊者的同龄人。几乎可以肯定的是，这些年轻的拉丁裔妇女们并不赞同治疗师的观点，而且她们确实很可能赞同就诊者所表达的关于生孩子的观点。为防止形成这样的群体而设置障碍是（治疗性）战略的一部分，目的是改变年轻妇女们对早育的态度，引导她们走上更容易被社会接受的道路。当然，治疗师和她工作的国家以及其他机构，很可能认为自己的工作符合年轻女性的最大利益。尽管如此，对你的话语进行限制仍是一种社会强制行为。

如“你知道的”所说明的，话语助词的功能可以在其他语境中发挥作用（在有这种用法的语境中）。话语助词很少像它们看起来那么空洞。调查人员发现，在很多情况下，女性比男性更多地使用“你知道的”，而且更多地使用“你知道的”来传达互动姿态。尤其是将自己与他人联系起来，而不是传达内容[8]。和与他人结盟的举动（一些分析人士将其分类为促进性或情感性）一样，“你知道的”的阐释者可能会（与治疗师不同）认为，使用它的说话者缺乏信念，需要安慰。据推测，它的解释方式，至少在一定程度上，取决于阐释者如何看待说话者的立场。

一个关于年轻人和性别的大问题和潜在的热门话题，就是好比（like）的新用法。撒利·塔利亚蒙特（Sali Tagliamonte 2005）和亚历克斯·达西（Alex D'Arcy 2007）基于2002年至2004年间收集的97位说话者的语料库，研究了该词在多伦多的使用情况。达西区分了好比的四种方言用法（相关用法见下文大写字母示例）：

表引用的补语标记：I was LIKE, "where do you find these people?" 我说，“你在哪里找到这些人？”

表近似的副词：It could have taken you all day to go LIKE thirty miles. 你可能花了一整天的时间才走了大约30英里。

话语标记：I love Carrie. LIKE Carrie's like a little like out-of-it but LIKE she's the funniest. LIKE she's a space-cadet. 我爱卡丽。嗯，卡丽有点怪怪的，但是，嗯，她是最有趣的那个人。嗯，她是个行为有点古怪的人。（注意这里小写的like是近似的）

话语助词：And they had LIKE scraped her. 他们有点刮伤了她。

多年来，所有这些用法，在加拿大英语中都呈上升趋势，如果用年龄差异来表示明显的时间（语言学家通常是这样做的，详见如Labov 156
1966），那么like作话语助词的使用在80岁以上的人们的话语中出现，这些年来其使用不断增加。话语助词在青少年人群中的使用最多，在语料库的收集过程中可以看到这一点。like的引用形式则稍晚（在50多岁的人群中出现），但上升得更快，所以在17至19岁的人群中，like一词的使用占所有引用形式的60%以上。达西发现，女性使用表引用的like的次数明显多于男性，而使用它作话语标记符的次数则仅略多于男性。但是男性和女性对 like 作近似副词的使用上并没有显著的差异。正是这种用法构成了大众刻板印象的核心。like 作话语助词的使用在男性的言语中表现得更为明显。换句话说，就像附加疑问句一样，如果你想了解语言形式在性别话语风格中的作用，区分使用类型是很重要的。

表引用的助词 like 和表近似的助词 like，在语义上类似于所谓的模糊修饰语。马菲 · 西格尔（Muffy Siegel 2002）认为，like 更大程度地放宽了其后续表达的意义标准。“他有，like（好像），六个姐妹。”根据西格尔的说法，即使他只有五个姐妹，也应该被解释为是正确的。而 like 的引语用法，后面可以跟直接引用。但与 say 或 go 不同的是，like 后面还可以跟口头语（verbal approximations），甚至手势语。她对 like 用法的研究是基于费城地区 23 名中产阶级优等生（都是由他们的朋友西格尔的女儿录制的）对“什么是个体”这一难题的回答。“她还发现 like（尽管她没有区分 like 的不同用途）与快速回答提问者问题的能力之间存在相关性，这表明 like 是一项有用的在线设计话语的策略。她发现，女生们比男生们更多地使用 like，这很可能表明她们在与女性同伴一起时更自在、更自然，不会提前计划自己要说的话。

日语中的句末助词

很多关于日本“女性语言”的研究都集中在句末的助词上，这些助词可以增加或减轻话语的力量，也就是所声称的程度。例如，像“我要走了”这样的主张可以用简单的方式表达，加上温和的强调，或者使用以下的助词，给出更鲜明的主张：

温和的肯定	中立的肯定	着重的肯定
iku wa	iku	iku ze/iku zo

助词 *wa*，*ze* 和 *zo* 只是大量句子最终形式中的三种。它们表达陈述、

问题、请求和其他言语行为。这些助词与性别密切相关，通常在文献中被称为“女性”“中性”和“男性”的助词。（这些例子来自1995年的冈本市，在那里它们被认定为“女性的”“中性的”和“男性的”。有趣的是， 157
随着名单越来越长，我们咨询过的母语者在性别分类的意见越来越不一致。）虽然所有的助词都出现在男性和女性的话语中，但因为规范的约束，女性比男性在更多的情况下使用助词来减轻言语的压力。女性使用强调性助词的自由也较少，其中一些在社会价值上更接近于说英语的人在强调时使用脏话的情形，而不是使用so或者very这样的语气加强词。这些形式的性别化使用有助于女性采取谦虚和温柔的立场，男性则粗暴而独断。埃莉诺·奥克斯（1992）将这些助词作为话语立场直接指标的例子，而由于女性与“软”立场之间的紧密联系，这些助词间接地指标性别。（我们将在第10章更详细地讨论性别的间接指标。）

毫不奇怪，在日本，实际情形是女性往往偏离了规范的理想，而规范似乎正在发生变化。冈本成子和佐藤史惠（Shigeko Okamoto & Shie Sato 1992）比较了三个年龄组，发现“女性化”形式的使用有所减少。年龄较大的人（45—57岁）有50%的时间使用“女性化”形式，27岁至34岁的女性有24%的时间使用“女性化”形式，18岁至23岁的女性有14%的时间使用这一形式。虽然还不清楚这是否代表着随着时间的推移或说话人的寿命的变化而变化，但它肯定表明，至少现在的年轻人不喜欢女性形式。冈本（1995）在一项关于大学生女性使用终助词的研究中发现，65%的使用形式是“中性的”，19%是“男性化的”（！），只有12%是“女性的”。

日本媒体对这种变化感到惋惜，认为这标志着女性身上一切美好之处的终结——她们变得越来越不礼貌，越来越不友善。有人说，男性和女性之间的差异正在消失。但是，由于没有对早期人们使用话语的情况进行实证研究，尚不清楚年轻说话者使用的确切状况。松本美子（Yoshiko Matsumoto 2002）认为，年轻女性从未像年长女性那样频繁地使用这种形式，这是有可能的，甚至是可信的。这既是因为她们还没有学会选择的微妙之处，也因为她们的社会关系本质还没有那么复杂。然而，随着女性进入市场并要求更大程度的平等，以及随着女孩在同龄人中的成长过程中带着不同的性别期望和活力，社会变革也可能正在减少这些形式的使用。正如我们将在第 10 章讨论的，女孩需要新的语言策略来与男性同龄人竞争，同时也需要一种新的青年文化。管理职位上的女性正采用各种语言策略来担任权威性的发言人[9]。

2006 年，一项调查发现，82% 的日本民众非常乐意废除王位只能由男性继承的规定，他们欢迎爱子公主（Princess Aiko）成为未来的女皇。爱子公主是日本皇太子和皇太子妃在 2001 年秋末生下的女儿。2005 年 10 月，
158 一个由政府任命的专门小组已经建议修改该法律，第一个出生的使任何性别的孩子都能继承王位。然而，在 2006 年底，皇太子兄弟的妻子生下一个儿子（也就是皇上的第一个孙子）后，政府官员改变继承法的态度和情绪发生了变化。正如我们将在第 10 章进一步讨论的语言性别规范的变化一样，日本在语言领域之外不断变化的态度和做法仍在继续，但往往会产生阻力。

表达影响力

性别意识形态的一个核心观点是，女性是情绪化的、易激动的，而男性是冷静的、稳定的。这种意识形态有助于否定妇女在严肃思考和职场中的地位。它还能让男性远离被视为需要同理心的角色，比如护理和育儿。相应地，我们很快就会认为女性话语是投入情感的，而男性话语则是不投入的。莱考夫将女性描述为“用斜体字说话”，女性试图强化但最终削弱了她们的观点。她说，男人们用脏话来增加他们话语的情感强度和真实力量。在本节中，我们将更仔细地研究这两种不同的语言资源在交际实践中是如何表达情感和参与的，以及它们的性别划分。

“斜体”和其他“加强词”

梅兰妮·菲利普斯对跨性别女性的建议（在第 2 章中讨论过）提倡一种说话音调起伏的特质，这大概指的是音高的动态使用。这是一个我们大多数人都容易接受的性别差异，即女性比男性拥有更宽的音域。尽管这可能确实是事实，但这并不能使我们感到满意。萨莉（2011）回顾了一些关于人们大声朗读文章的研究。她认为，那些具有霸权主义男性特征的说英语的男性，在基本频率上的变化要小得多，而且他们的频率变化要比女性或声音听起来女性化的男性少得多。但由于不同的研究结果，实际情况很难评估。卡罗琳·亨顿（Caroline Henton 1995）对年龄在 25 岁到 37 岁之间的 5 名男性和 5 名女性进行了一项语音对照研究，结果发现他们在活跃度方面没有显著的性别差异。尼古拉·戴利和保罗·沃伦（Nicola Daly & Paul Warren 2001）对新西兰 16 岁至 19 岁的 6 名女性和 5 名男性演讲者进行了研究，发现他们在整体音域和音高活力方面存在显著差异。更有可能的区别在于刺激因素。新西兰这项研究成果是基于一系列句子的朗读，而美国的研究则是基于整篇文章的阅读。如果没有专心的听众，朗读文章则会形成无感情的风格，而朗读句子可能会引发更复杂的反应。这些都是 159
朗读的结果，我们根本不清楚这样的朗读任务能不能告诉我们什么是自发的语言，也不清楚我们能从这么小的样本中学到什么。

我们当然知道，音调的变化是女性刻板印象的一部分，也是男同性恋刻板印象的一部分。然而实验研究并没有表明，听者是根据音高或音域来判断一个人的性取向的（参见 Gaudio 1994; Rogers & Smyth 2003; Levon 2006b）。很有可能，正是我们对可变性的性别差异的认知使我们将女性和男同性恋描绘成过度表达的和可能是过于情绪化的形象。也就是说，这直接形成了一种刻板印象，这种印象并不存在于现实生活中，而是存在于戏仿（parody）中。我们将在第 10 章回到这个主题。

语调活力的另一端是语调单调，完全不投入的、极度无聊的讽刺与难以形容的兴奋和激动形成了鲜明的对比：“太酷不想说话”“先生却遇上了”“性情狂野爱冒泡”女士。当然，当需要戏仿的时候，这两种极端是可行的，而且它们肯定是有性别差异的。凯特·伯恩斯坦在她的视频《性别贸易历险记》中讲述了她在向女性身份过渡期间拜访语言治疗师的经历。在音阶忽上忽下（并伴随很多呼吸声），以及抑扬顿挫的声调，这完美地诠释了梅勒妮·菲利普斯（Melanie Phillips）所描述的典型女性声音。伯恩斯坦说，“她想让我这样说话。”她抑制住这种活力（和呼吸），接着说道：“但我不想成为那种女人。”[10] 借鉴朱迪斯·巴特勒的作品，汤姆·德尔夫–雅纽雷克（Tom Delph-Janiurek 1999）认为声音是一种“拖后腿”，由说话者在性别期望的背景下表演。性别期待是通过考虑说话者可能扮演的角色（例如，教师或学生），和他们所感知的性别来解释的。他认为，至少对男人而言，那些听起来活泼而投入的声音有时会被视为非异性恋的标志，甚至可能凌驾于其他表明性身份的暗示之上。活力（dynamism）是他提到的一个重要的语音特性。

许多研究将更强的语调活力与（感知到的）更强的情感表现力联系起来，表明活力可以胜任某种情感工作。当然，不同的情绪需要不同的音调。凯特·金伯格（Kate Geenberg）（即将出版）让人们和一只毛绒动物交谈——首先告诉动物它是多么可爱，然后安慰它受伤的膝盖。她将这两个话语片段与同一个人的正常讲话进行比较，发现“快乐”话语的总音高明显高于“悲伤”话语，而正常话语的音高介于两者之间。

在一个说话者的工作就是创造一种社会联系的假象的工作场所，这些情感工具很有价值。黛博拉·卡梅伦（2000）报告了对一家大型电话银行中心员工的调查。他们的工作需要代表一家公司与该公司的客户（可能是潜在客户，也可能是心怀不满的客户）进行数小时的交谈。员工的责任，是在电话的另一端，向他们所代表的公司表示对客户的“关心”。为此，
160 他们经常被要求“在你的声音中加入微笑”。“微笑”的声音在语调上是动态的，而且还具有许多其他语音特征，通常与“女性”话语相关。正如一些雇员对卡梅伦所说，女性天生就擅长这种谈话。这不仅反映了一种信

念，即女性天生就关心他人福祉（即使是完全陌生的人）；它还反映了一种信念，即语调本身在很大程度上是自然的，是说话人内心情感状态的一种可听到的信号。这两种信念都存在严重的问题。

在另一种电话工作中，生动的声音对于创造人际关系纽带的假象是很重要的，比如那些接听“900 成人性服务电话”的接线员。正如基拉·霍尔（Kira Hall 1995）所言，这些运营商利用莱考夫的“女性语言”的许多元素，创造出男性来电者们所认为的具有吸引力的、女性化的和性唤起的电话个性，这些个性被男性客户融入到他们自己的性幻想中。在这两种电话工作中，参与其中的人都非常自觉地操纵语调和其他声音品质，作为向电话线另一端的人投射某种姿态的一部分。在这两种情况下，重要的是，电话工作人员所表现出来的参与感和关怀似乎是真实的、“自然的”。

许多工作场所，需要的是另一种非常不同的“情感经济（economy of affect）”，这是邦妮·麦克尔希尼（Bonnie McElhinny 1995）在谈到她与已进入传统男性化警察工作领域的女性共事时使用了这个短语。“我不再经常微笑了”，一位女性说。一个永恒的主题是，为了恰当地表现出专业化，警察必须学会在与公众进行官方会面时，控制同情的表达或类似的个人参与。他们必须表现得“漠不关心”，只关心自己作为执法人员的责任。为了把自己定位为有能力的专业人士，这些女性必须将自己定位为不受她们在履职时交谈对象的困境所影响，从而否认与这些人有任何关联。把自己定位为一个冷静、镇定、不受他人麻烦影响的人，这几乎肯定会削弱语调的活力，消除声音的斜体（vocal italics）。不再“经常微笑”的女性可能也会克制自己，不去拍拍肩膀，避免某些眼神接触，减少反馈语鼓励，调节表示厌恶或恐惧的面部表情，等等。此外，当然，她所说的话的语义内容也会受到监控：尤其是，表达同情的词语（无论是明确的还是含蓄的）往往会受到审查。当然，在实践中，男女警官有时的确会表示同情，尽管通常只有在当他们能够将对方框定在官方互动之外的情况下才会表示同情。在实践中，也很有可能由于种族、阶级、年龄和性别等潜在的相关因素，同情心会被不同程度地克制。重要的一点是，为了表现得公正无私，女性警官们发现从另一个意义上讲，让自己表现得漠然、不关心和不感兴趣是很重要的。和其他话语元素一样，语调控制是她们利用的一种元素。

161 语调的活力不一定要与情感直接相关，在其他条件相同的情况下，相对的语调活力，可以吸引并抓住听众的注意力。因此，那些无法指望他人认可和关注的人，可能会转向言语斜体，以试图改善他们的话语地位。相对活力（relative dynamism）是*妈妈语*的一个特性。妈妈语是一种话语语域，之所以这么命名，是因为它与成人看护人对幼儿的讲话有关。（注意，此类话语被认为是“女性化的”。）那些试图吸引儿童注意力的人，可能经常需要更多的此类帮助。当然，无论是在非正式的小团体谈话中，还是在更公开的论坛上，演讲者往往也无法获得成人观众们自发的关注。语调的活力是使演讲生动活泼的因素之一，有助于将演讲者定位为值得倾听的人。

当然，其他条件很少是相同的。也许只有那些已被公认为受人尊敬的权威人士或其他特别有价值的说话者，才能不费力地让自己的声音听起来很投入，也无须卖力地吸引听众的兴趣。这样的演讲者一般付出较少的努力，或者甚至没有额外成本，就能够成功地引起观众的注意。但即使对那些似乎处于权威地位的人来说，付出一些努力也可能是应该的。借鉴大学生对一些高级男性讲师声音的评价，德尔夫-雅纽雷克（1999: 147）评论说：“与霸权男性气质的声音表现相一致的话，显然不利于教学任务，因为沉闷、无表情的讲课声音会导致沉闷的课堂，无法吸引起学生的注意力，更不用说激发他们的兴趣或热情了。”

当然，有很多方法来获取一种完全投入的话语姿态，表现出关心，显示自己对所说的话是完全真心的。声音（或印刷）斜体是一种方式。然而，依赖于它们确实会使得说话者很容易被认为不能（或不愿意）采取足以使自身观点具有真正分量的主题立场。关于会话的“不安全感”或自我强加的“弱点”的讨论，在语言和性别学者中已不再常见。然而，在更广泛的美国文化中，仍然流行将女性（或任何没有权威地位的人）说话缺乏影响力归因于她们的话语缺陷。这一观点得到了精英社会意识形态的支持。在精英社会中，失败是由于天赋或努力的缺位，或两者兼而有之。“缺乏安全感”的发言者，被认为是由于心理（或性格）缺陷而无法（或不愿意）有效地定位她自己（或有时是他自己）。有些人承认，这种无能或不情愿，可能是她成长过程中所遇到的社会规范导致的，这些社会规范警告她采取这种立场是“不女性化的”。然而正如帕米拉·费什曼（1980）所指出的那样，整体的不安全感是由于依赖“斜体说话”或提问等吸引注意力的策略而导致的，这忽略了一个事实：即这些策略是用来（试图）解决特定的互动困难的。许多难题是在社会结构事实的背景下产生的，这些事实使得某些话语位置（实际上）对处于某些性别、种族、阶级或职业位置的人来说是不可接近的。

其他的增强手段，比如（自由地）使用强化词，如如此，难以想象 162
地，可怕地（*so*，*incredibly*，*awfully*），以及其他类似的夸张词语关系，可被认为是口头斜体（它们通常带有音调高亮效果），它们面临着类似的困难。表面上，这些增强策略的在场，显示出“更强”的意味，但其实际效果有时却恰恰相反，从他人对说话者的回应就可以看出来。在朗文语料库的最近一项从 1995 年开始的对朋友和家人之间对话的研究中，克里斯汀·普雷希特（2002）确实发现，女性使用其中两种增强形式（*so*+ *形容词*和 *so much*）的比例明显多于男性，但她研究的其他种增强形式（如 *totally* or *really* + 动词或者形容词），在男女使用者的比例上没有显著差异。普雷希特（2008）使用了语料库中更多的语料，发现女性使用 so+ 形容词这一组合的次数更多，而男性使用“许多”和“完全地”这两个词的次数更多。像音调重音一样，这些增强词可以营造出一种积极而热情的讲话姿态。有时确实如此。然而，也有人用它们来定位缺乏“真正”权威的说话者，认为这样的人试图利用增强词，转移人们对其缺乏制度地位或社会声望的注意力。而这样的地位或声望能让“更朴素”的词汇发挥作用。

“强烈的”言辞

最直接的语言使用可能是“强势”语言，即脏话。说脏话被广泛认为是一种非常强烈的情感表达：对特定的人的愤怒，或者只是深深的沮丧，通常表现为对最近目标的愤怒。它被视为一种强有力的语言，有时确实能产生令人印象深刻的效果。脏话也被认为不适合女性与儿童。正如我们在第二章中提到的，有不少证据表明，如今年轻女性大量使用禁忌语（如 Vincent 1982）。而许多男性和部分女性，仍然对从女性口中听到禁忌语，或在男女混合的场合下听到禁忌语感到不适。美国部分地区，仍有法律明文禁止在妇女和儿童面前使用“污言秽语”。1999 年夏天，密歇根州一名男性就因触犯了这条法律而被起诉和定罪。

莱考夫等学者认为，说脏话的性别特权剥夺了女性所需要的资源。在许多情形中，女性说脏话与男性说脏话会造成不同的结果。认识到这种差异，在一定程度上，导致一些女性转而寻求禁忌话语的替代方式。像“噢，胡扯！”这样的委婉语（萨莉的一位学生表示，她的母亲会在非常沮丧和愤怒的时候会这样说）在他人听来也许非常愚蠢，但却可以让使用者得到宣泄，从而避免跨入禁忌语打开的危险舞台。普雷希特（2008）发现，从统计数据看，脏话使用的差异非常显著。男性使用“该死（damn）”、“家伙（dude）”、“操（fuck）”、“见鬼（hell）”和“妈的（shit）”的次数明显多于女性，女性使用“天啊（gosh）”的次数也
163 明显多于男性。但普雷希特强调，事实上女性也使用了“更强势的”语言形式，而且她们使用的方式与男性大致相同。迈克·瑟尔沃尔（Mike Thelwall 2008）报告称，在英国年轻人中，聚友网（MySpace）主页上“强势语言”的使用基本上没有性别的差异，而在美国这一群体中，男性仍然处于领先地位。

愤怒是男性最常见和最被容忍的情绪（在某些情况下甚至是鼓励）。提高的声音和恶意的辱骂，都是表达愤怒的形式，这会让人们感到害怕，从而起到控制社会的作用。愤怒被认为可以增强人的威慑力，让他人甘受

驱使。愤怒以及某些咒骂之所以有威慑力，也许主要是因为其能够制造恐惧和威胁。当然，愤怒也并不总是令人恐惧的。女性的愤怒经常被重新定位为沮丧或情绪低落的表现，因此被界定为无威慑力的，反而让人觉得她们很脆弱。“你生气的时候真可爱。”然而，女性在表达愤怒时越来越多地使用脏话，这可能意味着一种重新定位，挑战男性的主导地位，并要求获得权威。

脏话可能比它的替代委婉语有着更广泛的使用。除了日常的辱骂，其中许多还涉及禁忌语，像 *fucking* 这样的插入语通常在既无假意愤怒，也无恐吓意图的情况被广泛使用。柯伊伯（Kuiper 1991）和基斯林（1997）都考察了仅有男性的社会场景，这些场景以“脏话”为特色。正如他们及其他一些学者所指出的，这种语言在这些群体中，往往扮演着重要的维持社会关系的角色。它象征着一种共享的自由，标志着他们摆脱了母亲和老师（以女老师为主）的控制。以前，这些人总会对脏话进行批评。而脏话与愤怒和威胁之间的联系往往仍然是相关的。在游戏中接触脏话有助于人们有效地定位自己，以应对更加棘手的状况。表面上的嬉闹，比如假意讥讽或威胁往往有可能演变成真正的、口头的或其他形式的暴力行为。虽然篮球场上的“脏话”的确是为了威胁对方，但这类威胁是服务于比赛的，球员往往通过这样的方式来宣泄自己“强烈的”情感。最后，正如我们日常所见，脏话大多数都与性别和性能力的隐喻有关，这些隐喻引发了厌恶女性和恐惧同性恋的态度和行为。毫无疑问，这些脏话给反对上述态度和行为的人们造成了困扰。尽管如此，正如我们在第五章所观察的，开玩笑并不总是直截了当的：即使在带有严重性别歧视和异性恋正统观历史的领域中，也有可能进行巧妙的文字游戏和大量的戏谑行为（参见，例如，Lloyd 2007）。戏谑并不是唯一能与“脏话”联系在一起的正面情绪：双方的性愉悦也可以通过说脏话而获得。

164

第 7 章

常识从何而来又隐藏于何处

20 世纪 70 年代初，一些女权主义者都在讲述这样一个故事：

> 暴雨中，一名男子和他年幼的儿子，正开车行驶在陡峭的山路上。在一个急弯处，汽车失控，男子和儿子从护栏边跌落。最终，男子不幸逝世，而他的儿子虽身受重伤，尚在呼吸。男孩被迅速送往附近的医院进行救治。那里的主治医生已经接到紧急手术的警报。当男孩被推进去时，外科医生惊呼道："是我儿子。还是让别人做手术吧。"

许多读者看完这个故事后都会感到困惑，认为逻辑上讲不通。毕竟，男孩的父亲已经死亡。读者无疑已发现，重点是强调外科医生是男性的假设，而没有意识到那名医生其实是一位母亲。

"外科医生"一词指的并不一定是男性。由于"她是一名外科医生"这一说法并不矛盾，所以在大多数语义学理论中，"男性化"并不是外科医生一词词义的固有部分。尽管如此，即使在四十年后，这个词仍然会唤起刻板的男性形象。麦康奈尔-吉内特（2008）将这种与单词有"意义上的"但非语义上的关联称为"概念包袱（conceptual baggage）"。隐蔽的性别和各种各样的性意识形态被装入概念的包袱。它们潜伏在语言使用的密室中，构建着我们对世界的认识，而我们往往没有仔细研究它们。

请注意，除了不把外科医生当成男孩的母亲，我们实际上还有其他的角度去理解开头的故事。一个男孩不一定只拥有一个父亲。他可能是两个同性恋男子的儿子，也可能是养父和生父的儿子。20 世纪 70 年代初，人们在讨论这个故事的时候，甚至都没有想过男孩有两个父亲这种可能性。这完全忽略了一个事实，即父亲和儿子唤起了他们对传统核心家庭的概念包袱。以大部分人的“常识”来看，一个在车祸中失去父亲的儿子便是无父的，即使他们知道男孩不只有一个父亲。“我的父亲”这个短语似乎指的是特定的一个人，但是“我的兄弟”则不然。

亲属关系术语非常有力地唤起了关于家庭和家庭关系的“常识”。西莉亚·基辛格（2005b）分析了病人以外的人给医疗机构打的电话。有时打电话的人会用一些词语来确定病人是家庭成员，比如“我的儿子”“我 165
的丈夫”和“我的女儿”。除此之外，还有“我的男朋友”“我的室友”和“我邻居的妻子”。基辛格发现，亲属关系术语可以阐明各种家庭规范，即预测电话另一端的人将要说什么。将患者确认为家庭成员的来电者，会希望了解患者的病史，或陪同患者进诊疗室，或取走患者的药物。一位女性打电话来说她的孩子病了，这意味着她应该留在家里照顾孩子，即使她还有工作要完成，而且孩子的父亲也在家。对于那些未使用亲属关系来指称患者的人来说，这些假设将不会发生。上述假设在语义上与亲属关系术语无关，但它们是这些词汇所唤起的概念包袱的一部分。表明家庭关系，似乎是允许听话者利用他们对规范家庭的“常识”观点。

常识从何而来？人并不是生来就会假设外科医生是男性，或者儿子只有一个父亲。的确，我们所见的男性外科医生可能比女性外科医生多，而且有多个父亲的孩子相对较少。要理解本章开头的故事，外科医生是一位母亲的设定，似乎比多重父亲更为容易。这有一定的道理，因为父亲有时被理解为等同于亲生父亲，而外科医生不被理解为等同于男性外科医生。注意，有人会说“在亚历克斯还是个婴儿时，她的亲生父亲就去世了”，但是人们不会说“帮小李做手术的是一个女人，不是真正的外科医生”。一个特定个体确实只有一个生父（当然，生育技术可能会在未来改变这种状况。），但是“亚历克斯的父亲”可以很容易地指定亚历克斯的生父以外的人。诚然，一个人只有一个亲生父亲（当然，在未来，生殖技术也许会改变这一点），但是“亚历克斯的父亲”，也很容易让人想到除了她亲生父亲以外的人。只不过我们大部分人都想不到其他可能性：因为由一位父亲和一位母亲组成的常规家庭结构的影响巨大。

常识一旦形成，就很难改变，甚至很难被察觉。因为它会在言行方式中变得极其根深蒂固，以至于隐藏起来。即使人们通过反思自我也难以触及。有趣的是，即使是那些可能有意识地拒绝某些假设的人，也常常在谈话中无意识地使用这些假设。正因如此，这些常识才得以一直留存。部分假设被心理学家称作内隐联想（implicit associations）。劳里・鲁德曼和彼得・格里克（2008: 110），将其特征归纳为“概念之间的常规且下意识的联系，比如社会范畴之间的关系（如：男性）和性格特征之间的关系（如：果断）。”即使是那些有意识地拒绝某些曾经被广泛接受的负面性别、性或种族刻板印象的人，也可能会发现，他们仍在隐晦地将这些负面印象与相关词汇联系在一起。（各种有关隐性联系的测试均可在 www.implicit.harvard.edu 网站获得，也可在此网站参与正在进行的研究。）我们利用概念包袱和预设等概念，来探讨这种隐含联想的话语影响。话语可以
166 强化它们，也可以将它们植入文化的新来者。从某种程度上说，这种联系是隐性的，它们被有效地隐藏起来，免受理性审视。

我们用常识一词指代人们认为理所当然的事情，不管它是否被隐藏，或者（真诚地）在有意识的层面上被否认。我们关于隐性常识的概念，类似于哲学家他玛・绍博・詹德勒（Tamar Szabó Gendler）所说的直觉相信（*alief*），即从本质上自然而然地倾向于按某类方式行事，但在意识层面上这是有问题的。比如，当听到外科医生一词时，脑海中会出现一个男性形象。关于性别和性行为的常识有很多来源，但我们将集中讨论一些主要涉及语言使用的部分。我们的研究对象包括有争议的信息，即在某种意义上，说话者想要交流，而听话者可直接进行质疑的信息；还包括背景信息，即听者基于特定话语或更普遍的话语实践推断出的其他内容，但这些

内容不易被反对，甚至不易被详细阐述。隐喻有时涉及争议性内容，有时也涉及背景信息。因为隐喻以多种方式与性别和性相关的常识交织在一起。我们既不以争论的角度，也不以背景的角度来讨论它，而是从几个不同角度来研究它。我们用一节关于命名的内容来结束这一章。虽然专有名词有时被认为是没意义的，但常识与命名实践会互相影响。

语言的使用有时利用常识，有时帮助创造常识，有时用观点埋葬常识，有时挑战常识。

有争议的信息

有争议的信息包括（字面上）所说的内容、（或多或少）明确的内容，以及（交谈中）暗示的内容，这些隐含的信息意味着需要被识别和找回。

话语表面的信息

人们说什么（字面上的），取决于他们使用的语言代码的语义成分（编码），以及上下文如何影响他们的词汇表达（从语用上确定索引词的值，如我和这里，以及更微妙的上下文相关的表达）。话语可以是女权的、性别歧视的、恐同的或者支持性少数群体的。话语可以报告人们所观察的结果，有些是随机的，有些是系统的，或者根据观察进行概括总结。话语可以明确地提出假设或者推行某种价值观，也可以指挥他人的行动。很容易就能找到大量关于性别、性、性行为的确切声明以及指令："女孩掌管一切。""男孩总归是男孩。""婚姻意味着男人与女人的结合。"这类文本似乎把它们的信息藏在袖子里，以便被几乎所有能流利使用当代美国 167
英语的人解码。然而，考虑到表达上下文敏感性的普遍存在，通常人们的话语内容都需要更加详实。语言意义往往不是完全确定的，听者理解的不一定是说话者想要表达的。当人们谈论女孩时，是否有统计学上的依据？或者只是一个不受支持的刻板印象？它传达了女孩的行为规范吗？只是关于一部分女孩吗？它是否涉及男孩与女孩之间可能出现的重合或者含蓄的对比？如果说话者使用了“我们”或者“这里”等词，听话者就需要弄清楚说话者是谁，以及“我们”和“这里”的中心范围内还包括哪些人。而语言代码（the linguistic code）本身并不能解决这些问题。

当然，正如我们在讨论言语行为时所指出的，无论多么明确的声明都不是在真空中产生或解释的。它是母亲与十岁的儿子的谈话、青少年之间的短信互动、过去数月电视上反复播放的广告、《智族》杂志上某篇文章的一句话、一个中年男人在办公室假期派对上对另一个男人的评论，或者是一个被广泛阅读的博客上的一篇帖子？听话方是否信任说法的来源？它是否被框定为建议、见解、牢骚或者玩笑？如何理解事物以及它们的影响，当然取决于对这些问题的回答，以及相同的信息是否从不同的来源传递给接收者。但像这样有争议的信息确实已经被思考过，并且（或多或少）被理解了。毫无疑问，一个人的常识中，有一部分来源于公开信息，尤其是那些早期的、且经常遇到的信息。

明确的信息，哪怕是新的信息，肯定会产生影响。在第二章，我们提到了刻板印象威胁这一现象。当女性意识到男性在数学考试中的优势、且她们的性别被强调时，她们往往表现得不那么好。不过凯瑟琳·古德（Catherine Good）和她的同事（2008）发现，如果明确地告诉女性，在即将参加的数学测试中没有发现性别差异，她们会表现得更好。好消息是：明确否认负面的刻板印象可以显著减轻其破坏性影响。

但是明确信息，即被说出来的，往往只是故事的一部分，而且可能不是主体部分。

会话含义

一些隐含的信息是说话者的意思的一部分。而且很重要的是，这些信息是开放的，在进一步讨论的意义上是有争议的。哲学家保罗·格赖斯（1989）分析了他所说的会话含义。这些含义不属于已编码的含义，甚至不属于更具体的上下文内容。但在格赖斯看来，它们往往是说话者 / 话语生产者的意思的一部分。意义虽不明晰，但也没有隐藏：说话者希望听话者能够辨别所涉及的（或者更简单地说，暗指的）内容。间接请求，是一 168
个常见的关于理解含义的例子。当一位丈夫问他的妻子："维拉，有番茄酱吗？"他的意图是想让妻子把番茄酱拿给他。这位丈夫通过暗示，而不是明说的方法，来"表示"该指示。这个例子是黛博拉·卡梅伦（1992）论证中的一个核心部分。她认为间接请求不仅不超出男性的能力范围，而且常常被人们用来向那些他们认为有义务去履行的人提出请求。然而，这种间接性仅仅是这幅含蓄图景的一小部分。

隐含的意思可以简单地增加到所说的内容中[1]。"男孩总是男孩"，这句话表面上看含义并不丰富。但是，这通常意味着以一种轻松愉快的方式摒弃了男孩们（或成年男人）轻率行事的问题。这些问题是基于对此类行为的"自然性"或"必然性"的假设。在这类情况中，说话者的确切意思有点模糊，但大意是清楚的。

话语中暗含的意思也可能改变话语的倾向性，甚至与之相矛盾。一封只写着"她是一个可爱的人"，但没有讨论她与工作相关的技能和成就的推荐信，实际上大致等同于表示候选人不适合这份工作。写这样一封空洞的信的人，并非不能够预料到，这将扼杀申请人的机会——因为消极评价才是真的含义。我们再来看看名褒实贬（*daming with faint praise*）一词。该词指的是在一定情境中，某种程度的赞赏是可以预期的，而如果缺乏这种情境，则会变成负面的评价。

讽刺和讥讽往往暗示与所表达的内容相反。一位母亲发现自己十几岁的女儿未婚先孕了。她可能会说"你可真是做了件明智的事"，但其实是在暗示怀孕很愚蠢（也许还暗示女儿要为这件不明智的事情承担主要责任，而不是她的男伴）。一个开玩笑的人，也常常暗含与他们所表达的非常不同的东西（尽管有时他们的主要目标是娱乐而不是交流）。

对某位听话者公开暗示的寓意，对他人则可能是隐藏的。例如，当着旁观者的面，说话者对听话者说“你做得很好”，而旁观者其实明白说话者对听话者的工作评价很差。说话者对明确的听话者传递不真诚的信息，部分是为了向旁观者暗示对该听话者的蔑视。只有旁观者被允许接收到说话者的讽刺寓意：听话者则应该认为说话者是真心实意的，不自觉地就落入了说话者所设的陷阱中，从而进一步证实了说话者的低评价。

所谓同志雷达（gaydar），即男同性恋者和女同性恋者，在不公开谈论性取向的情况下就能认出对方的能力，很大程度上依赖一种暗示，这种暗示只对积极思考说话者可能不是异性恋者的群体有效。一位女性可以说，“我目前没和任何男人约会”。通过这一表达，她暗示很多听话者，她根本没有约会。但同时又向那些持有同性欲望的群体暗示，她可能参与
169 其中，而且至少对与其他女性约会持开放态度。A. C. 梁（1999）对这类例子进行了讨论。他指出，对于不同的听话者来说，不同的话语可能有不同的含义。这可以帮助男同性恋者和女同性恋者根据具体情况向外表明自己的身份。他们能够选择性地透露自己的性取向，只对那些已经倾向于肯定同性恋的听话者，说一些暗示性取向的话。请注意，如果“男人”这一词上有重音——“我最近没跟**男人**约会”——那么就会有一个编码信号强烈地指向说话者正在和一位或多位女性约会。当然，那些真正被异性恋假定所束缚的人，那些因为常识而无视同性恋情的人，可能根本没有留意到此类编码——或者只是因此而感到困惑。

背景信息

背景信息通常并不是由说话者来传达的，而是由听话者从话语中推断出来的，有时是从更完整的话语历史中推断出来的：背景信息由话语激发，但它们通常不是说话者意思的一部分。我们将考虑包含假设的背景信息，然后考虑角色和责任分配（比如，主语-宾语和主动-被动等语法选择）。

背景信息往往是在不知情的情况下传达的。在某种意义上，其中一些可能是由语言生产者负责的，有些不是。它们通常也有些不确定、模糊或不明确。

预设

有时说话者预设的信息，并不是他们所说的或暗示的内容的一部分，但必须假定这些信息是有意义的。预设常常被说话者和听话者所忽视。尽管如此，与概念包袱相反，语言惯例和话语惯例使预设成为说话者必须承担的责任（如果它们被指出来）。

老师跟同事谈起一位学生。这名学生的考试成绩远远低于在家庭作业和课堂上的表现。以至于老师认为，在压力重重的考试环境中缺乏自信可能比学习能力更值得关注。这位同事说："你建议她参加模拟考试吗？"没有提及学生的性别，但这位同事选择了代词"她"，这说明其预设，理所当然地，指的是女学生。这一点并不是从老师所说的话中推断出来的； 170
相反，这种假设是基于（大部分是隐含的）来自话语实践和性别话语的假设。然而，使用女性代词来预设指称对象的女性特征是一种语言习惯。

对话还在继续。"事实上，"老师回答说，"这个学生是个男生。"这句话明确地挑战了这位同事的推测，或许还含蓄地暗示了对错误假设的基础的批评（如果这位同事知道这位老师可能对性别成见持批评态度）。同事也许会觉得尴尬，并转移话题，因为她意识到，这是基于性别模式的假定飞跃（presumptive leap）。然而，如果老师回答"没有，我还没想过这一点。但等她今天中午来找我时，我会这么建议她。"在这种情况下，假设的内容和基础都不会被注意到。对话中的两人都不需要承认，甚至不需要认识到，学生是女性的假设并非基于交流的细节，而是基于我们熟悉的性别刻板印象，也就是常识。

当然，如果老师注意到了，那么即使假设是准确的，也可以让同事注意到。"我没有说那个学生是女生。你为什么做出这样的假设？"然而，大部分人都不会这么做，除非他们想让对方认识到推论跃越（inferential leap）的可疑性质。由于老师没有对同事的猜测提出异议，这位同事就可以继续自满地认为性别成见只会影响其他“性别歧视者”。老师可能也没意识到自己和同事都接受了这种跃越。在这种情况下，两人关于女性缺乏安全感、在面临压力时无法表现良好的观点会被进一步深化。这类假设会变得更加常识化。像这样的预设往往非常有力，即使预设者会在意识层面真诚地宣告他们是错误的。

请注意，概念包裹（conceptual baggage / CB）与预设（presupposition）之间存在关系，这在导论中已经讨论过。一个表达式所唤起的概念包裹，取决于听者对此的预设和想当然的预想。但是，举例来说，使用“外科医生”一词，并不预设被提及的人是男性。而使用“他”字来指代特定的外科医生，则可以假定被提及的人是男性。概念包裹由听话者打开；这里我们讨论的是说话者或者他们说话方式的预设。但是，更广义的常识的概念与二者都相关。某一表达附带概念包裹的证据体现在听者的反应中。这些反应，显示了他们在听到引发概念包裹的表达后所预设的内容。而这些预设往往是在相当不知情的情况下做出的。

我们不是在诋毁那些背叛其刻板的性别假设和隐匿常识的人。光是倾听自己的心声，已经让人感到羞愧。当我们在写本书的第一版时，在一次电话交谈中，彭尼向萨莉讲述带她生病的猫去看兽医的事情。萨莉问道“他觉得是什么问题？”碰巧，被提及的兽医是一位女性。而且，自 20 世
171 纪 70 年代初开始，美国取消了严格限制女性进入兽医学院的配额，大约 70% 新受训的兽医都是女性。萨莉非常清楚，许多（也许现在是甚至大多数）兽医都是女性。她在言谈中努力减少性别推测，但有时也会出现这种情况。在理解彭尼所使用的“兽医”一词时，萨莉评估了男性兽医的概念包裹；她用代词“他（*he*）”来说明这一点，这个选择（错误地）假定了彭尼所说的兽医是男性。开始观察与倾听，你可能会发现在很多情况下，人们的交流中都会涉及与性别和性有关的预设。

预设本身并不是一件坏事。事实上，这是话语实践中很重要的一部分。如果不能对事物进行预想，没有共同背景，实践社区就无法发挥作用。我们将永远被困在一个没有共同社会历史的陌生人的位置上。不过，预设很少是明晰的，它们总是隐藏起来，并引发许多问题。

女性代词“她”引发的特定预设可以被清晰而简单地表达出来。前提是把实际或者潜在的所指对象归为女性。正如我们所看到的，这种假设本身可能依赖于其他（不言而喻的）区别男性与女性特征的假设。然而，并不是由规定“她”一词的语言惯例导致了关于男女之间如何不同的假设。相反，这种假设通常被用来支撑性别归属，从而确定代词的选择。要谈论具体某个人，而不首先询问这个人的性别（或者有一个性别特定的名字作为指导），那么英语母语者必须使用“他们”一词，尽管这个词按规则来说不合适。因为选择“他”或“她”，都不可避免地会引入性别假设。而如果假设是正确的，又会有助于使它们进一步深化。（然而，人们甚至越来越频繁地用“他们”来指代性别不确定的个体。例如，一个应乘客要求发送旅游行程信息的网站，在给出乘客的姓名和航班时刻表后，说“他们让我们将这份行程发送给您。”）

在婴儿时期被划入一种性别，随后却认为自己属于另一性别的跨性别者，对寻找性别中性代词的替代感到担忧，这是可以理解的。在叙述过程中，代词的变化通常以代词所指定的人称变化为前提。但是，当一位老朋友谈起他们在一所男校读书的共同经历时，就很难用“她”来指代变性前的跨性别女性。在已存在的代词中，“他们”确实是唯一选择：“它”这个词太去人类化了。同样，从“常识”看来，一个人出生时所属的性别就是其终身性别，但这种假设越来越成问题。

“当你结婚后，你得收拾你自己和你丈夫的东西”，这是对一个年轻女孩说的话。据此可推测的是，这个女孩确定要结婚（假设用“如果”，而不用“当”，就不会引起上述推测）。而且这个女孩的结婚对象会是一位男性（通过“丈夫”一词就可以知道）。这个年轻女孩被告知的内容并

不是预设的，而是明确地说，妻子意味着要帮丈夫（以及自己）整理东
172 西。推测和明确的信息都可能成为这个女孩的常识的一部分，但是她的人生导师似乎认为，她只需要整理东西方面的明确信息。毫无疑问，在该导师看来，这个女孩会结婚，而且是和一位男性结婚。当注意到整理并非非做不可，人们更容易对此进行挑战或质疑。

和其他语言一样，在英语中也有很多表示预设的例子，比如“当”和“丈夫”这两个词。它们所预设的内容往往比较容易表达，但导致它们发挥作用的原因可能远远低于人们有意识地注意的水平。

一些表达显示，非常模糊且高度依赖上下文的预设正在形成。这种模糊预设的内容往往很难，甚至是不可能被非常明确地表达出来。常见的例子包括“但是”和“甚至”这样的词。“她是一个漂亮的金发碧眼的女人，但是非常聪明”这句话清楚地表明，说话者假定女性的美貌与智慧之间存在某种对比或紧张关系，尽管这种对比的确切性质没有具体说明。“就连我妈妈也能看懂那本书”，这句话的言下之意是，在我们可能考虑的读者群中，说话者的母亲是最不可能理解这本书的人。不过我们并没有具体说明是谁在被考虑，以及判断理解的可能性的依据是什么。句子结构也能引发一些模糊的预设。“女人和男人一样聪明”，表明男性的智力设定了一个假定的标准，而女性可以（或者不可以）够得上这个标准。而“男性和女性一样聪明”，则暗示了这样一种背景：女人的聪明被认为是衡量男人的标准。

如果有人走进一位女性的办公室，对她说：“我想见老板，”那么说明这个人预设了这位女性不是（不被认为是）老板。如果有人对由大量陌生人组成的群体说，“假装你们是同性恋”，这个人实际上预设了这一群体全部都是异性恋者。

我们常常甚至都没有注意到自己使用了“但是”或“甚至”，或其他的表达方式来触发某种预设。也就是说，这些表达方式的选择，往往极难注意到其意义的预设方面。甚至是那些可能明确地（而且的确是真诚地）否认某些类型的假设的人，也可能无意中通过他们所说的话中所包含的预

设揭示出这些假设的运作。"我的男朋友很矮，但我真的很爱他"，这句话反映出，在某种程度上，说话者觉得较矮的身高会影响男友的可爱程度。在使用"但是"这个词的时候，说话者的男友似乎在某种程度上克服了身高的不足。然而，如果有人指出"但是"一词所隐含的预设含义，说话者也许会感到非常尴尬。

当人们谈论性这一话题时，往往会将它预设为异性恋的欲望和行为，这再次强化了对普遍异性恋的假设。要问两个人是否做过这件事，是否一直在做，或是否发生过性行为，通常是预设其中一人有阴茎，另一人有阴道，而这个问题的答案取决于是否发生了插入（甚至可能是射精）行为。
请注意，这种假设不仅忽略了同性之间的性行为，而且忽略了所有其他方 173
式的性行为。只有双方都具备生育能力，并且不采取避孕措施，可能导致生育的行为除外。美国前总统比尔·克林顿表示，他没有（"严格来说"）和莫妮卡·莱温斯基发生性行为时，似乎就是基于上述假设。当然，即使是"严格来说"，也没有其他的表述方式可以让他摆脱困境。他确实与莱温斯基发生过性行为，因为他承认与她发生了口交行为。然而，与阴道插入相比，口交似乎越来越被视为相当随意的事情。

珍妮斯·莫尔顿（1981）表示，人们普遍认为阴茎的插入是性行为中最重要的部分，这使得男性高潮本质上成为（异性恋）性活动中决定性的部分，而女性性高潮在异性性行为中被视为潜在的但无关紧要的伴随物。当然，也有些关于性欲望和性行为的说法中并没有这样的前提。但是因为对规范的性有如此强烈的文化假设，关于性的交流通常倾向于加强而不是挑战正统规范。

有些预设并不是由话语内容来表示的，而是由话语的对象来表示。美国税务局（Internal Revenue Service）的一名代表采访一对男女夫妻，采访内容与纳税单有关。他把所有问题都抛给了男人，而忽略了女人。而家里来了客人则会称赞女人，刚刚吃的食物很美味或者窗帘很漂亮。在这类例子中，形成某种性别成见的不是话语的内容或者形式，而是话语的目标对象。而且，如果这种成见变得合理，不被挑战，它们将变得更为理所当然：男主人负责家庭财务，而女主人则处理家庭事务，比如食物和家居装饰。

当人们使用语言时，是话语实践而不是语言惯例最终引发了许多（也许是大部分）性别和性行为方面成问题的预设。同时，在话语实践过程中，改变语言使用的方式有助于揭露，甚至是移除有问题的推测。

分配角色和职责

人们谈论婚姻的方式说明了常识信息背后的另一种方式。倾向于说"约翰娶了玛丽"或"玛丽嫁给了约翰"，而不是"玛丽和约翰结婚了"，意味着异性婚姻被视为性别不对称的倾向的存在。就"约翰娶了玛丽"比"玛丽嫁给了约翰"的说法更普遍而言，男人在婚姻中的作用比女人可能行使的任何作用都更为重要（还要考虑到男性向女性求婚这一仍然常见，但绝非普遍的习俗）。在两性关系中，男性被描绘成积极参与者而女性则是被动的接受者。

174 正如第三章中所讨论的，语言能够描述多个参与者承担不同角色的场景，并为正在发生的事情分配不同的责任。语言中的词序和词形变化可以用来表示语言学家所谓的论元结构（*argument structure*）：谁在所描述的情境中扮演着什么角色。还有其他情形——例如，用语言区分主动和被动语态——用于表示谁正在做什么。主动形式的"金姆扇了李一巴掌"代表金姆是进行了扇这个动作的人，李是被打的人。而被动形式的"金姆被李扇了一巴掌"，角色则发生了扭转。（下面我们将会看到某些修饰语的重要性——例如，"致命的沉默，"将死亡归咎于某人的沉默或不作为。）

男性主动，女性被动，这样的刻板印象是如此熟悉。所以常识预言，语言学研究将会发现男人和男孩是实干者的代表，而女人和女孩则是经验的代表。正如我们在下面看到的，很多人都被言中。但是研究性暴力的表现形式，揭示出了更为复杂的情形。在某些情况下，我们推测男性应该是行动者和负责任的主体，但他们却消失了。凯特·克拉克（Kate Clark 1992）研究了英国报纸上关于男性对妇女或女孩施暴的报道，并指出在某些情况下很难找到男性肇事者。她引用了 1986 年 12 月 12 日英国发行量很大的《太阳报》上的一篇报道的标题和开头句。

> **七岁的小女孩被杀　　而她的妈妈在酒吧喝酒**
>
> 小妮可拉·斯宾塞（Nicola Spencer）在她家卧室被勒死——而她的妈妈却在当地的酒吧喝酒、打台球。

我们没有看到勒死人的凶手。喝酒的母亲几乎抹去了他所犯下的罪。在另一份关于约翰·斯蒂德的报道中，他因强奸三名女子、杀死一名女子而四次被判处无期徒刑。但是《太阳报》焦点却不在斯蒂德的罪行，而是聚焦于他生命中关于女性的行为，或是缺乏女性陪伴的事情上面。下面的标题似乎把他的罪行归咎于他的女友莎伦·鲍威尔，因为她没有把他的罪行告诉警察。

> 莎伦的致命沉默【标题】
> 情人掩护伤害 4 人的性恶魔【副标题】

正如第一个标题所示，修饰词“致命的”也分担了罪犯的责任。在这种情况下，莎伦的沉默被定性为致命的，应为恐怖和杀戮负责。而约翰的攻击根本没有被明确地提及（尽管被“性恶魔”的标签唤起）。

虽然致命的一词分配了责任，而一些修饰语则取代了或减少了责任。英美法律将强奸定义为非自愿的性接触。但在所谓的法定强奸中，缺乏（有意义的）同意的原因是一方当事人未到法定年龄。因此，一些被控犯有法定强奸罪的人通常被认为是经过另一方（年轻）的同意的情况下采取
行动的，甚至可能是接受年轻一方的性暗示，因此至少免除了他们之间发 175
生的性行为的部分责任。这里的性别中立语言具有误导性：绝大部分法定

强奸是成年男性与未成年女性发生性关系的问题。调查显示，1999年《纽约时报》档案中关于“法定强奸”的案例只有一例女性犯罪者，即广泛报道的教师玛丽·凯·勒图尔勒与一名十几岁的男学生发生性关系（关系开始时该男生13岁）。特别有趣的是，关于这一事件《纽约时报》的其他七篇报道根本没有使用“法定强奸”，而是讲述了她强奸儿童，以及她对男孩的“剥削”，并强调男孩的年幼和脆弱。这八篇报道与另外八个有关成年男性（其中大多数也在学校工作）和年轻得多的女性的报道形成了鲜明对比。“法定强奸”一词在讨论涉及成年男子的案件时被多次使用，通常出现在标题和报道开头，文章其他地方也会反复出现。

与勒图尔勒案件的报道相反，其他案件中的年轻女性当事人很少被呈现为受害者，而更多的是被描述为自愿与成年男性约会、发生性关系或建立关系。“奸淫儿童”一词没有出现在任何涉及成年男性的报道中。在勒图尔勒案中，年轻男性一方通常被称为男孩，偶尔被称为学生，但从未被称为年轻男性。相比之下，年轻女性受害者则主要被称为学生，有时被称为年轻女性（年龄分别为13岁和15岁），很少被称为女孩。鉴于女性仍被称为女孩的年龄比男性仍被称为男孩的年龄要大得多，这类案件中男性和女性在指称上的对比尤为发人深省。一家“受人尊敬的”报纸的此类对比模式淡化了男性对跨代性接触的责任，同时突出了女性的责任。这种强调不仅发生在女性是（适当的）负责任的成年人的情况下（同类男性罪犯，更容易以［仅仅］是法定强奸犯的罪名脱身），也发生在女性实际上是弱势儿童的情况下（在与异性成年人发生关系时，比起处于同样情况的男生，她们更有可能要负部分责任——更多耸人听闻的报纸有时会称她们为洛丽塔）②。同样，有吸引力的未成年女性在美式英语中经常被称为祸水妞。

根据约克大学（加拿大多伦多）关于性骚扰的纪律听证会，和加拿大法院一起针对同一被告的两项性侵犯指控的一项详细研究，苏珊·埃利希（Susan Ehrlich 2001）展示了性别意识形态是如何在性侵犯审判中构建并帮助塑造性别身份和责任的。她在第 3 章中展示了被告如何通过她所谓的“无施事语法（grammar of non-agency）”来展现自己，这种语法充分地掩盖了他应承担的责任。其中一种策略暗示双方是共同参与的：“我们开始接吻，”“我们在亲热。”他还使用了埃利希所称的“爱的语言”，强调相互性和温柔，而不是原告所称的暴力行径：当她说“他抓住了我的头发，” 176
他却说，“是的，我在抚摸她的头发。”当明确询问他是否做了特定的事情时，他频繁地回答“可能吧。我不记得了。”

无施事被动（agentless passives）是逃避责任的另一策略，“我们的裤子被解开了”，“我们的裤子被脱掉了。”频繁的无施事被动策略遮蔽了决策过程：“……被同意”“……被决定”“事实是……”，大学律师一度指出被告遗漏了人称。当问及他是否说了被控告的话时，这位被告说，“这些话可能在某时……嗯……被说过。”律师：“是你说的吗？”被告：“请再说一遍？”律师：“是你说过这些话吗？”被告：“是的。”众所周知，无施事被动是在法庭上陈述背景的一种手段（Philips 1984）。巴勃罗·伍德卡-罗伯斯（Pablo Wudka-Robles 2012）曾在最高法院法官的演讲中记录过这种用法，当时法官就他们最终支持的一个问题询问律师。

约克大学的被告也将性行为阐述为刚刚发生的，没有负责任主体的事件。“一切开始升温，”“变得越来越有性意味，”“事情进一步发展。”不仅被告及其律师，法官也认为男性的性冲动是一种外在的力量，是（实际上）不可抗拒的，由女性的“挑逗”引发。所以男性的责任被最小化了。不仅男性被告自己努力将责任降至最低，而且在很大程度上，裁决者也支持这种责任的最小化。

性接触的责任分配模式远比这个简短的讨论要复杂。在美国，一名黑人男子比一名白人男子更有可能因为与声称自己不同意的女性发生明显的强迫性行为，而被判承担全责。白人男子史密斯和黑人拳击手迈克·泰森（Mike Tyson）都被女性指控强奸，她们承认自愿在深夜陪同男方去私人场所。泰森因强奸罪被判刑，而史密斯则被无罪释放。而且，正如克拉克（1992）所指出的那样，“受人尊敬”的女性因已婚、特别年轻或年老，而被视为在性方面不可得的女性比那些经常被评判为放荡或滥交的女性，更有可能在强奸案中免于承担责任（这种判断也常常受到种族和阶级的影响。）

埃利希（2007）进一步探讨了异性交往中主体（agency）和责任的概念的复杂性。她研究了一个案件的一系列司法判决。在这个案件中，下级法院认为原告含蓄地同意了性行为，尽管他们接受了她关于自己曾三次对性行为说“不”，并称害怕被告的相关陈述。然而，最高法院提出了异议：“默认同意的问题不应该出现……这个错误不是事实结果，而是来自神秘的假设（*mythical assumptions*）。这否定了女性的性自主权，并暗示
177 女性一直处于同意性行为的状态”（引自 Ehrlich 2007: 470）。根据最高法院的说法，下级法院不恰当地运用常识性假设，即“基于不恰当的迷思（myth）和刻板印象。”这里争论的是“同意”的含义。埃利希和法院指出，关于女性在性方面是被动的、而非独立的性主体的常识剥夺了她们主动选择是否同意的权利，并且将强迫变相为“默示同意”。

在庭审中使用被动语态突出了语法产生和再现性别话语的可能性，这在各个阶层无时无刻不在发生。通过观察语法角色（谁是施事，谁是受事）以及动词类别（“跑”或“打”和“看”），莫妮卡·麦考利和科林·布莱斯（Monica Macaulay & Colleen Brice 1997）发现，在 20 世纪 90 年代的语法文本中存在着一个明显的统计上的倾向，即将男性视为积极的实施者，而女性往往是男性行为的被动接受者或旁观者。麦考利和布莱斯指出，类似的结果出现在 1970 年代关于小学教科书的研究中。总体上，小学教科书中同样有更多的男性角色。但 1980 年代末的后续研究提出应摆脱这种性别不对称的教科书。更令人惊讶的是，这些不对称似乎在大多数语法文本中都存在[3]。

我们找到的研究的确表明，儿童（或成人）的流行文学仍然强调男性角色及其活动（参见 Hamilton 等 2006）。尽管它们很精彩，但是苏斯博

士（Dr. Seuss）的作品中，没有一本书突出女性角色（尽管不是所有的苏斯博士笔下的角色都有明显的性别特征）。在本书作者佩内洛普幼时，她会偷哥哥的书看，因为书中男性角色所做的有趣的事情，比“女孩”书籍中女性角色做得更多。《哈利·波特》系列小说中有大量有趣的男性人物，他们有时与邪恶势力战斗，有时又支持邪恶势力。与此同时，书中也有一些有影响力和分量的女性角色（赫敏和麦格教授的‘正面性’尤为凸显，贝拉特里克斯·莱斯特兰奇和多洛雷斯·乌姆里奇则是反派代表角色）。长期以来，在儿童文学及成人文学中，一直存在着反对把焦点放在男性和男孩身上的逆流。尽管路易莎·梅·阿尔科特（Louisa May Alcott）笔下的乔·彭妮（Jo Penny）最终结婚并成为母亲和家庭主妇，但她积极投入生活，不仅仅是男性成就的旁观者。最近涌现出许多描写冒险女孩的作品，艾莉森·卢里（Alison Lurie）的作品集《现代童话故事》（*Modern Fairy Tales*）和罗伯特·蒙克（Robert Munsch）的《纸袋公主》（*The Paper-Bag Princess*），只是年轻读者近期读到的许多类似作品中的几部。

然而，在现实生活中一样，书中的女孩角色似乎比男孩更容易打破性别常规。迪克曼和默登（Diekman & Murnen 2004）发现，被教育者归类为“无性别歧视”的书籍确实展现了爱冒险、机智而勇敢的女孩。但它们却并未描写性格温柔或喜欢做家务的男孩。艾文斯和戴维斯（Evans & Davies 2000）说得更直白，他们将对小学读者的内容分析命名为“这里没有娘娘腔的男孩”。虽然可能很少，但在流行儿童故事中，有一些男孩不符合标准的男性刻板印象：例如，杰夫·金尼（Jeff Kinney）的非常受欢迎的《小男孩日记》（*Diary of a Wimpy Kid*）系列，故事主人公杰夫·金 178
尼既不强悍也不酷。也许不是“娘娘腔”，但……针对青少年读者的小说展现了更广泛的可能性，尽管它们并不像必读的教科书那样被广泛阅读。

从我们青少年阶段开始，成人小说类型已经发生了变化。例如，现在看侦探小说的读者知道，苏·格拉夫顿（Sue Grafton）笔下的金赛·米尔霍恩（Kinsey Milhone）、莎拉·派瑞斯基（Sara Paretsky）笔下的 V. I. 华沙夫斯基（V. I.Warshawsky）、玛格丽特·马伦（Margaret Maron）笔下的黛博拉·诺特（Deborah Knott），以及其他许多女性侦探，她们都是一次又一次地把事情掌控在自己手中。（金赛和华沙夫斯基经常挨打，但总能获胜。）尽管关于女孩和女性行动的语境越来越多，但很少有人能完全摆脱强调男性主动性的话语模式。女孩和女人往往喜欢以男孩和男人为主角的书，而且能与男主人公产生共鸣，相反，对于男性却不是这样。在上世纪 90 年代末的一段电视剪辑中，一位美国男性体育英雄现身一家图书馆，致力于鼓励孩子们读书。一个小男孩给这位体育明星看他选的书时被告知："哦，你不会想看这本书的——这是关于一个女孩的；我们来找本更好的。"男人是实践者，女人是行为的对象，这是常识，尽管现在大部分都被掩盖了。

隐喻

隐喻可以利用关于性别和性的常识，或者帮助创造和维持它。事实上，哲学家玛里琳·弗莱（Marilyn Frye 1996: 43）认为女权主义的核心是"重新隐喻（remetaphor）"我们的世界。富有成效的隐喻可以在加深我们对自己和我们所生活的社区的理解、重塑常识方面发挥重要作用。此外，隐喻性表达还与性别和性行为交织在一起，不仅影响着常识的定义，还影响其来源。那么什么是隐喻呢？

隐喻是通过使用与一个场域（field）紧密相关的语言表达来映射另一个场域。例如用棒球运动来谈论另一个场域，如（异性）性关系："得分""出局""上一垒""本垒打"。但隐喻不仅是语言表达。传统意义上来说，性关系被称为这种隐喻的要旨（*tenor*），或者更通俗地说，话题或主题，而运动为这种话语提供了一种载体。认知语言学中隐喻研究（参见，例如，Lakoff & Johnson 1980; Lakoff 1987）谈到目标域、性和源域：体育提供了表达的资源。我们被邀请通过棒球运动的视角来看待男性对女性的性追求，这是一个有赢家也有输家的竞争游戏。当常识认为异性恋活动是为了男性的利益而牺牲女性的利益时，这很容易做到。

隐喻通常涉及使用一个主要与某领域相关联的标签来标记另一领域的
某些内容，例如，用得分（*score*）来标记发生性行为（或类似的事情），179
但它们不仅仅是关于标签。除了把源域中某些确定的、老生常谈的东西投射到一个主题上——例如，运动中双方队伍是竞争关系，得分是令人向往的，但前提是克服困难和排除阻力，得分也意味着赢家获利，输家损利。还有，一般来说，至少源域里各部分之间的潜在关系也有可能投射到目标域——例如，出局甚至让你连一垒都进不了，而一垒是最终得分的最低要求，全垒打则是最快、最好的得分方式。类似于从源域（元素）到目标域（元素）的映射，但是域在概念上（通常是语言上）连接的方式，很少像映射的数学概念所显示的那样简单。（参见，例如，Fauconnier & Turner 2002 的讨论，以及 Koller 2004a 的开篇章节。）

虽然我们经常说到某个词或短语的隐喻解释，但隐喻还可以扩展到实际的文本。例如，谚语或寓言是一种延伸的隐喻，可以促使阐释者对某些话题，如道德或实践智慧（practical wisdom），采取新的观点或重新概念化。常见的隐喻复合体和模式支持广为大众接受的意识形态和社会安排，反过来也得到它们的支持，特别是包括性别和性意识形态关系在内的，即大众化常识的支持。莱考夫和约翰逊强调，隐喻不仅是语言问题，而且是更广泛的概念问题，是一种通过借鉴其他领域发展起来的常识性思维，来思考某些领域的习惯模式的问题。当然，语言是概念隐喻的主要公共信号，关注语言隐喻是非常具有启发作用的。

隐喻的产生和解释过程，及其所涉及的话语理解（discourse uptake）都是至关重要的。话语的焦点引导我们去问，是谁产生了什么样的隐喻、达到了什么样的效果。维罗尼卡·科勒（Veronika Koller）在商业和政治等领域对性别和隐喻的研究（参见，例如，Koller 2004a，2004b; 以及 Koller & Semino 2009），强调了将隐喻运用于话语实践的重要性，并将计算机辅助的定量分析与定性分析相结合。上述两个领域在传统上都是男性化的领域，但女性已经开始涉足其中。科勒既研究了性别和性如何成为商业媒体话语的来源，也研究了商界女性如何经常利用颇为男性化的军国主义话语，将自己定位为企业实践团体的正式成员。

凯瑟琳·艾伦斯（Kathleen Ahrens 2009）也强调了调查大型语料库，以及详细分析特定文本片段的益处。她注意到自二十一世纪起，越来越多的女性正式参政。她收集了一些学者的分析，他们重点关注女性和男性政治家使用隐喻的（潜在）对比，以及对政治女性（如 Hilary Clinton）和性别平等的隐喻性讨论。与商界女性一样，政治女性可以，且确实从“男性
180 化”领域，如战争中汲取隐喻，就像政治男性可以，也确实从“女性化”领域，如家庭中汲取隐喻一样。当然，性别隐喻也可以用来攻击像希拉里这样的政治女性。毫不奇怪，隐喻和性别的相互作用呈现了一个非常复杂的画面，米歇尔·拉扎尔（Michele Lazar）在艾伦斯的作品中生动地展现了这一点。

拉扎尔（2009）不涉及选举，但涉及身体政治。她考察了化妆品和其他旨在“改善”女性身体的广告（例如，水疗和减肥计划）。广告商利用高度男性化的战争话语来谈论女性的身体，并敦促女性“战斗”，正如一则广告所宣称的，为了“拥有完美身体的权利”而战斗（p. 218）。各式各样的美容机构提供武器和策略，并敦促女性与敌人，即她们自己的身体，进行战斗。谈论女性的“权利”是对女权主义情感的一种认可，但与此同时，人们也认为，女性会在美容“战争”中充当尽职的步兵，听从业界“专家”设定的目标，并制定实现目标的策略。消费被证明是关键：女战士必须购买正确的药品、饮食计划或整形手术才能在美容大战中取得进展。

拉扎尔的重点是女性的身体变成了战场。但近年来，男性也被告知，他们应该“对抗”赘肉，体味和其他令人讨厌的身体“敌人”，他们需要付出金钱才能成功。毕竟，这些行业看到了更广阔的市场。通常情况下，

男性的自我改善是基于卫生或健康方面的，而不是漂亮的外表。然而，对于女性和男性来说，为了使潜在（异性）性伴侣满意，购买各种用于身体的产品通常是必要的。在这个领域，消费主义与性别和性紧密交织在一起，隐喻在不断演变的话语中起着关键作用。广告通常是检验隐喻与性别和性的关系的沃土。

接下来，我们将探讨性别和性作为源域、目标域和隐喻制造者的关系来讨论隐喻。与此同时，像拉扎尔这样的工作表明，这样的方案并不容易容纳我们在思考性别和性在隐喻中如何体现时可能要考虑的一切。它也没有公正地对待我们在实际论述实践中所发现的复杂的相互作用。我们试图指出其中的一些复杂性，并敦促读者不要满足于过于简单的分析。

性 / 性别作为隐喻的来源

性和性别作为隐喻的载体或源域被广泛使用，不仅适用于讲英语的人，也适用于讲其他多种语言的人。海伦 · 黑斯特（Helen Haste 1994）认为，她所谓的“性隐喻”是维持支撑男性占主导地位的性别体系的核心。她所谓的“性隐喻”是指一种显著的倾向：它使用男女差异的概念来组织谈话和思考无数其他对比。例如，艺术与科学、生物学与物理学、功 181
能与形式、定性与定量、诗歌与数学、元音与辅音、和平与战争、自然与文明、情感与理性、柔软与坚硬以及肉体与精神。不同的语言有不同的受欢迎的说话方式，它们利用了最重要的性隐喻：DIFFERENCE IS SEXUAL DIFFERENCE.（差异就是性别差异。）（George Lakoff & Mark Johnson 1980 使用小型的大写字母来表示一种大致的“目标域是源域”的连接。）性别分类被强制运用于其他领域的分类中。除了一般的性隐喻方面的差异，性和性别还可以作为隐喻来源来谈论各种各样的话题。

在思考和谈论不同形式的独立实体之间的联合时，性关系（通常表现为异性恋）和婚姻经常被提及。例如，维罗尼卡 · 科勒（2004a）发现，企业并购经常被称为配对，包括由“接管”公司发起的“求爱”，而被接管的公司可能并不愿意，但最终还是要被收购或被“结婚”。在这个过程中，会产生“追求者”“鲜花”“性感”的欲望对象等用语。正如我们将在下一节中看到的那样，在讨论异性恋关系时，暴力往往隐藏在表面之下。毫不奇怪，男性对女性的求爱通常表现为战争般的攻击和追求。在隐喻性的商业媒体关于并购的讨论中，也存在这样的关联。这种现象之所以产生的部分原因，可能是由于战争 / 战斗话语作为商业媒体的来源领域是广泛存在的。但它在并购文献中出现的频率是由异性恋与男性暴力的密切关联所支持的。然而，这两个源域虽有时看上去是分开的，但却是合起来使用，如下文所示：

> 德国电信的罗恩·索默曾是德国的电话垄断企业。他开玩笑说，电信行业的追求者现在需要丰厚的支票簿和一束鲜花。如果献殷勤被拒绝呢？丢掉鲜花，把坦克叫来。（引自 Koller 2004a: 137）

“奉子成婚（shotgun wedding）”这个词被用来形容一些麻烦的公司兼并。没有用 RAPE（强奸）的隐喻来描述敌意接管，而是切换到 WAR/FIGHT（战争 / 战斗）话语。尽管如此，“失败”的公司绝大多数都被概念化为女性。而在谈论许多其他类型实体的损害与失败时，强奸确实是一种源域。（一家公司的胜利可能代表着另一家公司被“强奸”。）

生育和其他生育过程为智力发现和发明隐喻提供了丰富的材料。一个“意味深长（pregnant）”的停顿（正如门多萨–丹顿 1995 年那篇文章的标题所示）表明，这种停顿可能正在为一种特别值得注意的思想及其表达铺平道路。伊娃·费德·基蒂（Eva Feder Kittay 1988）提醒我们，柏拉图把（男性）哲学家称为助产士，他们带来了新的想法。她还提到了一些诸如男性启蒙仪式（male initiation rites）的活动。在这种仪式中，男
182 人“生育”男孩，是为了把他们变成男人。生育的隐喻有时把主要的创造能力放在父亲的角色上，使母亲的贡献仅仅是保护婴儿。卡罗尔·科恩

（Carol Cohn 1987）引用物理学家汉斯·贝特（Hans Bethe）的话说："[斯坦尼斯劳] 乌兰（Stanislaw Ulam）是氢弹之父，爱德华 [特勒]（Edward [Teller]）是氢弹之母，因为他带着宝宝很长一段时间。"（p. 700，n. 27）。

母亲并不总是被比喻为主要事件的附属角色，但确实存在一些持续的话语实践，让父亲在生育中扮演主要角色。这种做法有着悠久的历史。英语单词开创性的（*seminal*，本意为"精子的"）最初源于男性在生殖上的作用的隐喻说法。大多数人在处理这个比喻时，完全没有提到精液在生育过程中所扮演的角色。在这个意义上来说，这个比喻已经死亡，但近年来，它至少在一定程度上又复活了。一些女权主义者认识到它的历史无疑是建立在话语假设的基础上的，即精子的提供者才是对创造新生命起重要作用的人，但这一词语的继续使用让她们感到不适。意识到 seminal 这个词的历史是有问题的，她们重新想起了这个隐喻。有人建议用"卵子的（*ovular*）"作为以女性为中心的替换词，用"胚种的（*germinal*）"或"生殖的（*generative*）"作为偏中性的替换词。同时，还有一些女权主义者，希望用"开创性的（*seminal*）"一词来定义那些在某个领域做出开创性贡献的女性的作品，以便向更广大的群体来突显这些成就。她们认为，用新的词语替代常用且带有褒扬意味的"开创性的（*seminal*）"，可以削弱或者模糊这一信息。她们认为这个词已经超越了历史，大多数语言使用者都没有意识到，这个词的词源是精子。"开创性的（*seminal*）"是一个很好的例子，这个词今天在不同的实践社区中，发挥着非常不同的作用。

性 / 性别（男人和女人）作为隐喻的话题

我们以棒球术语作为（异性恋）性关系主题的源域为例，开始讨论隐喻。注意，尽管一个女性可能会说"我跟他没有上一垒"（当然在这种情况下，隐喻的目标很可能不是性关系），她不太可能将自己与某个男人的性关系描述为"得分"（也许现在她会这么做，如果这位男士毫无疑问是令人艳羡的，而且是求之不得的）。这种用法上的不对等只是英语中关于

（异性）性关系隐喻的普遍趋势的一个例子：这些隐喻通常是“死的”，但是仍然可以（重新）解释，通常呈现出男性主动征服或伤害女性的画面。罗伯特·贝克（Robert Baker 1975）举了几个例子，其中有螺钉，猛击，和驼峰（*screw*，*bang*，*hump*），他指出这些词通常在男性作为主体，而女性作为客体时出现。例如，螺钉这个词暗示着力量，且螺钉插入的螺钉木会对受动者造成损害，也就是“被破坏了”，就像斯蒂芬妮·罗斯（1981）所指出的那样。螺钉所包含的对受动者造成伤害的潜在意义，使得该词还可以在性之外的语境中使用：*he's been screwed* 意味着他惨遭虐
183 待。也许 *screw* 的这种用法直接取自性源域而不是建筑材料。如果是这样，*fuck* 的隐喻也许同样是负面的——“别惹我（don't fuck with me）”或“他们背叛了我。（they fucked me over.）”。

英语中关于异性性行为的隐喻有一种明显的倾向：即对男性力量以及女性作为施暴对象的暗示，但这远非故事的全部。贝克询问过学生们是否会考虑对等地使用某些特殊的词，他们的回答各异。例如，在 1970 年代早期，他在韦恩州立大学的学生，并不认同简和迪克睡了（*Jane laid Dick*）是一种描述事物的方式。而几年之后，随着白人学生和中上阶层学生人数越来越多，受访者确实接受了 *lay* 及其他一些动词的主体是女性。在 1970 年代，贝克的学生认为“我们睡了彼此（we screwed each other）”是不规范的说法，但 2000 年，康奈尔大学的学生发现，尽管“我们睡了彼此（*we screwed each other*）”或者“我们在啪啪啪（*we were screwing*）”这种说法缺少主语，但这种平等的说法更为人们所接受。有趣的是，有人评论道，如果一个比喻并非源于钉入木头的螺钉，而是源于“鬼混（*screwing around*）”的用法，那么它指的是无忧无虑、没有目标导向的玩要或玩乐。我们不知道这种潜台词究竟是如何发展的，但它可能源于螺钉（*screw*）一词所表达的性交意义，但无须提及螺钉（*screw*）一词本身在性使用方面的隐喻来源。无论如何，这种对异性性行为的相互而有趣的看法，都与原始隐喻相关联的（男性）螺钉转动的画面是截然不同

的。另一个类似的创新用法是：用 *I fucks with that* 来表达‘我喜欢那个’，这是一个基于性源域的积极的隐喻延伸。

安·韦瑟尔和玛莎·沃尔顿（Ann Weatherall & Marsha Walton 1999）记录了一个相似的重塑隐喻：动词敲打（*bang*）和螺钉（*screw*）一样，当代大学生更乐见的平等的使用用法：不是迪克睡了简，而是 Dick and Jane banged（each other）迪克和简睡了（彼此）。谈到敲打（*bang*）的隐喻基础（例如，锤子把钉子敲进木头里），他们研究中的一位新西兰女学生表示，她因“我们昨晚啪啪了（*we were banging last night*）”的用法备受困扰。她非常富有创造力地给了这个隐喻一个全新的解释，她认为是由于激烈又愉悦的床上运动导致了床不停地撞击墙。这个使用方法使重击（banging）不再是一个人对另一个人做出的动作，而是两个人共同产生的结果。自从对 *bang*（敲打）的用法做出改变后，她又可以愉快地使用这个词了。对 *screwing*（拧紧）的重新定义也许促进了它的意思向 *play around*（胡闹）转变，尽管我们没有直接数据支持这种猜想。斯蒂芬妮·罗斯（Stephanie Ross 1981）认为像“*screw*”这样的词之所以会引起人们的反感，是它们的隐喻来源给词语增加了负担：它们传达了对性活动的不平等态度。

米歇尔·艾曼提安（Michele Emantian 1995）指出在许多文化中，“热度（heat）”和“吃东西（eating）”的源域被用来讨论性渴望和性活动。当然英语文化也是其中一个。在英语中，我们会讲“潮热（steamy）”的性 184 爱场面，用“火辣（hot）”或者“燃烧（burning up）”形容爱人。我们说性“饥饿（I'm starved for you）”、性“胃口（appetites）”以及想要“吞食（devour）”对方。这些表达在性别上是对等的，男性和女性都会把对方隐喻为食物，但男性这样谈论女性的频率更高。例如，凯特琳·海恩斯（Caitlin Hines 1999）提供了许多用甜点来谈论女性的隐喻。当代的英语使用者也借用吃东西来谈论男同性恋和女同性恋的性行为。在坦桑尼亚的查加语（Chagga）中，饮食隐喻不仅是描述异性恋活动的一种方式，而且是主要的方式。然而，这些隐喻非常明确地来自异性恋中男性一方的视角，他们想要的女性就是他们想要“品尝”或者“吃掉”的食物。异性恋男性的性快感是根据女性伴侣的“味道”来评价的，她们要么“像蜂蜜一样甜蜜”或者“像馊了的 mbege（隔夜的啤酒）”。艾曼提安强调，查加语中看似相同的概念隐喻，在英语中却截然不同：只有通过查找隐喻在语境中的具体使用，才能够理解它们。

艾米莉·马丁（Emily Martin 1991）详细阐述了在科学治疗受精过程中出现的“浪漫”隐喻，通常会说具有攻击性的精子奋力进入卵子，但科学的事实是，卵子主动吸引精子，因为精子是相当迟钝的。月经、怀孕、分娩、更年期和女性生殖生物学相关的事件一直是英语和许多其他语言中隐喻的主题。艾米莉·马丁（1987）讨论了关于女性独特经历的医学概念和女性谈论这些经历的方式。生物医学文本中，一个突出图像是一个分层组织的交流系统：“卵巢……通过反馈机制，影响由下丘脑-垂体轴编程的表现水平”（引自 Martin：40）。马丁认为，基于这个概念，绝经被视为她所说的“权威体系的崩塌”就不足为奇了（42）。下丘脑发出了“不适当的命令”，而“卵巢没有做出回应”。她指出，医疗机构也经常借用工业生产的框架：月经被视为失败的生产，是受精卵无法被植入的可悲结果。在绝经期，卵巢“不能”产生“足够的”雌性激素；整个系统已经分崩离析。所有这些假设的目标都是植入受精卵，然后在怀孕期间结果自然会产生。分娩通常被视为女性身体（以及生命？）中主要的“重点”，医学文献强调合适的“管理”和“劳动”、医疗专家的意见、技术使生育过程更加“有效率”，并生产令人满意的“产品”（一个健康的宝宝）。女性的利益和参与通常被完全忽略了。

马丁特别感兴趣的是，女性自身是如何把这些现象概念化的。当被问及如何向一个从未经历过月经的年轻女孩描述月经时，所有与她交谈的中
185 产阶级女性（包括白人和黑人）都提到了“失败的生产记录。”她们大多都忽略了来月经的感觉以及如何应对。相比之下，工人阶级女性则专注于

注意身体的变化——“你正在长大，变成一个女人”——并且会提到现象和具体细节。她们很少提及身体内部发生的变化。尽管相当一部分女性，抵制标准生物医学报告对她们身体的机械评价，特别是抵制那些限制妇女生活的条件，工人阶级妇女在许多方面较少受到生活医学意识形态的影响，也更有可能看到有必要挑战平等的经济和体制障碍。

有相当多的讨论是关于隐喻性的标签，用来指代女性以及女性生殖器，尤其是当它们与那些指代男性及男性生殖器的标签形成对比时。年轻男性可能会用工具和武器来隐喻他们的生殖器（Cameron 1992），而女性生殖器的隐喻则围绕着商品、小动物、以及男性的食物、水果或其他甜点。穆里尔·舒尔茨（Muriel Schultz 1975）所称的“对女性的语义贬损”的早期探讨中指出，最初具有中性含义的词语往往会获取负面含义。（例如，*hussy* 原本是 *housewife* 的古语形式的简称）。然而，除此之外，许多早期对性别歧视语言的讨论都指出了最初支持使用这些形式的隐喻的问题本质［例如 Lakoff 1975，（Penelope）Stanley 1997］。正如我们在讨论开创性的（*seminal*）一词时所看到的，隐喻词源学不再是透明易懂的。隐喻不仅已经死亡，而且在形式上也被变化所掩盖。这可以成为过去态度的有趣证据，但通常与当前使用的意义没有多大关系。但是明白易懂的隐喻即使已经死亡，且未以某种方式恢复使用，仍然能够加强那些激发它们最初用途的概念联系。在最近一篇有趣的著作中，凯特琳·海恩斯（特别参见 1999）指出，许多女性隐喻并不是孤立的，而是以不同的方式系统地联系在一起。因此女性是甜点的隐喻，导致人们把女人比喻成颓废、甜美、诱人的等待。

隐喻制造者

许多关于隐喻的研究都着眼于隐喻的产生和阐释，而没有考虑到隐喻的制造者和隐喻要达成的效果。但也有一些重要的发现，尤其是关于隐喻制造者的经历和社会情境之间的关系，以及他们对隐喻材料的选择和谈论各种话题的来源。正如我们所指出的，基蒂认为，正是男性看世界的视角产生了隐喻，在这其中女性和女性活动（比如分娩）为隐喻的源域。

事实上，女性本身，而不仅仅是指称她们的词语，可以象征男性之间
186 的关系。许多当代美国异性恋夫妇的婚礼仍然有一个仪式，将女性的“监护权”从父亲“转移”到丈夫，女性婚后改夫姓往往反映了这一点。当一位父亲被问到“是谁让这个女人结婚的？”时，回答说“她妈妈和我愿意。”在这种仪式中，性别的不对称虽有所减少，但没有消除。有些异性婚姻仪式挑战了传统的不对称，让夫妇双方都在父母的陪同下步入礼堂，并询问“是谁让这个男人结婚”，或者干脆不提“让（give）”相关的问题。

基蒂所指出的，战时强奸这一司空见惯的现象表明，男性将与其他男性群体的冲突，投射到那些与“其他”男性相关的女性身上。战时强奸是对敌方男性的隐喻性攻击，但被强奸的女性作为一种象征，并不会消除她们作为有知觉的人的事实，也不会减轻她们的痛苦和苦难（包括在许多文化背景下的她们的屈辱）。美国媒体所谓的“花瓶妻子”是另一个真实女人作为象征的例子。妻子的青春和美貌证明丈夫在男人中出类拔萃（他的财富、权力等）。语言隐喻常常唤起男性对女性“他者”的看法。“大地母亲”“原始景观”和“强奸土地”都是常见的例子；读者能举出更多的例子。用真实的女性作为符号，符合更普遍的男性视角，即女性是他者。

隐喻生成通常利用对隐喻生成者来说特别熟悉或重要的源域。在一项关于美国机构投资界的交流的研究中，奥巴马和康利（Conley 1992）发现了大量的体育隐喻，并且发现男性比女性更有可能使用这种说话方式。体育隐喻不仅渗透到当代美国的商业领域，也渗透到当代美国的政治话语中。另一方面，我们发现战争的语言和类似的暴力冲突被用于谈论体育，同样的方式也适用于男性主导的领域，如商业和政治。我们已经提到过科勒（Koller 2004a）对商业媒体话语性别维度的分析。他认为，战争隐喻在商业媒体语言中的持续突显增强了我们对商业世界作为超男性化现实的

常识性理解。现在，女性可以并且确实利用体育和战争的方式谈论各种话题。这样做有时可以成为一种途径，能使自己成为一个由男性主导，或一直由男性主导的实践社区的正式成员。例如，科勒（2004b）注意到，比起男性同行，成功的商界女性更多地使用军国主义的语言描述自己和被别人描述。这表明，语言使用者对体育和战争领域的不同熟悉程度，不（仅仅）解释了为什么性别似乎在创造隐喻方面很重要。体育和战争在提供性别权重的象征性资本方面，可能比它们本身更为重要。

有趣的是，被认为是隐喻的东西可能会受到其他人对语言生产者的评价的影响。在康奈尔大学（Cornell University）尚未发表的研究中，人类学家凯瑟琳·马奇（Kathryn March）讨论了一个有说服力的案例。其中，性别期望似乎在隐喻的理解或理解的缺失中起了重要作用。长老尼 187
（*Therigatha*）和长老偈（*Theragatha*）是佛教传统中神圣著作经典的一部分。它们包含充满法喜的诗歌，由在历史上的佛陀时期被启蒙的女性和男性所创作[4]。任何性别的作家都会从他们尚未启蒙的日常生活的种种经验之中获取灵感。女性的形象更容易被后来的评论者解释为对世俗具体体验的简单描述，而男性的形象则被视作是一种象征，用来传达启蒙思想的高级信息。在某种程度上，这是因为在佛教文献中被拾取、并变得司空见惯的画面都来自男性领域：收割、耕作、挖沟和制箭。在后来的文本中（大多都是男性），几乎没有对女性的画面进行重现，包括碾磨谷物、照顾家庭、烹煮咖喱，哀悼早夭的儿童等。男性被视为隐喻，超越了他们的前启蒙时代的生活。女性则只是一种回忆，永远陷在她们的前启蒙时代的日常经验之中。

西方“高雅文化”的传统，对女性利用隐喻达到自己的目的，也表现出类似的障碍。科拉·卡普兰［Cora Kaplan（1986）1998］借鉴拉康的精神分析理论写过一篇文章，反映了女性在使用最“有力”的语言，特别是诗歌时所遭受的阻力。她引用了艾米莉·狄金森（Emily Dickinson）的诗句：

他们把我关在散文里——
如当年我还是小女孩
他们把我关在储藏柜里——
因为他们喜欢我乖巧——

科学是一个极为不同的领域，但在此领域，女性仍然被视为仅善于仔细观察和描述。而在新型隐喻通常包含的理论突破方面，女性的能力仍被认为不如男性。伊夫林·福克斯·凯勒（Evelyn Fox Keller 1983）为芭芭拉·麦克林托克（Barbara McClintock）所著的传记在这方面颇具启迪意义，其中提到了对麦克林托克的新语言和她对遗传学的新观点的抵制。（另见凯勒 1987）

最终狄金森和麦克林托克都因做出巨大的贡献而得到认可。但这种认可并没有改变现状，她们及其他试图在诗歌和科学领域有所突破的女性的声音仍然被抹去。当然，作为一名诗人或理论科学家，比作为隐喻制造者（a metaphor maker）有更多的意义：新意义的来源，重新概念化的来源，常识的转变的来源。但隐喻的形成只是其中的一部分。

命名

2009 年 10 月 21 日，纽约州上诉法院（New York State Appellate Court）废除了一项由下级法院制定的法规，规定跨性别人群如果想将自己原有
188 的名字改成与变性后的性别相符的名字，就必须得出示医生或者其他专业人士认可其行为的必要性的证明。法院表示：“在法律或政策上，没有合理的依据，将一项附加的要求嫁接到法定条款上，即跨性别者提出更改姓名所需的医学证明。”跨性别法律辩护和教育基金（Transgender Legal Defense and Education Fund）主任迈克尔·西尔弗曼（Michael Silverman）对这一决定发表了评论。该基金曾代表一名变性人提起诉讼。“人们的

名字是他们身份的基础。该裁决确认，我们每个人都有权以自己选择的姓名来为人所知。医生、治疗师或其他任何人都不能因为一个人是跨性别者，就对他的选择进行质疑。（http: //transgenderlegal.org/press_show.php?id=299）

www.tsroadmap.com 是一个为那些正在考虑或正在经历性别转变的人提供许多有用资源的网站。为了使你的目标性别身份在法律上得到确立，第一步是争取法院下达命令更改你的名字。网站的维护人员安德里亚·詹姆斯（Andrea James）指出，“你所选择的名字会影响人们与你的关系，在某些情况下，甚至会影响你的适应能力。”在图 7.1 中，她列出了更改过姓名的著名女性的名单。

劳伦·白考尔	（贝蒂·琼斯·波尔基）
朱迪·嘉兰	（弗朗西丝·古姆）
玛丽莲·梦露	（诺玛·吉恩·贝克）
珍·西摩尔	（乔伊斯·弗兰肯伯格）
塔米·温尼特	（怀特提·普）
雪莉·温特斯	（雪莉·施拉夫特）
多丽丝·戴	（多丽丝·卡佩尔霍夫）
索菲亚·罗兰	（索菲娅·西科隆）
葛丽泰·嘉宝	（格丽塔·古斯塔夫森）
安妮·班克罗夫特	（安妮·伊塔妮安诺）
崔姬	（莱斯利·霍恩比）
露西尔·鲍尔	（黛安·贝尔蒙特）
琼·克劳馥	（露西尔·勒苏厄）
黛米·摩尔	（德梅特里亚·盖内斯）

图 7.1　更改了姓名的著名女性

安德里亚·詹姆斯建议那些寻求确认自己女性身份的人，应该选择一个相对常见的名字。这个名字要具有明显的女性特征，而且容易发音和拼写。还有人指出，选择一个出生时经常使用的名字（而不是注意这个人改名的事实），以及避免让新的名字过于接近出生时的名字很重要。（例如，如果出生时的名字是乔治（George），就不要使用乔治特（Georgette）。在选择名字时，跨性别者被建议尽可能仔细地考虑他人对新名字的关联想法和暗指意义（问问你的朋友和熟人，他们可能会对你正在考虑的名字有
189 所联想，建议使用 tsroadmap.com 网站），并考虑可能的缩写和其他昵称以及首字母的意义。还有人提示不要保留原姓。部分原因是保留原来的姓氏会让那些有敌意的人更容易将那些在任何情况下都不想或不能出柜（作为跨性别者出柜）的人，与他们与生俱来的性别认同联系起来。只有在少部分情况下，跨性别者保留了他们变性前的名字，比如政治理论家和跨性别活动家佩斯利·科拉（Paisley Currah）。

人们常说个人的名字是没有内涵的，只是用来指代他们的主人，并没有什么意义。但实际上，个人的名字充满了意义深远的共鸣，将其承载者与家庭历史、文化传统联系在一起。并且在许多情况下，还跟与自己同名的人联系在一起（至少部分如此）。对一个人的期望往往会受到他的名字的影响，这通常是他遇到过的或听说过的同名的人。有时它与其他个人有关，例如名人或历史人物，有时它与种族、阶级或这个名字所暗示的含义有关，这些都是其隐含意义的一部分。有时语音符号也起作用，有时甚至是描述性的内容。正如跨性别者选择名字的重要性所表明的那样，性别因素在名字的重要性中占据中心地位。

在英语和许多其他语言中（尽管不是所有语言），个人姓名在传统上是高度性别类型化的，两性通用的名字相对较少。例如，在 www.names.com 网站上，列出了女孩的名字（最长），男孩的名字，以及男女通用的名字（最短且大量被标记为“主要由女性使用”）。在最受欢迎的名字列表中，女孩的名字和男孩的名字没有重叠。

实际上，有一些英文名是男女通用的，例如李（*Lee*），金（*Kim*），莱斯利（*Leslie*）。性别中性的名字，如帕特和克里斯，这些名字通常是

一些性别特异性名字（如帕翠西亚 *Patricia* 和帕特里斯 *Patrice*，女性，和帕特里克 *Patric*，男性；克里斯蒂 *Christine* 或克里斯蒂娜 *Christina*，女性，克里斯托弗 *Christopher* 或者克里斯蒂安 *Christian*，男性）的简称或昵称（宠物名称或缩写词），有时也会直接用来给孩子取名。然而，很少有名字不偏向于一种性别：例如，克里斯（*Chris*）在绝大多数情况下是男孩而不是女孩的名字（参见 babynamewizard.com/voyager）。性别中立在宠物名中确实比在正式全称中更突出：山姆（*Sam*）可能是塞缪尔（*Samuel*），但通常是萨曼莎（*Samantha*），亚利克斯（*Alex*）可能是亚历克斯德拉（*Alexandra*）或亚历山大（*Alexander*）。

名字的流行程度会随着时代的变迁而改变。根据 www.ssa.gov/cgi-bin/babyname.cgi 和 www.babynamewizard.com 上的数据所示，至少在过去半个世纪里，受欢迎的男孩名字比女孩的名字更稳定。如果我们回到 1959 年，我们发现迈克尔（*Michael*）这个名字每年都在男孩名字的榜首，直到 1999 年它滑落至第二位，在 2009 年则跌至第三位；从 1961 年到 1987 年，约翰（*John*）一直排在前 10 名，在 2009 年下滑到第 27 位之前，它都保持在前 20 名。伊丽莎白（*Elizabeth*）是唯一在这段时间进入前 20 名的女性名字，排名从第 8 名到第 20 名不等；玛丽（*Mary*）在 1961 年排名第一，但在 1972 年跌出前十，在 1976 年跌出前 20 名，在 2009 年甚至连前 100 名都进不了。男女都可以用的名字金（*Kim*）在过去的 20 年中，从未进入最受欢迎女性名字前 1,000 名，几年前也从男性名字的前 1,000 190
名中消失了。有趣的是，“社会安全”网站（Social Security）在无性别区分的情况下，根本不为名字提供排名。最受欢迎男性名字随时间变化更趋稳定，而且无论何时，最受欢迎的女性名字总是有着更多的变化，这种趋势并不新鲜。

几十年前，在一项命名与亲属关系的研究中，爱丽丝・罗西（Alice Rossi 1965）没有向受访者采集具体的名字，尽管她采访的一些母亲自愿提供了一些名字。她指出，“174 名男孩只有 33 个不同的名字，而 108

个女孩则有 52 个不同的名字”（p.504）。女孩名字多样化的一个原因可能是她们的名字被认为与家族历史和家族知名度的关联较少。“史密斯（Smith）家的儿子永远是史密斯；而史密斯家的女儿则可能更名为琼斯（Jones）。随着年龄的增长，父母与女儿之间的关系可能会比与儿子之间的关系更亲密，但对社会声望和家族姓氏的延续来说，儿子才是最重要的。[绝大多数子女已经成家的父母，都说他们和女儿更亲近]”（pp. 503—504）。罗西对那些子女从一个月到四十七岁的中产阶级家庭进行了研究。她发现，大多数男性和女性都以亲属的名字命名。但是儿子（70%）比女儿（52%）拥有更高的承续亲属名字的几率，而且根据孩子出生的顺序的推迟，这一几率急剧下降。有趣的是，在一个小得多的针对工薪阶层家庭试点研究中，以亲属名字命名的比例显著降低（低于 40%：503，n. 8）。目前的研究结果尚不清楚，罗西已经看到，用亲属的名字来给小孩取名的情况在减少，且这一趋势可能会持续下去。关于家庭关系的普遍认知正在发生着变化。

一些专有名称（proper names）在形式上相当于具有描述性内容的标签。例如，菲斯（*Faith*），霍普（*Hope*），萝丝（*Rose*），佩尔（*Pearl*），艾丽斯（*Iris*）和乔伊（*Joy*），这些近年来都不是特别受欢迎的名字，却能轻易唤起人们的记忆。（莉莉 *Lily* 和格蕾丝 *Grace* 是 2010 年仅有的进入前 20 的两个名字，而且在过去的 50 年里，它们都没有像迈克尔（*Michael*）那样一直受欢迎）。在更早的时代，男性和女性的名字都常常带有丰富的暗示意义。然而，最近这样的名字几乎消失了，刚刚提到的那几个女性名字，只是为数不多的例外。我们应该注意到，在现代英语中，男性的名字并非与内容无关。随着 *Dick* 作为“阴茎”的一个粗俗指称和一种侮辱性用语的普及，在 40 岁以下的美国人中 *Dick* 作为 *Richard* 的缩写形式，实际上已经被彻底否决了。当然，这里的内容被认为比上面提到的女性名字的暗示意义更有问题。但总的来说，在英语中，引起内容联想的名字已经不再常见，但在许多其他文化中，这确实还是一种常态。甚至在英语中，家长们也常常对与历史相关的内容联系感兴趣。取名大全之类的书籍和在线命名网站，都会给出这样的含义；例如 behindthename.com 网站就会提供有关英语和其他几种语言中人名的词源信息。

即使是没有内容关联的名字（non-contentful names）通常也会将孩子与家族历史联系起来。往往是与家族中或家族文化遗产中拥有相同名字的其他人联系在一起，不管这个人与继承其名字的孩子的性别是否相同。有 191
些语言可以通过构词法（devices）将原本男性化的名字女性化（例如，我们发现英语的乔治娜 *Georgina*，波莱特 *Paulette* 和约翰塔 *Johnetta* 对应着乔治 *George*，保尔 *Paul* 和约翰 *John*），并且有些语言中原本存在男性 / 女性两相对应的名字（例如意大利语中的 *Mario* 和 *Maria*），不存在哪一个是从另外一个派生出来的（另外，也有可能存在一些我们尚未发现的男性化过程的案例）。此外，在许多讲英语的社群（English speaking circles）中，把主要用作姓氏的形式用作女孩的名字，已经成为一种时尚。历史上，男性名字如 *Beverly* 和 *Evelyn* 曾被用于女孩，但至少在美国，随着这些新用法的扩展，这些形式在男性孩子的名字中几乎消失了。

在非裔美国人中，如斯坦利 · 利伯森和凯莉 · 米克尔森（Stanley Lieberson & Kelly Mikelson 1995）记载，20 世纪 60 年代见证了名字的重大创新，很多孩子的名字都是父母专门为他们起的。在 20 世纪上半叶，非裔美国人和欧洲裔美国人的名字差异越来越大。在最受欢迎的名字列表中，女孩的差异比男孩的更大。但直到 20 世纪 60 年代，很多非洲裔美国父母才开始给他们的孩子起独特的名字，有时只是在拼写上独特，但通常在发音上也与众不同。有时非洲式或阿拉伯式名字激发了这些发明，但绝不总是如此。有趣的是，利伯森和米克尔森发现，人们对这些新式名字的持有者的性别，一般都有非常准确的猜测。而且一般来说，就算猜错了，他们的错误猜测也是高度一致的。

名字唤起的许多联想与它们的发音有关。利伯森和米克尔森（1995）提出了一些关于暗示性别的创新名字可能的语音特征的建议，但他们依赖于书面数据，而且比如，有时似乎是在谈论字母 *a*（通常发音为 [ə]，比如 *uh*），有时似乎是在讲音素 [a]（如 *ah*）。当然，拼写也可能有助于提示性别，但它并不会立即给出所有发音相关的所有信息。安妮·卡特勒（Anne Cutler）及其同事（1990）对非裔美国人社群以外的传统英语名字的语音进行研究。该研究发现了以下三种强烈的倾向："女性的名字平均比男性的长；这些名字更可能以非重读音节开头；而且它们更可能包含元音 [i]［发音为'ee'］"（p. 480）。非洲裔美国人的名字，无论是传统的还是新创的，都可能遵循相同的规律。正如卡特勒和她的同事们所观察到的，对声音象征意义的研究发现，元音 [i] 与轻盈，小巧和明亮相关（参见 Hinton 等 1994 年的研究），同时也与青春和女性气质相关，这并不奇怪。这个元音是小型的 *-ie* 或 *-y* 的发音，通常用于男孩和女孩的昵称，但
192 女性将此保留到成年期的频率，远远高于男性。有一个独特的名字被错误地认为是给女孩起的，那就是钱蒂（*Chanti*）。甚至在青春期，正如薇薇安·德·克勒克和芭芭拉·博世（Vivian de Klerk & Barbara Bosch 1997）的报告所述，女性的昵称相较于男性更多地以 [i] 结尾，尤其是在将不友好的绰号排除在外后。（相反，卡特勒及其同事发现，性别在名字长度上的差异在德·克勒克和博世的昵称语料库中是不存在的。）请注意那些听起来女性化的昵称（例如克里斯 *Chris* 的昵称克里茜 *Chrissy*）可能被用来侮辱一个青春期的男性，而用听起来'男性化'的昵称来称呼一个青春期女性（例如萨曼莎 *Samantha* 的昵称萨姆 *Sam*）更有可能表现出友好而非敌对。

更名的方式很多，并且有多种原因。天主教儿童获得的以上帝名义授予的确认名（a confirmation name）通常有一些特殊意义（参见 Nkweto Simmonds 1995）。在许多西方社会，女性随夫姓的习俗（甚至一度是法律要求）意味着，女性在一生中比男性更有可能面对姓名的改变，至少官方的姓名是如此。不过，请注意，当鲍比（*Bobby*）变成鲍勃（*Bob*）时，他可能还会在运动队、兄弟会或军队中获得新的绰号，这些新名字有时伴

随一生。

如今，一些男性在结婚以后会改变自己的姓氏，用连字符连接起来，或与伴侣一道选择一个与双方传统都有关的名字。（例如，《伊萨卡》杂志（*the Ithaca*）和《纽约日报》（*NY Journal*）报道了一对夫妇，一个名叫希尔（*Hill*），另一个有意大利姓氏和血统，他们选择了 *Collina*，即意大利语中的"山（hill）"作为他们的共同新的姓氏。这两位科林纳（Collinas）是一对异性恋夫妇，但最近《纽约时报》（*New York Times*）还刊登了同性恋夫妇结婚的公告：据报道，有时双方都保留了婚前的名字，有时其中一人或两人都采用了连字符。

尽管有科林纳夫妇的例子，关于异性恋婚姻的普遍常识仍然不支持男人将名字改为妻子的名字。如今，美国报纸上的婚礼公告中，有时会出现类似"新娘保留名"之类的话，但从来没有出现"新郎保留名"这样的内容，因为人们普遍认为他会留名。2009 年 10 月 9 日发布在 oprah.com 上的一篇文章中，费斯 · 萨莉（Faith Salie）写道，当她向《纽约时报》提交自己的婚礼公告时，"新郎保留了他的名字。"她继续说道，"《纽约时报》没有发表那句话。我猜他们认为这是一个拼写错误。"⑤ 这种不对称的做法是有道理的，因为人们一直期望新郎在结婚时不会改名字，尽管新娘经常会这样做——新郎的名字保持不变是"常识"。因此，《纽约时报》不愿评论这一常识。然而，在 2012 年 2 月 19 日，两个婚礼公告中包含了以下内容："新郎改用妻子的姓氏。（the bridegroom is taking his wife's name.）"《泰晤士报》对这种非常识化（non-commonsensical）事件的发生进行了评论，并在其中一份公告中，新郎还就他为什么决定采取这一步骤发表了一点评论，这一更名的举动（a naming move）可能预示着未来常识的转变。

193

第 8 章

映射世界

我们通过对内容和事件进行分类来了解我们的世界——把不同的细节放在一个单一的类别中——并将它们创建的类别联系起来。语言所做的最基本的事情之一就是让我们能够给各种类别贴上标签，让他们更容易融入我们共同的社会生活，帮助我们在这个世界上开拓自己的道路。性别标签如“男人”和“女人”,“女孩”和“男孩”在支持性别秩序的社会实践中发挥了突出的作用。在这种秩序中，男性 / 女性被视为一种尖锐的二分法，将两种根本不同的人类分开，性别分类始终被认为是有意义的。

性别分类是简单地假定差异，同时也支持等级制度和不平等。我们在语言上和非语言上都有一些做法，这些做法倾向于把“男人（man）”这个特定的性别类别与“人类（human being）”这个一般类别混为一谈，英语有时也会使用同样的标签，比如在《人和他在自然界中的地位》(*Man and his place in nature*）等书的标题中。我们也有贴标签和其他的分类行为，往往贬低女性作为女性，或忽视、贬低性别和性少数群体。男性和女性都被映射到其他各种重要的社会类别中，其中许多与性别有显著的互动。性别还与领域中的哪些部分被绘制出来、哪些类别被注意到、详细说明和标记有关。本章探讨了分类和标签的一些复杂方式和性别实践，以及对类别和标签的争议。

标记争议和历史

“我不是女权主义者，但是……”我们的大多数读者都听说过，很多
人可能也说过这样的话。这些话通常是一些情绪表达或行动呼吁的序言，
也都有可能被认为是女权主义所拥护的一部分。(“但是”在这里提示接
下来的内容可能被看作是提示演讲者是一个女权主义者的信号。) 接下来
的可能是以下这些情况中的一种：“我认为女性应该和男性平起平坐”或
“你应该认识到，女性怎么对待她们自己的身体是她们自己的事情，与他
人无关”，或“我厌倦了做其他委员会的象征性女性”或“我正在帮助组 194
织一场‘收回黑夜’的游行”或“我这学期要上一门女性研究课程”或
“我决定给报社写信，投诉 XYZ 兄弟会在今年的招聘活动中使用的那些令
人讨厌的性别歧视海报。”。2008 年末，《每日野兽》网站的一项在线调查
发现，只有 20% 的受访女性愿意给自己贴上女权主义者的标签，61% 的
人认为媒体存在性别歧视，68% 的人认为自己在工作场所受到了不公平
的对待。

在美国，有几项研究表明，许多声称自己信奉基本自由主义的女权主义意识形态的大学生，却不愿意给自己贴上女权主义者的标签。[①] 许多关于女权主义者和女权主义者态度的研究都集中在女性身上。尽管许多女权主义为男性女权主义者留有空间，但人们普遍认为，女权主义者的原型是女性，由于这种或其他原因，很少有男性给自己贴上女权主义者的标签。当然，不仅仅是大学生开始说“我不是女权主义者，但是……”？高中生和中老年人也常常不愿称自己为女权主义者，尽管他们实际上可能同意那些自称女权主义者的人提出的许多主张。与此同时，年龄差异也很重要；例如，在 50 岁或 50 岁以上接受性别平等主义的人群中，愿意称自己为女权主义者的比例相对较高，但是却很少真正的直接赞同平等主义的目标。

女权主义者的标签经常被抵制的原因有很多。其中之一是因为女权主

义协会的有组织的政治行为，而不仅仅是信仰。表达对性骚扰的不满是一回事，在自己的工作场所或学校组织一场反性骚扰运动是另一回事。有些人可能不会特别反对这种为女性利益服务的行动主义，但可能（准确地说）并不认为自己能在其中发挥任何作用。也许他们认为不再需要激进主义了，尽管它在遥远的过去是合适的。例如，20 世纪初，在美国女性没有投票权的时候，或者 20 世纪 60 年代，当招聘广告上写着“仅限男性”和“仅限女性”的标题时（大多数报酬较高的工作都属于前面一种，只有少数是男女不限的），或者当女大学生实行宵禁，而男大学生则不用时。在这里，美国对个人的普遍关注和对精英制度的普遍信仰是有意义的：许多人认为，由于在过去几十年中确实消除了许多阻碍女性成就的法律和其他制度障碍，她们和她们最关心的人不会真正因性别秩序而处于不利地位。她们可能会被其他地方的女性地位所打动，例如阿富汗。但值得庆幸的是，她们自己并不是这种公开的女性从属关系的受害者。或者，她们可能认为，为了积极挑战当前性别秩序的某些方面，她们可能会付出过高的代价。一个原因可能是，她们更愿意去做其他同样重要或者更重要的事情。另一个原因可能是她们认为风险大于潜在收益。

195 什么是风险？这种风险与被置于一个社会类别有关，这个社会类别受到广泛蔑视，并通常被以相当限制性的、负面的方式加以描述。20 世纪 80 年代，否认这一标签是避免与那些从 20 世纪 80 年代开始被媒体所嘲笑和讽刺的群体归类在一起，以及仿效 20 世纪初反女权主义的一种方式。[②] 正如小说家丽贝卡·韦斯特（Rebecca West）在 1913 年所写，“与逆来顺受的态度不同，每当我表达不顺从的情绪时，人们都称我为女权主义者。我们听说，女权主义者是‘缺乏幽默感的’‘古板教条的女性主义者’‘讨厌男人的芭蕾舞者’‘丑陋的母牛’‘性受挫者’‘傲慢的泼妇’‘爱抱怨的受害者’，借用恐同者的话——‘dykes’（女同性恋者）。”《纽约时报》这样的消息来源使用了更礼貌点的语言，引用 1982 年常青藤联盟学生的话说，女权主义者是“放纵自己的身体”和“没有时尚感”的女性。20 年后，康奈尔大学的一些学生把女权主义者描述为“不刮腿毛、讨厌男人的女孩”。即使是那些认识到许多（甚至可能是大多数）女权主义者与刻板印象中有时可怕的生物是截然不同的人，也可能（有一定的理由）担心其他不那么开明的人会把女权主义者的标签视为最负面的。他们可能不仅拒绝被贴上这样的标签。她们可能会避免公开表达或按照女权主义的信条行事，因为被归类为女权主义者看起来太“不酷”了（对很多人来说，这对他们在异性恋上的成功具有潜在的危险）。还有其他非常不同的原因使一些女性拒绝了女权主义者的标签。黑人女性正确地观察到，开始于 20 世纪 60 年代末的美国女性运动的关注点是中产阶级白人女性最关心的问题，而且很大程度上是由这些女性主导的。贫穷的女性和有色人种的女性即使存在，也处于边缘。许多自诩为“女权主义者”的人以极低的工资雇用家庭用工来打扫房子和照顾孩子，而且没有任何工作福利。这类工作绝大多数由女性担任（目前仍由女性担任），尤其是由非裔美国女性和其他有色人种女性承担。强奸和殴打妻子是女权主义者组织的议题，但针对白人女性的暴力行为则得到了更多的关注。而且，许多“女权主义者”似乎没有意识到，反对种族主义对非洲裔美国女性来说是多么重要，不仅是为了她们自己，而且为了她们的儿子、兄弟、男性情人和丈夫。当爱丽丝·沃克（Alice Walker 1983）写道“女性主义者对女权主义者来说就像紫色对薰衣草一样”，她帮助推出了另一个标签和类别。那些认为自己是女性主义者的人通常认为自己参与了反种族主义和反性别主义的斗争，这些努力似乎只能从享有特权的白人女性的角度来识别。

当然，对于那些一开始就说“我是个女权主义者……”的人而言把他人归类为女权主义者是一件非常积极的事情。塑造女权主义者形象的其中一个部分就是，划清界限排除那些不符合特定标准的人，拒绝给潜在者贴标签。有些人可能拒绝让男人进入女权主义者的范畴；另一些人可能只允许“女性认同的女人”；还有一些人可能有不同的标准。当今许多学术女权主义者谈论女权主义，因此含蓄地承认女权主义者之间的许多区别，许 196

多次范畴。正如我们所指出的，在美国，有一个新的女权主义者类别。第三波女权主义者，是由二十一世纪的年轻女性（和男性）借鉴一些不一样的策略，围绕着与他们父母最关心的那些不同的性别问题组织起来的。有些人甚至开始谈论第四波女权主义者和女权主义。像许多标签一样，女权主义者有着复杂而具有争议的历史。未来几年，它将如何在社会实践中发挥作用仍不确定。

类别边界和标准

语言可以标记许多基本的类别：语言标记以不同的方式将单独的物体、人或事件组合在一起。这些分组从特定的事物和事件中抽象出来，使我们能够在个体现象体验的“嗡嗡作响的困惑”中认识到模式的相似性和结构的规律性。分类并不总是需要语言，但正是语言让我们可以使用和与类别互动，如果没有语言，这将是不可能的。

是什么引导人们将不同的实体或事件归为一个类别？在所谓的经典观点中，有一组属性是只属于这个类别的成员的，这些属性就使他们成为这个类别的成员。然后，可以通过列出应用所需的必要条件和充分条件来定义类别的标签。哲学家路德维希·维特根斯坦（Ludwig Wittgenstein）在其后期作品中提出了不同的意见。他指出，在某些类别中不同的成员似乎是通过相似网络联系在一起的，而对所有类别成员来说，根本没有任何本质的属性。“那么游戏呢？”他问道。比如足球、桥牌、对对碰、跳房子、弹珠、猜字谜、20道问题、捉迷藏、过家家、躲避球、龙与地下城、篮球、网球、拼字游戏、大富翁、谷地农民、电子游戏。游戏类别似乎包含不同的标准，其中只有一些子集需要应用这些标准。也许游戏更像一个家庭，有些成员看起来可能彼此不太像，但总的来说有“家族相似性”。③

在过去的几十年里，心理学、哲学、人类学和语言学对分类和概念进行了大量的研究。儿童如何习得分类概念？文化在描绘世界的过程中有哪

些不同之处？类别之间是如何关联的？观念如何改变？分类实践如何促进
或阻碍集体思想和行动？在社会领域进行分类与在生物领域或人工制品领
域进行分类有区别吗？定义标准和识别标准之间有区别吗？当然还有，语
言标记实践与分类是如何相互作用的？关于这些相关问题有大量的文献。[4] 197
我们将集中讨论标签实践的发展和在社会实践中运用的一些方式。

巡回的边界

在美式英语中，我们把碗、杯子和玻璃杯区别开来，部分依据是它们的材料特性、高宽比和是否有把手。杯子和碗通常（但不总是）是由不透明的材料制成的，而玻璃杯是透明的。杯子一般有把手，碗和玻璃杯一般没有。玻璃杯的高度通常比宽度大，碗的宽度通常比高度大，杯子的高度和宽度差不多。正如威廉·拉博夫（1973）所展示的，操纵这些属性将使人们或多或少地了解如何绘制边界，应用哪些术语。我们还根据它们的用途来区分这些东西——是用来装土豆泥、热咖啡还是柠檬水。虽然每个人都会同意一个典型的杯子、碗或玻璃杯的原型是什么样的，但在边缘会有一些分歧。例如，人们不会就一个又高又薄的没有把手的瓷器是杯子还是玻璃杯达成一致。如果有人用它来盛冰茶，因此把它当作玻璃杯，人们才更有可能认为它是一个玻璃杯。如果用这样的容器来盛冰茶成为一种时尚，那么对于整个社会来说，或者至少对于熟悉这种时尚的社会来说，类别的边缘可能会发生变化。当然，时尚本身并不是随意建立起来的。如果一个以优雅烹饪而闻名的人开始用这样的容器盛冰茶，并且 / 或称这个容器为玻璃杯，那么社会上的其他人很可能会相信她的权威，很可能会模仿她。然而，如果一个素以不雅著称的人这样做了，那就不太可能流行起来。也许别人会说，她在使用杯子盛冰茶，或者她分不清杯子（cup）和玻璃杯（glass）。

当然，饮食用具是人造用品。只要人们制造容器的材料和功能标准相一致，不重叠，界限就会清晰划定，分类也似乎相当固定。然而，一旦制造出新型容器，一个边界划定问题就出现了。这些问题如何在特定的实践

社会中得到解决将取决于各种社会因素，其中一个重要的因素是社会中不同语言使用者在该领域的权威。划分类别界限常常是社会权力的一种运用。但是其他类型的分类呢？买肉和吃肉的人通常认为各种各样的肉类的
198 分类是自然存在的：烤臀肉和里脊肉只是等着“在连接处切开”。然而，正如图 8.1 和图 8.2 所示，美国和法国的肉贩划定的界线截然不同。

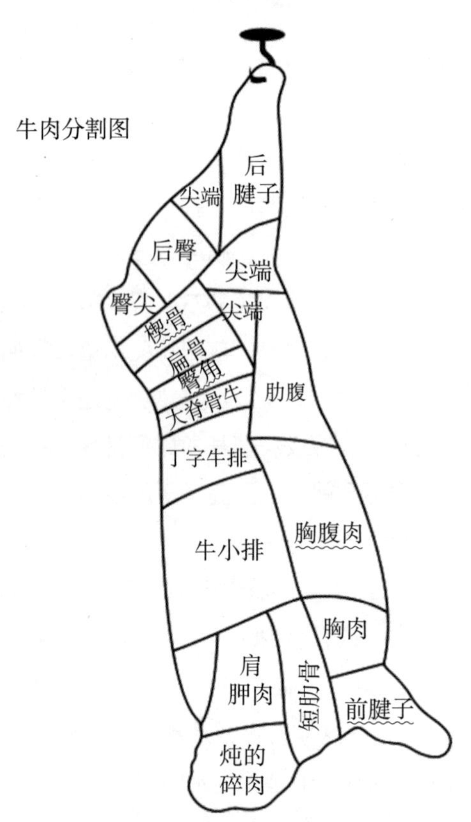

图 8.1　美国牛肉分割图（改编自 Rombauer 于 1998 年）

天生的关节当然会限制切割行为，但在如何将这一领域划分为不同的类别方面，仍然有足够的空间做出不同的选择。所谓的自然物种类别，如动物或植物物种（见 Atran 1990），在边界上显示出的跨文化多样性比肉

制品少，但即使在这里也存在着重要的差异。随着时间的推移，由于涉及特定种类的科学或其他社会文化实践的变化，自然种类的类别边界也会发生变化。我们现在把鲸鱼分类为哺乳动物而不是鱼类，这表明了从一种标准（生活在水中）到另一种标准（哺育幼鲸）的转变。生物学上，茄子被归类为一种水果（因为它有内部的种子），但在烹饪中，它也是一种蔬菜。水果和蔬菜的界限将取决于这种分类是基于植物学家的利益，还是厨师的利益。

199

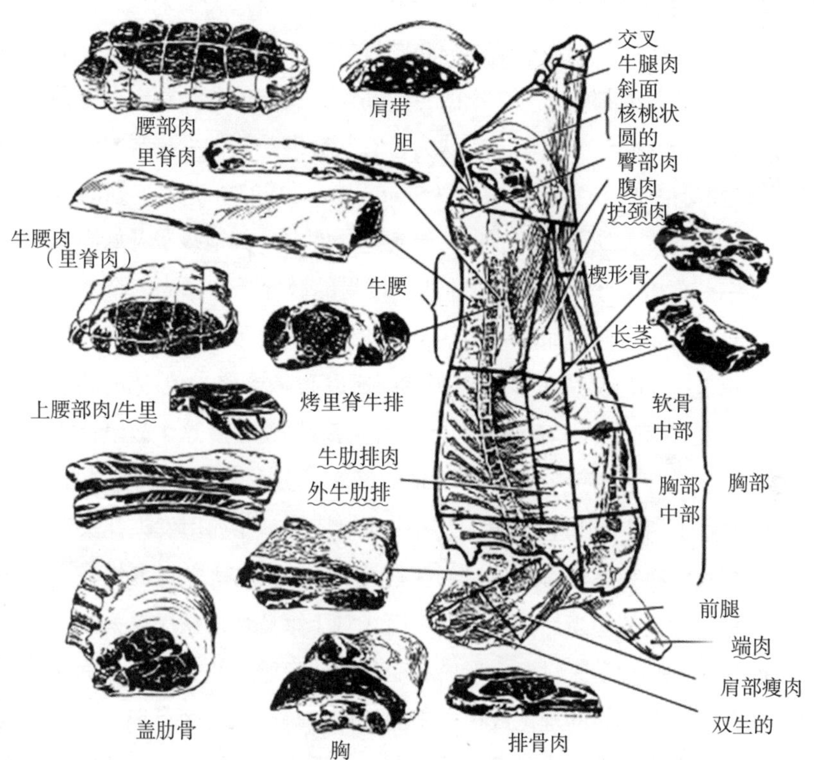

图 8.2　法国牛肉分割图（改编自 Montagné 于 1961 年）

话语中的固定概念

哲学家希拉里·普特南（Hilary Putnam 1975）提出，对于自然类型的术语，有一组本质属性将一类成员组合在一起。但普特南也认为，普通人的概念往往是基于非本质的标准，他称之为刻板印象。“刻板印象”这个词通常表示消极和怀疑的观念；心理学家更常以中立的态度谈论与概念相关的模式或理论，即关于类别成员的一系列假设。普特南还提出了他所
200 谓的“语言分工”，这实际上是语言权威的分配。与普通人的想法不同，普特南认为，科学理论和专家提供了明确的标准，并决定了如何划分界限。科学家们用这种方式“发现了”自然界可以通过关节来划分，而我们其余的人应该按照他们提供给的分布图行事。

我们大多数人都缺乏科学家的专业知识，我们的分类建立在各种典型的属性上。与此同时，我们通常认为，有些标准是我们无法观察到的，例如，物种和性别。桑德拉・贝姆（Sandra Bem 1993）讲述了她的儿子带着一个装饰发夹去幼儿园的故事。看到这个发夹，其他孩子开始高喊“你是女孩——你戴着发夹。”桑迪的儿子接受的教育是：作为一个女孩而不是男孩，只需要有阴道而不是阴茎，因此他认为他可以简单地解决这个问题。他脱下裤子，说：“看，我有阴茎，所以我是男孩。”但他的同学对此有一个答案。“每个人都有阴茎，但只有女孩戴发夹。”这个故事让年龄较大的孩子和成年人感到有趣，因为他们确实区分了本质和非本质的差异：（通常隐藏的）阴茎胜过那些容易观察到的特征，比如用发夹扎头发。然而，正如我们将在下面看到的，与性别类别相关的“无关”属性在语言学上并不总是无关的。当然，这种性别模式对于维持性别秩序至关重要。

近年来，心理学家对概念形成和变化的研究已经从关注定义标准转向强调概念在其所代表的理论或模式中的地位。孩子最终会意识到生殖器与性的关系，而头发的装饰是没有关联的，头发更容易改变，生殖生物学理论可以说是性别话语的中心。就生物学研究而言，某些分类方法无疑比其他方法更有成效。

内部分子结构常常被证明比行为或外表更能指导生物学上怪异的特性。因此，当生物学研究面临危险时，人们听从生物学家的意见通常是有

道理的。但是，正如我们在第一章讨论男性和女性所指定的概念时所看到的，即使是生物学标准也不总是有明确的界限。这三种标准——染色体、内分泌和解剖学——有时不仅不一致，而且每一种标准有时也不能确定一个完美的双向分类。例如，有些人出生时既没有典型的女性 XX 染色体，也没有典型的男性 XY 染色体。生物学家会把男女的差别缩小到配子的大小，但我们现在还不能马上了解人类的配子。是我们的社会，而不是生物学，坚持二元分类，并坚持这种分类的持久性。是社会需求，而不是医学或科学需求，导致医生建议采取措施，使那些不完全属于这一类或那一类的婴儿的性别正常化（实际上，正常化对婴儿的健康没有好处）。在某些物种中，同一个体在其生命的某些阶段很可能是雄性，而在另一些阶段则是雌性。然而，在人类中，改变性别通常伴随着手术和激素干预。当人类 201
的孩子认为女孩意味着未来是女人的时候，他们通常还是对的。[5]

关于概念重要的是他们在特定类型的话语、特定的背景理论中起作用，并描述出事情现在是怎样、应该怎样、以及将来可能怎样。女性的字面概念是建立在生殖生物学理论的基础上的（尽管对我们大多数人来说，我们对这些理论的理解是极其有限的）。但是，当然，性别话语的目的是将基于生殖生物学理论和实践的女人和男人的概念与其他广泛的理论和实践联系起来。正如我们在第一章中所观察到的，在预测、解释和评估人们的行为时，性别归属的使用远远超过我们大多数人的意识。性别分类对个人行为、才能、兴趣和外表的进一步分类有着深远的影响。有时基于类别的期望非常有用，但有时它们会让观察者误入歧途。[6] 特别是对于儿童，他们可以自我实现，朝着一个方向而不是另一个方向塑造一个人。[7]

突出的领域

分类总是发生在一些背景领域内的对比中。例如，杯子一方面与玻璃杯形成对比，另一方面与碗形成对比。分类与特定领域有关。分类必须涉及一些背景领域，突出一个领域中某些对比是有益的。在研究这一领域的分布情况以及区分不同的种类时，这一领域本身是需要关注的，是社会生活中突出的东西。

一个人所关注的实际领域，以及领域被分割的方式，在不同的社会实践中可能是非常不同的。成为一个特定实践团体的一部分通常涉及某些领域和类别。群体成员获得共享的分类词汇，并参与他们所参与的各种话语实践。在这方面特别令人感兴趣的是，变性团体对生殖器术语的使用发生了变化。黛博拉·卡梅伦（1992）收集了美国年轻男性和女性对阴茎的称呼。她发现男人将阴茎拟人化（使用个人姓名和称呼），并把它当作工具、武器或吃的东西来谈论。拉尔·齐曼（即将出版 a）讨论了跨性别男性如何以男性的身份构建自己的身体，重点是他们如何谈论自己的生殖器。齐曼的研究更强调，跨性别男性通常并不把典型的男性角色或身体视为目标。齐曼的研究可能表明，在一个复杂的性别空间中生活过的人，比那些没有质疑自己在二元性别中的出生位置的人，看到更多变动的可能性。而且，他们在所能获得的激素和手术的可能性范围提供了一个永久的
202 生殖器，因此，有阴茎和没有阴茎在跨性别男性之间并没有明确的界线。仅靠激素就能完成如此彻底的身体变化，他们可以体验到自己是男性，而不管他们的生殖器构造。重新思考他们的阴道导致了新的褒义表达的产生——“额外的洞”和“前洞”。20 世纪 90 年代出现的一个早期为阴茎创造的词是 dic-clit，但最近跨性男人使用 dick 和（在较小程度上）cock 来指代跨性男人的阴茎。另一方面，非跨性男性的阴茎被称为“非跨性阴茎”或“原装的阴茎”。齐曼只听过“阴茎”的两种用法，都是指阴茎成形术后的结果。齐曼强调，跨性男性是根据性别（他们所处的性别身体）来定义他们的生殖器，而不是根据功能来定义，这与主流做法有所区别，卡梅伦的非跨性男性昵称研究反映了这一点。

许多社会惯例已经为饮食器具领域精心设定了分类系统。在西方世界，大多数人会区分刀子、叉子和勺子，有些人主要用刀吃饭。在一些地方，只用小刀吃饭被认为是阳刚的表现。还有更精致的餐具可供选择。有

些人用牛排刀、黄油刀、鱼刀、水果刀；沙拉叉、甜点叉、鱼叉、肉叉；汤勺、茶匙、甜点勺、上菜勺、小咖啡勺。对刀叉的区分通常与阶级联系在一起，就像每顿饭使用大量刀叉一样，餐具本身就是阶级话语的一个重要领域。我们所吃的食物在一定程度上决定了我们是什么样的人，[8] 高度重视刀具和其他餐具与精心设计的进餐仪式之间的联系，其中包括如何将餐具摆放在餐桌上，按什么顺序使用它们，如何拿起和使用餐具，以及吃完后如何以及放在哪里。与之相关的类别和惯例越复杂，局外人就越难以获得参与其中所必需的知识。因此，分类是与该领域相关的更大的组织惯例的一部分。

参与社会惯例包括了解社会中突出的领域，以及以分类为中心的所有知识。这些知识对于奠定以概念为基础的背景话语至关重要。学习如何使用餐具，很显然我们首先要知道餐具的类别和使用方式，然后要有足够的机会去观察其他人如何启用这些类别，也要参与直接或间接的讨论。如果我们成长在一个使用精致器具的社区，我们很可能会从父母那里得到直接的指导。我们也可能听到人们评论别人的餐桌礼仪，通常是轻蔑地指出某人对餐具领域及其结构的无知。

在实际的团体中可能存在不同形式的成员身份，有些是按劳动分工来确定，有些是由与分类相关的价值来确定。例如，在美国主流社会，人们普遍认为女性比男性更讲究餐桌礼仪。某些端盘子的方式（不仅像漫画中 203
那样伸出小手指，还伸出双手捧杯子）被认为是女性化的。在某些圈子里，男人觉得有必要拿甜点叉之类的小器皿或薄瓷杯之类的精致盘子开玩笑。事实上，男人经常否认对餐具和饮食习惯这一普通领域内的类别区别的详细了解，并取笑女人那些被认为精细的概念和信条。

罗宾·莱考夫（1975）声称，女性的颜色词汇量通常比男性大得多，男性经常嘲笑女性对细微颜色差别的关注。色盲实际上是一种与性别有关的第二性征，而且色盲的男性确实比女性多。然而，颜色的主要社会意义可能在于它与家居装饰以及服装习俗的关系。与饮食习惯一样，家居装饰和服装习俗也是构建阶级和性别的场所。嘲笑这女人对一些细分习惯和微妙概念区别的密切关注，是一些男人塑造自己的男性化形象的一种方式。与积极参与高度清晰的分类和话语的领域相比，他们含蓄地降低了这些“女性化”或“衰弱”领域的等级。例如，体育词汇和话语被构建为阳性。这往往意味着，对女性领域的关注妨碍了对公认更为重要的男性领域的有效参与。我们提供了一个 8 岁女孩学习打篮球的（真实）故事来说明冲突，习惯之间的冲突。梅丽莎当时正忙着运球，这时她的男教练鼓励她大喊“加油，红色女孩”。她停下来纠正他，“我们不是‘红色’，教练，我们是‘褐红色’。”这个逸事之所以有趣，部分原因是很明显的，三年级以上的女运动员几乎从来不会因为她们对颜色的热爱而受到阻碍。许多男女都能成功地进行颜色分类和运动。

互动中的社会分类

社会分类突出了社会认同领域，也因此在性别话语中具有特殊的重要性。青春期是研究社会类别的好地方，原因有几个。首先，青春期是一个大量接触社会工作的阶段。青少年在从童年到成年的转变过程中形成了自己的身份。在大多数西方工业社会，他们不是单独的，而是作为一个年龄群体，因为分类在年龄群体的社会组织中扮演着重要的角色。在工业社会中，大多数青少年大部分时间都在学校，而且大部分都在大型的学校。一
204 天中遇到的人越多，匿名性就越强，人们就越有可能依赖现成的分类来做出即时的决定。此外，在拥挤的空间里，总是存在领土和控制的问题。美国高中的社会分类不仅仅是关于认知和可预测性，而是关于权力和社会控制。青少年热衷于建立一种年龄群体文化，他们在新兴的社会秩序中投入了大量的精力和热情。突出的异常的分类就成为一个中心问题。了解什么是“奇葩”“怪胎”“书呆子”“同性恋”，不仅仅是学习词汇上的区别，而且是在了解可接受性界限的特点。

这些明显规范的社会分类不是在抽象中构建的，而主要是在具体行动

中构建的。人们称别人为“奇葩”或“书呆子”，争论某个人是“奇葩”还是“书呆子”。他们可能会当面称某人为“奇葩”或“书呆子”，无论是开玩笑还是作为一种侵犯的形式。但当人们被真实的范例包围时，当人们争论确定的个体是否真的拥有显著特征时，类别就被构建了。

当然，公开谈论社会规范的分类只是一部分。种族、民族和其他类别在许多高中都很重要。彭妮在底特律地区高中的人种学研究中（1989）发现，优等生是其中的一个类别，他们更倾向于有组织的学校生活，而与之对立的则是差生，他们则更倾向于社区和更广泛的校外社会。就像一个女孩说的，一旦开始上初中，“你听到的都是，你知道，‘她是优等生’，‘她是差生’。”这就是全部。你是其中任何一个。你不是一个中间人物，而我是。”在这里，标签的目的显然是建立对立的类别，这将对个人进入学校的领域进行详尽的分类。这些社会类别中有一些在青春期之后仍然很突出，也有常规化的，但它们的正常化功能更隐蔽一些。准确地说，任何社会类别如何分布和理解取决于谁在使用和解释它。[9] 对自己和他人进行分类是肯定社会关系、发展和培养社会身份的重要组成部分。

类别关系

分类不仅总是在一个领域的背景下进行，重要的是同一领域类内的类别之间的关系。

对比的种类：极端对立与默认泛型

当我们把不同的实体放在同一个的类别中时，我们把它们视为等同的，
在某些方面相同的。把不同的个体归类为所有女性，也就是说，为了某些
目的而忽略她们之间的差异，在这种条件下她们被视为可互换的。同时， 205
我们总是根据一些更具有包容性或更高层次的类别或领域来进行分类。这
意味着该类别的成员正在与更大领域的其他实体进行对比。女人通常被区

别于其他人（通常是男人，有时是女孩），尽管她们可能区别于其他雌性动物。任何分类在一定程度上都是根据同一领域内的不同分类来理解的。

对比可以发生在完全相反的事物之间：这意味着每一个对比的类别都被视为同等的，完全具有它自己的独特属性。一些语言学家称这种对比为等效对比。然而，对比往往是分析师们有时所说的“缺失性的”：这意味着一个默认的泛型替代类别，被简单地定义为缺乏将被标记的一个类别（或多个类别）组合在一起的独特属性。

在儿童中，“girl”和“boy”的作用是截然相反的。有趣的是，情况并非一直如此。在中世纪英语最早被引用的用法中，girl，尤其是复数形式，涵盖了男女儿童。这是女性化和泛化结合的一个异常的例子。这个背景领域是关于儿童的，有趣的是同样情况也出现在女性和小孩上。直到中古英语时期晚期，boy 才明确表示男孩，早期用来指男仆或其他地位较低的男性。我们究竟是如何以及何时进入目前的两极分化和极致的对立状态的，尚不清楚。这种对比鲜明的分类通常被认为是相互排斥的：当代的女孩和男孩不重叠。

两极分化是一种倾向，即把对比鲜明的类别视为不仅相互排斥，而且在他们所处的领域中是相互穷尽的：相关领域中的任何事物都归为这些互不重叠的范畴中的一个或另一个。两极对立不一定完全对等。例如，girl 比 boy 更常被用来形容成年人，girl 被用来侮辱那些声称自己是男孩的人，而相反的现象则少得多，等等。但是，女孩和男孩都不是由 kid 或 child 指定的默认类别（就像女孩曾经的那样）。在成年人中，女性这一类别有时与男性这一类别是截然相反的，正如我们在第一章中所看到的，在这两个对立的类别之外，个体成年人，几乎没有任何空间容纳他们，也没有重叠。在图 8.3 中，我们看到了人类分类的背景，性别和年龄是两个组织原则。

但是，对比领域也是缺乏条理的，以至没能完全穷尽的分类，从而留下成员们的默认的背景。例如，女性和儿童可以根据一种背景来分类：这种背景假设女性和年轻人是一般人类所缺乏特殊的属性。这种对于一般人的定义是不完全的，因为其特点是缺少了些什么，剥夺了些什么——女性和年轻人。图 8.4 显示了这种关系。

206

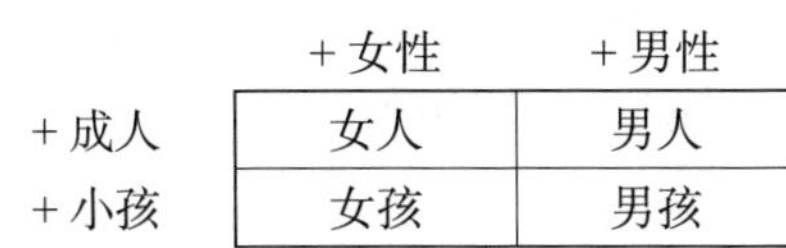

	+ 女性	+ 男性
+ 成人	女人	男人
+ 小孩	女孩	男孩

表 8.3　极化对立

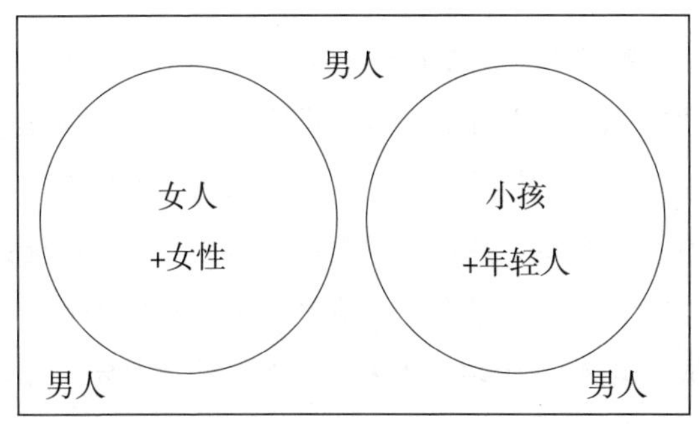

表 8.4　默认背景，标记的子类别

几年前，一位著名的人类学家写道：“当我们早上醒来时，我们发现村民们都在夜里划独木舟离开了，留下我们、女性和儿童（当然他们也是村民！）。” 2000 年 1 月 14 日，美国国家公共广播电台（NPR）的晨间版报道：“100 多名穆斯林平民被杀，其中许多是女性和儿童。（也许新闻播音员的意思是包括而不是和，但是他说的就是和。）有时，不仅男性会被视为默认的泛型，已婚男性也被视为异性恋。就像一位著名的语言学家敦促语言学更多地关注 “语言是被社会秩序成员在日常中使用的，他们用它与妻子争吵，与朋友开玩笑，欺骗敌人。” 这一段涉及一些类似拟人的东西，给社会秩序的抽象概念以具体的生命。很少有拟人的用法不被性别化的。[10]

保拉 · 特赖希勒和弗朗辛 · 弗兰克（Paula Treichler & Francine Frank 1989）将这些和类似的案例称为虚假的泛型，并提供了许多例证：例如，“定居者和他们的妻子” 和 “三个巴西人和一个女人”（在上下文中，这个女人也被揭示为第四个巴西人）。这些词本身并不强迫性别默认——村民、穆斯林平民、社会秩序成员、移民、巴西人当然在语义上没有被标记为男性——但它们在话语中的分布支持默认（成年）男性解释。

英语中传统意义上的性别不明确或泛型有时也可以理解为只适用于女性，但这种用法通常比默认为男性的情况下需要更丰富的上下文信息。
207 1999 年春天，在美国首架跨大陆商业航班上，一名空姐在接受国家公共广播电台（National Public Radio）采访时表示，“那时候的人们结婚就不工作了。”在最近的历史中，没有一个时期是男性（通常）在结婚后辞去他们的有偿工作（加上也许他们知道早期的空乘人员都是女性），这导致我们在这种情况下把人限定为女性。在女性占主导地位的职业领域，正如我们在第 3 章中所提到的，我们看到也有默认为女性的情况：男护士，在没有对应的女护士的说法的情况下，则理解为女性默认。

茱莉亚·佩内洛普（1990）认为，大多数性别差异的分类标签在古英语（OE）中是对称的两极对立，但在现代英语中，性别区分的类别标签（MdE）倾向于用默认为男性化的结构，或显示出我们下面讨论的其他类型的男性中心或以为男性中心的不对称现象。虽然还不清楚是否可以这样做一个普遍的断言，但 woman 和 man 这个词的历史确实表明了一个转变：从多数情况下对立到普遍默认的结构。古英语（OE）形式 man 大致相当于 human，是复合词 wifman 的一部分，这是现代英语 woman 的来源；wif 是现代英语妻子的来源。[11] 还有另一种 OE 化合物，werman，用来标记男性。在狼人这个词中，前缀 wer 沿用到现代英语中的 werewolf 这个词里，在历史上也与 vir（阳刚和美德）有关。然而，在某个时间点，这个阳性前缀消失了。虽然在有些语境中 man 仍然用来标记人类，它也作为一个男性化的形式，几乎可以肯定的是，首先是以同样非传统的默认方式，就如人类学家报告中的村民一样，然后最终成为 woman 的传统对立词。

在特定情境的话语中，man 很少被用来标记一般人类，也很少把男性作为人类中一个特殊类别来划分。然而，我们偶尔也会看到类似的用法：

“man 需要食物，住所，（我们似乎在这里用 man 指代人类）和与女人的性接触（但这里我们将 man 延伸到一个更具体的意义）。”温迪·玛蒂娜（Wendy Martyna 1980）的“男性语言”的辩论强调了代词 he 或名词 man 的传统双重使用，既是阳性的，也是通用的。这里给出的示例中的延伸不仅是潜在的问题。而且在许多常见的情况下，有时泛型只能作为男性词使用。“他不喜欢吃肝脏。”说这句话是指一个特定的人，也许指的是说话者所指的人，就理所当然地认为这个人是男性。或者想想，“有 five men 在竞选北卡罗来纳州的参议员席位。”如果伊丽莎白·多尔或其他任何被认为是女性的人在选票上，那么她们就不包括在这五个人之中。在这方面，man 不同于 cow，cow 是阳性 bull 的默认通称。在某些情况下，five cows 可能包括 a bull（虽然也可能不包括——我们可以说 four cows 和 a bull）。

无性别歧视的语言指南通常警告不要使用男性形式作为泛型。市政研究表明，当一种形式习惯性地与女性形式对立时——可以作为男性化理解——人们倾向于以各种方式将这种形式解释为男性化，而不是简单地将 208
其理解为一种性别包容性的通称。[12] 解释还取决于人们对性别平等的一般态度。霍斯罗沙希（Khosroshahi 1989; 以及 Bing 1992 的进一步讨论）发现，自诩为女权主义者的，不太可能使用男性化的通称来表达不确定的性别含义，多数情况下会将其他人对这些通称的使用，理解为可能是适用于女性的。

选择的词语很重要。但是，正如我们首先考虑的虚假通称所显示的那样，男性的通称问题所在绝不仅仅是语言习惯的问题，比如使用“他”或“男人”。在工作中有更普遍的话语实践和分类标记原则。[13] 有一种话语倾向于笼统的解释，这样就排除了那些属于特别标记中的子范畴的人。女性或青年并不是那些有时可能被认为不是（真正的）人的唯一标记子类别。一个特别令人不寒而栗的例子来自于 2000 年 7 月美国国家公共广播电台的一次广播，当时正值《美国残疾人法》（ADA）的周年纪念日。该节目对一位颈部以下完全瘫痪的法官进行了采访。在谈到她在旅行中遇到的困难时，法官回忆起一名空乘人员向她解释，为什么在紧急情况下她是最后一个下飞机的："我们必须先让 people 先下飞机。"

因此，尽管女性和男性可以是对立的类别（在这种情况下，男性性质被解释为明确地属于男性，这是一些人的一种独特属性），但女性可能被默认标记为男性（或村民或巴西人）的背景。在这种情况下，男性（或村民或巴西人）指的是该领域的一般成员，有可能排除那些属于标记类别的女性。话语实践所指的一个领域的普通成员，只指那些没有特别标记的人——就女性而言，会特别标记她们的性别。这样的实践会产生虚假的泛型，就男性而言，这种实践已经制度化了。这种制度化导致了传统的男性通称。因此，说两个类别标签之间的"关系"是容易引起误解的。在男人和女人的例子中，我们需要警惕哪些关系在特定的话语语境中是有效的。不仅是标签男人产生了有问题的男性通称：使用类别标签来标识那些不属于某些特别子类别的人的普遍做法也会产生同样的效果。

扩展有标记的概念

正如我们之前所提到的，将事物归为同一类，就是将它们在背景领域内或多或少地等同，并视为同质的。一个**类别**内可能存在的差异的重要
209 性，被视为远不如同一领域内截然相反的类别之间的差异，也不比被标记的类别与默认背景之间的差异重要。有一种倾向是在背景领域中详细阐述被标记类别的特殊性。

这有两种发生的方式：一方面是类别内差别的不对称，另一方面是对立的类别和默认背景合并时的类别消失。我们先看不对称，再看类别消失。

类别不对称

在相互对立关系中使用的类别本身可以根据不同的背景领域，以完全不同的方式进一步加以分类。将女性划分为"美丽（pretty）"或"漂

亮（beautiful）”，将男性划分为“英俊（handsome）”或“好看（good-looking）”，这似乎主要是在同一个领域用相同的分类原则贴上不同的标签。但人们的外貌在很多方面都有强烈的性别差异。正如我们在第 5 章讨论赞美时提到的，女性的外表经常在语境中被评论而男性则不会。但这不仅仅是赞美。一个例子来自于 1999 年 11 月 7 日硅谷杂志《圣何塞水星报》的一篇报道。

> R. C. 格林伍德（R. C. Greenwood）走进了一间只有黑色灯泡照明的黑屋子。已建校 34 年的加州大学圣克鲁兹分校校长现年 56 岁，她穿戴的是桃色衬衫、宽松裤、双串珍珠项链和舒适的高跟鞋——这套衣服在紫外线下会变暗，而她的胸罩则像 x 光片一样通过薄薄的材料发光。格林伍德个子不高，淡色的主妇头发两边有几绺灰白……（第 15 页）

本书作者要求一群斯坦福大学的学生将其重写为一个关于大学管理领域领导者的故事的介绍。他们尝试了，但发现这很困难。即使是关于一个女人的故事，提到胸罩似乎也非常不合适。一些学生认为，男士那种没有袖子的汗衫可能和胸罩差不多，但并不完全相同。在某些圈子里，这样一件衣服的标签叫做“背心（wife-beater）”，正如他们指出的那样，这个名字与文胸的含义截然不同。这不仅是关于一个处于相似地位的男性的故事不太可能对外表的细节如此关注，而且用于描述格林伍德的一些类别也没有与男性对应的内容：例如，舒适的高跟鞋（男性的鞋子被认为有舒适的鞋跟，因此不会根据鞋跟的种类进行分类）和主妇的头发。他们指出，这名男性可能会被描述为“有明显的银色条纹的浅色头发”，但他们和我们都无法想出一个类似于老妇人的概念来对男性的外表或风格进行分类。人们可能会用“慈父般的”或“伯父般的”来形容一个男人，但这两种说法都不适用于发型或服装风格。2011 年夏天，克里斯蒂娜·拉加德（Christine Lagarde）接替多米尼克·斯特劳斯-卡恩（Dominique Strauss- 210
Kahn）出任国际货币基金组织总裁。7 月 1 日，英国《每日邮报》的头条新闻是："花样游泳，调情法国，一幅非常有伤大雅的'施虐女'画像：国际货币基金组织新总裁，克里斯蒂娜·拉加德的秘密生活"他接着说，"这位在着装上无可挑剔的法国前财政部长，两个孩子的离婚母亲，将接替被指控强奸纽约酒店女服务员的多米尼克·斯特劳斯–卡恩。"

劳雷尔·萨顿（Laurel Sutton 1992）报告了一组用于指代女性的俚语，这些俚语还对女性的体型和吸引力进行了分类。她几乎没有遇到这样的词语来指代男性。人们可能会说，有些男性又胖又不好看，但像"丑陋的胖懒汉"这样的标签同样适用于男孩或男人，也适用于女孩或女人。萨顿大学的顾问报告称，没有预先包装好的类似于小母牛或母牛的男性标签。对女性外表的关注绝不仅仅是语言的问题。尽管越来越多的人关注男性的外表（例如，英国电视剧《极限美男》），但男性的力量仍然存在（宇宙先生是一个健美比赛），但很少有男性选美比赛（狩猎国际是一个例外，寻找男性模特）。而且，尽管婚姻状况当然可以将女性和男性进行分类，但在对女性进行分类时，对于婚姻状况的依赖度要大得多。社会头衔是这方面的一个指标，此外在新闻中对女性婚姻状况的评论多于对男性婚姻状况的评论。引入 Ms. 是为了提供一个与 Mr. 平行的形式，其中没有任何关于婚姻状况的信息。但正如我们在第 2 章提到的，只有 Miss 和 Mrs. 消失在选项中，Ms. 才会相当于 Mr.。对推荐信的研究中还发现，在描述女性的信件中外貌和婚姻状况经常被评论，而在描述男性的信中则被忽略。[14] 这种做法正在改变，但在外貌和婚姻状况方面对女性的分类仍然远远多于对男性的分类，而且在某些情况下，这些分类似乎无关紧要。

现在有很多方法可以给男人分类。他们可以是聪明的或愚蠢的，强壮的或虚弱的，善良的或吝啬的，富有的或贫穷的，胖的或瘦的，慷慨的或吝啬的，领导者或追随者。但这些类别通常也适用于女性。它们是对人类进行分类的原则。与根据这样或那样的原则给女人分类相比，英语中给男人分类的词非常少（参见 James 1996）。也许"笨蛋"和"讨厌鬼"就属于这一类。在某些方面与"婊子"类似，这些表达似乎确实能根据它们的负面行为来挑选出一群男性。然而，与婊子这个词不同的是，它们似乎不容易扩展到一般的男性成员，从而失去了它们对特定行为或个性的含义。

类别内差异的不对称性是奇怪又矛盾的。一方面，我们注意到有些领域，如个人外貌和是否容易发生性关系，被视为（主要）适用于（标记的）女性性别类别。专门详细描述女性的子类别远远多于男性。一个非语 211
言的例子是服装。在世界各地的许多国家，男人们都采用了西式服装，但女性可能被要求穿（至少在某些场合）当地的服装。我们将在第 9 章中看到，在某些实践社会中，与男性相比，女性更多地使用语言来标记她们之间的社会差异。

默认子类的删除

在一个领域中标记某个标记类别的区别性的最终方法就是将默认（子）类别作为类别删除。当被问及在高中的最后几年里，积极分子与消极分子是否仍然有关联时，本书作者的一位受访者回答说："消极分子，是的。但是积极分子——你并没有意识到这一点。"删除默认（子）类别作为一个类别是维持标记类别区别性的一部分。积极分子变成了"正常"的学生，男人变成了"正常"的人，白人没有种族问题，异性恋没有"生活方式"或"性取向"问题。使用"性别认同障碍"这个词来描述那些可能认为自己是跨性别者的人（他们所经历的性别认同与出生时赋予他们的性别认同不相符），这很明显地表明，跨性别认同被视为异常的、不正常的。但是，谈到顺性女性和顺性男性，以及更广泛的顺性性别，一些跨性别活动人士提请我们注意一个事实，即人们不应该假定每个人都认为他们在婴儿期被赋予的性别身份是"正确的"。事实上，人们可以反对跨性 / 顺性二分法，并主张其连续性，因为人们或多或少对自己的出生性别认同感到"自在"。

在美国，种族是一个特别能说明问题的例子，在这种情况下，占主导地位的子类别被抹去了。唐 · 特里（Don Terry 2001），一个母亲是白人，父亲是黑人的年轻人，以第一人称的视角对种族分类进行了有趣的描述。他在芝加哥海德公园长大。这是一个不同寻常的社区，有大量的家庭是种族混合的。他赞同母亲提倡的观点，他属于两个种族。一旦他离开了那个（不寻常的）环境，他就被迫面临着一个选择，他与白人的联系就意味着抛弃黑人传统的一种强烈的信号。毫无疑问，他开始重建自己的自我意识和身份，他的白人身份被抹去，黑人身份被凸显。在很多方面，种族对那些被归类为黑人的人来说更重要。奥巴马的母亲是欧洲血统的美国人，父亲是肯尼亚人。在《我父亲的梦想：一个关于种族和继承的故事》一书
212 中，奥巴马谈到他在高中和大学期间积极构建自己的美国黑人身份。尽管特里和奥巴马都花了许多童年时光把自己塑造成双种族的人，但他们最终发现自己在社会上被迫选择黑白二分法的一边，尽管他们从个人历史中知道这种分法有很大的问题。

重要的是要记住，当我们笼统地谈论一个更大的类别时，默认子类的删除与明显地排除标记的子类别成员是不同的。说到村民，可能把女性和儿童排除在外。谈到人，可能把身体不健全的人排除在外。同样，在谈到女性时，有色人种的女性也可能被排除在外。谈到非裔美国人，我们可以把非裔美国女性排除在外。黑人女性注意到她们被双重排除在这些普通类别之外："所有的女人是白人，所有黑人是男性，但我们当中也有一些勇敢的人"是标题格洛丽亚·赫尔（Gloria Hull）[笔名贝尔·胡克斯（Bell Hooks）] 和她的同事们在 1982 年所编辑的一本关于黑人女性的研究（见赫尔等 1982）。假的泛型可能在某种程度上取决于删除作为类别的默认子类别。有（"普通"）村民，还有女性和儿童。因为男人本身不构成一个子类别，所以一般来说，村民可以等同于他们中的男性。有（"普通"）女性，也有有色人种女性。这些"特别标记"的女性在女性的错误通用类别中被删除，正是因为白人作为一个重要的子类别被删除了。

尽管种族主义和性别歧视在某些方面相似，但重要的是要重申，它们的操作方式并不完全相同。值得注意的是，性别话语中的互补意识形

态不会再在种族话语中找到相似之处（至少在当代美国是这样）。正如劳里·鲁德曼和彼得·格里克（2008）所指出的，这与性别社会心理学所涉及的事实有关，不仅包括权力关系和动态，还包括广泛的跨性别情感和亲密关系。部分原因是，正如我们前面提到的，男性性质并不总是作为与女性性质形成对比的默认类别，而女性则与之形成对比。有时，性别类别确实是对立的。这种对立通常伴随着彻底的假设——介于两者之间的情况不被承认。这两个类别还有大量精细的特殊性，而不仅仅是标记的那个。因此，在某些情况下，我们发现大量细化阐述公认的“女性”和“男性”，以及极端地认为这些特征是不相容的，这样他们在迫使一个二元化的分类。在下一节中，我们将考虑这种细化是如何操作的。

类别嵌套：性别内部的性别分类

对立（通常是互补的）的性别分类似乎受到类别嵌套的挑战。我们不只是把“女性”与“男性”或“女人”与“男人”作为完全的两极分化类别。在这些类别中，我们可以（几乎）再次应用相同的分类原则。我们可以把女人和男人分成（有点）“女性化”和（有点）“男性化”两类。引用 213
苏珊·盖尔和朱迪思·欧文（1995）的著作，这就是我们在第 1 章中提到的性别的递归性质。

女性化与男性化的分类原则显然不能与女性与男性的分类原则完全相同。我们把每一种性别分成两类，这样就会发现有女性化的男人和有男性化的女人以及有女人味的女人和有男人味的男人。但一般的假设是：（1）女性和男性是对立的分类，因此（2）只有那些女性 / 男性类型与女性 / 男性类型不一致的人才是“异常的”人。事情在很多方面比这更复杂。女性化和男性化是程度的问题，是多少的问题。一个女人看起来越有男子气概，就越不正常。这不是属不属于“正常”范畴的问题，而是接不接近“正常”的问题。但这不仅仅是程度问题，很多时候甚至都不存在对立。

正如我们之前提到的，女性和男性的分类不仅仅是用于人类的。这些性别范畴将各种各样的事物分类，包括各种各样的抽象实体。它们主要通过对人们的各种分类进行区分：性格特征、体型和举止、身体装饰、服装、活动、兴趣、价值观。正如我们在前一章所指出的，事实上，人们之间的任何对立和差异（性别差异），都可以通过海伦·黑斯特所说的性别隐喻归结为男性化或女性化的一种。在整个二十世纪的五六十年代，心理测试都假设，无论什么分类原则把一个人归为女性的那一类都会抵消她被归为男性的那一类，反之亦然。在 20 世纪 70 年代早期，心理学家桑德拉·贝姆反对这一假设，并开发了贝姆性别角色量表（BSRI），该量表允许同一个人在女性化和男性化量表上得分高（或低）（见 Bem 1974）。正如她指出的，在贤惠（被认为是女性特征）和果断（被认为是男性特征）之间，并没有内在的不相容。

在许多方面，贝姆的方法是解放性的。它并没有挑战一个潜在的性隐喻，即把贤惠定义为女性，把果断定义为男性，这个隐喻暗含着性别规范：女性应该是贤惠的，而男性应该是果断的。但它确实挑战了两极分化的含义，即因此男人不应该是贤惠的，女人不应该是果断的。事实上，贝姆提出，心理上最健康的人是那些她称之为“雌雄同体”的人：得分既非常女性化，也非常男性化。她也不偏向性别一致性。然而，一个雌雄同体的理想可以看作是简单地提高了性别规范性的要求：女人应该是女性化的（也是男性化的），男人应该是男性化的（也是女性化）。由于这个原因，也因为它依赖于基本的性隐喻，雌雄同体不再被广泛推广为一种典范（见 Bem 1993）。

性别类别嵌套确实可以利用默认结构。如果我们摒弃两极对立，那么
214 没有被标记为女性化的东西就不一定被标记为男性化。邦妮·麦克尔希尼（1995）发现，女警察的工作传统上被归类为男性化，她们采取了一种缺乏情感表达的互动风格。虽然这种风格不能被归类为女性化风格，但女性自己通常不会将其归类为男性化风格，而是归类为专业风格，一种（潜在的）中性风格。被归类为女性化的东西，通常被视为男性的禁区，很难转

变为中性的类别。当男人采取非典型的性别行为方式或兴趣时，他们通常被描述为女性化的，因此是不正常的。

然而，在适当的情况下，即使曾经是女性的特征也可以转变，被解读为中性。例如，新的良好管理模式有时需要某种交际技能：倾听他人，鼓励他人表达自己，对他人的想法表示兴趣。如果有足够的动机让男性接受女性特征，女性特征的标签就会消失。有趣的是，在好的管理案例中，激励因素是有利可图的：人际关系敏感的沟通技能对处于管理职位的男性很重要，因为它们有助于他们保持对员工的控制。因此，尽管他们呈现出一些非男性化（通常是“女性化”）的特征，这些男人也表现出了对一些典型的“男性化”目标的投入，因此他们作为（真正的）男人的分类并没有受到明显的威胁。当然，毋庸置疑的是，长期以来，在管理层中肯定有这样的人：他们倾听别人的意见，鼓励别人表达自己的想法，对别人的想法表现出兴趣。发生改变的是这种做法在管理和性别意识形态中的地位。

因此，有些矛盾的是女性和男性都可以通过丰富的性别分类特征来挑战性别限制。尽管如此，如果一个有野心而且果断的女人，她的总体外表以及其他方面的行为可以被定性为女性化，她也可以被认为是女性化的。英国前首相玛格丽特·撒切尔（Margaret Thatcher）成功地占据了男性领导的位置，同时也满足了选民对她女性气质的期望。她成功地展现了自己作为一个女性的形象，尽管在福克兰群岛发动了真正的战争，在后方对战后英国发动了“福利国家”的隐喻性的战争。视觉和语言风格都有助于她展示她的女性气质。一个表现出足够女性特征的人也许能够保留她的“女性”类别，[15] 即使存在有许多未被归类为女性的特征（在许多情况下，这些特征被归类为男性）。

性别化话语：帝国主义类别

许多话语实践会假设二元性别分类具有普遍的相关性。当性别分类信

215 息叠加在语篇的基本内容上时，我们的话语就被性别化了。性别化话语实践可能涉及特定的语言资源——性别代词、语法性别一致、性别词缀和其他有性别标记的词汇项目。我们在第 3 章中讨论了这些资源。

然而，话语的性别化并不总是依赖于语言惯例，而是可能在某些领域涉及诸如新闻规范里所提及非默认性别等问题。例如，关于女性谋杀犯、猥亵儿童者或政客的报道中使用“女性”这个词的次数远多于而类似的情况下使用“男性”这个词的次数。在许多情况下，用户可以选择有性别或无性别的措辞。老师可以说“早上好，孩子们”或者“早上好，学生们”，或者话语可以被性别化：“早上好，女孩和男孩。”苏珊·格尔曼（Susan Gelman）和她的同事（2004）发现，母亲和孩子谈论正在阅读的书中的人物时，会有双倍的可能性使用女人而不是护士、老师或其他语义上没有性别区分的词来代替。几年前，哲学家伊丽莎白·比尔兹利（Elizabeth Beardsley 1981）认为，参照性别化——无论是否相关，性别区分似乎都是被迫的——通过使性别分类在本不应该的地方显得相关，从而助长了性别不平等，这是有问题的，它增加了性别的凸显性。

代词

在英语中，性别代词使得在不预设性别归属的情况下谈论除自己以外的任何人确实很困难。已故的莎拉·考德威尔（Sarah Caudwell）（笔名）写了几部小说，主角的性别她从不透露。她是怎么做到的？嗯，这个角色的名字是希拉里，男女都用，希拉里用第一人称讲述故事，用“我”，这是完全中性的词作为自我指代。其他人用这个名字或“我的朋友”之类的泛型来称呼希拉里，或者用第二人称“你”来称呼希拉里，这种称呼也是中性的。[16]

有些语言确实在第一人称或第二人称代词中标明性别。例如，日语中有相当多的第一人称代词，其中一些是有性别标记的，一些第二人称代词（针对说话者和受话者也一样）。有趣的是，相当多的日本女高中生现在都采用了称自己为“boku”的做法，这是男孩在自我指代时使用的第一人称形式，也用于指代非常小的男孩。小川直子（Naoko Ogawa）和珍妮特·芝本·史密斯（1997）研究了一部纪录片中对称呼以及第一和第三人称的使用情况，这些引用是两个同性恋男子在一段伴侣关系中使用的。他们发现，这两个男人在称呼对方时，与日本传统异性婚姻中典型的丈夫和妻子的称呼几乎相同。

代词最常以第三人称表示性别。正如我们已经注意到的，英语第三人称单数代词通常预设其（实际或潜在的）指称物的性别属性。以代词指代人类个体时，它很少被使用，it 被运用于具有侮辱性的表达中，以表明所 216
指的人不符合性别规范，或用于指代非常小的婴儿。即使是对婴儿，这也会被视为不人道。2000 年 7 月，美国儿科学会（American Academy of Pediatrics）警告医生，不要用这个词来指代生殖器不明的婴儿，而应该说“你的婴儿”或“你的孩子”。这个禁令是在对长期存在的假设进行更广泛的反思的背景下提出的，即所有婴儿都应该很快被分配到一个性别，通常通过手术使生殖器外观更符合指定的性别，或通过激素治疗或其他治疗，使身体更符合英语第三人称单数代词假定的极化性别。《X》是 20 世纪 70 年代的一个故事，讲的是一个孩子的早年经历，除了父母和接生他的医生，所有人都不知道他的性别。并非无关紧要的是，“X 宝宝只是个绰号，而不是个人名字；重复“婴儿 X”或“X”，甚至使用“它”比给孩子取一个合适的名字容易多了［Gould（1972）1983］。

英语中确实有一个指代人类的非性别代词，即 they。规范语法将它们限制在复数语境中，但它很长时间被用在单数的通用语境中，下面的章节中我们会概括地讨论这个类别，但是非通用的语境呢？我们越来越多地发现，当性别未知或说话者想避免性别化时，就会使用 they。“有人打电话来，但没有留下名字”或“我的一个朋友说他们（they）见过披头士”。英语中的第二人称代词曾经区分复数和单数，但现在，原来的复数形式 you 现在几乎是唯一的选择，即使收件人是一个人。因此，如果它们在单数语境中也被更广泛地使用，也就不足为奇了。在本书中，我们也在本书中多次使用了 they 这个词。

像“我的”老师或“这位”摄影师这样的先行词在前，即使在口语中，they 也很少出现。确定性似乎使后面的引用难以避免性别化。“我的老师承诺他们（they）会给我写推荐信”，听起来仍然像是老师要邀请其他人一起写推荐信，而“摄影师忘了带他们的（their）三脚架”表明三脚架不是摄影师个人的财产。然而，在一些类似的例子中，they 确实与一个特定的单数先行词有关，这种去性别化的现象很可能正在扩展。然而，they 几乎不用于指代专有名词。以英语为母语的人还不支持把“克里斯（Chris）说他们（they）将在明天举行生日聚会”，解读成克里斯说她或他将在明天举行她或他的生日聚会。当然，也有一些与性别无关的选项：“我的老师答应给我写一封推荐信”或“摄影师忘了带三脚架”或“克里斯声称明天要举行生日派对”。

这种替代方法只是简单地删除代词，但代词的删除并不总是那么容易。确定代词指称的性别在大多数英语使用者的语篇实践中仍然占主导
217 地位，尽管随着越来越多的人使用 they 作为单数指示语——即“指向的”——指称，这种现象可能开始减少。“他们以为自己在干什么？”当你指着远处一个爬上高高的屋顶的人，或指隔壁房间里一个小提琴家发出令人不快的声音时，这句话似乎并不引人注目。但如果用在一个穿着高跟鞋、长裙、戴着耳环、涂着口红、满脸胡须的人身上，可能说明这个人试图“通过”（但没有成功）这种方式进行女性化的自我展示，当然很明显他是一个男性。就比如用 they 指代婴儿，不管他们的生殖器是什么样子的，这可能会让我们更接近一个阶段，在英语第三人称单数指代中用真实存在的选项来预设性别归属。许多医学专业人士现在已经习惯用 they 来指代处于性 / 性别转变过程中的人。考虑到“you”曾经被限制在复数形式中，而现在则适合单数指代，似乎有理由相信 they 可能也会扩展它的范围。可是 he，she，it，这些似乎不会很快消失。

一些说英语的社会群体尝试创造双性或中性的代词。拜伦（Baron 1986）对 20 世纪 80 年代之前为此目的提出的各种新词，就做了一个很好的论述。莉维亚（2001）有一章详细描述了英语小说中新词语的两性通用形式。语言学家对这些新词往往有些不屑一顾，但这些新词确实有支持者。因为规范单数代词的强制性别化对跨性别者来说是一个很大的问题，尤其是在别人对他们生活描述当中，他们对寻找新的替代词特别感兴趣。出于其他原因，可行的中性选择是有吸引力的，或许对那些想挑战性别二元性的人来说尤其如此。近年来相当流行的一组无性别代词是 ze（ze 在这里）、zir（我们看到 zir）、zir（那是 zir 外套吗？）、zirs（那是 zirs 吗？）和 zirself（克里斯 zirself 学会了穿衣服）；另一个只用 E/e 或 Ey/ey 表示主格，em，eir，eirs，eirself 表示其余的。后一种形式被称为斯皮瓦克代词，因为数学家迈克尔·斯皮瓦克（Michael Spivak）引入了它们；它们在网上被频繁地使用，而且很容易被记住，因为与 they 非常相似，这也许是为什么它们会更容易被接受的一个原因。

许多语言在第三人称代词中不标明性别。芬兰语就是这样一种语言。第三人称单数代词 hän 可以翻译“她”或“他”，在很多情况下，英语需要一个代词，芬兰语（像许多其他所谓的省略语言）允许省略。然而，有趣的是，一些以英语为母语的人会在许多情况之下使用第三人称单数，以芬兰语为母语的人往往会选择一个性别化的名词，例如“tytto”，它的意思是“女孩”。因此，尽管第三人称代词在芬兰语中并不强制性别化，但第三人称的指代通常都是性别化的。

在汉语普通话口语中，第三人称代词没有性别区分，但现在写作中却有了性别区分。然而，在翻译言语时，通常没有理由使用 he 而不是 she（或反之亦然）来将第三人称代词翻译成英语，一些语言学家现在确实使 218
用 he 或 she 或类似的东西。然而，在很长一段时间里，中文源语中并没有隐含男性的含义时，he 也经常被使用，即使 he 这个词在英文中隐含男性含义。

性别一致与分歧

正如我们在第 3 章讨论语法性别时所指出的，法语中的第一人称代词本身并没有性别，但形容词会与指称对象（说话人）所归属的性别相一致。当然，其结果是将第一人称的话语性别化。例如，一个讲法语的女孩学会说“je suis heureuse”来表达她的幸福，而一个男孩则学会说“je suis heureux”。说 heureuse 而不是 heureux 是把自己当成女孩或女人而不是男孩或男人的一种方式。“一致”形式给“je”的指称对象指派性别，尽管第一人称代词本身并不具有语法上的“性”。在使用法语第一人称话语时，不可避免地会出现性别自我归属的现象，就像莎拉·考德威尔笔下的希拉里可以用英语的第一人称。

与此同时，这种性别认同形态可以成为挑战永久二元性别分类的交际资源。安娜·莉维亚（Anna Livia）指出，法语的第一人称叙述者可以利用性别（不）一致性来表现自我有时是女性，有时是男性。她提供了变性者和其他抵制传统性别安排，利用法语语法性别来探索的性别融合的可能性的例子。基拉·霍尔和维罗妮卡·奥多诺万（Veronica O'Donovan 1996）研究了海吉拉斯（印度的“第三性别”）的代词用法。海吉拉斯，俗称阉人，在印度有一个仪式场所，在那里，人们雇用他们在生日庆典上跳舞和唱歌。据说这项活动能为新生儿提供保护。人们有时叫他们“太监”，有时则为“阴阳人”。许多海吉拉斯人切除了男性生殖器作为进入这个团体的通行证；有些人生来生殖器就不明确。虽然他们一般都是男孩，但在很多方面，他们的身份既不是男性，也不是女性。进入海吉拉斯社区涉及一个社会化的过程，通过这个过程，每个人学会“像女人一样”穿着和说话，并像和女人说话一样和其他海吉拉斯交谈。霍尔研究的印地语是海吉拉斯仍主要使用的语言，在自我指称和对社区其他成员的称呼时与女性性别保持一致。[17] 但成为海吉拉斯并不意味着成为一名女性，更像是生活在男女二元对立的边缘。用性别化的形式来指代自我是其中的一个表现，海吉拉斯倾向于在男性中以过去时指代自己，在女性中以现在时指代自己。引申开来，女性化和男性化的引用似乎象征着群体内和群体外的地位。例如，霍尔和奥多诺万（1996）举了海吉拉斯使用男性化指称来表 219
示对另一个海吉拉斯的愤怒，否认一个海吉拉斯在社区中的适当性或合法性，以及仅仅地表示与之保持距离的例子。因此，语法性别可以成为挑战标准性别二元对立的资源。

在第 4 章中提到过，尼日利亚的样道都“'yan daudu”，通过类似的方式使用性别化代词。由于样道都不是变性人，而是明确的“表现得像女人的男人”，他们并不经常使用女性代词来指代或称呼对方。不过，他们确实使用女性代词来指代特定类型的关系，尤其是“女友”关系——样道都之间的柏拉图式友谊。高迪举了一个例子（2009: 278–279），在一段对话中，拉米（Lami）指责他的女朋友曼苏尔（Mansur）抢走了他的男朋友。通过用女性第二人称单数代词称呼曼苏尔，拉米强调了女友关系的道德义务，从而强调了抢男朋友的不道德行为。另一方面，曼苏尔在回答时使用了男性第二人称单数代词，忽略了道德义务。

唐・库利克（1998）在他关于巴西男同性恋性工作者（异装癖者）的人种学研究中强调了他们复杂的性别地位。尽管异装癖者接受了大量的激素和硅胶治疗，以使她们的身体更女性化，改善她们的女性外观和行为，并采用女性的名字、称呼和代词。但她们并不认为自己是变性女或任何意义上的女性。库利克（1998: 193）称异装癖者为“建设性的本质主义者”，因为他们认为一个人与生俱来的生殖器决定的是生理性别，而不是社会性别的。因此，她们毫不含糊地认为自己是男人，但可以灵活地表现为女性。事实上，他们声称自己比女性更好，因为他们的生殖器具有更大的性灵活性。但是，似乎忘记自己是男人可能会导致从公开剥夺（p. 206）到咄咄逼人地使用男性称呼。

在性别一致的语言中，当使用复数时，或者当所指物的性别未知时，必须选择表示性别时，会发生什么？在像法语和印地语这样的印欧语系语言中，在这种情况下的规则是使用男性形式。同样，我们也可以利用这一规则来表达对主导性别秩序的质疑。但在具有语法性的语言中，有一种强烈的倾向，即男性形式成为默认形式。格雷维尔·科比特（Greville Corbett 1991）在他对世界各地语言中语法性别的广泛讨论中提到了这一趋势。与此同时，他注意到一些例外情况，在一些语言中，女性（在语言学上）是默认的人类，而男性是特殊情况。其中，他提到了尼罗语中的马赛语（Maasai），易洛魁语（Iroquoian），尤其是塞内加语（Seneca），以及阿拉瓦克语中的瓜拉西语（Goajiro）（瓜拉西半岛人使用的语言）。在阿拉瓦克语中，阳性用于指男性的名词和少数其他名词（如太阳和拇指），而大多数都是阴性。这个非阳性的性别包括指代女性的名词，以及
220 指代非人类动物、无生命的名词，以及几乎所有其他事物的名词；在不知道性别的时候使用（pp. 220–221）。不幸的是，关于这些相对比较少见的，标记性很强的男性性别系统是如何付诸社会性别实践的，我们无法提供任何信息。此外，科比特还指出，在性别未知的情况下，一些语言提供了阳性或阴性标识的另一种选择：例如，波兰中性词有时被使用得很像英语的单数形式的他们（they）来避免表示女性或男性。阿尔齐（Archi），一种东北高加索人的语言，有四个性别，其中两个分别用于男性和女性，如果（潜在的）指示物的性别是未知的，不重要，或待定，其他两个性别（一般主要用于抽象名词）可用于孩子或小偷等名词的一致式。

“语法性”有时与“自然性”相对立，“自然性”是用来描述事物的术语。例如，在英语等语言中，代词的选择曾被描述为受指称的性别支配。正如我们从通用用法和其他用法中所看到的，英语中的性别很少是自然的，更多的是“概念的”。甚至语法上的性别系统也被说话者利用去做“非自然”的工作。[18]

性别化过程

正如我们在第3章中提到的，许多不同的语言中都有女性化词缀，

我们讨论过英语中的 -ess 和 -ett 形式。英语中并没有真正使一个通用词男性化的词缀，这种形式在其他语言中也不容易找到。（我们有时确实会在女性形式中看到对称的男性形式——例如，英语中的 widower 和 bridegroom。）因为一般倾向于默认为男性，因此标注出女性性别就具有意义。在那些对改变社会性别感兴趣的英语使用者中，已经出现了一种远离性别称谓的趋势。例如，在飞机上工作的人现在被广泛地称为“空乘人员（flight attendants）”，而不是“空中小姐（stewardesses）”或“空少（stewards）”。许多演戏的女性称自己是演员而不是女演员。在儿童读物和某些官方职位列表中，我们现在看到的是警察和消防员。在这样的话语中，性别中立决不是一个既定的事实。在美国大多数城市，巡查和救火仍以男性为主导，而且，即使其中有几个女人，美国媒体仍倾向于赞扬那些在 2001 年 9 月 11 日试图从倒塌和燃烧的世贸中心大楼中营救其他人时牺牲的纽约市消防员（firemen）。

提倡使用性别中立的职业称谓，是反对支持传统性分类做法的一种策略，这也是英语使用者最常用的策略。另一种完全不同的策略是，为传统上属于男性的工作找到女性标签，以突出现在有女性担任这些职位的事实。后一种策略显然是在带有语法性别的语言中使用最多的策略，可能
部分原因是，考虑到任何职业标签都会带有某种性别，中性策略在这些语 221
言中不太容易实现。例如，正如我们在第 3 章中所观察到的，讲法语和德语的性别词改革者创造了许多与传统男性形式的职业标签类似的女性形式。这种女性化策略不仅让女性在传统的男性工作中脱颖而出。用女性代词指代这样的女性，既可以遵循性别一致规则，也符合指称特定个人的惯例。在罗曼斯语言中发现女性职业称谓是有用的，因为已经有很多成对的男性和女性形式，它们几乎是对称的。例如，意大利语中有许多专有名词，其中阳性形式以 -o 结尾，阴性形式以 -a 结尾。在一些职位名称和其他指示符中也可以看到类似的变化。但这并不是所有。凯瑟琳·康纳斯（Kathleen Connors 1971）对一些欧洲语言中（主要是罗曼语族）的女性施

动的形式进行了有趣的讨论。她注意到，可能被认为是女性施动形式的东西已经被用于机器、工具或某些抽象实体。罗斯·金（Ruth King 1991）给出了一些此类的例子。例如，le trompette（m. 男性）是一个小号手，而 la trompette（f. 女性）是指小号或（尽管可能不太可能）一个女小号手；le médecin（m. 男性）是医生，而 la médecine（f. 女性）是医学领域，并不能真正指定女医生。事实上，从历史上看，医学领域的女性形式先于用于指定医生的男性形式（小号可能也是如此，尽管历史证据不太清楚）。无论历史上的顺序如何，最终的结果是，对应的女性施动者在今天已经不能作为一个新造的词了，因为女性形式已经在做另一件事。[19]

一些人认为，即使在英语这样的语言中，在不存在语法性别造成的性别一致困境的情况下，中性化指称的话语策略存在着从性别化走向性别中立的危险。他们指出了我们之前讨论过的错误的通称词，他们指出，把 officer（警察）解释成 male（男性）太容易了，而使用 police woman（女警察）可以帮助让人们看到一个事实，即女性确实正在进入这个传统上属于男性的领域并取得成功。当然，还有其他方式来传达话语信息，即越来越多的女性成功地担任警察。但是其他的方法可能需要更多的关注，而不是一次性的改变职业称谓。另一些人则对像 chairperson 这样的新词感到不舒服，并注意到中性的新词通常最终会变得女性化（参见 Ehrlich & King 1994）。不足为奇的是，没有正确答案，也不能保证任何特定的话语选择实际上会像预期的那样起作用。这并不意味着像职业称谓的性别中立这样的过程在帮助改变性别化的劳动分工方面没有用处。他们有时有用。然而，这确实意味着变革并不总是顺利进行的。这也意味着没有语言上的快速解决方法。

新标签，新类别

222 人类思维发展的特点是，我们开始认识到不能用我们熟悉的资源对新模式进行分类。为看起来像是新识别的类别提供一个标签，可以为进一步探索这些模式及其重要性提供重要的帮助。科学实践中充满了引入新概念——新范畴——及其标签的例子，随着探究的进行，这些概念随后会得到细化。但不仅仅是科学家们将新的分类方式视作新的思维方式和行动方式发展过程中的强有力工具。

正如我们所看到的，类别与理论或图式相关。无论是在单一域内还是跨域，它们在话语中发挥作用，话语将它们或明或暗地与其他类别联系起来。因此，毫不奇怪，新的类别标签（或旧类别标签的新用途）经常在提高和检验观念方面发挥作用。例如，性别歧视这个标签是通过与种族主义的类比而构建的。第一次使用性别歧视这个词是在 20 世纪 60 年代中期，[20]但显然是由当时的许多不同的人独立创造的。这个标签把以前被认为是无关的、随机的、或者可能完全没有被注意到的女性缺点集合在一起。这个标签使人们更容易谈论对女性不利的模式化系统性。就像女权主义者和女权主义一样，性别歧视者和性别歧视的分类也以各种方式被争论（见米尔斯 2008 年的讨论）。这里重要的一点是，引入一个标签，和试图进一步理解它在单一类别中汇集的各种现象是息息相关的。约会强奸和性骚扰都是最近推出的分类标签，也帮助人们一起思考一些以前没有真正考虑到的模式。但是正如我们在第 2 章中所强调的，一旦类别标签被启动，它们的未来是不确定的，而且它绝不总是由启动者控制。

新的社会类别标签或使用熟悉的社会标签的新做法是所谓的“政治正确（PC）”辩论的核心。“政治正确”一词起源于左翼团体内部的一个自嘲标签，那些过于刻板或“自以为是”的人会被他们的朋友和同事取笑［见 Cameron（1995）关于这个词以及与之相关的一些口头卫生习惯的启蒙讨论］。近年来，那些反对某些社会变革的相对保守的团体取代了 PC 的使用。PC 现在主要用来嘲笑对在社会运动过程中出现的社会标签（甚至问题）的担心。

在 20 世纪 50 年代民权运动兴起之前，被带到美国的非洲奴隶的后代

在“礼貌”的谈话中被称为“negroes”。部分原因是 negro 这个词是种族
223 主义者张嘴就来的 nigger 一词的词源，其次是黑人想要明确宣称深色皮肤是骄傲而非羞耻——回想一下口号“黑色是美的”——许多曾经自称 negro 的人，现在选择称自己为黑人（black）。再者，面对默认美国人有欧洲血统这一事实，为了强调了自身的美国人身份，新生一代则称为非裔美国人，美国黑人或非洲裔美国人。有些人现在更喜欢称自己为非洲人。然而，在黑人社区中，他们广泛接受与使用“黑人（black）”一词。尽管说唱团体唱火了“niggah”一词，但是许多非裔美国人不愿意看到主要群体内部的词走进大众视线。请注意，这种形式的恢复是借助新的拼写和坚持不发 r 音，使它远离强烈禁忌的 nigger 一词。尽管如此，niggah 一词与 nigger 如此相似，大多数非裔美国人认为不能使用它，当然其他群体的非种族主义者也禁止使用。[21]

在有拉丁美洲血统的团体里，自我指称也存在类似争论。有些人认为西班牙裔（Hispanic）是由外来者强加于他们的，从而更喜欢“拉美裔（Latinola）”，或者一些更具体的类别标签，如奇卡诺人（Chicanola）（指墨西哥裔美国人或在美国的讲西班牙语的拉丁美洲人后裔）。另一些人则认为西班牙裔这个词有助于建立不同群体间的联盟。大多数自我指称为核心问题的社区都在与一系列社会问题和制度化的种族主义或其他偏见做斗争，因为这样的争议总是根植于更广泛的社会和政治斗争中。

在围绕性取向问题而组织的团体里，也有持续的争论和指称的转变。一般来说，这一行动具有包容性。例如，同性恋通常是虚假的通称，不包括女同性恋，所以许多群体的名字内都包括女同性恋和男同性恋。有个主要的问题是，将人分为同性恋者和异性恋者是否真的是一种富有成效的思考方式，在这种方式下，性 / 情爱欲望通常是由被欲求者的性 / 性别属性决定的。也许更有用的分类应该把那些被认为是有吸引力的人的身份作为分类欲望的中心：那些被女性吸引的人会表现出一种性欲特质（女性恋癖），那些被男性吸引的人则会表现出另一种性欲特质（男性恋癖）。不

再将同性恋 / 异性恋划分中，将假定的身份匹配或不匹配作为最基本的分类标准，这允许变性，他们确认的性别身份不同于先天性别，直截了当地对其性取向进行分类。但是，女性恋癖和男性恋癖的分类非唯一可能。对于某些人的性吸引力似乎与欲望对象的性或性别身份几乎没有关系（泛性恋是个比双性恋更不受限制的术语，双性恋可以消除中间人即“阴阳人”）。某人也可能是无性欲的，也可能有其他映射欲望的方法：比如说欲求者的年龄。[22]“同性恋者（queer）”这个词在性别和性取向的小众群体中越来越受欢迎，这是因为它作为一个分类标签的使用很灵活，在某些用 224
途中，甚至包括那些性取向和性别认同确实看起来是“异性恋”，但他们渴望脱离主导的异性恋群体的人。

像 niggah 一样，“queer”这个标签也被（一些人）重新定义为积极的自我参照，尽管这个词常被用作负面的地用在这些人身上。人们现在也用女同性恋者（dyke）和婊子（bitch），来自我指称，表积极的意义。即使是很多男同性恋者仍然觉得很伤人的男同标签（faggot），也可以重新用于积极目的。萨莉的一个学生采访了一个年轻的男同性恋者，他用狂热的同性恋作为他终极认可的标志，并将其定义为“一个天知道他如此出色的人”。他还想出了一个标签“gurl”——“字母拼写含有一个 u”——作为另一种方式标记他特别喜欢的那些男同性恋朋友，即“狂热的同性恋者”。改善那些长期损人的标签一直是从指定群体开始，通常（就像阳刚同性恋者一样）是带有明显讽刺的标签。能否重振旗鼓取决于许多因素。[23] Queer 可能是英语中唯一一个在非同性恋者中有广泛正面意义的再生标签，但即使在这种情况下，因无法忘记它曾经用于贬低他人，许多同性恋者也不喜欢这个标签。[24]

安德鲁·黄（2005，2008 a，2008 b）发现：在香港和台湾“同志”经常被翻译为“comrade”，小众的性取向群体（即男同性恋）。他的数据来源于：采访、新闻报道、档案资料、以及对参与香港活动分子和友谊团体的观察。他发现这段历史尤为复杂，语义和社会变化相互交织，未来发展态势仍旧云里雾里。这个词在 20 世纪 80 年代末开始流行，作为英语中 gay、lesbian、queer 和“同性恋者”同性恋的一个本土替代词，“同性恋者”是对英语 homosexual 的一个语素逐字释义，在许多官方语境中都有使用。“同志”也替代了侮辱和贬损的中国本土词汇成为一种尊重和肯定的选择；它的历史伴随着平等和反抗。几年后，一些主流媒体开始使用“同志”，一些活动分子认为这是重新定位性别身份类别的胜利。然而，随着时间的推移黄发现，“同志”被“重新”来支持一个非常不同的人群。那些嘲笑非规范的性别身份和为性别平等所做的努力的人，从而模糊了这个词所代表的积极价值。他对《东方日报》（ODN）中使用“同性恋者”和
225 “同志”的语境进行对比分析发现，ODN 的记者使用“同志”的方式使它的积极价值成了问题。黄指出“即使边缘化群体取得胜利，战争也不会结束，因为边缘化群体改进的词汇又会重新用于在仇恨语境”（2005: 767）。而且，有趣的是，黄（2008a）发现，在香港大多数认为自己被同性吸引的非活跃人士都拒绝“同志”这个词。他们拒绝“同志”并不是因为媒体滥用它，而是因为它的共产主义的关联意味。也许更有说服力的原因是，他们喜欢不明确指称的标签，或者极易被理解为其他意思的词汇（例如，“同志”可能意味着任何小组成员）。实际上，他们拒绝将喜欢同性的事实转变为身份分类的基础。

当然，仅仅通过改变指定社会类别的标签不会让其在社会实践中的地位有所改变。但是，更改标签有时是以该类别为中心的改革实践中的一部分。女性试图（取得了一些成功）停止用女孩来称呼成人女性下属，“让你的女孩跟我的女孩打电话”这是男性主管们曾经在建议他们的女秘书处理诸如安排午餐之类的平凡小事时说的话，避免使用这类话语将办公室工作从个人（秘书作为办公室打杂的）重新分类为专业，专注于手头的共同业务。这一术语的转变是改善女性工作条件的一部分：为老板煮咖啡或给他的妻子买生日礼物不再纳入秘书的工作范畴，秘书工作越来越专业化，也就不用继续这种妻子式的关爱模式。脱离关爱模式使我们更清楚地认识

到，这些工作的工资和其他物质报酬需要改善。尽管我们谈到了“他的妻子”，但事实上，女性也可以成为老板。这种变化也经常（不总是）有助于改善下层阶级的工作条件。然而，意义取决于语境，在非裔美国人中，“女孩（girl）”一词是一个群体团结的标志。

对于那些参与反性别歧视活动的人以及那些将自己定义为反对某些压迫性社会安排的群体来说，社会类别和标签对他们来说至关重要。那些建议人们应该担心工资而不是语言的人提出了错误的二分法。没有人愿意用加薪来换取礼貌的称呼，也没有理由为此付出代价。（男人们在工作中称呼这些成人女性为“女孩”，或者用她们的名字称呼她们，或用“甜心”“亲爱的”之类的爱称，但他们期望女性用“琼斯先生”或者类似称呼来称呼他们。）[25]

改变分类方式和改变标签是改变社会实践的一部分。

226 第 9 章

构建国家、构建边界

性别问题植根于国家的结构之中，尽管它没有正式纳入国家文件。一个社会的性别秩序往往是其文化遗产的重要组成部分，这一事实在当前西方国家和保守的伊斯兰国家之间的斗争中得到了极大的体现，因为双方都将对方的性别秩序视为堕落的证据。在本章中，我们将讨论如何利用性别意识形态，使语言和性别在国家、地区、社区和边界的建设中相互起作用。我们的讨论，将从特定的语言变体如何产生权力开始，再到如何通过语言的性别来确立边界的具体实例。

接触中的语言变体

皮埃尔·布尔迪厄（1991）认为，一个人在思想市场上的话语价值取决于这些话语的命运——它们是否被获得、被关注、被实践、被重复。他强调说，这种命运在很大程度上取决于构成话语的语言变体。正确的语言变体可以把一句“毫无价值”的话转变成能在有权势的圈子里引起关注的话。就像正确的朋友、衣服、礼仪、发型和汽车一样，“正确”的语言变体有利于人们获得社会地位和权利，而“错误”的语言变体的运用则适得其反。与此同时，尽管像伊丽莎白女王或像美国网络新闻播音员那样说话的人可能因此而获得进入全球权力殿堂的机会，他们很难接触到贫穷社区并获得他们的信任，也很难加入嘻哈乐队、帮派或啦啦队。虽然后一种群体可能不会掌握全球权力、声望或财富，但他们掌握着各种社会和物质资源，这些资源对许多人来说可能更有价值。

语言的特殊符号意义是存在于语言与语言使用者之间的关系之中。我们在第 1 章中已经看到，性别意识形态将男性和女性的性别与特定的特质联系起来，以这种方式来证明性别秩序的合理性。语言意识形态也有类似的功能，将语言变体的假定性质与使用这些变体的人或群体的假定性 227
质联系起来。苏珊·盖尔和朱迪思·欧文（1995）将这一过程称为“图标化”——在一种语言变体和使用者之间创造一种明显又自然的联系。正如我们将看到的，关于语言变体的信念与性别观念相吻合。我们在前几章中讨论过的关于力量、能力、情感、理性和优雅的概念，也同样涉及语言，因为语言选择与社会等级相一致。一种语言或方言在本质上并不比另一种更好，也没有什么东西在本质上适合于浪漫、外交、逻辑或科学。随着语言被用于特定的目的，专门的词汇就会建立起来，这可能会出现用某些语言谈论特定的话题会比用其他语言更容易的情况。词汇的用法是非常短暂的，但是关于语言的信念是普遍存在的，也是强大的。次级群体的方言通常被认为是不符合语法的，甚至是低等思想的反映，而权势人物的语言则被错误地认为更优雅，甚至更合乎逻辑。

与语言相关的意识形态是从语言接触的特定历史发展而来的。世界上大多数群体至少会说两种语言，有些甚至是多语种的。这种情况的呈现方式有很多种，比如：语言群体的迁移，殖民语言的推广，政治边界的转移。此外，随着时间的推移，语言变体也在不断变化，而且只要有足够的时间和距离，同一种语言的不同变体就可以成为截然不同的方言，最终会变成不同的语言。在很多情况下，一个团体的语言之间出现了分工。共同的语言可能会被不同的人群在不同的情况下使用。这种劳动分工不可避免地涉及不同变体之间的权力差异。最常见的是，有一种变体享有某种官方地位，是参与政府、教育和全球商业等重大机构的必要条件。这种变体，通常被称为标准语，与普通大众的语言或日常的语言（白话或方言）相对。标准语和白话可以共存几个世纪，但标准语逐渐取代白话的功能也很常见，这一过程被称为语言迁移，最终导致白话的死亡。语言死亡在现代世界随处可见，据说每两周至少有一种语言死亡。语言死亡和语言保存不是自然现象，而是相当刻意的语言政治的结果。我们首先简要讨论导致不同变体接触的一些常见动力，然后再开始性别和语言接触的讨论。

差异

所有的语言都在不断地变化——变化实际上是语言的一个基本属性，也是社会能力不断适应新情况和环境的一个重要方面。语言的变化不是随
228 机的，也很少是突然的，而是随着时间的推移逐渐系统地进行的。随着时间的推移，在两个遥远的地方使用的同一种语言可能会相差很大，以至于这些地方的使用者无法进行交流。在美国很常见的地方方言——纽约口音、中西部口音和南方口音，是说英语的人生活在北美这些地区的时间长度的证据，也是语言变化不断进步的证据。但是，语言的变化，就像其他事情一样，与意识形态有关，接受或避免某种意识形态都会产生社会影响。一般来说，保守主义与社会的上层联系在一起：语言保守主义与教育有关，避免使用明确的地区或地方语言或方言特征与全球化或世界主义倾向有关。另一方面，融入本地特色是一种展示对本地事物的参与度以及忠诚的方式，尤其受到工薪阶层的重视，他们的社交网络和活动往往更本地化（参见 Bott 1957; Milroy 1980）。考虑到在社会经济等级体系的两个极端：以地方为导向的人和以全球为导向的人之间的两极分化，地方特色的使用会出现社会分层（这往往是进步中的变化）就不足为奇了。

读者无疑会发现，说纽约话的人通常会在辅音前或单词结尾“省略”他们的 /r/。纽约人很清楚，发音 /r/ 的比例反映了说话人的社会经济阶层。他们说得越正式，发音 /r/ 的可能性就越大。这一众所周知的事实显示在图 9.1 中。图 9.1 是根据威廉 · 拉博夫（1966）对纽约市下东区的 100 多名说话人的研究得出的。同样的情况适用于所有类型的变体：/ th / 发成

[d]（this 和 that 发成 dis 和 dat），著名的纽约元音 / oh /（dog 听起来更像 doo-og），还有 /æh /（bag 听起来像是 bee-ag）；或是形态句法形式上的变体：如否定的一致性（I didn't do nothing）。从德黑兰到格拉斯哥，再到 229
巴拿马城，在很多城市的社区中都能找到这种社会和风格的分类法。纵观所有情况，说话者的社会经济阶层越低，他们使用区域性变体的可能性就越大，这是印刷体中的语法形式所鄙夷的。这个模式说明语言的变化往往起源于社会经济阶层的低端，然后向上传播。随着时间的推移，那些将纽约与芝加哥或亚特兰大区分开来的变化会积累起来，并创造出一种相互之间难以理解的方言。

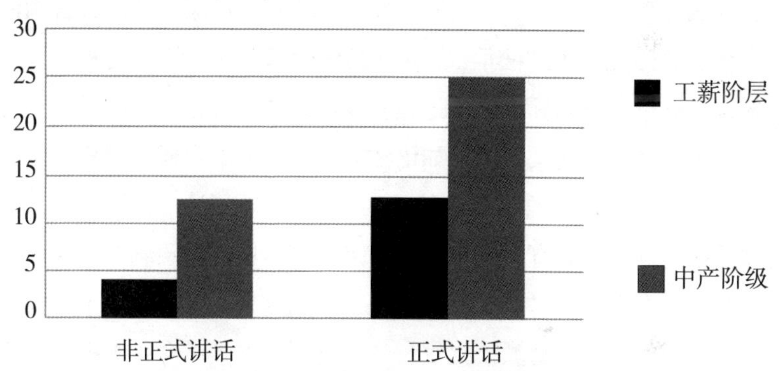

图 9.1　纽约市后元音 /r/ 的发音百分比

人们通常认为拉丁语是一种“消亡”的语言，但它绝没有消亡——它只是发生了变化，并且在这个过程中变得多样化了。罗马征服者将拉丁语引入整个帝国，作为统一领土和建立罗马霸权的一种方式，最终取代了该领土上的大多数的土著语言。其中三种语言，布列塔尼语、阿尔萨斯语和巴斯克语，仍在法国领土上使用，但它们的生存受到了威胁。几个世纪以来，拉丁语发生了变化。小的变化从不同的地方开始，扩散到大大小小的地区，形成了一个巨大的语言连续统一体，从现在的法国到现在的葡萄牙和罗马尼亚西部。直到第二次世界大战，这种现代的基于拉丁语或罗曼语的变体仍然存在。一个人从巴黎走到马德里，会经历从一个村庄到另一个村庄日常用语的细微差异。随着距离的推移，这些微小的差异会逐渐累积，直到走路的人不再理解他们的语言。但这片领土并不是一个政治的连续体，法国和西班牙民族国家的建立在比利牛斯山脉的山峰上形成了一条清晰的边界。几个世纪以来，国家的缔造者用语言创造边界和创造边界两边的统一（就像罗马人曾经做的那样）。例如，为了创造一个“法国”，巴黎的精英们必须让生活在比利牛斯山脉的人们相信，他们与巴黎人的共同点比与“西班牙”那边的其他山民更多。考虑到几个世纪以来的接触，考虑到山脉与平原、南方与北方之间截然不同的生活方式，这是一个艰巨的任务。

巴黎成为政治和经济权力的所在地，政府宣布巴黎当地的方言为法国的国家语言，因此称为“法语”，宣称其作为国家通用语言的真实性。语言的地位是通过一系列标准化的过程实现的，或者说是编纂的过程——通过将方言固定在永久的文件中，如语法和字典，要求它作为教育和官方事务的唯一合法变体，并监控它的使用。对于那些住在远离巴黎的人来说，他们需要接受标准的教育，几个世纪以来，统治精英阶层剥夺了农民受教育的机会，也剥夺了农民了解标准的机会，用这种方式维持一个庞大而政治上薄弱的农村阶级，为城市提供食物。直到法国大革命，中央政府才专门建立了一套教育体系，目的是让所有人都参与到政治进程中来。虽然普及教育花了一个世纪的时间，但人们逐渐会说两种语言。从那时起，语言转变的过程开始了。

230 法语是全球机构的语言：教育、现代医学、政府和金融、社会事业、有薪职业、宗教和媒体。相比之下，地方方言及其所服务的生活方式逐渐与农民的刻板印象联系在一起——无知、民间医学、政治孤立、易货经济、贫穷、农业工作和迷信。20 世纪，随着人们越来越频繁地参与到需要法语的场合和交易中，语言的使用逐渐地从地方方言转移到法语。与法语相比，方言的使用受到越来越多的指责。人们开始避免在公共场合使用方言，以避免羞辱，并且用法语抚养他们的孩子，以使他们在主流经济中领先一步。到 21 世纪初，法国大部分农村人几乎都会说法语。

这个故事在 20 世纪下半叶发生了转折。法国的经济和政治权力如此集中，使得各省的农民和葡萄种植者处于明显的劣势。作为回应，出现了一场地区性运动要求南方自治，并以文化与北方的分离和整个南方的文化同质为理由证明这种自治是正当的。南方的本土方言虽然濒临消亡，却被用来说明该地区作为一个文化和政治实体的真实性。于是出现了一场地区性语言运动，致力于将地区性方言提升到与法语相同的水平——也就是说，声称南方语言的标准语言地位。但由于南方是一个巨大的方言连续体，这场运动再一次选择了一些“主要”方言——也就是说，来自政治势力强大的地区的方言——并将它们提升为标准语言，就像几个世纪前巴黎人对法语所做的那样（参见 Eckert 1983）。

克里奥尔化

克里奥尔语是在接触的情况下产生的变种。它们集中在沿海地区（例如美洲、西非和西印度、亚洲、大洋洲等），反映出它的起源是货物贸易和人们之间的交易。在这种情况下，洋泾浜语言形成了相对简单的变体，但能满足的社会用途很有限，并将焦点群体（如商人和奴隶主）的语言作为词汇素材的主要来源。洋泾浜语可能是不同群体的唯一共同语言，如果这样，为了适应群体的要求它会变得越来越复杂。一旦洋泾浜语成为一个民族的第一语言，它就会被认为是克里奥尔语，这时它的语法就会大大扩展，以适应该群体的各种交际需要。加勒比和美国南大西洋海岸的克里奥尔语是奴隶贸易的结果。在奴隶贸易中，来自不同地方的非洲人被聚集在一起，他们没有共同的语言。把没有共同语言的人聚集在一起，是一种有意识的策略，目的是防止奴隶贸易中有组织的叛乱。虽然奴隶们接触 231
到压迫者的语言，但人们普遍认为，他们没有可能成为这种语言的使用者。因此，在牙买加说英语克里奥尔语，在海地说法语克里奥尔语，等等。随着奴隶制的结束，以及后来加勒比海大部分地区的非殖民化，克里奥尔语开始与他们欧洲的词汇共存。结果在许多地方一直存在克里奥尔连续体，从一种类似于词汇语言变体（acrolect）到一种深层克里奥尔变体（basilect）。社会差异将个体和群体的语言置于这一连续体的不同部分，而个体自身在这一连续体中的语言也因情境和风格的作用发生变化。格勒语（Gullah）是一种以英语为基础的克里奥尔语，它包含有许多非洲词汇，在乔治亚州和南卡罗来纳的海岛和海岸平原上的人们仍然在使用它。虽然关于以英语为基础的克里奥尔语和非裔美国人本土英语（AAVE）之间的关系存在争议，但人们普遍认为，AAVE 在某种程度上是从克里奥尔语演变而来的（例如，Rickford 1998，2006）。从社会角度来看，围绕这些变体的殖民和种族动态使它们显得特别有趣，但在他们的研究中，性别问题通常是种族问题的背景。

殖民地和后殖民地的接触

就像罗马人把他们的语言带进他们的帝国一样，现代的欧洲殖民帝国也把英语、法语、西班牙语和葡萄牙语分布在全球各地。在殖民地区，就像上面描述的法国一样，殖民国家的语言成为了官方语言，而使用这种语言取决于他们所接受的教育和与使用官方语言的社交网络的接触。殖民统治结束和民族复兴的一个重要部分是用本土语言取代殖民语言。然而，由于殖民语言长期以来被植入于国家机构之中，而且这种语言给他们带来了更广泛的市场，它们往往在后殖民国家中保持着重要的地位，通常与新的官方语言共存，替代标准语。因此，尽管印度语是印度的官方语言，英语作为第二官方语言仍然广泛地使用。同样，在阿尔及利亚、摩洛哥和突尼斯等后殖民时期的北非国家，法语与阿拉伯语并存。重要的是要认识到，这种语言的崛起是以大量语言的牺牲为代价的。在北美、澳大利亚和新西兰，英语正处于取代大量本土语言的最后阶段，同样的，西班牙语在中美
232 洲和南美洲也快要进入最后的阶段了。“一个国家一种语言”的思想在世界上许多地方都很强烈，虽然有些地方的人能毫无障碍地说多种语言。在

美国等国家长大的人普遍认为学习语言很困难，许多人认为移民的语言是一种威胁。然而，越来越多的证据表明，多语制会给孩子带来认知优势。

性别语言的“选择”

在所有这些语言环境中，我们看到性别与共域变体（同一境域内的不同语言变体）的使用交织在一起。与语言相关的意识形态也与性别意识形态深深交织在一起。图标化的过程是建立在语言是一个人内在自我的自然表达的观点之上的。我们通常认为服饰和生活方式是可以改变的、可操作的，但语言在对于我们是谁这个问题上的整合程度更深。因此，语言可以正统性的有力象征。一个以法语为母语的人，才能被认为是法国人；一个没有纽约口音的纽约人是个可疑的纽约人。语言的这种验证能力可以以多种方式发挥作用。在上面讨论过的法语传播的案例中，统一国家语言的立法机构允许领导人为标准语（法语）宣称其正统性。同时，在不同的情况下，个人可以利用他们对多种变体的了解来宣称其正统性。双语者经常转换语言来表现与他们的一种语言相关的身份特征。在政治领域，政客们根据他们的选民和直接听众来管理他们的语言选择。由于身份不是一成不变的，这种转换就像双语者在工作和家庭中的自我一样，都是他们的一部分。当实践群体共同体验到这种语言流动性时，他们（参见 Auer 1998; Myers Scotton 1993 等）倾向于发展语码转换模式，不仅是从对话到对话，而且是从句子到句子，以及句子内部。语码转换通常是不被鼓励的，尤其是在双语课堂中，因为人们经常认为这是语言的混合和不完善使用的标志。但语码转换是社会性双语现象的标志，在世界各地的社区具有深刻的社交和表达价值。正如本章开头所提到的，一个说方言的人可能无法在权力殿堂的对话中做出有意义的贡献，也无法被他们的老师和教授认真对待。这通常是因为方言在这些情况下是不“合法的”，个人使用它就等同于否认他们作为场景参与者的合法性或正统性。同时，如果同样的这些人采用了标准语，他们可能会被认为是不正统的说话者没有资格使用“天生”就不属于他们的变体。换句话说，由于正统性的问题，人们可以用无
233 数种方法来包含和排除语言。在这个世界上，在任何情况下，性别几乎总是与语言的运用以及支配这种运用的意识形态有关。正如下面几节中的例子所示，正统性问题总是起着核心作用。

评估、正统性和运用标准的权利

简·希尔（Jane Hill 1987）描述了墨西哥一个讲墨西哥语的社区的情况。在那里，女性使用墨西哥语和西班牙语时，受到她们在社会秩序中的地位的限制。这个社区的人不同程度地会说两种语言，一种是西班牙语，另一种是墨西哥语（墨西哥语是纳瓦特尔语的总称）。该社区的语言使用正在转向西班牙语，墨西哥语受到西班牙语的极大影响（如词汇借用）。社区成员认为“纯粹的”墨西哥语已经成为过去，但墨西哥语仍然受到高度重视，这与当地的种族团结有关。然而，与它相关的领域和它最经常使用的活动都是男性主导的——尤其是在男性之间和被称为“compadrazco”的家族联盟系统里。与此同时，西班牙语与权力活动和局势有关，特别是由男性主导的社区办公室系统。希尔发现，尽管女性可以使用这两种语言，但她们的使用避免了纯西班牙语或纯墨西哥语，因为这两种语言都是男性的语言领域，与男性权力有关。女性倾向于采用所谓“适度”的语言实践。在某种程度上，她们既不要求政治权力，也不要求社会地位，把自己限制在两种语言的一个相当狭窄和不标准的范围内。

杰克·西德内尔（Jack Sidnell 1999）在圭亚那的一个村庄发现了类似的动态。这个社区的语言变体包含了一个经典克里奥尔连续体。这个连续体涉及以圭亚那英语为基础的克里奥尔语到当地各种英语。说克里奥尔的人把最接近标准（在这里是英语）的变体称为上层方言（acrolect），而把离标准最远的变体称为下层方言（basilect）。西德内尔发现，当男性可以相当自由地从下层方言迁移到上层方言时，女性只能待在一个相当狭窄

的范围内，既不背负下层方言的污名，也不要求上层方言的威望。西德内尔对代词系统的详细分析揭示了身份和语言形式在这个群体中相互作用的复杂方式。例如，第一人称单数主语代词有下层方言变体 mi 和上层方言变体 ai（英语代词 I）。如下图所示，当一名女子诵经时，这两种变体会出现在同一个句子：

mi mos see oo gad *ai* wanch yuu protek mii.
"我必须说，" 天啊，我要你保护我。

使用上层方言变体表明说话人使用的是更有威望的变体，因此可以被 234
看作是对个人地位的声明。但除此之外，用这种方式指代自己，也会使说话人作为代词的指代物而享有声望（它使说话人成为一个上层方言主语）。希尔认为，正是后一种说法涉及代词使用的性别差异。人们在各种各样的情况下使用 ai，往往在这些时候，他们希望表现出一个中产阶级的世界性身份，或者表示权威和体面。这一策略经常被男人在路上与女人调情时用。他们会在路上喊她们（p. 381）：

heloo，*ai* lov yuu beebii wats op . . . *ai* laik di wee yuu wak.
"哈喽，我爱你，宝贝，什么事……我喜欢你走路的方式。"

另一方面，女性则很少使用这种形式，因为根据西德内尔的说法，女性用这种自我陈述的方式很有可能适得其反。对于男性来说，这种用法可能会被忽视或被认为是玩闹，而女性则更有可能被认为是傲慢或自命不凡。西德内尔举了一个例子（p. 383）。一个在村里学习秘书课程的年轻女性，当她走进自己的家时，她叫她的朋友：

hai darling，ai goin in，*ai* gon sii you leeta.
"嗨，亲爱的，我进去了，等会见。"

> 附近的一群小伙子嘲笑她的冒昧：
> hai hai *ai* goin in *ai* goin of leson ai komin out leeta.
> “嗨，嗨，我进去了，我要去上课，我晚点出来。”

在这两种情况下，适度的语言行为似乎能让女性摆脱麻烦——它能保护她们不因说出她们无权提出的要求而丢面子。这让人想起了佩内洛普·布朗在墨西哥的特内加帕（Tenjapa）社区发现的礼貌行为（在第5章讨论过）。

性别化的阿拉伯语

阿拉伯语在一个广阔的地区被使用，就像拉丁语一样，它经历了相当多的方言变化，构成了一个语言连续体。北非和阿拉伯半岛的口语有很大的不同，在很多情况下彼此都无法理解。因此，在突尼斯日常使用的阿拉伯语与在沙特阿拉伯使用的阿拉伯语截然不同。然而，由于讲阿拉伯语的地区也主要是穆斯林，历史上保守的阿拉伯语古典变体，即《古兰经》的
235 语言，作为广泛使用的神圣语言一直保留下来。在所有这些国家，古典阿拉伯语是常见的官方语言。古典阿拉伯语与各种口语并存，不是作为任何人的母语，而是作为官方语言。

古典阿拉伯语的制度化不仅提供了一种通用语言，而且是阿拉伯团结以及阿拉伯国家、身份和伊斯兰教之间关系的有力象征。因此，在北非，20世纪下半叶法国殖民统治结束时阿拉伯语的恢复有两个符号性的来源。阿拉伯口语作为摩洛哥、突尼斯和阿尔及利亚人口的主要母语具有国家正统性。伊斯兰教的语言——古典阿拉伯语，承载着统一的文化和宗教正统性。法蒂玛·萨迪奇（Fatima Sadiqi 2003）在摩洛哥的一项语言动态研究中考察了阿拉伯语和法语的性别使用，并认为阿拉伯语被认为是“男性的语言”，法语是“女性的语言”。在摩洛哥的城市地区，法语仍然经常被使用，特别是在受过教育的精英中，但法语却被认为是不正统的。恢复

阿拉伯语的力量使法语变得软弱和不正统，并与法国文化中所有负面的东西联系在一起。因此，人们对男性使用法语持否定态度。然而，女性则更有资格使用法语。法语被视为适合女性的优雅标志，对女性来说也是可以接受的，因为根据萨迪奇的说法，摩洛哥文化的男性化首先使女性在文化上不正统。与此同时，由于使用标准阿拉伯语被作为社会、教育地位和文化正统性的标志，女性被要求说摩洛哥阿拉伯语，但说古典阿拉伯语的女性有可能显得狂妄自大，对文化地位提出不符合性别的要求。基斯・沃尔特斯（Keith Walters 2011）在突尼斯报道了同样的现象，那里的女性更多地使用法语，尤其是标准法语，而这被认为是她们不正统的标志。相比之下，男性的正统性则体现在他们更多地使用阿拉伯语和带有浓重口音的法语。

尼卢法尔・海瑞（Niloofar Haeri 1997）进一步重点关注宗教边缘化在不同的性别接触古典阿拉伯语中的作用。在政府和大学等国家机构中，传统阿拉伯语经常被使用。然而，在这些机构中，它只在特定的情况下使用——尽管它可能会在讲座中使用，但它不会在关于讲座的讨论或课后的随意交谈中使用。因此，无论是男大学生还是女大学生都很少能接触到传统阿拉伯语。然而，古典阿拉伯语在伊斯兰宗教活动中经常被使用，女性是没有机会接触到的。例如，在古典阿拉伯语中，qaf 是一个无声的小舌塞音，是一个不同于喉塞音的音素。在现代埃及阿拉伯语中，这两个音合并为喉塞音。为了弄清楚这一点，来看一下下面这个例子。在大多数英语方言中，讲英语的人区分 hock，cot，Don 中的 /a/ 和 hawk，caught，dawn 中的 /ɔ/。然而，在一些北美方言中（如美国西部和加拿大的大部分地区），这两个音位合并在一起，使得 and hock 和 and hawk 发音相同，cot 和 caught 发音相同，Don 和 dawn 发音相同。为了让这些说一种方言 236
的人掌握和他们的方言存在音素区别的另一种方言，他们必须从头开始学习哪些单词包含 /a/，哪些单词包含 /ɔ/。他们必须学习得足够好，才能在说话时自然地区分这些音素。由于这种方言与教育和古典阿拉伯语的联系，因此 qaf 在现代埃及阿拉伯语中的使用就成为了一个众所周知的标志。然而，要想正确的使用 qaf，不仅要学会它的发音，还要知道现代阿拉伯语中哪些喉塞音对应古典喉塞音，又有哪些是对应 qaf。不足为奇的是，qaf 的使用随着受教育程度的提高而增加——无论使用者是男性还是女性。然而，海瑞发现，即使是在受教育程度相同的人群中，男性使用 qaf 的次数也多于女性。她认为这是因为尽管女性和男性有同样的受教育机会，但她们没有同样的机会参加使用传统语言的宗教活动。

性别分化与日语的建设

日语中的性别差异是一个传奇——人们说日语是"女性的语言"，学习日语的外国男性被警告不要像他们的女老师那样说话，以免被嘲笑。正如我们在第 5 章和第 6 章所讨论的，在日本的"女性语言"中有两种主要的资源——精心设计的敬语系统，表明说话人如何在话语中根据其他参与者定位自己，以及话语结尾的助词，表示说话人对话语的其余部分所采取的立场。虽然在使用这些形式方面确实存在性别差异，但所有讲日语的人都可以使用这些资源，女性和男性都可以使用。事实上，最有趣的是日本女性语言是在公共和学术话语中建构起来的。日本"女性语言"的故事是一个特别引人注目的例子，说明了语言操纵在单一社会及其性别秩序建设中的作用，以及语言意识形态、性别意识形态和国家地位之间的密切关系。日本女性的语言被认为是永恒的，反映了日本女性的基本品质——这些品质反过来又源自日本文化的特殊品质。这反映在一位著名作家的以下引述中：

> 与世界上其他女性相比，日本女性现在被认为是美丽而优秀的。同样，日本女性的语言如此之好，以至于在我看来，日本女性的语言和日本女性的气质在世界上都是独一无二的。（Kindaichi 1942，Inoue 2002 引用）

女性语言被广泛认为是日语遗产的一部分，是日本光荣和高贵历史的遗产。但正如少数作家所展示的那样，日语、日本女性的素质和日本女性语言之间的联系既不自然，也不持久。井上都子（1994，2006）认为，这 237 些意识形态结构出现在近代史上，出现在现代日本民族的建设中。直到 19 世纪末，日本还由封建自治地区组成。随着工业资本主义的到来，日本发生了巨大的社会和政治变化。明治维新带来了一个中央集权的政府和一个中央集权的社会。大众通讯、交通和义务教育使新国家的人口将自己视为想象中的共同体（Anderson 1983）。日本一方面与中国和俄罗斯开战，另一方面又进军海外市场，新兴的日本面临着现代化和维持民族特色之间的紧张关系。与日本以外的世界，尤其是西方世界联系在一起，现代化带来了经济机遇，但也对日语的正统性和与过去的联系构成了威胁。

借助于儒学与日本传统的联系，国家能够通过将儒家思想作为新的国家身份的一部分来实现社会控制和认同。这种理想的一个重要组成部分是父权家庭结构的强制执行，这种结构要求女性和男性合作，提升女性作为妻子、母亲和家庭主妇的角色。女性教育就是为了实现这一理想而设立的。女孩们第一次被送进学校，在那里她们接受家政和女性艺术方面的教育。为了学习女性艺术，女孩们从传统的禁锢中解放出来，将这些艺术与自主权和机构联系起来。因此，女性艺术和教育结合在一起，无疑被视为一种解放。井上都子说：

> 这种矛盾的结合，是日本现代性经验中固有的，但不是唯一的，是过度确定的背景。在这种背景下，“女性”日益成为国家和社会问题的焦点。女性，在这里和在其他地方一样，体现了传统和现代之间不断变化的边界，而性别成为协商这种不可逆转的二元性的关键所在。（Inoue 2002: 396-397）

语言的标准化是统一一个有着巨大方言变体国家的关键，日本的政府官员开始构建并实施一种基于东京方言的标准语言。井上都子认为，女性语言的发明将对语言的新关注与对女性的新关注结合在一起，为控制和研究创造了新的实验对象。女性语言是现代日本发明现代日本语言和文化，以及现代日本女性的重要组成部分。在这个过程中，发明者让新日本女性承担起维护国家新/传统价值观的责任，因为日本的女性气质成为了国宝。

使用恭敬的语言是儒家女性思想的象征，这种思想在日本保守的性别
238 规范中占主导地位。在这种理想中，女性安静地退居幕后，将个人生活和需求置于家庭和男性领导的生活和需求之下。她是一个孝顺的女儿、妻子、母亲，是家庭艺术的主人（或女主人？），温柔、成熟、有主见。典型优雅的日本女性以谦虚和优雅著称，"温柔地在世界上行走"，将女性的美丽和优雅提升为一种艺术形式。这种女性语言，也被称为国宝，实际上与城市生活，尤其是城市精英有关。理想的日本女性不仅因为她优雅地接受从属地位，还因为她的美丽和优雅，她在物质和社交上的精致——所有这些似乎都与她的家庭和从属角色分开。这种精致与教养有关，在阶级等级中承载着社会价值，而阶级差异反映在女性表现这些行为的程度上。因此，女性特性的建构也是更广泛的等级制度建构的一部分。在这种等级制度中，女性不仅服从于男性，也服从于其他女性，男性也服从于其他男性。

主导意识形态认为，构成日本女性语言的说话方式是日本女性独特、善良和典型女性性格的自然反映。如果这是真的，那么大多数日本女性可能没有达到理想的水平，因为正如砂押友佳子（Yukako Sunaoshi 1995）所陈述的那样，一旦人们离开城市中心前往乡下和农村地区，语言实践方面的性别差异就很小了。这个国家项目试图将完全不同的方言和完全不同的性别习俗同质化，使之看起来适合城市生活方式。

在这个国家建设计划的中心，这种新的语言，这种新的日本统一性，并没有表现出什么新意。但它从何而来？女性语言的元素可以追溯到14世纪宫女的语言，以及江户（1603—1867）有教养的艺妓的语言。特别有趣的是，虽然艺妓通常被认为是女性艺术的专家，年轻的艺妓经常被派

去观察（男性）歌舞伎演员，以学习如何最好地表现女性气质。井出里咲子和寺田友美（Risako Ide & Tomomi Terada 1998）认为，某些形式是这些女性“职业语言”的一部分，然后被转化为“性别语言”。虽然现代形式的来源很明显是不同的，但有一个很重要的问题，那就是女演员的语言，或者艺妓——在当时显然是被污名化的形式——成为了女性的规范。艺妓作为女性艺术的专业人士，可能在女性艺术的构建和传播中发挥了重要作用。虽然很多女性并不是自愿住在艺妓区，而是被需要钱的家庭卖到这里，但这是一个以女性为主的社区，艺妓职业是女性实现经济独立的必经之路。在一个相对独立、以男性为中心、但以女性为主的环境中，这个环境很可能成为年轻女孩寻求通过女性艺术的发展将自己塑造成现代女性的一种鼓励。艾德和寺田友美认为，艺妓有某种隐秘的声望[①]。她们的语 239
言由于她们而被性别化，并通过流行文化传播。

井上都子（2002）同意流行文化是传播的主要工具，但关注的是书面体裁，认为传播女性语言的体裁也有助于构建女性语言。井上都子（1994，2002）比较了 19 世纪早期和晚期通俗小说中的对话，发现虽然在后期作品中作为女性语言出现的大多数形式确实出现在早期作品中，但她们的性别专门化只出现在后期作品中。她追溯了明治晚期现代小说的出现，特别是描绘“真实”现代生活的新流派。这些体裁以女孩和女性为目标，创造并表达了新的女性语言。她们的读者——无论是阅读还是参与她们所描绘的生活——也开始参与到这种语言中来。井上都子认为，她们这样做不是为了追求女性气质，而是为了参与现代社会。正如井上都子说：“语言不会等到它所指的类别或标志‘已经存在’时再使用。”女性语言的发展案例表明，指示性实践从一开始就参与了现代日本女性权利的构建”（2002: 412）。[②]

在布鲁克林建设哈西德社区

传统犹太文化的一个重要的基本的特征就是性别差异。阿亚拉·法德

（Ayala Fader 2009）的人种学研究中探究了性别和语言在布鲁克林哈希德社区的建设和维护中的相互作用。正如她所说，“……性别身份的社会组织是哈西德人将他们与上帝的神圣契约合法化的关键所在”（2001: 262）。作为社区语言的意第绪语也将传统犹太教社区与周围的文化明显地区分开来。

意第绪语是大约 10 世纪在德国的德系犹太人中出现的一种高地德语变体。作为中欧和东欧犹太人的主要语言，意第绪语本身发展了一种方言连续体（见 Herzog 等 1992）。哈西德派犹太教是传统犹太教的一个分支，在研究《塔木德经》时使用意第绪语，而意第绪语仍然是哈西德人社区的家庭语言。这使美国的哈西德派犹太人有别于大多数犹太人，对其他的犹太人来说，英语是主要的家庭语言。一个世纪前，意第绪语是美国和欧洲许多犹太家庭的语言。作为家庭语言，它与女性有关，而希伯来语则与男性有关，因为男人主导着宗教活动。在今天的哈西德社区，意第绪语已经成为男性的语言，而英语则与女性相关。基本的性别分工规定，男性要花全部时间学习《摩西五经》（直到他们有了几个孩子，然后出去工作），而女性则负责家务，处理世俗的实际事务。这导致了语言需求的差异，因
240 为男性的工作不仅涉及对希伯来语的深入了解，还涉及对意第绪语的流利掌握，意第绪语是学习用的语言。女性没有同样的机会阅读神圣的文本，也没有办法了解这些文本被研究和讨论的状况，这使得她们对意第绪语和希伯来语的掌握都很薄弱。男性通常很少接触英语，但女性与周围社区的交往需要流利地使用英语。这也让男性在语言上更“正统”，因为他们在意第绪语中的主导地位反映出他们对《摩西五经》研究的关注。男孩和女孩从一开始就分开接受教育，男孩完全用意第绪语上学，而女孩上午由一名女哈西德教师用意第绪语讲授道德，而下午则由一名非哈西德教师用英语讲授其他课程。法德尔（Fader）认为，下午老师的时尚气质引起了女孩的注意，再加上她们对成年女性角色的期待，女孩变得比男孩更加开放。当然，女孩的英语优势和开放的趋向对社区的独立性构成了威胁，但

社区不能要求母亲和她们的女儿说意第绪语，因为许多母亲没有这项语言技能。不过，学校确实会监控孩子们的阅读情况。阅读体现了意第绪语和英语之间的冲突，因为孩子们应该阅读的意第绪语文本是道德和说教的，这使得英语书籍在相比之下更诱人。儿童不允许使用公共图书馆，以保护他们不受英语文本的不良影响。然而，有一些英语文本是被允许的，因为它们是明显的犹太性的可接受的主题，用犹太英语书写——一种受到意第绪语和希伯来语影响极大的英语变体（Benor 2009）。然而，那些担心保持文化独立性的成年人认为这些书是个问题，因为它们"模糊了界限"（Fader 2001: 265）。他们所指的界限一方面是英语和犹太语言之间的界限，同时也是传统犹太教和非传统犹太教之间的界限，最终是犹太教和非犹太教之间的界限，生活和性别规范之间的界限。换句话说，男性和女性之间的界限受到这种语言混合的威胁，因为对女孩来说，保持纯粹的犹太血统首先涉及保持哈西德派的谦逊。这些语言实践强化了性别差异，也强调了社区并非是独立的，因为性别差异是这一界限的基本实践。

语言和性别化工作

苏珊·盖尔（1978，1979）对奥地利一个讲匈牙利语的村庄进行人种学研究时，记录了性别在语言转变中的作用。这个社区名叫上瓦特（Oberwart），最初是奥匈帝国的一部分，讲匈牙利语，但现在位于奥地利。因此，它是德语国家中一个说匈牙利语的岛屿。盖尔发现上瓦特女性 241
的语言受到职业（和婚姻机会）偏好的影响，这些职业（和婚姻机会）需要说标准语言——德语。匈牙利语是农民生活中的语言，它给女性提供的好处不如男人。男性继承并控制家庭和土地，而女性则在丈夫的家里既要干农活又要做所有的家务。现代化往往先影响农业工作，后影响家务劳动，使农家女性被迫长时间从事重体力劳动，而现代农业设备减轻了丈夫在田间的负担。盖尔发现，这个社区，在从匈牙利语向德语转变的过程中，女性领先于男性，因为她们中的许多人被附近讲德语的城镇工厂的工作所吸引。这些工作提供了更大的自主权和一种城镇生活方式，这种生活方式涉及一种比匈牙利农家女性的家庭生活更容易的生活方式。她们中很少有人愿意嫁给和她们一起长大的匈牙利农夫，很多人选择嫁给讲德语的工厂工人和这些婚姻所提供的城镇生活。

乔纳森·霍姆奎斯特（Jonathan Holmquist 1985）在西班牙北部坎塔布里亚山区的乌西埃达村发现了类似的情况。从佛朗哥时代开始，乌西埃达的经济状况得到了很大的改善，社会发生了巨大的变化。在过去几代人的时间里，传统的山区农业生活，包括放牧本地牲畜（小马、长角牛、绵羊和山羊），已经让位于附近城镇工厂和牛奶厂的工作了，像牲畜放牧，工作之余就可以做。这个村庄的当地方言是一种罗曼语方言，与卡斯蒂利亚西班牙语很接近，但有很大的不同。霍姆奎斯特关注的是词尾的 /u/，对应于卡斯蒂利亚语的 /o/。因此，例如，在村里一位老人谈到年轻男子和他们的新生活方式时，霍姆奎斯特记录（p. 197）：

> el trabaj**u** del camp**u** no lo saben ‘field work，they don’t know it’（他们不知道这是野外工作）

在卡斯蒂利亚语中是：

> el trabaj**o** del camp**o** no lo saben

当村里的人们离开传统的山区农业生活方式时，他们开始降低这个元音，以更接近标准的西班牙语 [o] 的发音，语言上的同化就像他们在文化上融入了国家的现金经济一样。就如同在奥伯沃特一样，年轻女性发现，工厂工作比农活，甚至比牛奶厂工作更受欢迎。她们不想“和牛待在家里”），而许多年轻男子继续从事奶牛养殖业。词尾 /u/ 的命运与农业生活方式的命运密切相关，因为工厂里的男性和女性工人绝大多数都采用了 [o] 的发音。在采用这种新的发音方面，奶农落后于工厂工人，从事山区 242
动物经济的人使用这种发音最少。此外，在所有农业群体中，女性比男性更有可能使用 [o] 发音，这表明她们对城市生活的向往。

人们不会说，吸引女性进入标准语言市场的工作本身就具有特别的性别特征，而是说她们正在放弃的工作具有性别特征。然而，我们看到语言使用中的性别转换的许多案例确实涉及工作的性别划分。帕特丽夏·尼科尔斯（Patricia Nichols 1983）在对南卡罗来纳一个说古勒语的非裔美国人岛屿社区的研究中发现了这样一个例子。报告说，总体上，女性说的英语变体比男性说的更接近标准英语。这导致了这个岛上男女就业机会不同。男性能够在大陆做体力劳动者赚到很多钱——这些工作需要身体技能，但并不依赖于他们说话的方式。另一方面，女性则在富裕家庭或酒店找到了更好的工作，如教师或女佣，这些工作都要求她们使用更标准的语言。在这种情况下，是语言市场中性别工作的位置导致了语言中的性别差异。

男性的活动被认为是文化的中心，而女性的活动被认为是辅助性的，因此处于从属地位，这种情况并不少见。因此，性别成为文化真实性主张的一部分并不罕见。在西班牙独裁者佛朗哥漫长的统治期间（大约 1936—1975），他试图通过强制实行统一的国家身份来巩固自己对多元化国家的控制。他通过各种方式压制地区差异——通过将某些地区的传统提升到国家地位（如安达卢西亚斗牛和弗拉门戈），以及压制其他传统。他还压制了在西班牙大部分地区使用的三种不同的非卡斯蒂利亚语的使用——加泰罗尼亚语、加利西亚语（这两种语言都是上面讨论的罗曼语连续体的一部分）和巴斯克语（与西班牙语完全无关）。于是，使用这些语言就成了一种强有力的反抗形式。

佛朗哥死后，区域势力和他们的语言又回来了。毕果尼亚·埃切维里亚（Begonia Echeverria 2003）认为，在当前复兴西班牙巴斯克语的运动中，教科书把巴斯克语描绘成一种男人的语言，男人是巴斯克文化生活的主要参与者，强调男人及其活动构成了巴斯克文化。在20世纪30年代佛朗哥执政期间，女性组织并讲授第一批秘密的巴斯克课程。如今，拥有巴斯克语资格水平证书的女性比男性多。尽管巴斯克语教科书以男性活动为特色，如贝尔索拉里查（Bertsolaritza），这是一种传统的即兴演唱形式，已延伸到全国比赛、仪礼化的体能测试和传统舞蹈。因此，巴斯克语在另一种意义上成为男性语言也就不足为奇了。苏珊·盖尔在《奥博沃特》和乔纳森·霍姆奎斯特在《尤西达》中描述过类似的动态，女性在巴斯克语
243 向西班牙语的转变中起到了引领作用——尽管她们早期在保留该语言方面起到了领导作用，但现在她们似乎正在主导放弃该语言。

莱西·怀曼（Leisy Wyman 2009，2012）在尤皮克（一个在阿拉斯加东南部的社区）的研究中，展示了一个更直接、更夸张的真实性与男性活动有关的语言情景。怀曼跟踪研究了青少年语言转变的动态，他们可能是最后一批说尤皮克语的人。在传统的北极文化中，人们从事冰钓、狩猎北极熊和海豹等活动，这些活动使他们远离家乡，陷入相当大的危险。当女性外出到苔原上猎取蛋和浆果时，她们待在离家相当近的地方，她们的主要活动包括加工男性狩猎的猎物，将熊和海豹的皮制成衣服和住所。虽然尤皮克离公路系统有500英里，但与主流文化和经济有充分的接触，使他们不再为了生存而从事这些活动。然而，年轻男子继续冰上捕鱼和狩猎，与其说是一种谋生活动，不如说是一种运动，而与狩猎相关的工作在女性的日常活动中已经失去了重要性。对于说尤皮克语的年轻人来说在苔原上生活是最令人兴奋的事情。由于与这种兴奋点有关，生存和狩猎故事是一种高度重视的类型，当男孩们通常用英语讲述这些故事时，他们插入了大量的尤皮克语，因为尤皮克语与狩猎活动密切相关。男性长老使用尤皮克语术语，用尤皮克语发出指令，还有与狩猎有关的尤皮克语祈祷文（比如将海豹头放回水中时的简短祈祷文）。虽然年轻女性很少参与使用尤皮克语的活动，但年轻男性在狩猎时仍在使用尤皮克语，在他们这一代人中成为该语言的主要使用者和文化的维护者。因此，尤皮克语不仅与种族有

关，还与男子气概有关。

通过语言选择自我性别

在太平洋岛国汤加王国的语言动态中，性别、边界和正统性的构建出现了另一个转折。汤加是侨民的发源地，他们在环太平洋地区建立了汤加社区。在这些社区中，人员、资金、思想和商品不断地跨国流动。在汤加，英语，汤加殖民时期使用的语言，与南岛土著语言汤加语共存。在这种共存中，英语拥有全球语言的精英地位，而汤加语则保持着当地文化正统性的威望。学校里讲授英语，但一般来说，流利的英语仅限于特权阶层，他们有更多的机会接受精英教育，接触以英语为主导的环境，以及出 244
国旅行和教育。就像摩洛哥的阿拉伯语和法语一样，当地语言与汤加的男子气概联系在一起，而英语则与女性、女性气质和上进心有关。这在汤加首都举行的两场重要的年度选美比赛中以有趣和讽刺的方式上演（参见 Besnier 2002）：海拉拉小姐比赛和变性银河小姐选美大赛。在海拉拉小姐的比赛中，年轻的女孩们争夺汤加女性选美冠军和参加国际比赛的资格，最终进入环球小姐大赛。这次比赛的获胜者会成为汤加的代表；因此，在这些选美比赛中，参赛者除了通常的个人属性和技能外，还需要展示真实的汤加身份。具有讽刺意味的是，这对于那些长途跋涉来参加比赛的选手来说是困难的，因为他们长期散居在海外可能并不精通汤加语言或文化。

这与银河小姐的比赛形成了鲜明的对比。与“海拉拉小姐”的参赛者不同的是，这个比赛的参赛者往往比较穷，几乎不可能说一口流利的英语。然而，银河小姐的参赛者们适应了（想象中的）全球跨性别社区，这为当地对其性别地位的态度提供了预期的缓解。为了符合其全球定位，银河小姐比赛的语言是英语，而海拉拉小姐比赛的语言是汤加语。海拉拉小姐比赛的参赛者穿着传统的汤加服装，而银河小姐比赛的参赛者则穿着合适的民族服装，代表其他国家参赛。因此，在这两场比赛中，参赛者都被吸引到相反的语言市场——正是他们拥有最少资本的市场。

随着跨国同性恋权利运动的兴起，英语已成为一种特殊的同性恋政治语言，强调政治行动和出柜的必要性。许多人认为这一运动是整体化的，以欧洲为中心的，体现了大都市中心和外围之间的等级关系（参见 Manalansan 1995）。在这种背景下，我们看到“同性恋”（被视为体现了现代性）和那些以当地方式生活的同性恋者之间的政治差异在当地出现。安德鲁·黄对香港的研究（2003，2005）发现了“同志”（扎根于本地文化的活动分子）和外向型同性恋之间的区别。（如第 8 章所述，一些承认同性取向的当地的同性恋避开了这两种标签。）这种取向上的差异与语言选择有关，因为同性恋者大量使用英语。在印度，也出现了类似的区分，并与阶级紧密结合。基拉·霍尔（2005）指出，“印地语和英语，作为融入阶级联系的语言，已经相应地成了区别这些身份的象征，使用英语代表了一种世界性的同性恋性行为，印地语的使用则意味着更传统的变性人性行为”（Hall 2005: 127）。男同性恋者认为印度海吉拉人（第三性人）在语言和性上都是落后的。

跨越边界还是加强边界？

245 试着说别人的语言是一种友好和包容的表现。在某些情况下，它也可能是，或被认为是，试图调用与该语言相关的成见。在美式英语中越来越普遍地使用西班牙语的单词和表达，如 *hasta la vista baby* 和 *mañana*，以及伪西班牙语表达，如 *no problemo*，对讲西班牙语的人来说可能显得很有趣，甚至可能是积极的。然而，流传的特定词汇和表达往往与对墨西哥人的负面刻板印象有关。正如简·希尔（1993）所记载的，这是一种更广泛的西班牙语的语义转贬，可以追溯到盎格鲁统治西南地区的初期。虽然个人使用西班牙语表达可能没有明显的种族主义意图，但它们还是为持续的话语边缘化和意义转贬做出了贡献。

借用自己语言的方言更明显是有问题的。当北方人采用南方口音时，他们会更清楚地被认为是在唤起某种有关南方的刻板印象。当美国人采用他们的英式口音时，人们会觉得他们要么是在嘲笑别人，要么是在装腔作势，总之让人感觉对英国人没有那么友好。在美国，尤其是在嘻哈音乐出现后，白人青年采用非裔美国人本土英语（AAVE）的特点变得很普遍。（作为非裔美国人参与社交网络的自然结果，这与一种不太常见的情况有很大的不同，在以非洲裔美国人为主的社区长大的白人孩子发展出非洲裔美国人方言。）这些孩子与非裔美国人很少接触，试图通过借由语言特点来挪用非裔美国人令人钦佩的品质。主要是男孩会这么做。关于他们使用非裔美国人方言的研究（Bucholtz 1999; Cutler 1999）清楚地表明，他们这样做是为了增强自己的男子气概。正如玛丽·巴克兹（Mary Bucholtz）所说：

> 有效的性别意识形态将成功的男子气概与身体力量尤其是暴力联系起来。有效的种族意识形态将权力和暴力主要与黑人联系起来，而不是白人。有效的语言意识形态则将黑人和男性气概联系在一起。（Bucholtz 1999: 455）

巴克兹还引用兰尼塔·雅各布斯–休伊（Lanita Jacobs-Huey 1996）的观点指出，长期以来，白人对非裔美国人文化的掠夺，使得类似于像促成跨种族联盟这样的行动变得毫无意义。因为每一个这样的举动都会引起白人的挪用，从而强化了种族等级制度。

方言挪用和 AAVE 的男性化也起着相反的作用。非裔美国喜剧演员经常模仿白人角色，意图明显是模仿某种种族刻板印象。这些刻板印象是有性别的。白人通常被描述为愚蠢的：例如，男性可能被描述为使用权 246
威的声音说愚蠢的事情，而女性则被描述为可笑的宽容的。拉斯蒂·巴雷特（Rusty Barrett 1994）讨论了非洲裔美国变装皇后采用富有的白人女异性恋者的声音的现象（如电影《燃烧的巴黎》所示）。一些人声称，这是变装皇后渴望成为白人女性的证据。然而，巴雷特认为，语言选择不一定是“理想身份”的问题。相反，在使用对立方言的过程中，变装皇后们反对白人和非洲裔美国人的种族社区。考虑下面的例子（来自 Barrett 1994: 8），在第 1—7 行“白人女人”的风格被第 8 行更刻板的非裔美国人风格所替代：

1. 我不想占用你所有的时间。
2. 我知道你们都想跳迪斯科，噢——所有这些黑人。
3. 好的！我们要说的是，嗯，捕鼠夹，嗯。
4. 这是一个捕鼠夹来自｛富有的白人社区的名字｝。
5. 宝马制造。它真的很结实。
6. 是，谢谢你。〈隐藏的〉它真的很好。
7. 很方便，而且有保险。
8. 这是来自｛同第 4 行一样富有的“白人”社区的名字｝。

［从袋子里拿出一个大捕鼠夹］

好的，现在来看｛主要是非裔美国人居住的住房项目的名称｝。

10. 这个捕鼠夹是凯迪拉克制造的。真是个大混蛋。［掏出枪］
11. 现在对于｛“平民窟”的名字｝，你不需要捕鼠夹，
12. 因为外面那些混蛋看起来像狗。
13. 狗屎
14. 我放了块奶酪进去，那混蛋告诉我，
15. “下次放些狗粮进去。”

巴雷特发现，非裔美国变装皇后经常使用对立的方言反对夸大种族差异，这意味着强调种族不平等。在这种情况下正是“有钱的白人女人”的声音，将文雅的白人女人与粗鲁的非裔美国男人的声音对立起来——使种族和语言都被性别化。

本章重点讨论了性别与语言使用中社会、文化和政治边界的构建之间的关系。的确，任何形式的社会边界的构建都可能涉及语言差异的构

建——而语言相似性的构建则可能是任何尝试统一的一部分。其中的核心
是性别在任何社会的权力建设和获得经济资源方面的作用。读者会注意 247
到，性别在这里并不是独立存在的，而是与种族、国籍等共同构成的。因此，当一个十几岁的男孩在狩猎远征中使用尤皮克语时，他不仅在锻炼男子气概和种族特征，而且还将这些特质与力量、勇气和技巧结合起来。如果说尤皮克语的使用意味着“男子气概，甚至是尤皮克气质”，那么，就忽略了语言使用的其他作用。在一个尤皮克语社区里，日常生活涉及各种各样的差别——人们忙着变得强壮或软弱，勇敢或害怕，熟练，能干，或困惑，快乐，悲伤，或愤怒。所有这些都可以通过语言来表达，而且通常最好的表达方式是“不要用太多的词”，而是通修辞手法。在下一章中，我们将讨论在谈论性别身份时使用语言的一些细节。我们将探讨文体实践，通过这种实践，讲话者构建非常精细的社会差异，这些社会差异在性别的构建中起着微妙或不那么微妙的作用。

248 # 第 10 章

塑造自我

到目前为止，我们已经分别讨论了语言实践的不同方面。所有这些都可以被认为是构建性别人格的传统工具箱。在这最后一章中，我们将考虑人们如何在这个语言工具箱中集合各种资源来塑造自我。每个人都以自己的方式使用工具箱，混合和匹配语言资源。其中一些可能是无意识的——长期根深蒂固的习惯产物——还有一些可能是相当有意识的策略。其结果是一种交际风格，它结合了其他风格的组成成分，如服装、走路方式、发型和消费模式，构成了一个人的外在形象。正是在塑造自我的过程中，我们塑造了性别，我们发生了改变。

什么是风格？

风格有时被认为是一种外部包装，在里面可以找到有意义的内容。人们认为怎么说和说什么是不同的。但是风格是我们做什么和我们怎么做的结合。你或许听过“咄咄逼人”“被动”“友好”或“谄媚”的讲话风格。医生在治疗病人的过程中所说的话，与白大褂和随意挂着的听诊器一样，都有助于使他们看起来像医生。一个硬汉在谈论他的功绩时，他的铆钉皮夹克也是他硬汉形象的重要组成部分。当然，比起治疗病人或打人，穿上白大褂或买夹克要容易得多，而且为了让别人以为还有其他动作要发生，人们可以这样穿衣服。但这些着装行为只会在一定程度上奏效：(1）社会类型已经存在，所以人们知道如何把衣服和活动联系起来，（2）表演者能使观众相信内容与形式相匹配。风格不是孤立存在的，而是社会差异的标志——硬汉的个性将他与“娘娘腔”区分开来，而医生的风格将她与病人、护士、护理员区分开来。初次登台表演的少女不是医生，不是硬汉，也不是她的女佣。

风格不是“真实”的自我所支撑的门面，而是我们向世界展示自己或
塑造自己的方式。换句话说，风格实践的核心是表演性。正如流行的风格 249
概念包含了这样的观点：风格是肤浅的——它可以隐藏一个人的“真实的自我”——表演的流行定义暗示了与“真实的”自我的冲突。演员扮演的不是他们自己，人们“表演”是为了影响别人对自己的看法。“表演”这个词里弥漫着一种搪塞的意味。然而，在朱迪斯·巴特勒对这个词的使用中，以及我们在这里使用它的方式中，性别表演并不意味着搪塞，因为性别是——

> ……构成所认定的身份。从这个意义上说，性别认定始终是一种行为，尽管不是一个主体的行为，而这个主体可能被认为是预先存在的行为……性别语言的背后不存在性别认同；这种身份实际上是由被称为其结果的“语言”构成的。（Butler 1990: 25）

巴特勒反对“核心”自我的观念，即人们的性别活动是由一些“核心”的性别认同观念产生的。而恰恰相反，正是这些活动，这些占主导地位的表演，让人们产生了一种错觉——一个人的“核心”自我，不是男性就是女性。从语言学的角度来看，这些性别语言是语言资源的配置，语言资源通过这些配置的方式来积累性别意义。巴特勒强调表演是随着时间的推移而变化的，而这段历史的核心是个体语言使用者表演的组合。在这里我们强调在一系列互动中观察风格的重要性。我们的自我和风格都是在社会交往过程中呈现出来的，是不断变化的，与我们周围不断变化的世界

息息相关。我们依赖别人来支持我们的表演，所以我们有义务做出可信的表演——我们必须选择我们知道可以得到支持的表演。

我们并不是说人们不会在表演中撒谎，或者在对风格的操控中撒谎。说谎是人类的一种基本能力：我们有时确实会这样做，以误导他人，反映出我们并不认同的人物形象。然而，这不仅仅是为了欺骗别人，我们的行为可能呈现出一个我们不完全认同的自我。我们的许多风格行为更多的是针对我们希望成为什么，而不是我们认为自己是什么。但正是通过这些风格上的行为，我们才有机会成为我们希望成为的人。出于同样的原因，我们可能在某种程度上呈现出一个我们不喜欢的角色，但在某些场合我们还是想展示给别人看。在这种情况下，重复的风格练习可以把我们变成我们可能说过我们不希望成为的人。大多数人至少有一些不同程度的多重人格，他们会选择不同的行为方式，也会思考这些行为。说其中一个自我是“真”的，其他都是假的，这通常是荒谬的。大多数人都会感受到冲突的力量和行动的动机，而改变自我（即使是非常轻微的）是我们处理这种冲突的一种方式。但我们风格的多样性并不总是与冲突有关，因为生命的
250 最佳状态是流动的。如果我们在任何情况下都是同一个样，我们就会停滞不前。

无论我们如何否认，我们都非常重视自己的风格。从打扮完美的都市型男到单调乏味的宅男，人们在语言、穿着和举止上的选择都能让他们以一种被认可的方式呈现给别人，并能传达出他们在社会中的地位。就像花一个小时打理头发一样，“不关心”自己的外表是一种风格的举动，也是一种自我表达。

风格实践

风格是资源的结构化组合：一个穿着粉色褶边连衣裙的小女孩很可能也会穿舞鞋，说话声音尖细，嗲声嗲气；男性高管不仅会穿保守的西装，还会穿皮鞋，会用低沉的声音说着标准的法语。这些风格的形成是因为人

们认为它们具有一定的社会意义。人们可以自己想象剩下部分的特点，以进一步确立他们软妹子和直男的形象。因为这两者都是常见的定型——风格中的固定成分——所有人都可以以这样或那样的方式识别和利用。读者还可以确定其他的固定风格——河谷女、拉美混血儿、工厂工人、农民、预科生、嬉皮士、嘻哈舞者等，这些可能与职业、地区、种族、阶级、年龄、时间等有关。事实上，每一个都是社会生活分类的交叉点，但从更长远的角度来看，每一个都是相对短暂的，因为风格实践不仅是我们构建区分的方式，也是改变这种结构的中心手段。

风格不过是一种实践——一种创造社会意义的过程——因此，它是性别产生的一种基本资源。要理解这一点，将我们的语言使用与服饰打扮进行比较是很有用的。下面来看一下 1985 年北加利福尼亚的两个白人女高中生采用的策略（Eckert 2000: 214）。这两个女孩是好朋友，也同属于学院派，但她们为自己更加开放和大胆而自豪，与她们的学院派同伴相比更不愿意受流行支配。在这个时代，新浪潮派音乐风靡了郊区的反文化舞台，高中里也有一小部分新浪潮派。虽然这两位预科生认为新浪潮派过于极端，但她们欣赏其大胆和独立，并试图采用其元素来表达自己的相对独立性。当时“新浪潮派”典型的风格是黑色和锥形裤。在这所学校里，服装颜色是一个重要的风格元素——事实上，在青少年和成年人中都是如此。新浪潮派的深色眼妆和服装让人联想到“快速”的成熟，而学院派的 251
柔和色调则让人联想到干净清纯的形象。对于这两个女孩来说，采用新浪潮派的深色是一种过于强烈的风格展示，因为“好女孩”不穿黑色。她们采用独特剪裁的裤子：把蓝色牛仔裤的裤脚钉起来。她们能够清楚地表达出，这种风格上的转变使她们在当地社会风格地图上的位置恰好是她们想要的。在某种程度上，这些特殊的女孩正逐渐走向“大胆的”新浪潮派，她们重新定义了学院派（和新浪潮）女孩和任何其他类型的女孩（和非女孩）的含义。她们通过标示一个稍有不同的地方就在风景中制造了一个涟漪。人们通过对各种风格的对比来诠释风格特色并赋予风格特殊意义；他们通过对这些元素创造性的分割、挪用和重组，建立和修改出新的风格。人们构建自我的过程深深地融入社会，在这个过程中，他们创造了社会意义。一个人的风格变化涉及性别、种族、民族、阶级、年龄、体型等更大的话语。从理论上讲，没有一种风格变化会使一切保持不变。与此同时，没有什么风格上的变化是凭空而来的。如果习俗是这种活动的资源，那么它也是一种约束，因为一个风格变动的价值取决于它的可理解性——正如一个风格动作必须是创造性的，它也必须是可识别的。风格不可能从全新的素材开始，它们的成功是基于以前反复使用过的元素。这就是雅克·德里达（Jacques Derrida 1991）所说的可重复性。锥形蓝色牛仔裤的意义，既依赖于牛仔裤、黑色和柔和的色彩，也取决于学院派和新浪潮派在当地社会秩序中的地位——因为这一举动如果是由一个石匠或老师做出的，意义就会不同。

不断变化的指示性

语言资源就像服装颜色、锥形裤和牛仔裤一样具有可移植性，可以从一个已识别的风格中提取一个风格并植入到另一个风格中，在为该风格添加含义时稍微改变其意义。我们在这里使用指示符号这个术语，指的是那些从社会事物之间的联系中获得意义的形式。埃莉诺·奥克斯（1992）将这个术语引入到语言与性别的研究中，因为她认为，被认为是女性或男性的说话方式实际上并不意味着“女性”或“男性”，而是唤起与女性或男性相关的立场。这种指示是间接的，是通过指示与性别相关的立场。在这种情况下，像“fabulous（太好了）”之类的感叹词被认为是“女性化”的标志。但如果这样的感叹词确实体现了女性气质，那是通过将女性与华丽联系起来。当我们听到一个男同性恋用 fabulous! 的时候，我们是把它当作炫耀或女性气质的标志吗？联想链是性别和性话语建构的核心。迈克
252 尔·西尔弗斯坦（Michael Silverstein 2003）将这些称为指示性的秩序，就像与一个社会类别相关联的语言形式与该类别的特定属性相关联，然后就

可以与该属性的其他关联联系起来——并以此类推。因此，一个风格资源可以开发一个范围或领域（Eckert 2008）的意义。这些意义中的任何一个都可以根据其语境产生作用。

指示意义积累的一个很好例子就是美式英语中 /t/ 的发音变异。/t/ 是通过按压舌尖抵住前牙后面的上颚来阻碍气流而发出的。压力在停顿后积聚，当气流被释放时，发出可听到的爆破音。这个辅音发音时的气流可长、可短，气阻可紧、可松，甚至可以没有爆破。在英式英语中，/t/ 在单词中几乎所有的位置上都要发出可听到的爆破音（我们称之为送气音，即送气也发音）。然而，在美式英语中，当它出现在元音之间时，通常要发弱闭合音，例如，butter 听起来像 budder。当它出现在单词的末尾时，通常根本不会释放，从而形成失去爆破现象。这种发音的变体，尤其是在元音之间或单词结尾时发爆破音，在美式英语中很明显，并且在不同的风格中有略微不同的含义。这些意义的本质来源于常出现的发音风格。

首先，大多数美国人认为英式发音是有教养的、有品位的。本书作者最近在书店里听到一个女人幽默地评论一位作家："He's Brit^{h}ish and he's very int^{h}elligent^{h}，"强送气音 /t/ 三次出现。英国人说的 /t/ 大部分都发音，而美国人在试图发音更清晰或在比较正式的时候用这个音，这是学校教师讲话的一个突出特点。与此同时，作为一种更强的发音，送气 /t/ 听起来是强调的，甚至传达出厌烦或愤怒。因此，这个辅音可以参与到各种各样的语言风格中。

在一项对加州一所高中的人种学研究中，玛丽·巴克兹（2011）发现了各种各样的社会群体，所有这些群体都致力于创造独特的语言风格。这些风格体现了各种各样的"酷"，但有一组女孩不同于她们的同龄人，她们与"酷"保持距离，与她们认为有损女性气质的行为保持距离。这些女孩（Bucholtz 1996，2011）为自己的智慧和摆脱同伴的束缚而自豪，她们崇尚智慧，致力于打造一种共同的独立知识分子的形象。她们声称自己是女性"书呆子"身份——一个典型的男性身份。她们的语言风格有助于打造共同的智慧形象，就比如她们以一种非常清晰的方式说话时会多发/t/ 这样的音来象征“清晰”和“智慧”。住在加州北部，同伴——特别是
253 “酷”同伴，在高舌音风格上使用当前加州的发音变化-后元音 /u/ 的前面，如 dude（听起来更像在 feud 中经常听到的元音，而不是 food 中的元音），和 /o/ 如 boat（发音为 [bɛwt]）。这些女孩通过避免这些发音，远离了“酷加州”风格，相当有意识地使用英语的保守和气派的特色来构建一个独特的风格。她们把自己从青少年的身份体系和她们认为微不足道的青少年问题中完全脱离出来，很显然这并不是想要在青少年群体中获得社会地位。而通过这样做，她们在挑战极限，扩大了“女孩”风格的范围，超出了目前可供她们选择的范围。还需要指出的是，在这样做的过程中，她们相当积极地参与了学校的符号体系的形成。

送气 /t/ 与犹太人的语言（参见 Levon 2006a）有关，甚至可能更具体地说，与传统犹太人的说话法方式有关。这种发音可以看作是有教养的、谨慎的，它也是意第绪语的发音。莎拉·贝诺尔（Sarah Benor 2001）在北加州一个传统犹太教社区的年轻成员中进行了近距离观察，发现在尾音“/t/”的使用上存在性别差异，男孩比女孩更喜欢用 /t/（47%∶19%）。此外，上过犹太人初级学校的男孩比没上过的男孩更容易发送气音。当她仔细观察实际的话语时，贝诺尔发现，男孩们尤其在做出权威或坚定的声明时会使用这个 /t/，它在很大程度上用于演讲和辩论，这是犹太法典研究的一个基本方面。反过来，它是与犹太法典研究的核心文化实践有关的一种更普遍的风格的一部分，因此也是构建男性气质的一部分。

罗伯特·波德斯瓦（Robert Podesva 2004）从一个完全不同的角度研究了一个同性恋医学学生（他称之为希思“Heath”）在日常生活中经历不同情况时的录音。在诊所里，为了表现出一个有能力、受过教育的人的形象，希思释发了很多个 /t/。然而，在一次和朋友的烧烤会上，希思变成了一种艳丽的“同性恋天后”风格，强调了一种爱玩的“骚货”形象。虽然他在烧烤会上发 /t/ 的音比在诊所里少，希思的确发出了许多很明显的

/t/，这与华丽的语句有关。使这些发音突出的不是 /t/ 的释放频率，而是发音时的持续送气的时间。这是一种夸张的发音，有时代表厌烦，有时用于取笑学校老师过于谨小慎微的风格。

淑女和男子汉

性别二元的典型极端例子——像淑女的女人和有男子气概的男人——提供以各种风格反复出现的比喻。让我们想想这些是什么。在北美文化中，典型的男性和女性是一种非常特殊的类型，不仅体现在性别上，还体现在阶级上。想象一下终极女性：她的身体小巧玲珑，她的动作优雅，她 254
的身上散发着淡淡的花香，她的皮肤柔软，她从头发到脚趾甲都被精心打扮过。她穿着精致的衣服，她微笑着，她很有礼貌，她说着高贵的语言。换句话说，她没有干过（也不适合）繁重的工作，也从不接触灰尘和洗涤剂。而且她天生就适合与彬彬有礼的人做伴：没有脏话，没有双重否定，没有浓重的纽约口音。那么什么是礼貌的同伴呢，《麦克米伦在线辞典》将其定义为“来自上层社会的人：上层阶级、贵族、贵族阶级、上流阶层、上流社会、婆罗门、绅士、淑女。”换句话说，富有优雅气质是典型女性气质的核心。另一方面，典型的男子气概是建立在体格上的：在大小和强度方面，在繁重和肮脏的工作方面，在粗糙度、韧性和朴实方面。典型的有男子气概的男人是工人阶级。如果我们把典型的女性气质和男性气质视为性别二元对立的两极，很明显，我们不能在谈论性别的同时谈论阶级。因此，我们将快速地了解一下语言的阶级分层，然后再回来讨论性别。

阶级分层

在第 9 章，当我们讨论标准语和方言变体时，我们主要讨论的是双语情况。在这种情况下，一种语言被合法化为标准变体。这种标准语和方言的区别也适用于说同一种语言的情况。标准法语是由法兰西学院编纂的一种法语，主要是富人和受过高等教育的人说的一种法语。大多数法国人讲法语都带有某种地方口音——人们在巴黎街头或普罗旺斯的村庄里听到的法语与标准法语明显不同，哪怕只是在发音上。虽然没有学术上的认可，但总感觉有一种标准英语的存在，与整个英语世界所说的英语方言相对立。英国人长期以来一直有一种被称为 RP（标准发音）的变体，在 18 世纪和 19 世纪被编纂成法典（Agha 2003）。这种英语通常被称为“标准英语”，说的人较少。美国人认为标准语是新闻播音员讲话的形式，沃尔特·克朗凯特（Walter Cronkite）可能被认为是标准英语的终极使用者。标准英语的形态句法在语法书中都有记载，但发音却没有。因此，虽然我们都可以通过参考一些文献来了解我们应该如何组成英语单词和句子，但我们没有这样的资源指导我们的发音。相反，在美国，标准发音通常是任何美式英语方言，其中的地区特征已经减弱，因此一般难以察觉。因此，虽然语言学家能分辨出彭妮是在新泽西长大的，但大多数人却看不出来。
255 这是因为她很早就学会了用不同的语言与高中的朋友和老师或父母（他们不是来自新泽西）交流。到她大学毕业时，她在父母和老师面前使用缓和的口音已经成为她的日常语言。

我们在第 9 章中讲过方言的特征就是有很精细的分层。“学校语法”和课堂之间的关系并不神秘，教育是阶级分层的重要因素。但是，如果认为工薪阶层会使用双重否定句，或者他们的发音更具有地域性，是因为他们不知道怎样发音更好，那就错了。就像标准语法和发音在我们主要机构的大厅里是文化资本一样，非标准语法和本地发音在当地社区中也充当文化资本。方言发音通常是创新的，它作为风格资源出现在日常说话的过程中，通常代表当地社区的立场。同样，使用非标准语法可以表明工人阶级的身份，或者代表反对机构（如学校）权力的立场。

那么性别在这其中又有什么意义呢？人们普遍认为跟男性相比女性会更多地使用标准语。总的来说，这从语法的角度来说是正确的，但在发音方面则相反——据统计，女性在语音变化方面领先于男性。但统计掩盖了更有趣的事实，因为这些语言差异的重要性在于“哪个女人，哪个男人，为什么？”。

沃尔特·沃尔弗拉姆（Walt Wolfram 1969）对底特律非裔美国人的话语进行的研究表明，在社会经济等级的各个层次上，女性的语言都比男性更标准。然而，这似乎符合语言是阶层文化定势的说法，这引起了人们对这个问题各种各样的解释。彼得·特鲁吉尔（Peter Trudgill 1972）提出，由于女性被排除在就业市场的发展之外，她们依赖符号资本来实现社会进步。他还提出，男性可能更重视非标准语言，因为它与工人阶级的男子气概有关。大卫·桑科夫（David Sankoff）和苏珊娜·拉伯格（Suzanne Laberge 1978）认为，女性的就业机会（如秘书、接待员和销售人员）往往比男性更需要标准语言。玛格丽特·杜夏尔（Margaret Deuchar 1989）认为，在许多互动中，女性作为较弱的参与者，必须关注对话人的面子。她认为，使用标准语言可以让女性在尊重对话人的同时提升自己的地位，因此是一种安全的策略。伊丽莎白·戈登（Elizabeth Gordon 1997）认为，害怕失去“体面”，害怕被视为性“放荡”，是导致年轻女性偏爱使用与更高阶层相关的变体的部分原因。

顽强的孩子

这些解释中有一部分有一定的说服力。但是语法与优雅、顺从之间的关系无疑也是非常突出的。语法在家庭和学校里引起高度的重视，这一事
实使它成为纪律的一部分。在学校使用不标准的语法不仅会被认为是未受 256
过教育，而且会被认为是叛逆。事实上，在某些圈子里，“糟糕的语法”与其他类型的“糟糕语言”合并在一起。因为叛逆在男孩中是可以容忍的，甚至是被尊重的，而在女孩中则不然。人们可能会认为这同样适用于非标准语法。在这种情况下，人们可能会猜测，女性和女孩在使用语法时会更加谨慎。

艾蒂娜·埃伊希科比斯（Edina Eisikovits 1987）在对澳大利亚青少年

的研究中发现，在面对权威时，语言的使用存在明显的性别差异。通过对孩子们彼此之间的对话以及他们与她的对话中所使用的非标准语言特征进行比较，埃伊希科比斯发现在与她对话时，女孩的语言变得更标准了，而男孩则“不那么标准”。虽然确切的驱动力还不清楚，但毫无疑问，男孩们表现出了对她的一些语言上的挑衅，无论她是作为一个有权威的成年人，还是作为一个有权威的成年女性。不管怎样，反抗的行为是确实存在的。关键的事实是，男孩的言语行为说明人们对男孩藐视权威的行为具有更高的接受度和容忍度。

在第 1 章中，我们提到成年人对待男孩比对待女孩更粗暴。这显然也适用于语言。在英国纽卡斯尔，男性更倾向于用喉化音代替 /t/（比如 water 中间那个音，以及 that 最后一个音）。这一特征在英格兰十分常见，它最初被高度地污名化，被视为伦敦东区的一个特征，当然，当它出现在元音之前时，现在也仍然被污名化。保罗・福克斯（Paul Foulkes）和他的同事（2005）研究了 40 位母亲与 2 到 4 岁孩子的对话，发现母亲在对儿子说话时使用的喉化音多于对女儿说话的时候。有人可能会得出这样的结论：母亲和孩子这样说话是最终希望孩子总有一天自己会以同样的方式跟自己说话，或者她们自己在与男孩和女孩说话时呈现出不同的形象。

约翰・费舍尔（John Fischer 1958）研究了小学生对 -ING 的使用，发现在成年人中，男孩比女孩更多地使用 -in'。他还发现，老师的宠儿“好孩子”比那些调皮的同龄人使用更多的 -ing。然而，女生之间并没有发现这种差异。但我们可能会问，叛逆的女孩使用非标准语法的次数是否比不叛逆的女孩多，使用非标准语法的次数是否和叛逆的男孩一样多。事实确实如此。

并不是所有女孩都想成为甜美迷人的甜心，也不是所有女性都想显得优雅或更像中上阶层。威廉・拉博夫（2001）从统计学的角度观察了一些性别和阶级相互作用的案例，结果是中上层阶级的女性比中上层阶级的男性说话更标准，工人阶级的女性比工人阶级的男性说得更通俗。限制男性使用“女性化”形式无疑是男性保守主义的重要组成部分。下面我们将回到这个问题。

在一项对英国博尔顿高中女生的人种学研究中，艾玛·摩尔（Emma
Moore 2004）花了很长时间和一群被称为“时髦派”的女孩在一起。这些
女孩经常参加派对，在学校无人监管的区域闲逛，在周末喝酒。她们有轻 257
微的叛逆，但仍然在学校。她们的语法有些不标准，尤其是她们倾向于
使用英格兰某地区工人阶级语言的一个特点：改动了 was 和 were 的使用，
即第一和第三人称都使用 were（例如：I were drunk）。到第九年时，一些
时髦派的女孩加入了一个更叛逆的群体，通常被称为城市小混混，晚上和
男人一起在街角喝酒、吸毒、逃学。随着人物角色的变化，他们对 were
的使用增加了。其他时髦派女孩对于 were 的使用基本上保持不变，但小
混混对非标准形式的使用从 25% 跃升至 48%（见图 10.1）。

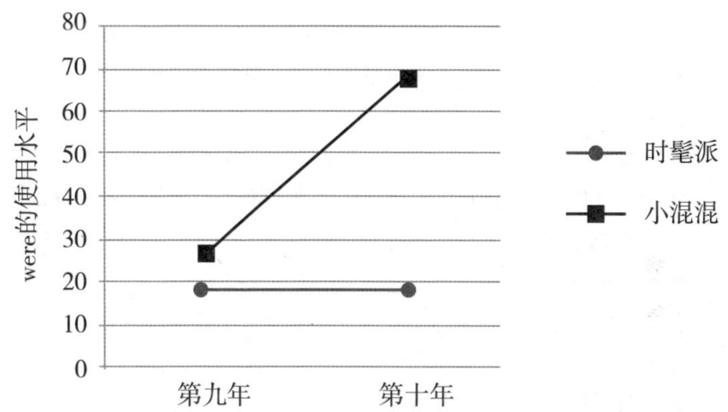

图 10.1　***使用 were 的小混混和时髦派在不同时间的变化图***

（Moore，Emma. 2004）社会语言风格：用于创建共享标识的多维资源。

加拿大语言学杂志 / 加拿大讽刺剧语言学杂志 49: 375–96。

加拿大语言学杂志和加拿大讽刺剧语言学杂志允许重印

对于诺玛·门多萨–丹顿（2008）在加州北部与之相处过的墨西哥黑帮女孩来说，一种更为极端强势的形象是很重要的。这些女孩重视战斗技能和战斗准备，并经历仪式性殴打，被撞击，这标志着她们加入团伙。这

群人的一个重要特征是长长的眼线，这表明她们有打架的意图和意愿。这种符号意义体现在行动上，因为人们认为画长眼线的女孩不仅更强硬，而且更有可能被叫出去打架。就像一个女孩说的：“当我画眼线的时候，我觉得我更强壮了，我准备好战斗了。”门多萨–丹顿强调头发、口红、眼线和服装等元素的结合，创造一种“造型”，并将这种造型与互动风格相结合，正如一名帮派女孩所描述的那样：

想想这些破事。
你很勇敢。
没人敢惹你，你有权力。
人们看着你，
258 但没人敢惹你。
所以当你走在街上，
你有独特的走路姿势，[开始刻意走动，摆动上半身]
你这样走，慢慢走，只是看看。
我看起来像个男人，¿que no?（不是吗？）我走着，然后停了下来。
我是这样的。[把头向后仰——这叫做看着] 我总是在看，我总是在看，
我从不往下看。
这一切都与权力有关。
你他妈的从来不笑。
他妈的，从来不笑。
我们从不戴耳环，
以防我们打架。
戴耳环不是我们的风格，¿me entiendes?（你知道吗？）
别笑。
那是弱点。
别笑。

这些特定帮派和种族之间的联系不仅体现在帮派女孩的西班牙语中，还有她们对墨西哥英语特征的使用。进入这种风格的一个突出的语言资源

是 thing 的发音。这个单词包含了墨西哥英语的两个特征：元音升高，发音像在 seep 中而不是在 sip 中；第一个辅音发音为 [t]，而不是 [θ]（ting）。而这些特征显然是西班牙语—英语双语的结果，它们不再是“外来的”特征，而是一种本土英语方言的组成部分，表明了墨西哥裔的身份。黑帮女孩使用这两种特征的频率比学校的其他同龄人要高得多。除此之外，这个特性在它和 everything 一起用时表现得最为明显。这是墨西哥英语中一种常见的风格元素，门多萨–丹顿认为这是调动小团体的暗示。例如，在一个黑帮女孩的讨论中描述了不同帮派的女孩为挑起斗争是怎么打量彼此的（Mendoza-Denton 1996: 56）：

> Well I guess it depends on the person because one person will look at you *and everything*, but they'll kind of be scared at the same time. Cause they'll probably say, "oh, look at her" *and everything*, and if the girl turns back *and everything* they could either back down or back up, and go, "hey, what's on," you know? Then she can look at you up and down *and everything*, you know, go around you know?
>
> 我想这取决于一个人，因为一个人会看着你和你的所有东西，但同时他们也会有点害怕。因为他们可能会说“哦，看看她”之类的话，如果那个女孩转过身来，她们要么退后，要么走上前“嘿，怎么样”，你知道吗？然后她就可以上下打量你，你知道，围着你走一圈你知道吗？

门多萨–丹顿指出，在这些用法中的 everything 是只有内部人员才能完成的动作和场景，一个人必须熟悉帮派对抗才能知道除了说“看她”，然后转身，上下打量别人，还会发生什么。因此，当这个发音参与更多风格结构时，它的符号意义就增加了。

总体来说，统计数据显示中上阶层使用得较多的语言特征被用来表示 259
一种制度化的身份和形式，而与工人阶级有关的特征则被用来表示漫不经心、强硬或反叛。20 世纪 80 年代，彭妮（Eckert 1989，2000）在底特律郊区进行了一项研究，这个区域生活的大多是白人。她发现，社会经济阶层在学生社会中的区分主要表现在两个主要的相互对立的学生团体上。区分的原则是他们对学校规章制度的反应。优等生是一个以机构为基础的实践群体，他们的身份、活动和社交网络是基于学校课外活动的领域。在追求业余生活（不仅仅是运动）的过程中，优等生们为了角色和荣誉而竞争，形成了公认的社会等级制度。尽管优等生们将他们的社交网络和大部分活动限制在公共场所，但他们的体育活动却没有受到限制。而那些差生绝大多数都是活动在市区，他们建立了网络，让他们能够进入市区，并经常去底特律寻找刺激。

优等生和差生之间的对立有着各种各样的符号性表现，从服装到领地到音乐品味。优等生们午餐时间在自助餐厅里闲逛，在那里他们出售活动的门票，并举行各种各样的销售活动，而那些差生则在学校的吸烟区院子里闲逛。优等生们会围着储物柜社交，而差生很少用储物柜，在学校整天穿着夹克，随时准备离开，也方便他们经常闯入别人家院子。在 80 年代早期，当这项研究完成时，优等生们穿着色彩柔和的学院服装和直腿牛仔裤，而差生则穿着深色，摇滚音乐会的 t 恤和 70 年代的喇叭裤。差生（男女都一样）留着长发，而女孩们则留着直发；男优等生和一些女优等生都留着短发，而长头发的女优等生则把头发梳成“羽毛”式。女优等生们化淡妆，差生们则化着浓妆。优等生们参加学校的反吸烟活动时，差生则炫耀自己使用了管制物品（尤其是香烟）。差生穿着带有城市标志的衣服，如钱包链，底特律或汽车工厂的夹克，优等生则穿着带有学校标志的衣服，如校队和学校的夹克和毛衣。他们听不同的音乐，去不同的地方，做不同的事情。符号意义上的差异是无穷无尽的，几乎这两种风格的每一个组成部分都被视为与优等生或差生的核心含义直接相关。每一方都将对方风格中的任何元素解读为这一核心的直接表现。这两个团体的实践，是学校社会秩序的极端体现，是学校风格的标志。

为了与他们的身份保持一致，优等生的语言相当标准，而差生语言是不标准的，是市井化的，这符合他们的反学校立场和市井化特征。总的来说，差生比优等生使用了更多的非标准否定（例如，我什么都没做），而且男生比女生使用得更多。但优等生之间的性别差异要大于差生。这种差 260
异无疑与这样一个事实有关：总的来说，优等生被要求维护学校的价值观，而女优等生则被要求“洁身自好”。如果一个女孩被发现吸烟、吸毒或发生性关系，她的优等生地位可能会被毁，而男优等生则被认为更有冒险精神。另一方面，在差生中，违反学校规范是男生和女生共同的价值观。

但如果我们仔细观察，很明显，优等生和差生并不都是一样。一些优等生参加了体育运动，但不参加学校的非体育活动。另一些优等生则加入了学生会，并表现出“管理者”的风度。如图 10.2 所示，所有优等生的非标准否定句都是由运动员出身的男孩产生的。在女差生中，有两个截然不同的友谊团体，那些认为自己是“普通”的差生，以及一小群自称是“最差”的女孩——还有一些被人们称为差生中的差生。普通的女差生在

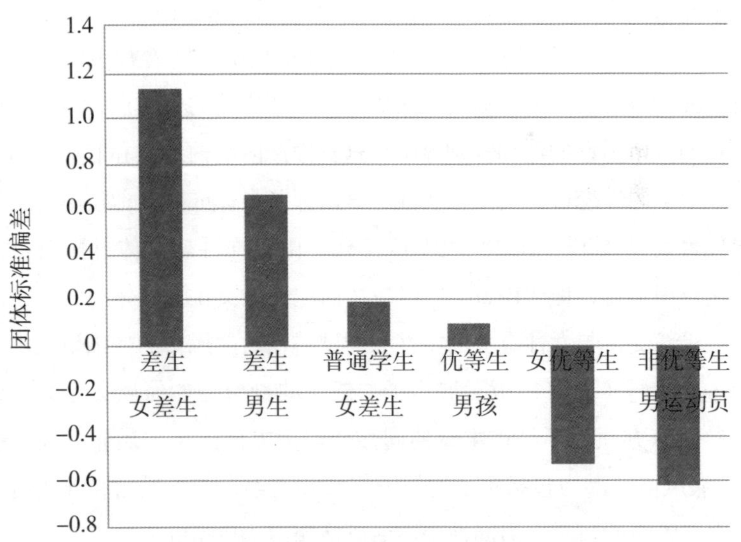

图 10.2　贝尔顿高中双重否定句的使用，以毕业班平均数为基准的方差呈现

某种程度上与学校疏远，更倾向于她们的社区和城市公园，女差生们对自己的狂野感到自豪——服用美斯卡林上学，在公共场合吸毒被捕，玩通宵。正是这些女孩影响着学校里的所有人——无论男女——使用非标准的否定句。最后，不能说女孩的语言比男孩的更标准。事实上，在学校里最标准和最不标准的人是两个完全不同的女孩群体。

一个普遍现象是，女孩和女人会运用语言来构建比男孩和男人更广泛的多样化风格。在很大程度上，这与女性被期望有意识地参与风格塑造，
261 并且在这个过程中被赋予一种华丽的风格相关。另一方面，男性的华丽风格长期以来一直与同性恋一起被污名化。随着社会的变化，男性越来越有可能展现出各种各样的风格——华丽而又低调。

风格与社会变革

随着人们对另类性取向的态度越来越宽容，随着同性恋风格日益成为主流，男性和女性风格之间的界限也逐渐放宽。随着都市型男的出现（Simpson 1994），时尚和消费主义成为异性恋男性的关注点，潜在地模糊了富裕的城市男性的性和性别界限。这种中产阶级的地位和非典型男性的风格主导了同性恋群体的风格实践，这对那些身体或阶级地位不符合规范的男同性恋者不利。在 20 世纪 80 年代，由于同性恋群体排斥魁梧男性的主流意识形态，熊（Bear）风格应运而生。熊文化强调体型和浓密的毛发，但仍然支持与女性有关的特性和尝试。在对熊风格的仔细研究中，拉斯蒂·巴雷特（即将出版）展示了“熊”的身份是如何反文化的，无论是在异性恋方面，还是在主流的同性恋审美方面。从“灰熊”到“泰迪熊”，熊风格的潜力包括粗犷的男子气概和温柔，卡车运输和针线活，工作和中产阶级的情感。男同性恋讲话风格挪用了典型的男性工人阶级的讲话风格，尤其是南方工人的讲话风格，与群体当中的极度女性化形成对比——他们用它来谈论典型的男性和女性话题。通过巴雷特所说的指示分

离，这种风格极大地放宽了性别表达的界限。

随着中国进入全球资本主义市场，消费主义给中国带来了巨大冲击。张庆（Zhang Qing 2005）研究了风格实践在新社会的类别（在外资金融企业工作的年轻人）出现初期所扮演的角色。这些人，在这个几代人都崇尚物质平等的社会里，拥抱了一个新的物质主义和消费水平，他们通常被称为“中国雅皮士”。雅皮士的工作环境与他们在传统国有企业的同龄人是截然不同的。同时国有企业强调装扮和服饰的功能性，雅皮士的商业总部是优雅的，人们希望雅皮士的身上也带有一种类似国际化的优雅。此外，国有企业保持着性别平等和无差异的意识形态，而外国公司雇用女性主要是因为她们的女性气质和语言技能。而男性则直接进入销售岗位，并很快进入管理岗位。女性——尽管她们拥有同样的资历——最初被安排做秘书工作，然后逐渐进入管理岗位。由于较高的收入水平，雅皮士追求一种优雅的都市生活方式，这为大陆带来一种全新的生活方式。除了他们的风格，包括服装，家居装饰，电子产品和休闲活动，他们的语言正在改变，以符合他们的全球化身份。

262

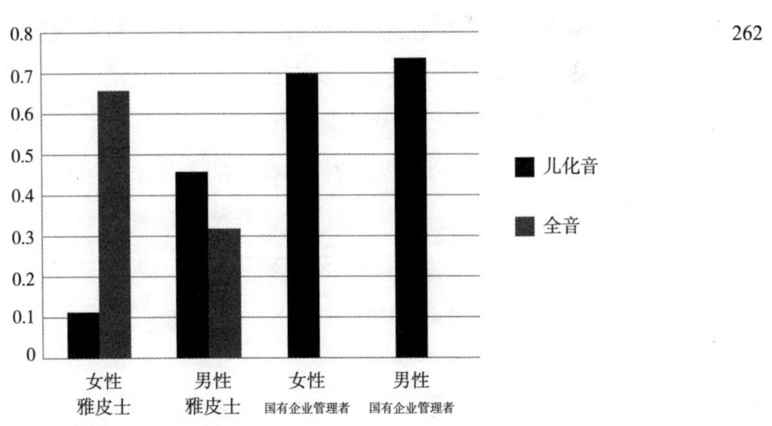

图 10.3　北京雅皮士和国有企业管理者对儿化音的使用（因素权重）以及对全音的使用（百分率）

雅皮士话语中的性别差异反映了公司中男性和女性角色的差异，而国有部门的管理者则表现出很少的性别差异。雅皮士使用了两种策略来发展一种国际化的讲话风格，以保持他们的国际化的定位：（1）拒绝听起来过于本土化的北京语言特点；（2）采用非大陆的、一种资本主义语言的特点。（香港和台湾地区）由此产生的风格与国有企业管理者的风格形成了鲜明对比。如图 10.3 所示，北京话最显著的特点是结尾处的儿化音，比如，花在别处读 [hwa]，在北京读 [hwar]，这一特点被认为让北京普通话听起来“油腻”，通常与北京男性形象联系在一起——一个“能说会道”的谋生者，一个总是设法出人头地的油腔滑调的人物。虽然这一特点在国有企业的男性和女性的讲话中都很常见，但雅皮士却很少使用它，女性雅皮士几乎完全避免使用它。男性雅皮士对儿化音的低度使用似乎产生了一种“低调”的风格，但这仍然带有一些能说会道的感觉。张庆认为，虽然能说会道的形象可能会增加一个商人雄心勃勃的形象，一个巧舌如簧的能说会道者身上有某种狡黠和咄咄逼人的特质，这在女性身上仍然被认为是“不合适的”。

张庆还发现，无论是男性还是女性雅皮士都在采用非大陆方言的口音特点，模仿香港、台湾和新加坡这些在全球市场占主导地位的华人地区所说的中文。在北京发音里，非重读音节失去了其独特的声调，变成了“中
263 性”，而在非大陆方言中，会更强调音节，并保留其语调。这种音调特征赋予了非大陆方言一种不连贯的特性，在大陆普通话中采用这一特征也有类似的效果。无论男性还是女性雅皮士都在使用这种音节特点，这与全球市场有着巨大的联系，女性比男性使用频率更高。张注意到，避免儿化音和采用全音使女性雅皮士的讲话不仅有一种国际范，而且清脆的断音增强了她们作为能干的女商人的整体形象。

风格实践，社会变革和走向成熟

雅皮士们无疑意识到他们在社会变革中的角色，进入令人兴奋的工作

岗位时他们可能也经历了风格上的创新，这是他们成长的一部分。事实上，随着年龄的增长，参与社会变革的意识已经根深蒂固。一个人的风格包含了一段不断变化的历史。女孩第一次画眼线，男孩第一次在他的篮球投掷中加入一些个人风格，对他们来说可能是重要的举动。每当他们重复这些动作时，这些动作就逐渐成为他们风格的一部分，成为他们自称的角色的一部分。一个特定的人可能会发展出不同的风格，在不同的实践团体中表现出不同的人格。在前面的章节中，我们主要谈到随着人际关系的展开，个人日程不断推进。在这里，我们将专注于风格上的变化，这确实与我们的个人日程和人际关系有关，但这也为我们所呈现的各种人物以及可以存在于我们团体的各种人物开辟了新的社会可能性。

我们在性别秩序中的位置限制了我们的行为，但与此同时，是我们的行为（以及其他人的行为）将我们在性别秩序中定位，并将性别的不同方面纳入其中。虽然社会结构和可用资源限制了人们的行为，但人们可以决定他们将受到多大程度的限制。这些决定并不仅仅与性别有关，而且与我们生命中所有其他与性别互动的方面有关——我们通常不知道这些其他方面。例如，反对女性使用脏话的规范经常被使用，经常被遵守，但也经常被打破。当它被打破时，指责可能会采取基于性别的警告的形式，比如“这不像淑女！”但是使用脏话的决定更可能取决于一个人是否想表现得“友好”，是否被激怒或当面挑衅，或是否想要装酷、装时髦等等。此外，这个决定并不一定是在“我是否应该开始使用大量的脏话？”的层面上做出的，而是在互动中，在特定的情况下，比如一个人在某个时刻决定说一些脏话。在每个选择骂人或不骂人的时候，都是根据一个人对前一个选择的经历来权衡的——这个选择如何被接受？事后的感觉如何？经常，甚至通常，“选择”这个词并没有暗示这个决定是经过有意识的深思熟虑，关键是人们用某种方式说话一定出于某种原因，即使他们可能无法阐明这 264
些原因。随着时间的推移，一些模式会出现（决策过程可能会变得越来越自动化），在某些情况下使用（或不使用）脏话会成为一个人的风格的一部分。

这样的决定不是在真空中做出的，而是始终参照我们团体的实践，并在团体内部进行合作。青春期早期的女孩开始在她的话语中插入脏话，这是针对她所接触的人。她可能是在向她的老师或其他成年人展示自主性，他们是她这个年龄段主要的规范执行者，或者可能是把自己和那些“伪善”的同龄人区分开来。或者，她可能是在表达对她的母亲的信任，因为她的母亲说脏话或是她的朋友说脏话。她可能认为说脏话是成年人的表现，是叛逆的表现，是自信的表现，是愤怒的表现，是自主的表现，是生疏的表现，或者是这些和其他东西的结合。也许她和她的朋友们开始把自己塑造成一个强硬的人，也许她正在远离她的朋友，走向一些更强硬的人。无论当地的动态如何，她都在修改她的人格，不管多轻微，并将自己置于与她的实践社区和世界其他地方略有不同的位置。根据这些修改的内容，她可能会也可能不会改变自己的其他方面——可能是她语言使用的某些方面。例如，如果她试图变得叛逆或强硬，她可能也会使用更多的非标准语法。她可能会使用威胁性称呼，或者发出威胁。她可能会改变自己的穿衣方式，行为方式，她常去的地方，她做头发的方式，她讨论过的事情。换句话说，她正在改变自己的风格。她的风格可能和现存的风格一模一样，也可能略有不同。她可能会加入自己的想法。当她这么做的时候，这不仅仅是个人行动，而是改变了她所在群体（最终指的是她的学校等等）的实践中社会意义的平衡。多一个说脏话的女孩，就等于性别桶里多了一滴水，风格的一个小小的改变，就会给话语增添一些新的含义。因此，对一个女孩来说，短暂的动作成为一个更长期的风格改动的一部分。反过来，这也使得这个女孩所参与的风格发生了细微的变化。随着女孩对脏话使用的增多，并且她们把这种行为延续到成年，那么足够多类似风格的变化将给社会带来变革的潜力。也许使用得越多，脏话的威力就会减弱一些；但与此同时，女孩也会远离优雅和善良的约束。

当我们谈论风格时，我们谈论的是一个将行为元素的组合与社会意义联系起来的过程。如果一个女孩开始咒骂，咒骂本身并不构成一种风格，但它与她所做的所有其他事情结合起来构成一种风格。根据她的咒骂资源，她可能会表现出一种放荡或强硬的风格，或者学院风但“与众不同”，思想自由的知识分子，等等。读者可能会停下来思考语法、词汇、 265
语调、音质、音段音位、话语标记和言语行为类型的组合，如何与咒骂结合在一起构成完全不同的人格。是这些人物角色，整个风格，改变了社会意义，重新配置了社会景观，而不是咒骂本身。

大多数语言变化是由青少年带来的，在具有强烈风格的活动中参与身份认同的活动，这就是这个人生阶段的特征。大部分的性别发展只是随着年龄的增长而发生的，就像在做让自己变成熟的事情，并在这个过程中学会成熟。青少年是通过青少年行为的逐渐积累而成长起来的。这种对新行为的日常假设，与孩子的行为紧密地结合在一起，作为一种突发奇想或者是一种选择。六年级的一天，一个女孩拽着她的低腰宽松牛仔裤给佩内洛普看她的性感蕾丝新内裤，说：“昨天我穿的儿童内裤”（棉质的内裤）。她像孩子一样咯咯地笑着说，但她清楚地知道，穿着这些性感内裤是为了向性感风格靠近。在接下来的一年里，同样是这个女孩，特鲁迪（Trudy），成为了一个时髦的女孩：她的男朋友（不同时间段的）比任何人都多，她和男朋友的关系更加公开，她的衣着也更加讲究，她比她的同龄人更性感、更强硬、声音更响亮、更外向、穿着更有创意，总体上也更出格。这种鲜明的风格成为了特鲁迪的标志，同时也是一种构建个人和群体的方式。

特鲁迪和她的朋友们知道从童年到青春期需要做些什么。特鲁迪的风格是建立在一种已经确立的、众所周知的风格上的——她只需要添加自己的风格。虽然有关这种风格的知识来自媒体，但是她参与的活动是当地的。特鲁迪的群体是一群当地人，而她模仿的模特也都是当地的模特——年龄较大的女孩和女性，年龄较大的人群，以及她们谈论的人。她在当地学到的风格特点使她和她的朋友们从其他人群中脱颖而出。特鲁迪乐队的成员主要是拉丁裔，他们独特的风格把他们和附近的人群区分开来，比如，附近菲尔兹小学以欧洲裔美国人为主的人群。特鲁迪所在学校的规范促成了拉丁裔学生的风格，菲尔兹小学著名的欧美女孩在公共场合表现出一种有点孩子气的“可爱”风格。特鲁迪和她的朋友们用各种各样的墨西哥裔英语来提高自己的风格，而菲尔兹小学的女孩们则青睐一种更典型的加州白人风格。两组女孩都是“少女”，但她们是不同风格的少女——她们在表演她们的身型和种族许可的身份。如果他们受到同龄人或成年人的批评，那将是基于他们表演的年龄适宜性，而不是性别适宜性。

正如我们在第 6 章中所概述的，我们经常看到年轻的日本女性不遵守女性语言的理想。据说，她们越来越少使用非常恭顺的“女性”形式，
266 甚至还使用了一些被称为“男士”的强势形式。松本美子（2002）认为，年轻女性可能从来没有像年长的女性那样使用那么多的高度恭顺的形式。毫无疑问，毕竟这种高度礼貌的风格是人们对年轻女性的期待，它是成熟和优雅的标志，它的使用也可以用来表示一个人的社会关系性质的变化。人们很可能会想象小女孩在过家家或模仿年长女性时使用非常礼貌的方式——类似于小女孩在角色扮演中使用一种较高的音调来学“老师说话”或“妈妈说话”（Andersen 1990）。井上都子在日本一个不使用“女性语言”的地方长大，她在电视上听到女性语言，并在玩芭比娃娃时使用它（2006）。在关于日本媒体中性别描述的讨论中，松本（1996）发现了这种趋势带来了一个有趣的转折点。即儒家理想中的成熟和谦逊的女性气质，与一种新型的“可爱”的女性气质共享了这个舞台。松本用万字牌生抽酱油的广告诠释了这种风格。广告中，一位活泼可爱的家庭主妇站在门口迎接她的丈夫，问他晚餐想吃什么。在这样做的时候，她没有使用规范的女性语言，而是使用了传统上被贴上“男性化”标签的形式。然而，松本说，她的举止一点也不阳刚；相反，它是非常女性化的和孩子气的。这是尚未学会使用成熟“女性语言”的人的语言。这种新的女性形象与儒家理想中的成熟温柔的女性形象形成了鲜明对比，取而代之的是现代的年轻

玩伴形象。这两种女性都是同样的顺从，一种是由于接受了成年女性的角色，另一种是由于接受了永久的儿童角色。

日本年轻女性使用敬语越来越少，这一事实无疑是社会变化和语言变化的标志。但这肯定不是女孩男性化的标志。在某些情况下，这可能是一种迹象，表明女孩与男孩和男人一样追求权威，但这与表示她们试图表现出阳刚气概截然不同。这种简化了男性和女性敬语和句末助词的风格阻碍了人们对这些形式的更有趣的使用。在较年轻的群体中，一种对年轻人的性别崇拜似乎正在兴起。凯素·雷诺兹（Katsue Reynolds 1990）认为，如今的女孩为了能够在学校内外与男孩竞争，正在使用更自信的语言策略。社会变化不仅给女性和女孩带来了不同的地位，还带来了不同的人生阶段关系，青春期的女孩正在参与新的亚文化形式。因此，对一个年长的说话者来说像是男性化的语言，对一个青少年来说却像是解放的或时髦的语言。语言上的变化不是简单地席卷了年轻一代；它们是女孩们找到构建自我的方法的结果，而这些方法是前几代人无法获得的。有人可能会把这种用法看作是改变类别本身的一种方式——扩大了“女孩”的可能性。也许
boku（一般是男性自称时用）的使用者是在确认她有自信的权利。也许她 267
想要的不是自信，而是酷。也许对她来说，人生的阶段和性别一样突出，她正在投射出一个新的青少年形象。

美国也出现了类似的现象。媒体（例如，Quenqua 2012）最近相当关注年轻女性使用吱吱声的问题。吱吱声是由声带缓慢而不均匀的振动引起的，当声音降低到超出说话者的正常范围时，这种振动就会自然发生。虽然人们在说话的最后会降低音调是很常见的，偶尔会出现吱吱声，但夸张地使用吱吱声也可以把注意力吸引到降低的音调上。在英国，通常使用吱吱声的是男性（Henton & Bladon 1988）。然而，目前在美国，年轻女性使用吱吱声的数量明显超过了同龄男性，也超过了日本年轻女性（Yuasa 2010）。这很可能是美国女孩普遍降低音高的结果。大学生把它当作一种权威的声音，而成年人显然对这种声音感到不安（本书作者在研究青少

年话语时，从大量的陌生人给她发的投诉邮件里可以看出）。汤浅育子（Yuasa Ikuko 2010）发现，加州和爱荷华州的美国大学生都认为女性的吱吱声是犹豫、不具攻击性和非正式的。但他们也认为这是一种受过教育的、城市化的和积极向上的表现。这就是变化的本质。对年纪大的人来说是可怕的事，对年轻人来说却很有意义。

让我们继续关注成年人的反应。年轻的美国女性经常因为她们的语言创新而受到关注。1982 年，扎帕（Moon Unit Zappa）在弗兰克·扎帕（Frank Zappa）的专辑 *Ship Arriving too Late to Save a Drowning Witch* 中以山谷女孩的风格表演了“山谷女孩”，首次引起全国对“山谷女孩”话语的关注。这种语体风格特征与加利福尼亚州费南度山谷的奢华、物质的少女联系在一起，现在已远渡重洋扩散到整个说英语的世界。山谷女孩的概念起到的作用与明治晚期的日本女学生没有什么不同。各种可能与山谷无关的创新都被归因于“山谷女孩”的风格，并被成年人和媒体嘲笑为所有他们认为是坏女孩的标志。但一旦这些新功能出现一段时间，它们就会变成成年人的语言，既因为成年人开始使用它们，也因为青少年自身成长为成年人。虽然像这样的话语标记仍然更多地被年轻人使用，事实上，现在各个年龄段的人都在某种程度上使用它。

合理及不合理的表现

到目前为止，我们所讨论的所有风格实践都是非常微妙的：这里一个元音，那里一个辅音，一个 like，一个双重否定……微小的调整可能会逐
268 渐累积成引人注目的创新。但我们也有方法在风格中突出一些特点，这有助于大幅度地巩固其指示的作用。戏仿利用众所周知的修辞，并加以完善，某种程度上使它们吸引眼球。戏仿是指示性的——塑造特定幽默角色时，其实是在呈现他们自己对一个人或一类人的解读。他们把这些融入进他们在戏仿中所使用的风格资源。

在第 9 章中，我们讨论了拉斯蒂・巴雷特（1994）在对种族不平等危机中的非裔美国变装皇后模仿正统白人女性的研究。非裔美国喜剧演员，如理查德・普赖尔（Richard Pryor）、阿黛尔・吉文斯（Adele Givens）和艾迪・墨菲・拉赫曼（Eddie Murphy Rahman）（2003），经常模仿白人，把他们描绘成天真、保守、无能但非常有礼貌的人。对白人的整体描绘是不可能的——首先必须是男性或女性，然后是特定类型的男性或女性。这些喜剧演员通常把白人男性描绘成老土的，白人女性则描绘成被动的。这些描述的明显特点是区分白人语言和非裔美国人方言的特征，例如，双元音 /ay/，词尾和前辅音 /r/ 的发音清楚地指示了白人语言。然而，/r/ 的发音不仅区分了白人和非裔美国人，也区分了中西部人和许多东海岸人，尤其是纽约和波士顿等主要城市中心的居民。因此，特别夸张的 /r/ 发音会给人一种天真和老土的印象，这种印象在美国东部和中西部地区很常见。同时，them 的第一个辅音发音为 /d/（dem）是美国城市方言的特点。无论是白人还是非裔美国人，喜剧演员对 th 的夸张使用是为了表现一种刻板的谨慎、恰当和拘谨的风格。

在第 9 章中，我们还提到了说英语的印度同性恋和说印地语的海吉拉斯（hijras）之间的紧张关系，海吉拉斯是传统的“第三性”。基拉・霍尔（2005）描述了印度的另一个群体 kotis，他们用戏仿来为自己构建一个中间的性替代空间。戏仿利用了与英语（同性恋者、中上阶层、现代的和世界主义的语言）相对应的印地语（低等阶级、海吉拉斯族、当地和过去的语言）的复杂指示性。在丈夫和父亲、男人的女朋友和海吉拉斯的模仿者之间转换角色（篡夺海吉拉斯的生计），kotis 认为他们比男女同性恋者或海吉拉斯人更自由。霍尔记录了一些表演，在这些表演中，kotis 利用印地语和英语的复杂指示性模仿下层阶级，一方面是放荡和“落后”的海吉拉斯，另一方面是中上层“拘泥”的男同性恋和女同性恋，在 kotis 看来，他们并没有充分地进行性别颠倒。“由此产生的两极分化为另一种身份的出现创造了空间，这种身份既不淫秽（如海吉拉斯），也不拘泥（如同性恋），而是无可辩驳的考蒂（一个印度群体，他们假想了一种中间的性替代空间。）koti”（Hall 2005: 127）。

269 与此同时，对同性恋风格的戏仿在西方无处不在，没有人注意到这些戏仿使用了被视为非常女性化的资源，其中很多都被用来做男扮女装。虽然这似乎支持了同性恋言论是女性化的普遍观念，但我们需要退一步来思考一下同性恋言论的研究现状。正如我们在第 2 章中提到的，性取向样本的选择会导致公开出柜的同性恋人群与异性恋人群的比较，同时也因为实际上男同性恋者和女同性恋者的语言是各式各样的，所以研究的焦点是那种被“认定”为同性恋语言的语言。因此，很多关于同性恋言论的研究都被用来检测刻板印象，例如，通过播放包含和不包含目标特征的语音，来检测被试者是否更有可能识别出包含这一特征的语音是来自同性恋的。在这类研究中，罗恩·史密斯（Ron Smyth）和他的同事（2003）认为同性恋、异性恋的言论实际上与性别没有区别，同性恋者和异性恋者的言论都沿着一个从女性到男性的性别连续体。毫无疑问，华丽的同性恋语言使用了许多女性讲话的风格，但问题是，华丽和性别之间的指示关系到底是什么。正是这种已记录的男同性恋的语言风格，作为一种突出的、长期存在的定型和幽默的来源，使它有别于其他语言变体，并把它从男同性恋的日常讲话中区别开来。因此，正如埃雷兹·列文（Erez Levon）巧妙地描述的那样（2007: 536）“……经验主义方法论应该更多地关注人们用来确立这种社会地位的符号学实践……而不是关注这些地位本身。”

因此，“同性恋风格”是男性在社会和符号上定位自己为同性恋的一种方式。我们认为，这里的问题不仅仅是性别，而是华丽的风格。女性的语言被许可，有时被期望是华丽的；男人则不是。记录的男同性恋风格应该与军营相关，这是最具讽刺意味的。只有在这种情况下，把同性恋的语言放在男性和女性的连续体上才有意义，才能意识到军营中的某些形式是同性恋文化不可分割的一部分，而喜欢同性伴侣的男性可能会根据所处的环境，在不同程度上参与这种文化。罗伯特·波德斯瓦对男同性恋职场人士的语言的研究表明刻板的同性恋言论出现在需要“华丽风格”的场合，比如“同性恋天后”（Podesva 2004，2007）和“同性恋派对者”（Podesva 2011）。这种华丽风格的元素可能会渗透到一些同性恋男性更为保守的话语中，但问题是，这是否更适合由性政治之类的东西来预测，而不是性取向。

珍妮特·皮尔亨伯特和同事（2004）发现，男同性恋的元音系统比异性恋的更分散，也就是说，他们的元音发音更加极端。有人可能会觉得这很浮夸。此外，元音的超发音可能是波德斯瓦（2004）在 /t/ 音释放中提到的“谨慎”模式的一部分。此外，元音的清晰发音可能是“谨慎”模式的一部分。也有可能，至少这种模式的一部分涉及创新变体的使用，声音变化正在进行中，除了华丽的特征之外，它可能还有其他的社会意义。波 270
德斯瓦（2011）研究了加州一家大型家用产品公司的采购员里根（Regan）的话语，从和上司开会，到和朋友吃饭，再到和最亲密的朋友出去玩。这些情况提供了一个连续的角色，华丽程度最高的是在男孩们出去玩的晚上，里根塑造了一个“同性恋派对者”的形象。这种情况给里根的几个元音的发音带来了明显的变化，这些都是加州白人语言的特征，其中两种尤其流行 /uw/ 和 /ow/ 的前置（上述讨论与巴克兹 2011 年对极客女孩的研究有关）。在这些极端的同性恋风格中，我们也看到了人们所认为的动态语调，但在女性语言中并没有发现。里根的高元音发音伴随着假音的极度使用，在“男孩之夜”期间，他的整体音高和音域都变得非常高。那这种华丽指示着什么？里根不是在成为一名女性。更确切地说，人们可以认为，同性恋者在宣称自己有使用华丽风格的权利的同时，正在从二元性别中提取表达能力。

我们也可能会思考为什么普遍存在对男同性恋言论的刻板印象，而不是对女同性恋言论的刻板印象；为什么嘲讽男同性恋（而不是女同性恋）的言论无处不在，为什么研究人员很难找到女同性恋言论的特征。首先，这可能是因为女性比男性更能容忍不同的风格，所以没有必要要求自己。但是，正如黛博拉·卡梅伦（2011）指出的，女同性恋并不是男同性恋的镜像。她们的性别和她们对异性恋压迫的排斥使她们处于额外的风险中，她们在军营中不放纵的部分原因可能是她们想在风格上保持低调。特别是从历史上看，她们对公共空间和网络的要求更少，而这些公共空间和网络为风格的建立和传播提供了手段。

近几十年来，在日本城市女孩中出现了各种各样的新式华丽风格，反抗现代社会对女性的限制。这些风格从孩子气到过于男性化，或过于女性化。在 20 世纪 80 年代，偶像歌手酒井法子（Noriko Sakai）推广了一种华丽、天真的女性风格（Aoyagi 2005）。与之相对的是“涩谷（Ko-Gals）”，劳拉·米勒（Laura Miller 1998，2000）称她们为“文化和平的破坏者”。涩谷公然拒绝各种规矩，打断关于种族纯洁性（通过使用民族服装和日光浴沙龙）和女性气质的讨论。涩谷不仅蔑视传统的女性规范，而且相当公开地展示她们的性取向和对（饥渴和压抑的）老男人的蔑视。她们特别鄙视的对象是战后的工薪族，他们年复一年地遵守公司的规定，长时间从事枯燥的工作，报酬却相对较少。涩谷的语言和风格与众不同，不仅包括禁忌语，还有各种缩写。虽然媒体关注的焦点可能是涩谷女郎与女性理想的对比，但对于当今的年轻人来说，她们的意义更为重要。与工薪族
271 截然相反，人们可能会说，涩谷代表了最终被剥夺公民权的年轻人。“涩谷”和工薪族之间的对立——且不说这些年轻女性可以利用年长男性的弱点——强调他们造成的威胁程度。一方面，性别霸权主义的意识形态会使这些年轻女性与工薪族形成巨大的对比，因为她们的行为举止不谦虚。因为这个事实，她们在风格上花的功夫最多。虽然她们冒着更大的风险，与男性相比，她们也可能做更多令人震惊的事，会更注意维护自己的自主权。

最近，出现了一种极度女性化的哥特式洛丽塔风格（Gagne 2008），这种风格的特色是精致的爱德华七世和维多利亚时期的服装（哥特式的洛丽塔们自己缝制的服装），以及理想化的传统女性语言。这种风格并不违背传统的女性规范，也没有将自己与其他青年亚文化区分开来。我们在

这里讨论的风格只是日本女性亚文化繁盛时期的一部分，所有这些都是精心设计过的并具有很强的表演性。而且她们的着装非常公开，因为年轻女性在放学后和周末的公共场所都很大胆地展示自己鲜明的着装风格。随着媒体的报道，一些人迎合了她们的风格，另一些人则制造出巨大的道德恐慌。这些亚文化虽然彼此之间有很大的不同，但它们有一个共同点，那就是都强烈反对儒家理想中谦逊的一面。用非常夸张的术语来说，她们是公众人物——但实际上是反公众人物（Inoue 2006）。

年轻的日本女人说话不"像女人"，女同性恋也不"像男人"，北京的雅皮士也不是"假装来自香港"。一个变性人的讲话可能会被判断为类似于一个孩子扮演超人，而新父母对着他或她的婴儿轻声说话，或公司高管做出强有力而自信的陈述，这些都被忽略了。原因是父母和执行者都在进行合法身份的合法表演。也就是说，如果一个人身上能表现出能认定某种身份的特征，那么这个人就会被认定为这种身份的合法拥有者。在某种程度上，它们是传统的，表演者有能获得很多的机会和支持来参与其中。但随着社会的变化，非法表演层出不穷，有的被压制，有的最终合法化。

事实上，我们大部分的表演都是自我的体现，这对我们可以更好描绘人物形象增加了很大的限制。"啊哈，"一些仍然持怀疑态度的读者可能会说，"身体确实很重要"，暗示着这个观察结果预示着性别表演性观点的末日。[②] 当然，身体在日常表演中也很重要，就像在职业演员中一样（比如，年龄较大、身体肥胖或身体残疾的女性很难演任何角色，尤其是电影角色）。但我们的身体不只是这样。他们受到各种社会强加的纪律以及其他环境变迁的制约（掌掴和更极端的身体暴力、性成熟、怀孕和分娩、护理、衰老、强奸、举重、踢足球、疾病和事故），这样的事情使得塑造某 272
种自我比塑造另一种自我容易得多。新技术改变了我们塑造自我身体的约束力量：婴儿可以喝瓶子里的水，卵子可以在试管里受精，一个女人的卵子创造的胎儿可以植入另一个女人的子宫；人们可以服用激素，进行外科手术；健身器材和化学物质能改变人们运动的潜能；更年期女性可用激素替代疗法，饮食等养生方法影响衰老过程，等等。当然还有现代社会的信息技术——阅读和写作、电影和视频、电话和收音机，网络——作为面对面的接触不仅在传达普通面对面表演的可能性，也允许人们参与（相对）无实体的表演，让观众无法判断这些表演的“合理性”。

基拉·霍尔（1995）采访了一些人，他们通过电话进行有偿的言语性陪聊来赚钱，他们开拓电话市场并销售他们的表演。[3] 她们有意地使用语言元素来形成一种语言风格来刺激男性，她们会根据客户的喜好或需求，改变风格（即扮演不同的角色）。这些纯粹是口头表演，声音是她们唯一的“身体”标志。电话性工作者从事这项活动的原因是报酬高，而且灵活性强，它允许她们在工作的同时做其他事情，比如洗碗。她们中的一些人也为自己的语言技巧感到自豪，并享受工作的创造性。她们几乎肯定不符合客户的想象。霍尔采访的许多工作人员都是研究生，其中大多数是女同性恋，还有一个男人。他们的身份和身体，被回叫系统屏蔽，电话性工作者不需要处理她们与电话里的身份不匹配的问题。人们可能会觉得这很奇怪，甚至会感到兴奋，没有性生活的女性电话性工作者会把“其他”女性的性感表演放进她们的表演中。但他们不太可能觉得这很奇怪。也许这是因为一种假设，即这些女性有时会（与男性）发生性行为，这会让人觉得她们在某种程度上是在做“自然”的表演——只是被取代了。此外，人们（尤其是女性）经常被鼓励尝试和表演新的性角色，以取悦他们的伴侣。除了她们没有身体接触的事实，电话工作人员的表现与妓女，或者是假装性兴奋和满足的女友或妻子有什么不同？但更重要的是，她们和那些男性电话性工作者有什么不同，他们把类似的女性表演组合在一起，让男性拨打电话。或者假设老年人中心的参与者要在类似的活动中筹集资金？无论是女人还是男人，老年人通常被认为是无性的。只有年轻（假定是异性恋）的女性才有权进行女性性行为。任何接听性幻想电话的其他人都是在进行未经授权的表演。

273 霍尔评论了她的男性顾问，一位 33 岁的墨西哥裔美国双性恋者，她称之为“安迪（Andy）”，他扮演了女性角色：

> 为了让打电话的人相信他是女性，安迪转变了风格采用了更高的音调，把电话从他的嘴边移开，以软化他的声音强度。这种以表演与异性的声音和语言服饰为特征的话语转换，或者被称为交叉表达更合适。（p. 202）

安迪和霍尔的另一位顾问都注意到，“打电话的人出于某种原因开始怀疑，电话里的声音并不是它所表现出来的美丽的年轻金发女郎，这让他们感到沮丧”（p. 207）。霍尔提供了一个很有说服力的逸事来说明她的猜测：许多男性来电者将他们与接线员的互动视为现实而不是幻想。（p. 213，n. 19）：

> 我的隔壁邻居……告诉我他在《阁楼》900 号广告上看到的“所有性感女人”。后来我告诉他，我的研究中的所有女性（显然她没有告诉他还有一个男性）只是声音被雇用，从未见过他们的雇主（也因此从未被见过），他难以置信地回答，“什么？你是说这都是骗局？”

在一个非常不同的文化背景下，基拉·霍尔探索了印度海吉拉斯语的语言构建中的“非正常的表演”的现象，这曾在第 8 章讨论过。海吉拉斯构成了一种对性别表现力的极端主张。在讨论苏勒卡（Sulekha）时（海吉拉斯的一种），基拉·霍尔和维罗妮卡·奥多诺万注意到（1996: 7）“苏勒卡认为，一个发言者被识别为海吉拉斯，正是因为她的多样性，她的女性化和男性化交替出现，向外界表明这两个阵营她都不属于。”这一观点显然不是所有海吉拉斯都认同的，事实上，考虑到印度海吉拉斯和海吉拉斯社区的数量，毫无疑问，性别意识形态有相当大的多样性，一些海吉拉斯坚持他们对女性性别的坚定要求。

人们通常认为，选择改变性别的西方人是为了达到极端的目的，或者是为了想象中的某个典型的男人或女人。拉尔·齐曼（即将发表 b）在一项对从女性转变为男性的人的纵向研究中发现，他们形成的声音有相当大的差异。在服用激素的几个月里，所有人的声音都降低了，有些人的声音降得相当低，而其他人的声音变化几乎察觉不到。这似乎不是某些生理差异的结果，而是它们并非都迁移到同一个地方的结果。他们的目标都是某一个版本的自己，而不是想象中的男性。性别二元性的霸权表现在一个普
274 遍的假设中，即变性人正在变成一个非常不同的人，但是对于跨性别者来说，“过渡”这个词并不是空洞的。人们不是朝着不同的自我前进，而是朝着更舒适的自我前进。

性别作为核心的概念在很多关于语言和性别的研究中都有所体现，因为习惯行为被归因于男女之间的根本差异。例如，正如我们在前面的章节中指出的，男人是有等级和竞争性的，女性是平等主义者，追求相互的关系，这种思想主导了很多关于性别，与语言和性别关系的想法（例如，Tannen 1990; Trömmel-Plötz 1982）。这使得分析人员可以将言语动作、策略与性格、性情联系起来。因此，观察一个人在特定情况下的竞争行为，可能会把这种行为举止与男性公认更强的总体竞争力联系在一起，以及他们看待世界的等级模式联系起来。但是，一个人在特定情况下的行为，甚至是某种情况下的行为，与他们更普遍的性格之间，存在着很大的差距。还有竞争策略也有多种，确保一个人在等级体系中的位置的策略，在特定情况下竞争有多种原因，这些原因可能与长期的等级意识无关。

从风格到类型

个人或团体的实践可能频繁地或习惯性地参与特定的动作和活动模式，从而产生话语风格。在风格的层面上，人们被判断为友好或刻薄，有竞争力或好争辩，爱出风头或被动。对这些话语策略的重复参与，可能会将这些策略与人的个人性格联系起来。如果人们被视为定期进行投诉行为或定期参加投诉会议，他们可能被视为投诉者；如果他们经常做一个占

上风的动作或占上风的练习，可能会被认为是好胜心强；如果他们经常不同意或爱争论，可能会被视为好争辩。请注意，这些感知到的策略是处于特定位置的。因此，如果某人经常恭维别人，他们可能会被视为有礼貌或拍马屁，这要看他们恭维的具体情况，更具体地说，他们赞美谁，赞美什么。只有当这些风格与某些类别——性别类别或种族类别相关联时，它们才会在社会版图中占据一席之地。人们被分为咄咄逼人的、爱抱怨的、阿谀奉承的、好胜心强的和有同情心的。与这些风格相关的举动更容易在已知或相信属于这些类别的人身上“识别”出来。每获得一次认可，类别的内容就会得到加强。

举个例子，现在很有名的一种说法是，男人不愿意问路（Tannen 1990）。他们给出的解释是，男性比女性更有等级观念，问路会让他们处
于一种劣势地位。没有证据表明在实践行为中有这样的差异。即使有，人 275
们也可以想象一个完全不同的性别故事，女人比男人更不愿意问路，因为这会使她们处于潜在的危险境地。无论如何，一旦进入性别圈，性别故事就有了自己的生命。每一个问路的场合都成为一个性别评论的场合——如果其行为遵循性别规则，它就被视为是证据；如果不是，可能会有人开玩笑说这条规则有例外——有些人甚至会猜测是问路的男人或女人的问题。不管怎样，这都是关于性别的故事。

正是二分法的规定决定了哪些表演是真实的，哪些不是。虽然海吉拉斯和“'yan daudu（同性恋者）”以一种引人注目的方式说明了这一点，但少有观点能明确，在一种文化中，这种分法不仅排除了其他可能性，也限制了在两种授权的性别类别中可容忍的可变性范围。大量旨在指导女性如何进行可信的口头行为的文献特别清楚地说明了性别行为的微妙性。事实上，那些被吹捧为最合理的行为并不是让它们自己展现出来的。黛博拉·卡梅伦（1995: 204）让我们想起了一张古老的女权主义海报，上面写道：“如果做一个女人是自然的，那就别再告诉我该怎么做了。”事实上，媒体上充斥着对女性的建议，似乎没有明确的指导，她们显然无法应付最

平凡的情况。当女孩们十几岁时，青少年杂志告诉她们如何与男孩交谈，如何把他们约出来，让他们觉得自己很聪明，很重要，很负责。如今，有一种新的重点是帮助女性和女孩变得自信，在男人的世界中获得权力。这意味着，随着女性进入新的领域，她们将需要新的语言技能。传统上女性在社会中的合法活动并不要求有权威的言论行为。当然，女性经常使用权威性的语言形式。例如，妈妈与孩子、精英女性与仆人。语言技能很少是真正的问题，尽管习惯在新的环境中使用它们可能很困难，这需要假设新的角色。即使这些新角色没有遇到公然的抵制（通常如此），女性有时也很难在不熟悉的环境中展现自己的权威。但大多数成功女性认为，更多的问题来自于那些想要将女性拒之门外的男性设置的绊脚石，而不是她们自身缺乏经验。尽管如此，还是有一个庞大的行业致力于帮助女性克服她们的“缺陷”，但同时也认识到，这必须谨慎，以免变得太“不女性化”。

我们今后的研究方向？

50年前，没有人会想到今天会有这么多女性在健身房锻炼，会有女
276 性举重运动员和职业篮球运动员，或者年轻女性会拿着体育奖学金进入美国大学。50年前，没有人会想到同性婚姻会成为一个重要的政治问题，也没有人会想到单身母亲会成为日常生活中的一种现象。50年前，没有人会想到有些男人会选择待在家里照顾孩子，而他们的妻子外出挣钱养家。50年前，没有人会想到法院会就一个人选择自己性别的权利进行辩论，或者一大群人会公开游行并呼喊“我们在这里，我们是同性恋，习惯它！”50年前，没有人会想到一个叫《阴道独白》的节目，结合了许多不同的女性关于她们阴道的采访材料，包括自豪地重新使用“屄”这个词的章节（以及许多关于女性生殖器术语的评论），甚至可以在世界各地的场馆上演。

语言在所有这些发展中都起到了作用。但语言并不是全部，因为语言

的工具箱如此丰富多样，无论是在特定的互动中，还是在更普遍的情况下，在被投射的人物和被追求的项目中，没有单一的一种语言选择能够决定所产生的效果（例如，使用脏话或避免使用一般的男性特征）。不仅每个特定的选择与其他选择相协调（例如，使用非常谨慎的发音或选择传统的礼貌形式），而且语言的选择也和一个人做出的所有其他方面风格的选择是一致的。当然，个人的选择在社会中发挥作用，在实践团体和更大的机构中发挥作用。我们可以自信地说，未来我们要面对的是性别和语言的持续改变。毫无疑问，它们将继续以我们现在无法预见的方式在社会实践中相互交织。

注　　释

第 1 章　性别概论

① 对于那些觉得自己在社会秩序中处于不利地位的人来说，这种退步更容易。毫无疑问，正是由于这个原因，许多最近的性别理论主要（虽然不完全）是由女性发展起来的。

② 爱丽丝·德雷杰（1998）更准确地将其描述为“归类为男性婴儿身上的阴茎”或“归类为女性婴儿身上的阴茎”。

③ 北美双性人协会网站（www.isna.org）提供了大量关于双性人的信息。

④ 例如，在新西兰，每百万人中有 43 名儿童患有先天性肾上腺增生症（拥有两条 X 染色体、男性外生殖器和可能有生育能力的女性内生殖器），但在阿拉斯加西南部的尤皮克人中，每百万人中有 3,500 名儿童患有此症（www.isna.org）。

⑤ 在某些文化中，我们可能认为有两种以上成人性别类别的命名方法，并且在其他方面也得到了习惯上的认可，如：大平原印第安人的北美印第安人男性异装癖或同性恋（berdache）和印度的海吉拉斯（印度跨性人、阉人、两性人及变性者）（hijras）。尽管二者细节差别很大，但这些其他类别的成员在“正常”的事物秩序之外，他们往往使人害怕或受人贬低，或在其他方面处于社会不利地位。尽管如此，与本书读者最熟悉的西方工业社会相比，某些社会对非标准性别类别的容忍度显然要高得多。马丁和沃里斯（1975）在第 4 章“多余性别”中展开了对具有两种以上性别和 / 或性别范畴的社会群体的早期讨论。赫特（1996）从历史和跨文化角度提供了关于这个主题较新的研究。

⑥ 参见伯恩斯坦（1998）、伯恩斯坦和伯格曼（2010）。

⑦ 马克·利伯曼有一系列关于不稳定脑科学的博客，详见 http://languagelog.ldc.upenn.edu/nll/?p=2208；http://languagelog.ldc.upenn.edu/nll/?p=2576

⑧ 数据来自美国整形外科医生协会网站：www.plasticsurgery.org/Media/Press-Kits/Procedural-Statistics.html

⑨ 劳里·路德曼和彼得·格里克（2008）已经多次观察到，在不同的测量方法中，不同性别表现的差异非常小，而且性别之间有很大的重叠。

⑩ 如今，由于可能在出生前就掌握这些信息，想要提前知道或不想知道孩子性别可能会成为意识形态上的负担。不管是哪种方式，孩子的性别往往和健康一样成为人们关注的焦点。

⑪ 索恩（1993）和其他人观察到，老师们敦促孩子们表现得像“大男孩和大女孩”。相反，很少有孩子被告知“不要表现得像个婴儿——你现在是个大孩子了。”

⑫ 这些例子可能看起来有些过时，确实它们也正变得越来越不常见，但这样明显的信息确实存在。第一个是我们在斯坦福大学和康奈尔大学班上的一些年轻女性中发现的（尽管肯定不是所有人，甚至不是大多数人）。第二个信息是 2001 年一个女孩告诉宇航员萨利·赖德的，她的老师给了她这种挫败感。

⑬ 甚至一个自己的母亲是医生的孩子有时也会说“女性不能当医生”。当然，孩子们有时会弄错。在玛格丽特·撒切尔担任首相期间，流传这样一则逸事，一个年轻的英国男孩被问及：“你长大后想当首相吗？”“哦，不，”他回答说，“那是女人的工作。”

⑭ 有关新闻报道，参见克里斯·乔伊纳（2010）。对该学生的采访见 www.cbsnews.com/video/watch/?id=6292187n&tag=api

⑮ 历史学家琼·布伦伯格（1997）记录了美国当下极其关注的一个焦点的历史发展，即年轻女性需要努力保持和改善自己的身材（而不是灵魂，这在 19 世纪的美国得到了至少同样或更多的关注）。事实上，就连男人也开始在身体上投入更多的精力；男性的整形手术越来越多，正如最近大量的“男性”杂志所敦促的那样，人们对饮食和锻炼也相当重视。这并不是说身材问题不再是男女有别：女性和男性在他们的“身体项目”中仍然被引导到不同的方向，而且大多数女性在这些项目上投入的时间和金钱仍然远远超过她们的男性同龄人。

⑯ 我们要感谢亚历杭德拉·金在斯坦福大学的课堂作业中给出的这个例子。

⑰ 弗吉尼亚·瓦利安（1998）通过引用大量心理学研究表明，我们倾向于对符合我们期望的东西给予更大的“重视”（不仅在性别方面，而且在其他领域）。巴里·索恩（1993）提到，她读小学时发现自己最初关注的是看起来具有典型性别特征的行为和个人。

⑱ 英语中有一个惯例，即根据音韵形态对词对进行排序，并且这些词对中的第一个（而不是第二个）符合该顺序。然而，研究表明（Wright & Hay，2002），一旦考虑到音韵制约，仍然有一种倾向，即在成对排列中，男性名字优先于女性名字。

⑲ 心理学家达里尔·贝姆（1996）提出了一个关于性吸引的基本对立原则的假设——外来性变成情欲——来解释异性和同性的欲望。把自己塑造成异性恋的女孩和男孩因为其他同性与自己太像而不会产生欲望，而那些产生同性欲望的女孩和男孩则认为自己的性别不典型，和其他性别的人相比，他们会对相同性别中具有性别典型特征的人产生欲望，因为这些性别典型的人对他们来说在同性中更具"外来性"。虽然贝姆的理论有试图解释异性恋和同性恋欲望的可取之处，但它仍然在许多角度受到了批评。这个理论很难与这样一个事实相一致，即性的非典型性与同性欲望之间的联系并不紧密。这似乎也预示着发生在跨种族和跨阶层之间的吸引比已发现的要频繁得多。（斯坦在 1999 年对欲望的起源，尤其是同性欲望的起源，展开了很好的讨论。）但贝姆的理论确实符合长久以来的传统，即认为异性吸引是互补的，每一个个体都是不完整的，但个体之间同时又是相互补充的。

⑳ 尽管如此，在某些社会中，谁要做什么似乎比其他社会更灵活。参见奥特纳（1990）关于安达曼群岛居民的讨论，他们似乎对接受男性承担被归类为女性的工作没有什么困难，反之亦然。

㉑ 关于意识形态一词使用的详细讨论，见伊格尔顿（1991）。

㉒ 这并不是对学校和教师的这些尝试的批评，而只是对社会工程的复杂结果的一种观察。在学校中促进性别平等的尝试有时集中在所谓的性别化的"认知方式"和学习上，试图让性别化的女性得到更多的欣赏。见贝伦基等人（1986）和科森（2000）。就像工作领域对"女性技能"的重视一样，这种努力的动机值得称赞，但其效果可能存在问题。

㉓ 比布拉兹和史黛西（2010）提供的证据表明，这种假想的需要是没有数据支持的。正如朱迪斯·史黛西在 2012 年 1 月的一次采访中所说，"和一个像其他所有女性的母亲，一个像其他所有男性的父亲相比，两个教育背景、阶级、种族和宗教相同的异性恋父母在养育子女方面更像对方。" www.huffingtonpost.com/2012/01/16/gay-parents-better-than-straights-n-1208659.html；访问于 2012 年 3 月 14 日。

㉔ 援引于麦康奈尔–吉内特（2006a，2006b）。

第 2 章　语言与性别研究导论

① 60 年代和 70 年代的女权主义者创造这个术语，因此将 19 世纪和 20 世纪早期的妇女政权论者视为第一次浪潮。

② 在语言形式前面加井号（#）代表这个形式在语义或语用上不规范。

③ 在阅览以下网址参照《哈佛深红报》（*Harvard Crimson*）当时的报告：www.the

crimson.com/article/1971/11/16/pronoun-envy-pto-the-editors-of/

④ 玛丽·维特林–布拉格（1981）的论文中包含了几个关于Ms以及它尝试回避婚姻状态问题的争论。苏珊·埃利希和罗斯·金（1994）提供了一个解释，解释这个词和其他受女权主义启发的语言创新如何以及为什么没有实现那些提出它们的人所希望的。托马斯·默里（1997）测试了美国中西部对Ms的态度；霍姆斯（2001）思考了Ms在新西兰的使用，安妮·鲍威尔斯（1987, 1998）报告了Ms的澳大利亚模式。在澳大拉西亚地区，虽然数据各式各样，但可以看出，在年轻女人中Ms的使用在逐渐减少。

⑤ 和美国人一样，法国人也还没有推广消除称谓中的性别区分：法语中的先生（Monsieur）一直作为太太（Madame）的对立使用，就像美国和其他英语国家中先生（Mr.）和女士（Ms.）（也许同时也是先生（Mr.）和小姐（Miss））的对立那样。

⑥ 晚现代和后现代性之间的区别是一个超出本文讨论范围的理论区别，但它是我们当前的状况是否构成对现代性的突破或强化的中心问题。

⑦ 黛博拉·卡梅伦（1998a）引用这个特殊的“结果”作为镜厅现象的典型例子。

⑧ 20世纪70年代备受欢迎的社会生物学现在已经转变为进化心理学的研究领域。不幸的是，当讨论性别差异时，这两个领域都更加依赖性别意识形态与刻板印象，而不是对任何物种的雌性和雄性进行实际仔细观察。当然我们既不否认人类是生物，也不否认物种的生殖要求既在个体生存，也在物种演变中发挥作用。然而，我们生物学中重要的部分是，我们是社会性的，以及反射性的生物。另一个重要的经验事实是，在仔细研究的几乎每一项特性与能力中，每个性别之间都有相当大的多样性和相当大的重叠。

⑨ 网址：randallshoneybadger.com

⑩ 规则（norm）这个术语在社会科学中有两种用法：一种指平均数，另一种指标准的预期。我们将使用后者的意思。

第3章　语言资源

① 斜杠表示音位状态。我们使用方括号 [ ] 表示语音差异。

② 麦格克和麦克唐纳（1976）发现人们在理解言语时通常使用辅音构音位置的视觉信息。

③ 比如，参照《赫芬顿邮报》（*Huffington Post*），www.huffingtonpost.com/2011/12/15/vocal-fry-raspy-voice-speech-trend-pattern-young-women/n/1151293.html，以及美国科学发展协会（American Association for the Advancement of Scienc），http://news.

sciencemag.org/sciencenow/ 2011/12/vocal-fry-creeping-into-us-speech.html

④ 后缀的发音根据动词最后音节的不同而产生差异。如果动词过去式的附加结尾书写中有一个 e，那么 e 不会重复出现。有些动词的过去式是“不规则”的：比如 think（思考）的过去式是 thought，而不是“规则的”thinked。母语是英语的儿童和学习英语的成人总是对需要“常规上”（“正确地”）变化为不规则过去式的动词也使用规则过去式。

⑤ 这也涉及添加 -es 或 -s 的问题。和过去时一样，复数词缀的发音也取决于它附着的单词的最后一个音节。同样也有一些不规则形式：有些名词，比如 deer（鹿）和 sheep（绵羊），它们的单数形式和复数形式一样，还有一些比如 woman（女人）和 mouse（老鼠），他们的复数形式是不规则的 women 和 mice。

⑥ 参见麦考利和布莱斯（1997）对过去几十年间教科书分析研究中的句法语篇和其中的参考文献。

⑦ 有时候在同样的句子中两个否定会相互抵消。比如说在别人说 You did nothing“你什么都没干”的时候我们可能会说 I didn't do nothing“我没有什么都没干”。在这种抵消用法中，第一个重音或重读会发生在 didn't 上。

⑧ 在划定语义学 / 语用学的界线时会出现很多问题，所以我们将避免这些。和克里斯丁・克里斯蒂（2000）一样，我们认为语用学对研究语言对社会性别建构确实做出了很大的贡献。就如她指出的，许多社会生活语言的研究人员贬低语用学这个起源于关注相当反社会和相当抽象的哲学问题领域，可他们同时又在研究中使用语用学的概念：言语行为（speech act）、推论（inferencing）、直示（deixis）、前提（presupposition）等等。在这本书中（以及莎莉过去的一些有关语言与性别主体的论文中），我们大量使用语用学理论来点明意义的社会构建。

⑨ 裤装在那个时代是非常男性化的服装以及符号化的权威行为。“在家里她穿裤子”在那个年代常常被用于批评某个女人在她的家庭中行使了在说话人看来不恰当的权力，她篡夺了正统穿裤人，也就是那个家里的男人的位置。

⑩ 黛博拉・席夫林（1994）提供了各种不同的方法。

⑪ 参见诺曼・费尔克劳（1987）等人对批评话语分析（critical discourse analysis，简称 CDA）的简要介绍。以及玛丽・塔尔伯特（1998）借鉴了很多 CDA 框架撰写的语言与性别入门。

⑫ 参见格雷维尔・科贝特（1991）的论述。

⑬ 读者可能会注意到，我们为了避免使用泛用的 he“他”，有时会用 he or she“他或她”，有时候用 she“她”，有时候用 they“他们”。我们在语法上的单数环境

中使用“他们”，和威廉·莎士比亚还有简·奥斯汀这些杰出作家一样，是依照古老的英语惯例，但我们确实打破了学校里老师教我们的那些“规则”，特别是themself“他们自己”这样的形式（打字软件会“自动更正”为themselves）。

⑭ 参见基拉·霍尔（2003）提到的贝纳勒斯地区海吉拉人的语法性别使用，或者安娜·莉维亚（2001）论述的法语和英语使用者普遍的性别偏移语言策略。马利斯·海灵格和哈杜莫德·巴斯曼（2003）总结的多种语言中的性别论述。麦康奈尔-吉内特（近期刊登）对这些问题进行了相当详细的探索。

第4章　性别话语

① 学术话语中的引用实践是某种特定话语的作用效果的指导。比如，邦妮·麦克尔希尼与她的同事（2003）发现，在社会语言学与语言人类学领域中，女性研究者对女性研究者的引用率（约35%）明显比男性研究者对女性研究者的引用率（约21%）高。

② http://itre.cis.upenn.edu/~myl/languagelog/archives/003420.html

③ 当然，还有一种情形是男性故意不将女性的“不”解释为一种拒绝，毫无疑问，还有些情况是虽然他怀有一些疑惑但还是选择认为她是在矫揉造作。

④ 莎莉·哈斯兰格（2008）指出在哲学领域中，刻板印象与选择性偏见才是持续性性别分歧更好的解释。路易丝·安东尼和詹妮弗·索尔也在她们即将发表的论文中提出了类似观点。安东尼特别指出一系列被认为与莫尔顿相似的“不同的声音”的问题。

⑤ 公开性取向不是一种肆意的行为，在很多不同场合中，它被规定为一种道德上以及政治上的正确行为。当一个场合的绝大多数人都认为应该公开性取向，那么没有公开的人很容易“被公开”，这种情况下公开性取向成为了一种披露他人性取向的语言行为。

⑥ 基斯林强调在他所研究的互动结构中，兄弟会的竞争性以及高度男性化环境很重要。

第5章　言语友善的维护

① 语言学家杰夫·纳恩伯格，在全国公共广播电台《新鲜空气》（*Fresh Air*）（www.npr.org/2012/03/13/148295582/slut-the-other-four-letter-s-word）上发表了一篇评论，指出“slut”（荡妇）是一个淫秽，而不只是一个刻薄的词。他指出，这个词甚至在一些地方用星号标注。福克斯新闻（Fox News）在介绍林堡的故事时警告说，它含有粗

俗的语言。

② 弗洛伊德（2002 [1905]）对笑话与敌意、笑话与性之间的关联做出了解释，强调无意识的作用。正如弗洛伊德所承认的那样，他绝不是第一个意识到幽默常常伴随着敌意的人。

第 6 章　自信与否

① 李帕尔和罗伯奈特（2011）和帕洛马尔（2009）也发现类似结果，比如在某些情况下，性别的相对显著性影响到何人会使用这些刻板的话语维度，以及会产生什么影响。

② 这些数据来自他们研究的一部分。他们研究了 9 小时的广播节目中的无脚本谈话。包括一个医疗广播电话节目，记录了病人与医生的对话，以及为开放大学（Open University）录制的学生和教师角色的课堂互动。

③ 参见马克·利伯曼关于这个主题的、内容极幽默的博客：http://languagelog.ldc.upenn.edu/nll/p=2698#more-2698

④ 这项研究将 HRT 与“不明显的升调”（low rise）区别开来，后者被认为可以更果断地结束话语，比 HRT 更不具“开放”意味，更不像提问。这两种句尾升调更多地被女性使用，但是莱考夫似乎已经考虑到了 HRT。

⑤ http: // itre.cis.upenn.edu/~myl/languagelog/archives/002708.html

⑥ http: // itre.cis.upenn. edu/~myl/languagelog/archieves/002159.html

⑦ 席夫林（1987）是美国英语中一些最常用的话语标记的有用来源。

⑧ 参见霍姆斯（1986），以及霍姆斯（1995）第 3 章对“你知道的”（you know）的研究综述。

⑨ 珍妮特·芝本·史密斯（1992）认为，女性为了让自己显得“女性化”并同时具有权威性，会把“妈妈语”这样的话语引入她们的工作场所。但另请参考砂押友佳子（1994, 1995）和井上都子（2006）以做进一步讨论。

⑩ 凯特·伯恩斯坦在自己的文章中，更全面地质疑了性别二分法和性别类别。就像文中提到的视频一样，她的《我的性别工作手册》（*My Gender Workbook*）（Bornstein 1998）用智慧和幽默提出了许多关于性别的重要观点。

第 7 章　常识从何而来又隐藏于何处

① 为简单起见，我们从现在开始将主要使用更熟悉的“暗示”（implied）而不是格

赖斯的“暗指”(implicated)；格赖斯的概念包含了意图，而“暗示”是更普遍的，但我们在这里不需要这种区别。

② 我们感谢前康奈尔大学学生露丝玛莉·蒂莫妮与我们分享这一未发表的研究。

③ 参见麦考利和布莱斯（1997）的早期教科书研究及更多的一般性讨论。

④《早期佛教徒赞美诗 I：姐妹赞美诗 II：弟兄赞美诗》，(*Psalms of the Early Buddhists* I: *Psalms of the Sisters* and II: *Psalms of the Brethren*)，里斯·戴维斯夫人译，伦敦：巴利文字协会（The Pali Text Society）(1909)。分别译为第一、四辑；再版为一卷，《早期佛教徒的诗篇》(*Psalms of the Early Buddhists*)，伦敦：卢德里奇出版社(Routledge)，1980。这一讨论得益于马奇的研究，但得出了她之前没有明确得出的结论。

⑤ www.oprah.com/relationship/Whats-in-a-Name/2

第 8 章　映射世界

① 关于一些美国学生对女权主义的定义，以及这些定义与他们是否给自己贴上女权主义者标签之间的关系，参见阿诺德（2000）的报告。J.K. 布施曼、西尔沃·莱纳特（1996）与 P.A. 卡茨（1996）报告道，许多处于大学这个年纪的女性认为没有必要再为女权主义目标组织起来。尽管她们也发现，那些自己经历过性别不平等的人，常常认为自己是女权主义者。例如，一个女子运动队队员，比相应的男子运动队队员获得更少的资源。特文格（1997）报告说：今天的年轻女性，对比她们母亲那一代，更有可能接受广泛的“女权主义”观点，尽管她们不愿意称自己为女权主义者。

② 关于 20 世纪 80 年代美国反女权主义的反弹，参见法鲁迪（1991）。在第二章，作者将其与早期积极反对女权主义活动的时期做了比较。

③ 参见维特根斯坦（1953）。心理学家埃莉诺·罗施和她的同事在罗施（1975）、罗施和梅尔维斯（1975）以及其他地方提出了类别的概念，她们认为类别涉及家族相似性，而不是必要和充分的标准，最近关于类别的其他许多经验性工作都与罗施提出的观点有关。

④ 除了上述注释中提到的罗施的研究，另见亚特兰（1990）、赫希菲尔德和格尔曼（1994）、凯尔（1989）、拉考夫（1987）、麦丁（1989）、帕特南（1975）等人。同时另见格尔曼（2003）和格尔曼等人（2004），可以了解“本质论”观点的发展过程。

⑤ 关于身体如何“性别化”的广泛讨论，参见弗斯特–斯特林（2000）。那些真的认为自己“不属于”他们出生时被分配的性别的孩子，如今正在寻找更多的支持，其中一些人能够选择避免或推迟青春期的变化，这使得他们以后更容易确定与最初分配给他们的性别不同的性别。例如，参见斯帕克等（2012）。

⑥ 弗吉尼亚·瓦里安（1998）关注的问题是，为什么女性在职业上仍然很难取得成功，通过对大量实证研究的讨论，她证明了性别假设对人们如何理解自己和他人的行为和能力有重大影响，内隐偏见和刻板印象威胁的研究也与此相关。参见鲁德曼和格里克（2008）和伊格利和卡莉（2007）等。

⑦ 参见法恩（2010），特别是其中第 19 和 20 章。

⑧ 参见布尔迪厄（1984）的讨论。

⑨ 参见埃克特和麦康奈尔–吉内特（1995）、布科尔茨（1999）、布伦尼斯（1977）。

⑩ 麦康奈尔–吉内特（2011）认为，拟人化是理解泛称的核心。

⑪ 在本书第一版，我们说 wif 与 weave 相关（我们不记得该说法的来源），但我们感谢拉里·霍恩向我们指出，虽然这样的联系听起来很合理，但没有任何证据表明它存在，因为基于声音表面相似的民间语源学是出了名的不可靠。

⑫ 参见贝姆和贝姆（1973）、施耐德和哈克（1973）、马蒂娜（1980）等。弗兰克和特赖希勒（1989）是一个有用的通用资料来源，不仅包括一些论文，而且非常详细地讨论了如何避免各种有问题但常见的用法。

⑬ 玛丽亚·布莱克和罗莎琳德·科沃德（1981）在他们对斯彭德（1980）的评论中非常有效地指出了这一点，这本书可以被解读为用特定词汇定位了男性泛称的问题。

⑭ 参见霍夫曼（1972）、沃森（1987），均在金（1991）中被引用。我们看到了包含此类评论的最新信件。弗朗西斯·特里克斯和卡罗琳·普森卡（2003）发现寄给（成功的）男性和女性医学教师的信件就有许多不同：寄给女性的信件大部分是非常短的，寄给男性的信件很长；寄给女性的信件中，提出怀疑的人要多于男性，而在寄给男性的信件中，提及更多的是赞扬，以及他们“研究”的引用。最后，女性更多地被当作学生和教师讨论，而男性则是当作研究人员。但是，他们没有提到外貌或婚姻状况。

⑮ 参见诺尔曼·费尔克拉夫（1987）对撒切尔处理她所面临的性别冲突的话语策略的分析。

⑯ 参见安娜·利维亚（2001）关于文学中使用代词来传达性别信息的有趣讨论，这在许多情况下挑战了标准的性别类别。

⑰ 关于语法性别的一般性讨论见第 2 章，关于它作为提供非法性别表演资源的潜力

见第 7 章。关于语法上的性别，印地语的工作方式几乎和法语完全一样，我们在这些段落中详细讨论了这一语言。

⑱ 关于概念性别的更全面的讨论，参见萨莉·麦康奈尔–吉内特（即将出版）。

⑲ 参见范·康佩诺尔（2009）关于年轻法国女性对职业头衔语法女性化的看法的讨论。

⑳ 参见弗雷德·R. 夏皮罗（1985）。

㉑ 鲁维尔·安德森和欧尼·莱伯雷（即将出版）认为“nigger”是一个非常忌讳的词，以至于除了种族主义者，它甚至不能被提及，也很少被使用。因此，那些听起来类似或让人想起它的词都是有问题的。伊丽莎白·坎普（即将出版）认为，侮辱性语言表明了人们对一个群体的本质性观点。

㉒ 盖尔·鲁宾（1984）在她著名的论文“关于性的思考：性政治学激进理论的笔记”中认为，关于行为和伴侣，存在一个涉及选择的性价值等级。那些经常讨论并给出众所周知的名称的类别是处于可接受性边缘的类别。

㉓ 我们推荐一个很好的播客，链接如下 www.slate.com/articles/podcasts/lexicon_valley/2012/02/lexicon_valley_the_history_future_and_reclamation_of_the_word_faggot_html.

㉔ 参见萨莉·麦康奈尔–吉内特（2002, 2003）的进一步讨论。语言哲学家们最近对这些和其他污言秽语进行了一些详细的讨论。诽谤是如何造成伤害的？它们能被改造吗？这些都是在考虑的问题。参见坎普（即将出版）和其中的参考文献。

㉕ 关于称谓的更多讨论参见第 6 章和麦康奈尔–吉内特（2003）。

第 9 章　构建国家、构建边界

① 隐形声望的概念由彼得·特鲁吉尔（1972）提出，指的是与那些被全球声望标准以外的标准认为是令人钦佩的事物（以及行为和人）相关的声望。

② 参见中村（2008）和《性别与语言》专刊的其他文章，该专刊致力于从历史角度研究日本女性和语言。

第 10 章　塑造自我

① 保拉·特赖希勒（1981）提到，在多萝西·帕克 1933 年的短篇小说《华尔兹》（*The Waltz*）中生动地阐述了这一点。在《华尔兹》中交替出现了主人公“内心”和“外部”的声音。我们开始认为，“内在”的声音表达了她“真实”的自我，而“外在”的声音纯粹是虚假的，是她为了隐藏真实的自我而采取的一种风格。然

而，在故事的结尾，这种简洁的二分法完全被破坏了。这个只有四页长的故事转载于帕克（1995），它生动地展示了性别表现性的复杂性。

② 正是这样的评论促使朱迪斯·巴特勒写了《身体之重》（*Bodies that Matter*），这是她关于性别表现的第二本著作。参见安吉尔（1999）对女性身体的描述。

③ 朱迪思·欧文（1989）认为，有些时候语言产品本身在市场上是可以立即交换的——这显然就是其中之一。

参考文献

Acton, Eric. 2011. On gender differences in the distribution of *um* and *uh*. *University of Pennsylvania Working Papers in Linguistics*, 17.

Agha, Asif. 2003. The social life of a cultural value. *Language and Communication*, 23: 231–273.

Ahrens, Kathleen A. (ed.) 2009. *Politics, Gender and Conceptual Metaphors*. Basingstoke and New York: Palgrave Macmillan.

American Association of University Women. 1992. *Shortchanging Girls/Shortchanging America*. Washington DC: American Association of University Women.

Andersen, Elaine Slosberg. 1990. *Speaking with Style: The Sociolinguistic Skills of Children*. London: Routledge.

Anderson, Benedict. 1983. *Imagined Communities: Reflections on the Origin and Spread of Nationalism*. London: Verso.

Anderson, Kristin J. and Leaper, Campbell. 1998. Meta-analysis of gender effects on conversational interruption: who, what, when, where and how. *Sex Roles*, 39: 225–252.

Anderson, Luvell and Lepore, Ernie. forthcoming. Slurring words. *Noûs*.

Angier, Natalie. 1999. *Woman: An Intimate Geography*. Boston and New York: Houghton Mifflin.

Antony, Louise. in progress. Different voices or perfect storm: why are there so few women in philosophy? University of Massachusetts at Amherst.

Aoyagi, Hiroyoshi. 2005. *Islands of Eight Million Smiles: Idol Performance and Symbolic Production in Contemporary Japan*. Cambridge MA: Harvard University Press.

Aries, Elizabeth. 1976. Interaction patterns and themes of male, female, and mixed groups. *Small Group Behavior*, 7: 7–18.

Aries, Elizabeth and Johnson, Fern L. 1983. Close friendship in adulthood: conversational content between same-sex friends. *Sex Roles*, 9: 1185–1196.

Arnold, Lorin Basden. 2000. "What is a feminist?" : students' descriptions. *Women and Language*, 23: 8–18.

Atran, Scott. 1990. *Cognitive Foundations of Natural History: Towards an Anthropology of Science*. New York: Cambridge University Press.

Auer, Peter (ed.) 1998. *Code-Switching in Conversation*. London: Routledge.

Austin, J. L. 1962. *How to Do Things with Words*. Oxford University Press.

Baker, Robert. 1975. "Pricks" and "chicks" : a plea for "persons." In *Philosophy and Sex*, ed. by Robert Baker and Frederick Elliston, 45–64. New York: Prometheus Books.

Bamman, David; Eisenstein, Jacob; and Schnoebelen, Tyler. 2012. Gender, styles, and social networks in Twitter. Paper presented at NWAV 41, Bloomington, Indiana.

Baron, Dennis E. 1986. *Grammar and Gender*. New Haven: Yale University Press.

Barrett, Rusty. 1994. "She is *not* white woman" : the appropriation of white women's language by African American drag queens. In Bucholtz et al. 1994, 1–14.

forthcoming. *From Drag Queens to Leathermen: Language and Gay Male Subcultures*. New York: Oxford University Press.

Basso, Keith H. 1972. "To give up on words" : silence in Western Apache culture. In *Language and Social Context*, ed. by Pier Paolo Giglioli, 67–86. London: Penguin.

Baudrillard, Jean. 1970. *La société de consommation*. Paris: Éditions Denoël.

Bauman, Richard and Sherzer, Joel (eds.) 1974. *Explorations in the Ethnography of Speaking*. Cambridge University Press.

Beardsley, Elizabeth. 1981. Degenderization. In Vetterling-Braggin 1981, 155–160.

Belenky, M. F.; Clinchy, B. M.; Goldberger, N. R.; and Tarule, J. M. 1986. *Women's Ways of Knowing*. New York: Basic Books.

Bellinger, D. and Gleason, Jean Berko. 1982. Sex differences in parental directives to young children. *Journal of Sex Roles*, 8: 1123–1139.

Bem, Daryl J. 1996. Exotic becomes erotic: a developmental theory of sexual orientation. *Psychological Review*, 103: 320–335.

Bem, Sandra L. 1974. The measurement of psychological androgyny. *Journal of Consulting and Clinical Psychology*, 42: 155–162.

1993. *The Lenses of Gender: Transforming the Debate on Sexual Inequality*. New Haven: Yale University Press.

Bem, Sandra L. and Bem, Daryl J. 1973. Does sex-biased job advertising "aid and abet" sex discrimination? *Journal of Applied Social Psychology*, 3: 6–18.

Benor, Sarah. 2001. The learned /t/: phonological variation in Orthodox Jewish English. In *Penn Working Papers in Linguistics: Selected Papers from NWAV 29*, ed. by Tara

Sanchez and Daniel Ezra Johnson, 1−16. Philadelphia: University of Pennsylvania, Department of Linguistics.

2009. Do American Jews speak a "Jewish language" ? A model of Jewish linguistic distinctiveness. *The Jewish Quarterly Review*, 99: 230−269.

Benor, S.; Rose, M.; Sharma, D.; Sweetland, J.; and Zhang, Q. (eds.) 2002. *Gendered Practice in Language*. Stanford, CA: CSLI Publications.

Berger, Joseph; Fizek, M.; Hamit, M.; Norman, Robert Z.; and Zelditch, Morris, Jr. 1977. *Status Characteristics and Social Interaction*. New York: Elsevier.

Bergvall, Victoria L.; Bing, Janet M.; and Freed, Alice F. (eds.) 1996. *Rethinking Language and Gender Research: Theory and Practice*. Harlow: Addison-Wesley Longman.

Besnier, Niko. 1989. Information withholding as a manipulative and collusive strategy in Nukulaelae gossip. *Language in Society*, 18: 315−341.

2002. Transgenderism, locality, and the Miss Galaxy beauty pageant in Tonga. *American Ethnologist*, 29: 534−566.

2009. *Gossip and the Everyday Production of Politics*. Honolulu: University of Hawai'i Press.

Biblarz, Timothy J. and Stacey, Judith. 2010. How does the gender of parents matter? *Journal of Marriage and the Family*, 72: 3−22.

Biernat, Monica; Manis, Melvin; and Nelson, Thomas. 1991. Stereotypes and standards of judgment. *Journal of Personal and Social Psychology*, 60: 485−499.

Bilous, Frances R. and Krauss, Robert M. 1988. Dominance and accommodation in the conversational behaviors of same-and mixed-gender dyads. *Language and Communication*, 8: 183−194.

Bing, Janet M. 1992. Penguins can't fly and women don't count: language and thought. *Women and Language*, 14: 11−14.

Black, Maria and Coward, Rosalind. 1981. Linguistic, social and sexual relations. *Screen Education*, 39: 111−133.

Blackless, Melanie; Charuvastra, Anthony; Derryck, Amanda; Fausto-Sterling, Anne; Lauzanne, Karl; and Lee, Ellen. 2000. How sexually dimorphic are we? Review and synthesis. *American Journal of Human Biology*, 12: 151−166.

Bodine, Ann. 1975. Androcentrism in prescriptive grammar: singular "they, " sex-indefinite "he, " and "he or she." *Language in Society*, 4: 129−146.

Bolin, Dan. 1993. *How to Be Your Daughter's Daddy: 365 Ways to Show Her You Care*. Colorado Springs: Navpress.

Bolin, Dan and Sutterfield, Ken. 1993. *How to Be Your Little Man's Dad: 365 Things to Do with Your Son*. Colorado Springs: Navpress.

Bornstein, Kate. 1994. *Gender Outlaw: On Men, Women and the Rest of Us*. New York: Routledge.

1998. *My Gender Workbook: How to Become a Real Man, a Real Woman, the Real You, or Something Else Entirely*. New York and London: Routledge.

Bornstein, Kate and Bergman, S. Bear. 2010. *Gender Outlaws: The Next Generation*. Berkeley, CA: Seal Press.

Boroditsky, L.; Schmidt, L.; and Phillips, W. 2003. Sex, syntax, and semantics. In *Language in Mind: Advances in the Study of Language and Cognition*, ed. by Derdre Gentner and Susan Goldin-Meadow. Cambridge, MA: MIT Press.

Bott, Elizabeth. 1957. *Family and Social Network*. London: Tavistock.

Bourdieu, Pierre. 1977. *Outline of a Theory of Practice*. Cambridge University Press.

1984. *Distinction: A Social Critique of the Judgement of Taste*. Cambridge, MA; Harvard University Press.

1991. *Language and Symbolic Power*. Cambridge, MA: Harvard University Press.

Brazil, David. 1985. *The Communicative Value of Intonation in English*. Cambridge University Press.

Brenneis, Donald. 1977. "Turkey, " "wienie, " "animal, " "stud" : intragroup variation in folk speech. *Western Folklore*, 36: 238−246.

Britain, David. 1992. Language change in intonation: the use of high rising terminals in New Zealand English. *Language Variation and Change*, 4: 77−104.

Brown, Penelope. 1980. How and why are women more polite: some evidence from a Mayan community. In McConnell-Ginet et al. 1980, 111−136.

1990. Gender, politeness, and confrontation in Tenejapa. *Discourse Processes*, 13: 123−141.

Brown, Penelope and Levinson, Stephen. 1987. *Politeness: Some Universals in Language Usage*. Cambridge University Press.

Brown, Roger and Gilman, Albert. 1960. The pronouns of power and solidarity. In *Style in Language*, ed. by Thomas A. Sebeok, 253−276. Cambridge, MA: MIT Press.

Brumberg, Joan J. 1997. *The Body Project: An Intimate History of American Girls*. New York: Random House.

Bucholtz, Mary. 1999. "Why be normal?" : language and identity practices in a community of nerd girls. *Language in Society*, 28: 203−224.

2011. *White Kids*: *Language, Race, and Styles of Youth Identity*. Cambridge and New

York: Cambridge University Press.

Bucholtz, Mary; Liang, A. C.; and Sutton, Laurel A. (eds.) 1999. *Reinventing Identities: The Gendered Self in Discourse*. New York: Oxford University Press.

Bucholtz, Mary; Liang, A. C.; Sutton, Laurel A.; and Hines, Caitlin. (eds.) 1994. *Cultural Performances: Proceedings Of The Third Berkeley Women and Language Conference*. Berkeley Women and Language Group.

Buschman, J. K. and Lenart, Silvo. 1996. "I am not a feminist, but ..." : college women, feminism, and negative experiences. *Political Psychology*, 17: 59–75.

Butler, Judith. 1990. *Gender Trouble: Feminism and the Subversion of Identity*. New York and London: Routledge.

1993. *Bodies That Matter: On the Discursive Limits of Sex*. New York and London: Routledge.

Cameron, Deborah. 1992. 'Naming of parts' : gender, culture, and terms for the penis among American college students. *American Speech*, 67: 367–382.

1995. *Verbal Hygiene*. London and New York: Routledge.

1997. Performing gender identity: young men's talk and the construction of hetero-sexual masculinity. In Johnson & Meinhof 1997, 47–64.

1998a. Gender, language and discourse: a review essay. *Signs*: *Journal of Women in Culture and Society*, 23: 945–973.

1998b. 'Is there any ketchup, Vera?' : gender, power, and pragmatics. *Discourse and Society*, 9: 437–455.

1998c. *The Feminist Critique of Language*: *A Reader*. London: Routledge.

2000. *Good to Talk? Living and Working in a Communication Culture*. London and Thousand Oaks, CA: Sage Publications.

2009. Sex/gender, language and the new biologism. *Applied Linguistics*, 31: 173–192.

2011. Sociophonetics and sexuality: discussion. *American Speech*, 86: 98–103.

Cameron, Deborah and Kulick, Don. 2003. *Language and Sexuality*. Cambridge University Press.

Cameron, Deborah; McAlinden, Fiona; and O'Leary, Kathy. 1989. Lakoff in context: the social and linguistic function of tag questions. In Coates & Cameron 1989, 74–93.

Camp, Elisabeth. forthcoming. Slurring perspectives. *Analytic Philosophy*.

Campbell-Kibler, Kathryn; Podesva, Robert J.; Roberts, Sarah J.; and Wong, Andrew (eds.) 2002. *Language and Sexuality: Contesting Meaning in Theory and Practice*. Stanford, CA: CSLI Publications.

Carli, Linda L. 1999. Gender, interpersonal power, and social influence. *Journal of*

Social Issues, 55: 81–99.

Cheng, Winnie and Warren, Martin. 2005. // CAN i help you//: the use of *rise* and *rise-fall* tones in the Hong Kong corpus of spoken English. *International Journal of Corpus Linguistics*, 10: 85–107.

Cheshire, Jenny. 2000. The telling or the tale? Narratives and gender in adolescent friendship networks. *Journal of Sociolinguistics*, 4: 236–262.

Chirrey, Deborah. 2003. 'I hereby come out' : what sort of speech act is coming out? *Journal of Sociolinguistics*, 4: 236–262.

Christie, Christine. 2000. *Gender and Language*: *Towards a Feminist Pragmatics*. Edinburgh University Press.

Clark, Kate. 1992. "The linguistics of blame" : representations of women in *The Sun*'s reporting of crimes of sexual violence. In *Language, Text, and Context: Essays in Stylistics*, ed. by Michael Toolan, 208–226. London and New York: Routledge.

Coates, Jennifer. 1989. Gossip revisited: language in all-female groups. In Coates & Cameron 1989, 94–121.

1993. No gap, lots of overlap: turn-taking patterns in the talk of women friends. In *Researching Language and Literacy in Social Context*, ed. by David Graddol, Janet Maybin, and Barry Stierer, 177–192. Cleveland: Multilingual Matters.

1996. *Women Talk*: *Conversation between Women Friends*. Oxford: Blackwell.

Coates, Jennifer and Cameron, Deborah(eds.)1989. *Women in Their Speech Communities*. London and New York: Longman.

Cohn, Carol. 1987. Sex and death in the rational world of defense intellectuals. *Signs: Journal of Women in Culture and Society*, 12: 687–718.

Condry, John and Condry, Sandra. 1976. Sex differences: a study in the eye of the beholder. *Child Development*, 47: 812–819.

Connell, Robert W. 1987. *Gender and Power: Society, the Person and Sexual Politics*. Stanford University Press.

1995. *Masculinities*. Berkeley: University of California Press.

Connors, Kathleen. 1971. Studies in feminine agentives in selected European languages. *Romance Philology*, 24: 573–598.

Corbett, Greville. 1991. *Gender*. Cambridge Textbooks in Linguistics. Cambridge and New York: Cambridge University Press.

Corson, David. 2000. *Language Diversity and Education*. Mahwah, NJ: Lawrence Erlbaum.

Crenshaw, Kimberlé. 1989. Demarginalizing the intersection of race and sex: a black feminist critique of antidiscrimination doctrine, feminist theory and antiracist politics. *University of Chicago Legal Forum*, 139–167.

Curzan, Anne. 2003. *Gender Shifts in the History of English*. Cambridge University Press. [Reprinted in paperback, 2009].

Cutler, Anne; McQueen, James; and Robinson, Ken. 1990. Elizabeth and John: sound patterns of women's and men's names. *Journal of Linguistics*, 26: 471–482.

Cutler, Cecilia A. 1999. Yorkville crossing: white teens, hip hop and African American English. *Journal of Sociolinguistics*, 3: 428–441.

D'Arcy, Alex. 2007. 'Like' and language ideology: disentangling fact from fiction. *American Speech*, 82: 386–419.

Daly, Nicola and Warren, Paul. 2001. Pitching it differently in New Zealand English: speaker sex and intonation patterns. *Journal of Sociolinguistics*, 5: 85–96.

de Klerk, Vivian and Bosch, Barbara. 1997. The sound patterns of English nicknames. *Language Sciences*, 19: 289–304.

Delph-Janiurek, Tom. 1999. Sounding gender (ed.): vocal performances in English university teaching spaces. *Gender, Place and Culture*, 6: 137–153.

Derrida, Jacques. 1991. Signature event context. In *A Derrida Reader: Between the Blinds*, ed. by Peggy Kamuf, 80–111. New York: Columbia University Press.

Deuchar, Margaret. 1989. A pragmatic account of women's use of standard speech. In Coates & Cameron 1989, 27–32.

Diekman, A. B. and Murnen, S. K. 2004. Learning to be little women and little men: the inequitable gender equality of nonsexist children's literature. *Sex Roles*, 50: 373–385.

Dill, Bonnie Thornton. 1979. The dialectics of black womanhood. *Signs*, 4: 543–571.

Dougherty, Debbie S.; Kramer, Michael W.; Klatzke, Stephanie R.; and Rogers, Teddy K. K. 2009. Language convergence and meaning divergence: a meaning centered communication theory. *Communication Monographs*, 78: 20–46.

Dovidio, John F.; Brown, Clifforde; Heltman, Karen; Ellyson, Steve L.; and Keating, Caroline F. 1988. Power displays between women and men in discussions of gender-linked tasks: a multichannel study. *Journal of Personality and Social Psychology*, 55: 580–587.

Dreger, Alice Domurat. 1998. "Ambiguous sex" – or ambivalent medicine? *The Hastings Center Report*, 28: 24–35.

Dubois, Betty Lou and Crouch, Isabel. 1975. The question of tag questions in women's speech: they don't really use more of them, do they? *Language in Society*, 4: 289–294.

Duncan, Starkey. 1972. Some signals and rules for taking speaking turns in conversations. *Journal of Personality and Social Psychology*, 23: 283–293.

1974. On the structure of speaker–auditor interaction during speaking turns. *Language in Society*, 2: 151–180.

Dundes, Alan; Leach, Jerry W.; and Özök, Bora. 1972. The strategy of Turkish boys'verbal dueling rhymes. In Gumperz & Hymes 1972, 130–160.

Eagleton, Terry. 1991. *Ideology: An Introduction*. London and New York: Verso.

Eagly, Alice H. and Carli, Linda L. 2007. *Through the Labyrinth: The Truth about How Women Become Leaders*. Boston: Harvard Business School Press.

Echeverria, Begonia B. 2003. Language ideologies and practices in (en)gendering the Basque nation. *Language in Society*, 32: 383–413.

Eckert, Penelope. 1983. The paradox of regional language movements. *Journal of Multilingual and Multicultural Development*, 4: 289–300.

1989. *Jocks and Burnouts: Social Categories and Identity in the High School*. New York: Teachers College Press.

1990. Cooperative competition in adolescent girl talk. *Discourse Processes*, 13: 92–122.

1996. Vowels and nailpolish: the emergence of linguistic style in the pre-adolescent heterosexual marketplace. In Warner et al. 1996, 183–190.

2000. *Linguistic Variation as Social Practice: The Linguistic Construction of Social Meaning in Belten High*. Oxford: Blackwell.

2008. Variation and the indexical field. *Journal of Sociolinguistics*, 12: 453–476.

forthcoming. California white speech and the American imagination. In *Vox California*, ed. by H. Samy Alim and Mary Bucholtz.

Eckert, Penelope and McConnell-Ginet, Sally. 1995. Constructing meaning, constructing selves: snapshots of language, gender and class from Belten High. In Hall & Bucholtz 1995, 469–507.

Eckert, Penelope and Newmark, Russell. 1980. Central Eskimo song duels: a contextual analysis of ritual ambiguity. *Ethnology*, 19: 191–211.

Edelsky, Carole, 1979. Question intonation and sex roles. *Language in Society*, 8: 15–32.

1981. Who's got the floor? *Language in Society*, 10: 383–421.

Edelsky, Carole and Adams, Karen. 1990. Creating inequality: breaking the rules in debates. *Journal of Language and Social Psychology*, 9: 171–190.

Eder, Donna. 1990. Serious and playful disputes: variation in conflict talk among female adolescents. In *Conflict Talk: Sociolinguistic Investigations of Arguments in Conversations*, ed.

by Allen D. Grimshaw, 67–84. New York: Cambridge University Press.

Eder, Donna and Enke, Janet Lynne. 1991. The structure of gossip: opportunities and constraints on collective expression among adolescents. *American Sociological Review*, 56: 494–508.

Eelen, Gino. 2001. *A Critique of Politeness Theories*. Manchester, UK: St Jerome Publications.

Ehrlich, Susan. 2001. *Representing Rape: Language and Sexual Consent*. New York and London: Routledge.

2007. Legal discourse and the cultural intelligibility of gendered meanings. *Journal of Sociolinguistics*, 11: 452–477.

Ehrlich, Susan and King, Ruth. 1994. Feminist meanings and the (de)politicization of the lexicon. *Language in Society*, 23(1): 59–76.

Eisikovits, Edina. 1987. Sex differences in inter- and intra-group interaction among adolescents. In Pauwels 1987, 45–58.

Eliot, Lise. 2009. *Pink Brain, Blue Brain: How Small Differences Grow into Troublesome Gaps–and What We Can Do about It*. New York: Houghton Mifflin Harcourt.

Ely, Richard; Gleason, Jean Berko; Narasimhan, Bhuvaneswari; and McCabe, Allyssa. 1995. Family talk about talk: mothers lead the way. *Discourse Processes*, 9(2): 201–218.

Emantian, Michele. 1995. Metaphor and the expression of emotion: the value of cross-cultural perspectives. *Metaphor and Symbolic Activity*, 10: 163–182.

Ensmenger, Nathan. 2010. *The Computer Boys Take Over: Computers, Programmers and the Politics of Technical Expertise*. Cambridge MA: MIT Press.

Eskilson, Arlene and Wiley, Mary Glenn. 1976. Sex composition and leadership in small groups. *Sociometry*, 39: 183–194.

Evans, L. and Davies, K. 2000. No sissy boys here: a content analysis of the representation of masculinity in elementary school reading textbooks. *Sex Roles*, 42: 255–270.

Fader, Ayala. 2001. Literacy, bilingualism, and gender in a Hasidic community. *Linguistics and Education*, 12: 261–283.

2009. *Mitzvah Girls: Bringing up the Next Generation of Hasidic Jews in Brooklyn*. Princeton University Press.

Fagot, B. I.; Hagan, R.; Leinbach, M. D.; and Kronsberg, S. 1985. Differential reactions to assertive and communicative acts of toddler boys and girls. *Child Development*, 56: 1499–1505.

Fairclough, Norman. 1987. *Language and Power: Language in Social Life*. London and New York: Longman.

Faludi, Susan. 1991. *Backlash: The Undeclared War against American Women*. New York: Doubleday.

Fauconnier, Giles and Turner, Mark. 2002. *The Way We Think: Conceptual Blending and the Mind's Hidden Complexities*. New York: Basic Books.

Fausto-Sterling, Anne. 2000. *Sexing the Body: Gender Politics and the Construction of Sexuality*. New York: Basic Books.

Fidell, L. S. 1975. Empirical verification of sex discrimination in hiring practices in psychology. In *Woman: Dependent or Independent Variable?* ed. by R. K. Unger and F. L. Denmark, 774–782. New York: Psychological Dimensions.

Fine, Cordelia. 2010. *Delusions of Gender: How Our Minds, Society, and Neurosexism Create Difference*. New York: W. W. Norton.

Fischer, John. L. 1958. Social influences on the choice of a linguistic variant. *Word*, 14: 47–56.

Fishman, Pamela. 1980. Conversational insecurity. In *Language: Social Psychological Perspectives*, ed. by H. Giles, W. P. Robinson and P. Smith, 127–132. Oxford: Pergamon Press.

1983. Interaction: The work women do. In Thorne et al. 1983, 89–102.

Foucault, Michel. 1972. *The Archaeology of Knowledge and the Discourse on Language*. New York: Pantheon Books.

1980. *The History of Sexuality*. New York: Vintage Books.

Foulkes, P.; Docherty, G. J.; and Watt, D. 2005. Phonological variation in child-directed speech. *Language*, 81: 177–206.

Fowler, Stacey May. 2008. The fantasy of acceptable 'non-consent' : why the female sexual submissive scares us and why she shouldn't. In *"Yes" Means Yes: Visions of Female Sexual Power and a World without Rape*, ed. by Jaclyn Friedman and Jessica Valenti, 117–126. Berkeley, CA: Seal Press.

Fox, H. E.; White, S. A.; Kao, M. H.; and Fernald, R. D. 1997. Stress and dominance in a social fish. *Journal of Neuroscience*, 17: 6463–6469.

Frank, Francine Wattman and Treichler, Paula A. (eds.) 1989. *Language, Gender, and Professional Writing: Theoretical Approaches and Guidelines for Nonsexist Usage*. New York: Modern Language Association.

Freud, Sigmund. 2002. [1905]. *The Joke and Its Relation to the Unconscious*. New York: Penguin Classics.

Friedrich, Paul. 1972. Social context and semantic features: the Russian pronominal usage. In Gumperz & Hymes 1972, 270–300.

Frye, Marilyn. 1996. The necessity of differences: constructing a positive category of women. *Signs: Journal of Women in Culture and Society*, 21. 3: 991–1010.

Gagné, Isaac. 2008. Urban princesses: performance and "women's language" in Japan's Gothic/Lolita subculture. *Journal of Linguistic Anthropology*, 18: 130–150.

Gal, Susan. 1978. Peasant men can't get wives: language change and sex roles in a bilingual community. *Language in Society*, 7: 1–16.

1979. *Language Shift: Social Determinants of Linguistic Change in Bilingual Austria*. New York: Academic Press.

Gal, Susan and Irvine, Judith T. 1995. The boundaries of languages and disciplines: how ideologies construct difference. *Social Research*, 62: 967–1001.

Gardner, Carol Brooks. 1980. Passing by: street remarks, address rights, and the urban female. *Sociological Inquiry*, 50: 328–356.

Gaudio, Rudolf P. 1994. Properties in the speech of gay and straight men. *American Speech*, 69: 30–57.

2009. *Allah Made Us*. Chichester: Wiley-Blackwell.

Geenberg, Katherine. forthcoming. Sound symbolism in adult baby talk: the role of the frequency code in the construction of social meaning.

Gelman, Susan A. 2003. *The Essential Child: Origins of Essentialism in Everyday Thought*. New York: Oxford University Press.

Gelman, Susan A.; Taylor, M. G.; and Nguyen, S. 2004. Mother-child conversations about gender: understanding the acquisition of essentialist beliefs. *Monographs of the Society for Research in Child Development*, 69: 1–14.

Gendler, Tamar Szabó. 2008. Alief in action (and reaction). *Mind and Language*, 23.5, 552–585.

Giddens, Anthony. 1991. *Modernity and Self-Identity: Self and Society in the Late Modern Age*. Cambridge: Polity.

Gilligan, Carol. 1982. *In a Different Voice*. Cambridge, MA: Harvard University Press.

Gilligan, Carol; Lyons, Nona P.; and Hanmer, Trudy J. 1990. *Making Connections: The Relational Worlds of Adolescent Girls at Emma Willard School*. Cambridge, MA: Harvard University Press.

Gleason, Jean Berko; Perlmann, R. Y.; Ely, D.; and Evans, D. 1994. The baby talk register: parents' use of diminutives. In *Handbook of Research in Language Development Using CHILDES*, ed. by J. L. Sokolov and C. E. Snow, 50–76. Hillsdale, NJ: Lawrence

Erlbaum.

Glick, Peter and Fiske, Susan T. 1996. The ambivalent sexism inventory: differentiating hostile and benevolent sexism. *Journal of Personality and Social Psychology*, 70: 491–512.

2001. An ambivalent alliance: Hostile and benevolent sexism as complementary justifications of gender inequality. *American Psychologist*, 56: 109–118.

Gluckman, Max. 1963. Gossip and scandal. *Current Anthropology*, 4: 307–315.

Goffman, Erving. 1967. On face work. In Goffman, *Interaction Ritual: Essays on Face-to-Face Behavior*, 5–45. New York: Doubleday.

1974. *Frame Analysis*. New York: Harper and Row.

1976. Gender advertisements. *Studies in the Anthropology of Visual Commmunication*, 3: 69–154.

1977. The arrangement between the sexes. *Theory and Society*, 4: 301–332.

1979. Footing. *Semiotica*, 25: 1–29.

Good, Catherine; Aronson, Joshua; and Harder, Jayne Ann. 2008. Problems in the pipeline: stereotype threat and women's achievement in high-level math courses. *Journal of Applied Developmental Psychology*, 29. 1: 17–28.

Goodwin, Marjorie Harness. 1990. *He-Said–She-Said: Talk as Social Organization among Black Children*. Bloomington: Indiana University Press.

2006. *The Hidden Life of Girls: Games of Stance, Status, and Exclusion*. Oxford: Blackwell.

Gordon, Elizabeth. 1997. Sex, speech, and stereotypes: why women use prestige forms more than men. *Language in Society*, 26(1): 47–63.

Gould, Lois. 1983. X: a fabulous child's story. In *Stories for Free Children*, ed. by Letty Cottin Pogrebin. New York: MCGraw-Hill.

Grabe, Esther; Kochanski, Greg; and Coleman, John. 2005. The intonation of native accent varieties in the British Isles: potential for miscommunication? *English Pronunciation Models: a Changing Scene*, ed. by Katarzyna Dziubalska-Kolaczyk and Joanna Przedlacka, 311–338. Berlin: Peter Lang.

Gramsci, Antonio. 1971. *Selections from the Prison Notebooks*. London: Lawrence and Wishart.

Grice, H. Paul. 1989. *The Ways of Words*. Cambridge, MA: Harvard University Press.

Gumperz, John J. 1982. *Discourse Strategies*. Cambridge University Press.

Gumperz, John J. and Hymes, Dell (eds.) 1972. *Directions in Sociolinguistics*. New York: Holt, Rinehart, and Winston.

Guy, G.; Horvath, B.; Vonwiller, J.; Daisley, E.; and Rogers, I. 1986. An intonational change in progress in Australian English. *Language in Society*, 15: 23–52.

Haeri, Niloofar. 1997. *The Sociolinguistic Market of Cairo: Gender, Class, and Education*. London: Kegan Paul International.

Hall, Kira. 1995. Lip service on the fantasy line. In Hall & Bucholtz 1995, 183–216.

2003. 'Unnatural' gender in Hindi. In Hellinger & Bussmann 2003, 133–166.

2005. Intertextual sexuality: parodies of class, identity, and desire in liminal Delhi. *Journal of Linguistic Anthropology*, 15: 125–144.

Hall, Kiraand Bucholtz, Mary(eds.)1995. *Gender Articulated: Language and the Socially Constructed Self*. London and New York: Routledge.

Hall, Kira; Bucholtz, Mary; and Moonwomon, Birch (eds.) 1992. *Locating Power: Proceedings of the Second Berkeley Women and Language Conference*. Berkeley Women and Language Group.

Hall, Kira and O'Donovan, Veronica. 1996. Shifting gender positions among Hindi-speaking hijras. In Bergvall et al. 1996, 228–266.

Hamilton, M. C.; Anderson, D.; Broaddus, M.; and Young, K. 2006. Gender stereotyping and under-representation of female characters in 200 popular children's picture books: a twenty-first century update. *Sex Roles*, 55: 757–765.

Hannah, Annette and Murachver, Tamar. 1999. Gender and conversational style as predictors of conversational behavior. *Journal of Language and Social Psychology*, 18: 153–174.

Harding, Susan. 1975. Women and words in a Spanish village. In *Toward an Anthropology of Women*, ed. by Rayna R. Reiter, 283–308. New York: Monthly Review Press.

Haslanger, Sally. 2008. Changing the ideology and culture of philosophy: not by reason (alone). *Hypatia*, 23: 210–223.

Haste, Helen. 1994. *The Sexual Metaphor*. Cambridge, MA: Harvard University Press.

Haviland, J. B. 1977. *Gossip, Reputation, and Knowledge in Zinacantan*. University of Chicago Press.

Hellinger, Marlis and Bussmann, Hadumod (eds.) 2003. *Gender across Languages*. Amsterdam and Philadelphia: John Benjamins.

Henton, Caroline. 1995. Pitch dynamism in female and male speech. *Language and Communication*, 15: 43–61.

Henton, Caroline and Bladon, A. 1988. Creak as a sociophonetic marker. In *Language, Speech and Mind: Studies in Honor of Victoria A. Fromkin*, ed. by L. Hyman and C. N. Li, 3–29. London: Routledge.

Herbert, Robert K. 1990. Sex-based differences in compliment behavior. *Language in Society*, 19(2): 201–224.

Herdt, Gilbert. 1996. *Third Gender: Beyond Sexual Dimorphism in Culture and History*. New York: Ozone Books.

Herzog, Marvin; Baviskar, Vera; and Weinreich, Uriel. 1992. *The Language and Culture Atlas of Ashkenazic Jewry*. Tübingen: M. Niemeyer; New York: Yivo Institute for Jewish Research.

Hill, Jane. 1987. Women's speech in modern Mexicano. In *Language, Gender, and Sex in Comparative Perspective*, ed. by S. U. Philips, S. Steele and C. Tanz, 121–160. Cambridge University Press.

1993. Hasta la vista, baby: Anglo Spanish in the American Southwest. *Critique of Anthropology*, 13: 145–176.

Hines, Caitlin. 1999. Rebaking the pie: the "woman as dessert" metaphor. In Bucholtz et al. 1999, 145–162.

Hinton, Leanne; Nichols, Johanna; and Ohala, John J. (eds.) 1994. *Sound Symbolism*. Cambridge University Press.

Hirschfeld, Lawrence A. and Gelman, Susan A. (eds.) 1994. *Mapping the Mind: Domain Specificity in Cognition and Culture*. Cambridge University Press.

Hoffman, Nancy Jo. 1972. Sexism in letters of recommendation. *Modern Language Association Newsletters*, September: 5–6.

Holmes, Janet. 1982. The functions of tag questions. *English Language Research Journal*, 3: 40–65.

1984. Hedging your bets and sitting on the fence: some evidence for hedges as support structures. *Te Reo*, 27: 47–62.

1986. Functions of "you know" in women's and men's speech. *Language in Society*, 15: 1–22.

1995. *Women, Men and Politeness*. London and New York: Longman.

2001. A corpus-based view of gender in New Zealand English. In *Gender across Languages: The Linguistic Representation of Women and Men*, vol. I., ed. by Marlis Hellinger and Hadumod Bussman, 115–136. Amsterdam: John Benjamins.

Holmquist, Jonathan C. 1985. Social correlates of a linguistic variable: a study in a Spanish village. *Language in Society*, 14: 191–203.

Hooks, Bell. 1981. *Ain't I a Woman? Black Women and Feminism*. Boston: South End Press.

Houghton, Carolyn. 1995. Managing the body of labor. In Hall & Bucholtz 1995, 121–

142.

Howes, C. 1988. Same-and cross-sex friends: implications for interaction and social skills. *Early Childhood Research Quarterly*, 3: 21–37.

Hull, Gloria T.; Scott, Patricia Bell; and Smith, Barbara. 1982. *All the Women Are White, All the Blacks Are Men, but Some of Us Are Brave: Black Women's Studies*. Old Westbury, NY: Feminist Press.

Hymes, Dell. 1972. Models of the interaction of language and social life. In Gumperz & Hymes 1972, 35–71.

Ibson, John. 2006. *Picturing Men: A Century of Male Relationships in Everyday American Photography*. University of Chicago Press.

Ide, Risako and Terada, Tomomi. 1998. The historical origins of Japanese women's speech: from the secluded worlds of "court ladies" and "play ladies." *International Journal of the Sociology of Language*, 129: 139–156.

Ide, Sachiko. 1982. Japanese sociolinguistics: politeness and women's language. *Lingua*, 57: 357–385.

Ide, Sachiko and McGloin, Naomi Hanaoka (eds.) 1990. *Aspects of Japanese Women's Language*. Tokyo: Kurosio.

Inoue, Miyako. 1994. Gender and linguistic modernization: historicizing Japanese women's language. In Bucholtz et al. 1994, 322–333.

2002. Gender and linguistic modernity: towards an effective history of Japanese women's language. *American Ethnologist*, 29(2): 392–422.

2006. *Vicarious Language: Gender and Linguistic Modernity in Japan*. Berkeley: University of California Press.

Irvine, Judith. 1974. Status manipulation in the Wolof greeting. In Bauman & Sherzer 1974, 167–191.

1989. When talk isn't cheap: language and political economy. *American Ethnologist*, 16: 248–267.

Jacobs-Huey, Lanita. 1996. Is there an authentic African American speech community? Carla revisited. MA Thesis. Department of Anthropology, University of California, Los Angeles.

James, Deborah. 1996. Derogatory terms for women and men: a new look. In Warner et al. 1996, 343–354.

James, Deborah and Clarke, Sandra. 1993. Women, men and interruptions: a critical review. In Tannen 1993, 231–280.

James, Deborah and Drakich, Janice. 1993. Understanding gender differences in amount of talk: a critical review of research. In Tannen 1993, 281–312.

Jameson, Fredric. 1991. *Postmodernism: The Cultural Logic of Late Capitalism*. Durham, NC: Duke University Press.

Jefferson, Gail. 2009. A note on laughter in 'male–female' interaction. *Discourse Studies*, 6: 117–133.

Jenkins, Caroline S. 2006. The rules of flirtation. *Philosopher's Magazine*, 36: 37–40.

Johnson, R. C. and Medinnus, G. R. 1969. *Child Psychology: Behavior and Development*. New York: Wiley.

Johnson, Sally and Meinhof, Ulrike (eds.) 1997. *Language and Masculinity*. Oxford and Cambridge, MA: Blackwell.

Jones, Deborah. 1980. Gossip: notes on women's oral culture. In *The Voices and Words of Women and Men*, ed. by Cheris Kramarae, 193–198. Oxford: Pergamon Press.

Jordan-Young, Rebecca M. 2010. *Brain Storm: The Flaws in the Science of Sex Differences*. Cambridge, MA: Harvard University Press.

Joyner, Chris. 2010. Miss. school district settles lesbianprom-date case. *USA Today*, www. usatoday. com/news/nation/2010–07–20-lesbian-prom-lawsuit_N. htm.

Jurafsky, Dan; Ranganath, Rajesh; and McFarland, Dan. 2009. Extracting social meaning: identifying interactional style in spoken conversation. *Proceedings of the Conference of the North American Chapter of the Association for Computational Linguistics: Human Language Technologies*.

Kalčik, S. 1975. "... like Ann's gynecologist or the time I was almost raped" : personal narratives in women's rap groups. *Journal of American Folklore*, 88: 3–11.

Kaplan, Cora. 1998. Language and gender. In Cameron 1998c, 54–64.

Kaplan, Gisela and Rogers, Lesley. 2003. *Gene Worship: Moving Beyond the Nature/ Nurture Debate over Genes, Brain, and Gender*. New York: Other Press.

Katz, P. A. 1996. Raising feminists. *Psychology of Women Quarterly*, 20: 323–340.

Keenan, Elinor. 1974. Norm-makers, norm-breakers: uses of speech by men and women in a Malagasy community. In Bauman & Sherzer 1974, 125–143.

Keil, Frank C. 1989. *Concepts, Kinds, and Cognitive Development*. Cambridge, MA: MIT Press.

Keller, Evelyn Fox. 1983. *A Feeling for the Organism: The Life and Work of Barbara McClintock*. New York: W. H. Freeman.

1987. The gender/science system: or is sex to gender as nature is to science? *Hypatia*, 2(3): 37–50.

Kerbrat-Orecchioni, C. 1987. La description des échanges en analyse conversationnelle:

l'exemple du compliment. *DRLAV – Revue de Linguistique*, 36–37: 1–53.

Kessler, Suzanne J. and McKenna, Wendy. 1978. *Gender: An Ethnomethodological Approach*. New York: Wiley.

Khosroshahi, Fatemeh. 1989. Penguins don't care, but women do: a social identity analysis of a Whorfian problem. *Language in Society*, 18: 505–525.

Kiesling, Scott Fabius. 1997. Power and the language of men. In Johnson & Meinhof 1997, 65–85.

2002. Playing the straight man: displaying and maintaining male heterosexuality in discourse. In Campbell-Kibler et al. 2002, 249–266.

Kindaichi, Kyosuke. 1942. *Zoku Kokugo Kenkyû* (Studies of National Language, additional supplement). Tokyo: Yakumoshorin.

King, Ruth (ed.) 1991. *Talking Gender: A Guide to Nonsexist Communication*. Toronto: Copp Clark Pitman.

Kissling, Elizabeth Arveda. 1991. Street harassment: the language of sexual terrorism. *Discourse and Society*, 2: 451–460.

Kissling, Elizabeth Arveda and Kramarae, Cheris. 1991. "Stranger compliments" : the interpretation of street remarks. *Women's Studies in Communication*, 14: 77–95.

Kittay, Eva Feder. 1988. Woman as metaphor. *Hypatia*, 3: 63–86.

Kitzinger, Celia. 2005a. Speaking as a heterosexual: (how) does sexuality matter for talk-in-interaction. *Research on Language and Social Interaction*, 38: 221–265.

2005b. Heteronormativity in action: reproducing the heterosexual family in afterhours medical calls. *Social Problems*, 52: 477–498.

Kitzinger, Celia and Frith, Hannah. 1999. Just say no? The use of conversation analysis in developing a feminist perspective on sexual refusal. *Discourse and Society*, 10: 293–316.

Knowlton, Brian. 1999. Curing campus mallspeak. *International Herald Tribune*, Thursday, March 25.

Kochman, Thomas. 1983. The boundary between play and nonplay in black verbal dueling. *Language in Society*, 12: 329–337.

Koller, Veronika. 2004a. *Metaphor and Gender in Business Media Discourse: A Critical Cognitive Study*. New York: Palgrave Macmillan.

2004b. Business women and war metaphors: possessive, jealous, and pugnacious? *Journal of Sociolinguistics*, 8: 3–22.

Koller, Veronika and Semino, Elena. 2009. Metaphor, politics, and gender: a case study. In Ahrens, 2009, 9–35.

Kollock, Peter; Blumstein, Philip; and Schwartz, Pepper. 1985. Sex and power in interaction: conversational privileges and duties. *American Sociological Review*, 50: 34–46.

Kotthof, Helga. 2006. Gender and humour: the state of the art. *Journal of Pragmatics*, 38: 4–25.

Kramer, Elise. 2011. The playful is political: the meta-pragmatics of internet rape-joke arguments. *Language in Society*, 40: 137–168.

Krupnick, Catherine G. 1985. Women and men in the classroom: inequality and its remedies. *On Teaching and Learning: Journal of the Harvard-Danforth Center*, 1: 18–25.

Kuczmarski, Robert J.; Ogden, Cynthia L.; Grummer-Strawn, Laurence M.; Flegal, Katherine M.; Guo, Shumei S.; Wei, Rong; Mei, Zugou; Curtin, Lester R.; Roche, Alex F.; and Johnson, Clifford L. 2000. *CDC Growth Charts: United States*. *Advance Data from Vital and Health Statistics*. Report 314. Hyattsville, MD: National Center for Health Statistics.

Kuiper, Koenraad. 1991. Sporting formulae in New Zealand English: two models of male solidarity. In *English around the World: Sociolinguistic Perspectives*, ed. by Jenny Cheshire, 200–209. Cambridge University Press.

Kulick, Don. 1992. *Language Shift and Cultural Reproduction: Socialization, Self, and Syncretism in a Papua New Guinean Village*. Cambridge University Press.

1993. Speaking as a woman: structure and gender in domestic arguments in a Papua New Guinean village. *Cultural Anthropology*, 8: 510–541.

1998. *Travesti*. Chicago and London: University of Chicago Press.

Kurland, Nancy B. and Pelled, Lisa Hope. 2000. Passing the word: toward a model of gossip and power in the workplace. *The Academy of Management Review*, 25: 428–438.

Labov, William. 1966. *The Social Stratification of English in New York City*. Washington, DC: Center for Applied Linguistics.

1972. Rules for ritual insults. In *Language in the Inner City*, ed. by William Labov, 297–353. Philadelphia, PA: University of Pennsylvania Press.

1973. The boundaries of words and their meanings. In *New Ways of Analyzing Variation in English*, ed. by Joshua Fishman, 340–373. Washington, DC: Georgetown University Press.

2001. *Principles of Linguistic Change: Social Factors*. Oxford: Blackwell.

Ladd, D. Robert, Jr. 1980. *The Structure of Intonational Meaning: Evidence from English*.

Bloomington: Indiana University Press.

Ladner, J. 1971. *Tomorrow's Tomorrow: The Black Woman*. Garden City, NJ: Doubleday-Anchor.

Lakoff, George. 1987. *Women, Fire and Dangerous Things: What Categories Reveal about the Mind*. University of Chicago Press.

Lakoff, George and Johnson, Mark. 1980. *Metaphors We Live By*. University of Chicago Press.

Lakoff, Robin Tolmach. 1973. Language and woman's place. *Language in Society*, 2: 45–80.

1975. *Language and Woman's Place*. New York: Harper and Row.

Langlois, J. H. and Downs, A. C. 1980. Mothers, fathers, and peers as socialization agents of sex-typed play behaviors in young children. *Child Development*, 62: 1217–1247.

Lapadat, Judy and Seesahai, Maureen. 1977. Male versus female codes in informal contexts. *Sociolinguistics Newsletter*, 8(3): 7–8.

Lave, Jean and Wenger, Etienne. 1991. *Situated Learning: Legitimate Peripheral Participation*. Cambridge University Press.

Lazar, Michelle M. 2009. Gender, war, and body politics: A critical multimodal analysis of metaphor in advertising. In Ahrens, 2009, 209–234.

Leaper, Campbell and Ayres, Melanie M. 2007. A meta-analytic review of gender variations in adults' language use: talkativeness, affiliative speech, and assertive speech. *Personality and Social Psychology Review* 11: 328–363.

Leaper, Campbell and Robnett, Rachael D. 2011. Women are more likely than men to use tentative language, aren't they? A meta-analysis testing for gender differences and moderators. *Psychology of Women Quarterly*, 35: 129–142.

Lee, Peter; Houk, Christopher P.; Ahmed, S. Faisal; and Hughes, Ieuan A. 2006. Consensus statement on management of intersex disorders. *Pediatrics*, 118: e488–e500.

Levon, Erez. 2006a. Mosaic identity and style: phonological variation among Reform American Jews. *Journal of Sociolinguistics*, 10: 181–204.

2006b. Hearing gay: Prosody, interpretation and the affective judgments of men's speech. *American Speech*, 81.

2007. Sexuality in context: Variation and the sociolinguistic perception of identity. *Language in Society*, 36: 533–554.

Liang, A. C. 1994. "Coming out" as transition and transcendence of the public/private dichotomy. In Bucholtz et al. 1994.

1997. The creation of coherence in coming-out stories. In Livia & Hall 1997, 287–309.

1999. Conversationally implicating lesbian and gay identity. In Bucholtz et al. 1999, 293–310.

Liberman, Mark. November 12, 2007. Nationality, gender and pitch. Language Log, http: //itre. cis. upenn. edu/~myl/languagelog/archives/005104. html.

Lieberman, Philip. 1967. *Intonation, Perception and Language*. Cambridge MA: MIT Press.

Lieberson, S. and Mikelson, K. 1995. Distinctive African-American names: an experimental, historical, and linguistic analysis of innovation. *American Sociological Review*, 60: 928–946.

Linde, Charlotte. 1993. *Life Stories: The Creation of Coherence*. New York: Oxford University Press.

Livia, Anna. 2001. *Pronoun Envy: Literary Uses of Linguistic Gender*. Studies in Language and Gender. Oxford and New York: Oxford University Press.

2002. *Camionneuses s'abstenir*: lesbian community creation through the personals. In Campbell-Kibler et al. 2002, 191–206.

Livia, Anna and Hall, Kira (eds.) 1997. *Queerly Phrased*. New York: Oxford University Press.

Lloyd, Mike. 2007. Rear gunners and troubled privates: Wordplay in a dick joke competition. *Journal of Sociolinguistics* 11: 5–23.

Macaulay, Monica and Brice, Colleen. 1997. Don't touch my projectile: gender bias and stereotyping in syntactic examples. *Language*, 73: 798–825.

Macaulay, Ronald. 1978. The myth of female superiority in language. *Journal of Child Language*, 5: 353–363.

Maccoby, Eleanor E. 1998. *The Two Sexes: Growing Up Apart, Coming Together*. Cambridge, MA: Harvard University Press.

2000. Perspectives on gender development. *International Journal of Behavioural Development*, 24(4): 398–406.

2002. Gender and social exchange: a developmental perspective. *New Directions for Child and Adolescent Development*, issue 95: 87–106.

Maccoby, Eleanor E. and Jacklin, Carol N. 1974. *The Psychology of Sex Differences*. Stanford University Press.

1987. Gender segregation in childhood. In *Advances in Child Behavior and Development*, ed. by H. Reese. New York: Academic Press.

Maltz, Daniel N. and Borker, Ruth A. 1982. A cultural approach to male–female miscommunication. In *Language and Social Identity*, ed. by John J. Gumperz, 196–216. Cambridge University Press.

Manalansan, Martin F. IV. 1995. In the shadows of Stonewall: examining gay transnational politics and the diasporic dilemma. *GLQ: A Journal of Lesbian and Gay Studies*, 2: 425–438.

March, Kathryn. 1975. Therigatha and Theragatha: comparison of imagery used by women and men recluses in their early Buddhist poetry (MS, Cornell University).

Martin, Emily. 1987. *The Woman in the Body: A Cultural Analysis of Reproduction*. Boston: Beacon Press.

1991. The egg and the sperm: How science has constructed a romance based on male–female roles. *Signs*, 16: 485–501.

Martin, M. Kay and Voorhies, Barbara. 1975. *Female of the Species*. New York and London: Columbia University Press.

Martyna, Wendy. 1980. The psychology of the generic masculine. In McConnell-Ginet et al. 1980, 69–78.

Matsumoto, Yoshiko. 1988. Reexamination of the universality of face: politeness phenomena in Japanese. *Journal of Pragmatics*, 12: 403–426.

1996. Does less feminine speech in Japanese mean less femininity? In Warner et al. 1996, 455–468.

2002. Gender identity and the presentation of self. In Benor et al. 2002, 339–354.

McCarthy, D. 1953. Some possible explanations of sex differences in language development and disorders. *Journal of Psychology*, 35: 155–160.

McConnell-Ginet, Sally. 1975. Our father tongue: essays in linguistic politics. *Diacritics*, 5(4): 44–56.

1984. The origins of sexist language in discourse. In *Discourse in Reading and Linguistics*, ed. by S. J. White and V. Teller, 123–135. Annals of the New York Academy of Sciences.

2002. "Queering" semantics: definitional struggles. In Campbell-Kibler et al. 2002, 137–160.

2003. 'What's in a name' : social labeling and gender practices. In *The Handbook of Language and Gender*, ed. by Janet Holmes and Miriam Meyerhoff. Malden, MA and Oxford: Blackwell.

2006a. Why defining is seldom 'just semantics' : marriage, 'marriage' , and other minefields. In *Drawing the Boundaries of Meaning: Neo-Gricean Studies in*

Pragmatics and Semantics in Honor of Laurence R. Horn, ed. by Betty Birner and Gregory Ward, 223–246. Amsterdam: John Benjamins.

2006b. Why defining is seldom 'just semantics' : marriage, 'marriage' , and other minefields. In *Language and Sexuality: A Reader*, ed. by Deborah Cameron and Don Kulick, 227–240. London: Routledge.

2008. Words in the world: how and why meanings can matter. *Language*, 84: 497–527.

2011. Intonation in a man's world. In *Gender, Sexuality, and Meaning: Linguistic Practice and Politics*, ed. by Sally McConnell-Ginet, 107–128. Oxford and New York: Oxford University Press.

2012. Linguistics and gender studies. In *Philosophy of Linguistics*, ed. by Ruth Kempson, Tim Fernando and Nick Asher. Amsterdam: Elsevier.

forthcoming. Gender and its relation to sex: the myth of 'natural gender.' In *The Expression of Gender*, ed. by Greville G. Corbett. New York: Mouton de Gruyter.

McConnell-Ginet, Sally; Borker, Ruth A.; and Furman, Nelly (eds.) 1980. *Women and Language in Literature and Society*. New York: Praeger.

McElhinny, Bonnie S. 1995. Challenging hegemonic masculinities: female and male police officers handling domestic violence. In Hall & Bucholtz 1995, 217–244.

McElhinny, Bonnie; Hols, Marijke; Holtzkener, Jeff; Unger, Susanne; and Hicks, Claire. 2003. Gender, publication and citation in sociolinguistics and linguistic anthropology: the construction of a scholarly canon. *Language in Society*, 32: 299–328.

McGurk, H. and MacDonald, J. 1976. Hearing lips and seeing voices. *Nature*, 264: 746–748.

McLemore, Cynthia. 1992. *The Interpretation of L*H in English*. Linguistic Forum 32, ed. by Cynthia McLemore. Austin: University of Texas Department of Linguistics and the Center for Cognitive Science.

McMillan, J. R.; Clifton, A. K.; McGrath, D.; and Gale, W. S. 1977. Woman's language: uncertainty or interpersonal sensitivity and emotionality? *Sex Roles*, 3(6): 545–549.

Medin, Douglas L. 1989. Concepts and conceptual structure. *American Psychologist*, 44: 1469–1481.

Mehl, Matthias R.; Vazire, Simine; Ramirez-Esparza, Nairán; Slatcher, Richard B.; and Pennebaker, James W. 2007. Are women really more talkative than men? *Science*, 317: 82.

Mendoza-Denton, Norma. 1995. Pregnant pauses: silence and authority in the Anita Hill–Clarence Thomas hearings. In Hall & Bucholtz 1995, 51–66.

1996. "Muy macha" : gender and ideology in gang girls' discourse about makeup. *Ethnos: Journal of Anthropology*, 61: 47–63.

2008. *Home Girls*. New York: Blackwell.

Meyerhoff, Miriam. 1992. "We've all got to go one day, eh" : powerlessness and solidarity in the functions of a New Zealand tag. In Hall et al. 1992, 409–419.

Miller, Laura. 1998. Bad girls: representations of unsuitable, unfit, and unsatisfactory women in magazines. *US–Japan Women's Journal*, 15: 31–51.

2000. Ko-Gals, B-Girls and Miss Surf: enactment and assessment of trendy Tokyo types. Paper presented at the annual meeting of the American Anthropological Association, San Francisco.

Mills, Sara. 2003. *Gender and Politeness*. Cambridge University Press.

2008. *Language and Sexism*. Cambridge University Press.

Milroy, Lesley. 1980. *Language and Social Networks*. Oxford: Blackwell.

Moore, Emma. 2004. Sociolinguistic style: a multidimensional resource for shared identity creation. *Canadian Journal of Linguistics*, 49: 375–396.

Moore, T. 1967. Language and intelligence: a longitudinal study of the first eight years. Part I: patterns of development in boys and girls. *Human Development*, 10: 88–106.

Mortensen, Kristine Køhler. 2010. "I'm a decent girl" : refusing sexual invitations in a heterosexual intimate encounter. Unpublished MS. University of Copenhagen, Denmark.

Moulton, Janice. 1981. Sex and reference. In Vetterling-Braggin 1981, 100–115.

1983. A paradigm of philosophy: the adversary method. In *Discovering Reality*, ed. by Sandra Harding and Merrill B. Hintikka, 149–164. Dordrecht: Reidel.

Mowrer, O. H. 1952. Speech development in the young child: 1. Autism theory of speech development and some clinical applications. *Journal of Speech and Hearing Disorders*, 17: 264–268.

Mukama, Ruth. 1998. Women's discourses as the conservators of cultural values in language. *International Journal of the Sociology of Language*, 129: 157–165.

Murray, Thomas E. 1997. Perceptions of *Ms*.-titled women: evidence from the American Midwest. *Onomastica Canadiana*, 79: 73–96.

Myers-Scotton, Carol. 1993. *Social Motivations for Code Switching: Evidence from Africa*. Oxford University Press.

Nakamura, Momoko. 2008. Masculinity and national language: the silent construction of a dominant language ideology. *Gender and Language*, 2: 25–50.

Nass, Clifford; Moon, Youngme; and Green, Nancy. 1997. Are machines gender neutral?

Gender-stereotypic responses to computers with voices. *Journal of Language and Social Psychology*, 27: 864–876.

Newman, Michael. 2001. 'Not dogmatically/it's about me' : contested values in a high school rap crew. *Taboo: A Journal of Culture and Education*, 5: 51–68.

Nichols, Patricia C. 1983. Linguistic options and choices for black women in the rural south. In Thorne et al. 1983, 54–68.

Nochlin, Linda. 1992. Why have there been no great women artists? *Heresies*, 7: 38–43.

Nolan, Daniel. 2008. The varieties of flirtatious experience. Initial post, October 20, 2006, revisions posted September 3, 2008; comment on Jenkins, Carolyn. http: //sites. google.com/site/professordanielnolan/home/files/Nolanvarflirt08. pdf?attredirects=0.

O'Barr, William M. and Atkins, Bowman K. 1980. "Women's language" or "powerless language" ? In McConnell-Ginet et al. 1980, 93–110.

O'Barr, William M. and Conley, John M. 1992. *Fortune and Folly: The Wealth and Power of Institutional Investing*. Homewood, IL: Business One Irwin.

Ochs, Elinor. 1992. Indexing gender. In *Rethinking Context: Language as an Interactive Phenomenon*, ed. by Alessandro Duranti and Charles Goodwin, 335–358. Cambridge University Press.

Ochs, Elinor and Taylor, Carolyn. 1992. Mothers' role in the everyday reconstruction of "father knows best." In Hall et al. 1992, 47–62.

1995. The "father knows best" dynamic in dinnertime conversations. In Hall & Bucholtz 1995, 97–120.

Ogawa, Naoko and Smith, Janet Shibamoto. 1997. The gendering of the gay male sex class in Japan: a case study based on "Rasen no Sobyo." In Livia & Hall 1997, 402–415.

Ogden, Richard. 2001. Turn transition, creak and glottal stop in Finnish talk-in-interaction. *Journal of the International Phonetics Association*, 31: 139–152.

Okamoto, Shigeko. 1995. "Tasteless" Japanese: less "feminine" speech among young Japanese women. In Hall & Bucholtz 1995, 297–325.

Okamoto, Shigeko and Sato, Shie. 1992. Less feminine speech among young Japanese females. In Hall et al. 1992, 478–488.

Ortner, Sherry. 1990. Gender hegemonies. *Cultural Critique*, 14: 35–80.

1996. *Making Gender: The Politics and Erotics of Culture*. Boston: Beacon Press.

Ortner, Sherry and Whitehead, Harriet. 1981. *Sexual Meanings: the Cultural Construction of Gender and Sexuality*. New York: Cambridge University Press.

Palomares, Nicholas A. 2009. Women are sort of more tentative than men, aren't they?: how men and women use tentative language differently, similarly, and counterstereotypically as a function of gender salience. *Communication Research*, 36.

Parker, Dorothy. 1995. *Complete Stories*, ed. by Colleen Breese and introduction by Regina Barreca. New York: Penguin.

Parsons, Talcott. 1964. *The Social System*. New York: Free Press.

Parsons, Talcott and Bales, Robert F. 1956. *Family, Socialization and Interaction Process*. London: Routledge & Kegan Paul.

Patsopoulos, Nikolaos A.; Tatsioni, Athina; and Ioannidis, John P. A. 2007. Claims of sex differences: an empirical assessment in genetic associations. *Journal of the American Medical Association*, 298: 880–893.

Pauwels, Anne (ed.) 1987. *Women and Language in Australian and New Zealand Society*. Mosman, NSW: Australian Professional Publications.

1998. *Women Changing Language*. London: Longman.

Peirce, Charles Sanders. 1940. Logic as semiotic: the theory of signs. *The Philosophy of Peirce: Selected Writings*, ed. by Justice Buchler, 98–119. New York: Routledge and Kegan Paul Ltd.

Penelope, Julia. 1990. *Speaking Freely: Unlearning the Lies of the Fathers' Tongues*. New York: Pergamon Press.

Philips, Susan U. 1984. Contextual variation in courtroom language use: noun phrases referring to crimes. *International Journal of the Sociology of Language*, 49: 29–50.

Phillips, Melanie A. 1989–2000. Transgender support site. www.heartcorps.com/journeys/voice.htm.

Pierrehumbert, J.; Bent, J. T.; Munson, B.; Bradlow, A.; and Bailey, J. M. 2004. The influence of sexual orientation on vowel production. *Journal of the Acoustical Society of America*, 116: 1905–1908.

Podesva, Robert. 2004. On constructing social meaning with stop release bursts. Paper presented at Sociolinguistics Symposium 15. Newcastle upon Tyne.

2007. Phonation type as a stylistic variable: the use of falsetto in constructing a persona. *Journal of Sociolinguistics*, 11: 478–504.

2011. The California vowel shift and gay identity. *American Speech*, 86: 32–51.

Poole, J. 1646. *The English Accidence*. Menston, UK: Scolar Press Facsimile.

Precht, Kristen. 2002. Gender differences in affect, evidentiality, and hedging in American conversation. Paper presented at the annual meeting of the Linguistic Society of America, San Francisco.

2008. Sex similarities and differences in stance in informal American conversation.

Journal of Sociolinguistics, 12: 89–111.

Propp, Kathleen. 1995. An experimental examination of biological sex as a status cue in decision-making groups and its influence on information use. *Small Group Research*, 26(4): 451–474.

Pullum, Geoffrey K. 1991. *The Great Eskimo Vocabulary Hoax and Other Irreverent Essays on the Study of Language*. University of Chicago Press.

Putnam, Hilary. 1975. The meaning of "meaning." In *Mind, Language, and Reality: Philosophical Papers*, vol. II, ed. by Hilary Putnam, 215–271. New York: Cambridge University Press.

Quenqua, Douglas. 2012. They're, like, way ahead of the linguistic currrrve. *New York Times*. February 28.

Rahman, Jacquelyn. 2003. Golly gee! The construction of middle class white characters in the monologues of African American comedians. Paper presented at the Conference on New Ways of Analyzing Variation. Philadelphia: University of Pennsylvania.

Ranganath, Rajesh; Jurafsky, Dan; and McFarland, Dan. 2009. It's not you, it's me: detecting flirting and its misperception in speed dates. *Proceedings of the Conference on Empirical Methods in Natural Language Processing*: 334–342.

Reisman, Karl. 1974. Contrapuntal conversations in an Antiguan village. In Bauman & Sherzer 1974, 110–124.

Reynolds, Katsue. 1990. Female speakers of Japanese in transition. In Ide & McGloin 1990, 127–144.

Richardson, Sarah. forthcoming. *Sex itself: Male and female in the human genome*. University of Chicago Press.

Rickford, John. 1998. The creole origins of African American Vernacular English: evidence from copula absence. In *African American English*, ed. by Salikoko S. Mufwene, John R. Rickford, Guy Bailey and John Baugh. London: Routledge.

2006. Down for the count? The creole origins hypothesis of AAVE at the hands of the Ottawa Circle, and their supporters. *Journal of Pidgin and Creole Languages*, 21: 97–155.

Roger, Derek B. and Nesshoever, Willfried. 1987. Individual differences in dyadic conversational strategies: a further study. *British Journal of Social Psychology*, 26: 247–255.

Rogers, Henry and Smyth, Ron. 2003. Phonetic differences between gay-and straight-sounding male speakers of North American English. *Proceedings of the 15th International Congress of Phonetic Sciences, Barcelona, 3–9 August*, 1855–1858.

Barcelona: Universitat Autònoma de Barcelona.

Ronkin, Maggie and Karn, Helen E. 1999. Mock Ebonics: linguistic racism in parodies of Ebonics on the internet. *Journal of Sociolinguistics*, 3: 360−380.

Rosch, Elinor. 1975. Cognitive representations of semantic categories. *Journal of Experimental Psychology: General*, 104: 192−232.

Rosch, Elinor and Mervis, Carolyn B. 1975. Family resemblances: studies in the internal structure of categories. *Cognitive Psychology*, 7: 573−605.

Rose, Robert; Gordon, Thomas; and Bernstein, Irwin. 1972. Plasma testosterone levels in the male rhesus monkeys: influences of sexual and social stimuli. *Science*, 178: 634−645.

Ross, Stephanie. 1981. How words hurt: attitudes, metaphor and oppression. In Vetterling-Braggin 1981, 194−216.

Rossi, Alice S. 1965. Naming children in middle-class families. *American Sociological Review*, 30: 499−513.

Rubin, Gayle S. 1984. Thinking sex: Notes for a radical theory of the politics of sexuality. In *Pleasure and Danger: Exploring Female Sexuality*, ed. by Carole S. Vance, 3−44. Boston: Routledge & Kegan Paul.

Rubin, Joan. 1992. Nonlanguage factors affecting undergraduates' judgments of nonnative English-speaking teaching assistants. *Journal of Higher Education*, 33: 511−531.

Rubin, J. Z.; Provenzano, F. J.; and Luria, Z. 1974. The eye of the beholder: parents' view on sex of newborns. *American Journal of Orthopsychiatry*, 44: 512−519.

Rudman, Laurie A. and Glick, Peter. 2008. *The Social Psychology of Gender: How Power and Intimacy Shape Gender Relations*. New York and London: Guilford Press.

Sacks, Harvey; Schegloff, Emanuel; and Jefferson, Gail. 1974. A simplest systematics for the organization of turn-taking for conversation. *Language*, 50: 696–735.

Sadiqi, Fatima. 2003. *Women, Gender, and Language in Morocco*. Leiden: Brill.

Sadker, Myra and Sadker, David. 1985. Sexism in the schoolroom of the 80s. *Psychology Today*, March: 54−57.

Sankoff, David and Laberge, Suzanne. 1978. The linguistic market and the statistical explanation of variability. In *Linguistic Variation: Models and Methods*, ed. by David Sankoff, 239−250. New York: Academic Press.

Saul, Jennifer. in progress. Implicit bias, stereotype threat and women in philosophy. University of Sheffield.

Schegloff, Emanuel. 1972. Sequencing in conversational openings. In Gumperz & Hymes 1972, 346−380.

Schegloff, Emanuel and Sacks, Harvey. 1973. Opening up closings. *Semiotica*, 8: 283–327.

Schiffrin, Deborah. 1984. Jewish argument as sociability. *Language in Society*, 13: 311–335.

1987. *Discourse Markers*. Cambridge and New York: Cambridge University Press.

1994. *Approaches to Discourse*. Oxford: Blackwell.

Schneider, Joseph and Hacker, Sally. 1973. Sex role imagery and the use of generic "man" in introductory texts. *American Sociologist*, 8: 12–18.

Schnoebelen, Tyler. 2012. Emotions are relational: positioning and the use of affective linguistic resources. PhD Thesis, Department of Linguistics, Stanford University.

Schultz, Muriel R. 1975. The semantic derogation of women. In Thorne & Henley 1975, 64–75.

Sedgwick, Eve. 1985. *Between Men: English Literature and Male Homosocial Desire*. New York: Columbia University Press.

Shapiro, Fred R. 1985. Historical notes on the vocabulary of the women's movement. *American Speech*, 60 (Spring): 1–16.

Shih, Margaret; Pittinsky, Todd L.; and Ambady, Nalini. 1999. Stereotype susceptibility: identity salience and shifts in quantitative performance. *Psychological Science*, 10: 80–83.

Sidnell, Jack. 1999. Gender and pronominal variation in an Indo-Guyanese creole-speaking community. *Language in Society*, 28: 367–400.

Siegel, Muffy. 2002. "Like" : the discourse particle and semantics. *Journal of Semantics*, 19: 35–71.

Silverstein, Michael. 2003. Indexical order and the dialectics of sociolinguistic life. *Language and Communication*, 23: 193–229.

Simmonds, Felly Nkweto. 1998. Naming and identity. In Cameron 1998c, 33–37.

Simpson, Mark. 1994. Here come the mirror men [November 15]. *The Independent*.

Smith, Janet Shibamoto. 1985. *Japanese Women's Language*. New York: Academic Press.

1992. Women in charge: politeness and directives in the speech of Japanese women. *Language in Society*, 21: 59–82.

Smith-Lovin, L.; Skvoretz, J. V.; and Hudson, C. J. 1986. Status and participation in six-person groups: a test of Skvoretz's comparative status model. *Social Forces*, 64: 992–1005.

Smyth, Ron; Jacobs, Greg; and Rogers, Henry. 2003. Male voices and perceived sexual orientation: an experimental and theoretical approach. *Language in Society*, 32: 329–350.

Sontag, Susan. 1964. Notes on camp. *Partisan Review*, 31: 515–530.

Spack, Norman, P.; Edwards-Leeper, Laura; Feldman, HenryA.; Leibowitz, Scott; Mandel, Francie; Diamond, David A.; and Vance, Stanley R. 2012. Children and adolescents with gender identity disorder referred to a pediatric medical center. *Pediatrics*, 129(3): 418–425.

Spender, Dale. 1980. *Man Made Language*. London: Routledge and Kegan Paul.

Stanley, Julia Penelope. 1977. Paradigmatic woman: the prostitute. In *Papers in Language Variation*, ed. by D. L. Shores and C. P. Hines. Tuscaloosa: The University of Alabama Press.

Staples, R. 1973. *The Black Woman in America: Sex, Marriage and the Family*. Chicago: Nelson Hall.

Steele, C. M. 2010. *Whistling Vivaldi and Other Clues to How Stereotypes Affect Us*. New York: W. W. Norton.

Stein, Edward. 1999. *The Mismeasure of Desire: the Science, Theory and Ethics of Sexual Orientation*. Oxford and New York: Oxford University Press.

Steinpreis, R. E.; Anders, K. A.; and Ritzke, D. 1999. The impact of gender on the review of the curricula vitae of job applicants and tenure candidates. *Sex Roles*, 47: 587–599.

Strand, Elizabeth. 1999. Uncovering the role of gender stereotypes in speech perception. *Journal of Language and Social Psychology*, 18: 86–99.

Strand, Elizabeth and Johnson, Keith. 1996. Gradient and visual speaker normalization in the perception of fricatives. In *Natural Language Processing and Speech Technology: Results of the 3rd KONVENS Conference, Bielefeld, October 1996*, ed. by D. Gibbon. Berlin: Mouton.

Street, Richard L. and Brady, Robert M. 1983. The influence of speech rate stereotypes and rate similarity on listeners' evaluations of speakers. *Journal of Language and Social Psychology*, 2: 37–56.

Sunaoshi, Yukako. 1994. Mild directives work effectively: Japanese women in command. In Bucholtz et al. 1994, 678–690.

1995. Japanese women's construction of an authoritative position in their communities of practice. Master's Thesis, University of Texas at Austin.

Sutton, Laurel A. 1992. Bitches and skanky hobags: the place of women in contemporary slang. In Hall & Bucholtz 1995, 279–296.

Swacker, Marjorie. 1975. The sex of speaker as a sociolinguistic variable. In Thorne & Henley 1975, 76–83.

Swann, Joan and Graddol, David. 1988. Gender inequalities in classroom talk. *English in Education*, 22: 48–65.

1998. *Language and Gender: An Introduction*. Cambridge: Polity Press; Malden, MA: Blackwell.

Tagliamonte, Sali. 2005. *So* who? *Like* how? *Just* what? Discourse markers in the conversations of young Canadians. *Journal of Pragmatics*, 37: 1896–1915.

Talbot, Mary. 1998. *Language and Gender: An Introduction*. Cambridge: Polity Press.

Tannen, Deborah. 1981. New York Jewish conversational style. *International Journal of the Sociology of Language*, 30: 133–139.

1984. *Conversational Style: Analyzing Talk among Friends*. Norwood, NJ: Ablex.

1989. Interpreting interruption in conversation. Paper presented at the 25th annual meeting of the Chicago Linguistics Society. Part 2: Parasession on Language and Context, University of Chicago.

1990. *You Just Don't Understand: Women and Men in Conversation*. New York: William Morrow.

1993. (ed.) *Gender and Conversational Interaction*. New York: Oxford University Press.

1994. The relativity of linguistic strategies: rethinking power and solidarity in gender and dominance. In *Gender and Discourse*, ed. by Deborah Tannen, 19–52. Oxford University Press.

1998. *The Argument Culture: Stopping America's War of Words*. New York: Ballantine Books.

Terkourafi, Marina. 2011. From Politeness1 to Politeness2: tracking norm of im/politeness across time and space. *Journal of Politeness Research*, 7: 159–185.

Terry, Don. 2001. Getting under my skin. In *How Race Is Lived in America: Pulling Together, Pulling Apart*, ed. by Correspondents of the *New York Times*, 269–284. New York: Henry Holt.

Thelwall, Mike. 2008. Fk yea I swear: cursing and gender in MySpace. *Corpora*, 3: 83–107.

Thorne, Barrie. 1993. *Gender Play*. New Brunswick, NJ: Rutgers University Press.

Thorne, Barrie and Henley, Nancy (eds.) 1975. *Language and Sex: Difference and Dominance*. Rowley, MA: Newbury House.

Thorne, Barrie; Kramarae, Cheris; and Henley, Nancy (eds.) 1983. *Language, Gender, and Society*. Rowley, MA : Newbury House.

Tottie, Gunnel. 2011. *Uh* and *um* as sociolinguistic markers in British English. *International Journal of Corpus Linguistics*, 16: 173–197.

Treichler, Paula A. 1981. Verbal subversions in Dorothy Parker: "Trapped like a trap in a trap." *Language and Style*, 13: 46–61.

1989. From discourse to dictionary: how sexist meanings are authorized. In Frank & Treichler 1989, 51–79.

Treichler, Paula A. and Frank, Francine Wattman. 1989. Guidelines for nonsexist usage. In Frank & Treichler 1989, 137–278.

Trix, Frances and Psenka, Carolyn. 2003. Exploring the color of glass: letters of recommendation for female and male faculty. *Discourse and Society* 14: 191–220.

Trömmel-Plötz, Senta. 1982. *Frauensprache – Sprache der Veränderung*. Frankfurt-am-Main: Fischer.

Troutman, Denise. 2001. African American women: talking the talk. In *Sociocultural and Historical Contexts of African American English*, 211–238. Philadelphia: John Benjamin.

Trudgill, Peter. 1972. Sex, covert prestige, and linguistic change in the urban British English of Norwich. *Language in Society*, 1: 179–195.

Twenge, J. M. 1997. Attitudes toward women, 1970–1995. *Psychology of Women Quarterly*, 21: 35–51.

Valian, Virginia. 1998. *Why So Slow?: Women and Professional Achievement*. Cambridge, MA: MIT Press.

Van Compernolle, Rémi A. 2009. What do women want: linguistic equality and the feminization of job titles in contemporary France. *Gender and Language*, 3: 33–52.

Veblen, Thorstein. [1899] 1994. *Theory of the Leisure Class*. New York: Penguin.

Vetterling-Braggin, Mary(ed.). 1981. *Sexist Language: A Modern Philosophical Analysis*. Totowa, NJ: Littlefield, Adams.

Vincent, Diane. 1982. *Pressions et impressions sur les sacres au Québec*. Québec: Gouvernement du Québec, Office de la langue française.

Vygotsky, L. S. 1962. *Thought and Language*. Cambridge, MA: MIT Press; New York: Wiley.

Walker, Alice. 1983. *In Search of Our Mothers' Gardens: Womanist Prose*. New York: Harcourt Brace Jovanovich.

Walters, Keith. 2011. Gendering French in North Africa: language ideologies and nationalism. *International Journal of the Sociology of Language*, 2011: 83–111.

Wareing, Shan. 1996. What *do* we know about language and gender? Paper presented at the Eleventh Sociolinguistic Symposium, Cardiff, September 5–7.

Warner, Natasha; Ahlers, Jocelyn; Bilmes, Leela; Oliver, Monica; Wertheim, Suzanne; and Chen, Mel (eds.) 1996. *Gender and Belief Systems: Proceedings of the Fourth Berkeley Women and Language Conference*. Berkeley Women and Language Group.

Watson, Carol. 1987. Sex-linked difference in letters of recommendation. *Women and Language*, 10: 26–28.

Watts, Richard J. 2003. *Politeness: Key Topics in Sociolinguistics*. Cambridge University Press.

2005. Linguistic politeness research: quo vadis? In *Politeness in Language: Studies in Its History, Theory, and Practice*, ed. by Richard J. Watts, Sachiko Ide and Konrad Ehlich, xi–xlvii. New York: Mouton de Gruyter.

Weatherall, Ann and Walton, Marsha. 1999. The metaphorical construction of sexual experience in a speech community of New Zealand University students. *British Journal of Social Psychology*, 39: 479–498.

West, Candace and Zimmerman, Don. 1987. Doing gender. *Gender and Society*, 1: 125–151.

West, Rebecca. 1982. *Selections of Rebecca West's Writings*, 1911–1917. *The Young Rebecca*, ed. by Jane Marcus. London: Macmillan.

Whiting, B. B. and Edwards, C. P. 1988. *Children of Different Worlds: The Formation of Social Behavior*. Cambridge, MA: Harvard University Press.

Wierzbicka, Anna. 1987. *English Speech Act Verbs: A Dictionary*. Sydney: Academic Press.

Williams, Raymond. 1977. *Marxism and Literature*. Oxford and New York: Oxford University Press.

Wilson, T. 1553. *Arte of Rhetorique*. Gainsville: Scholars Facsimiles and Reprints, 1962.

Wittgenstein, Ludwig. 1953. *Philosophical Investigations*. New York: Macmillan.

Wolfram, Walt. 1969. *A Sociolinguistic Description of Detroit Negro Speech*. Washington D C: Center for Applied Linguistics.

Wong, Andrew. 2003. *Tongzhi, Ideologies, and Semantic Change*. PhD Dissertation. Stanford University.

2005. The reappropriation of *tongzhi*. *Language in Society*, 34: 763–793.

2008a. The trouble with *tongzhi*: The politics of labeling among gay and lesbian Hongkongers. *Pragmatics*, 18: 277–301.

2008b. On the actuation of semantic change: the case of *tongzhi*. *Language Sciences*,

30: 423–449.

2009. Coming-out stories and the 'gay imaginary.' *Sociolinguistic Studies*, 3: 1–34.

Wright, Saundra and Hay, Jen. 2002. Fred and Wilma: a phonological conspiracy. In Benor et al. 2002, 175–192.

Wudka-Robles, Pablo. 2012. The supreme law of the land: construction of judicial identity in the Supreme Court. Unpublished MS.

Wyman, Leisy. 2009. Youth, linguistic ecology, and language endangerment: A Yup'ik example. *Journal of Language, Identity and Education*, 8: 335–349.

2012. *Youth Culture and Linguistic Survivance*. Clevedon, UK: Multilingual Matters.

Yuan, J.; Liberman, M.; and Cieri, C. 2007. Towards an integrated understanding of speech overlaps in conversation. Paper presented at the Sixteenth International Conference of Phonetic Sciences.

Yuasa, Ikuo Patricia. 2010. Creaky voice: a new feminine voice quality for young urban-oriented upwardly mobile American women? *American Speech*, 85: 315–337.

Zhang, Qing. 2005. A Chinese yuppie in Beijing: phonological variation and the construction of a new professional identity. *Language in Society*, 34: 431–466.

Zimman, Lal. 2009. "The other kind of coming out" : transgender people and the coming out narrative genre. *Gender and Language*, 3: 53–80.

forthcoming a. The discursive construction of sex: remaking and reclaiming the gendered body in talk about genitals among transsexual men. In *Queer Excursions: Retheorizing Binaries in Language, Gender, and Sexuality*, ed. by Lal Zimman, Joshua Raclaw and Jenny Davis. Oxford University Press.

forthcoming b. Trans men and gay-sounding voices: an integrated approach to gender, sexuality, identity, and socialization.

Zimmerman, Don and West, Candace. 1975. Sex roles, interruptions and silences in conversation. In Thorne & Henley 1975, 105–129.

索　　引

（* 索引所标页码为英文版页码，即本汉译版的边码。）

语言学及应用语言学名著译丛书目

句法结构（第2版）	〔美〕诺姆·乔姆斯基 著
语言知识：本质、来源及使用	〔美〕诺姆·乔姆斯基 著
语言与心智研究的新视野	〔美〕诺姆·乔姆斯基 著
语言研究（第7版）	〔美〕乔治·尤尔 著
英语的成长和结构	〔丹〕奥托·叶斯柏森 著
言辞之道研究	〔英〕保罗·格莱斯 著
言语行为：语言哲学论	〔美〕约翰·R.塞尔 著
理解最简主义	〔美〕诺伯特·霍恩斯坦 〔巴西〕杰罗·努内斯 〔德〕克莱安西斯·K.格罗曼 著
认知语言学	〔美〕威廉·克罗夫特 〔英〕D.艾伦·克鲁斯 著
历史认知语言学	〔美〕玛格丽特·E.温特斯 等 编
语言、使用与认知	〔美〕琼·拜比 著
我们思维的方式：概念整合与思维的隐含复杂性	〔法〕吉勒·福柯尼耶 〔美〕马克·特纳 著
为何只有我们：语言与进化	〔美〕罗伯特C.贝里克 诺姆·乔姆斯基 著
语言的进化生物学探索	〔美〕菲利普·利伯曼 著
叶斯柏森论语音	〔丹〕奥托·叶斯柏森 著
语音类型	〔美〕伊恩·麦迪森 著
语调音系学（第2版）	〔英〕D.罗伯特·拉德 著

韵律音系学	〔意〕玛丽娜·内斯波 〔美〕艾琳·沃格尔	著
词库音系学中的声调	〔加〕道格拉斯·蒲立本	著
音系与句法：语音与结构的关系	〔美〕伊丽莎白·O. 塞尔柯克	著
节律重音理论——原则与案例研究	〔美〕布鲁斯·海耶斯	著
语素导论	〔美〕戴维·恩比克	著
语义学（上卷）	〔英〕约翰·莱昂斯	著
语义学（下卷）	〔英〕约翰·莱昂斯	著
做语用（第 3 版）	〔英〕彼得·格伦迪	著
语用学原则	〔英〕杰弗里·利奇	著
语用学与英语	〔英〕乔纳森·卡尔佩珀 〔澳〕迈克尔·霍	著
交互文化语用学	〔美〕伊什特万·凯奇凯什	著
应用语言学研究方法	〔英〕佐尔坦·德尔涅伊	著
复杂系统与应用语言学	〔美〕戴安娜·拉森–弗里曼 〔英〕琳恩·卡梅伦	著
信息结构与句子形式	〔美〕克努德·兰布雷希特	著
沉默的句法：截省、孤岛条件和省略理论	〔美〕贾森·麦钱特	著
语言教学的流派（第 3 版）	〔新西兰〕杰克·C. 理查兹 〔美〕西奥多·S. 罗杰斯	著
语言学习与语言教学的原则（第 6 版）	〔英〕H. 道格拉斯·布朗	著
社会文化理论与二语教学语用学	〔美〕雷米·A. 范康珀诺勒	著
法语英语文体比较	〔加〕J.-P. 维奈　J. 达贝尔内	著
法语在英格兰的六百年史（1000—1600）	〔美〕道格拉斯·A. 奇比	著
语言与全球化	〔英〕诺曼·费尔克劳	著
语言与性别	〔美〕佩内洛普·埃克特 萨利·麦康奈尔–吉内特	著
全球化的社会语言学	〔比〕扬·布鲁马特	著
话语分析：社会科学研究的文本分析方法	〔英〕诺曼·费尔克劳	著
社会与话语：社会语境如何影响文本与言谈	〔荷〕特恩·A. 范戴克	著

图书在版编目(CIP)数据

语言与性别/(美)佩内洛普·埃克特,(美)萨莉·麦康奈尔-吉内特著;丁建新等译.—北京:商务印书馆,2023(2024.8重印)
(语言学及应用语言学名著译丛)
ISBN 978-7-100-22481-9

Ⅰ.①语… Ⅱ.①佩… ②萨… ③丁… Ⅲ.①性别差异—社会语言学—研究 Ⅳ.①H0-05

中国国家版本馆CIP数据核字(2023)第103777号

语言学及应用语言学名著译丛
语言与性别
〔美〕佩内洛普·埃克特 萨莉·麦康奈尔-吉内特 著
丁建新 等译

商 务 印 书 馆 出 版
(北京王府井大街36号 邮政编码100710)
商 务 印 书 馆 发 行
北京市十月印刷有限公司印刷
ISBN 978-7-100-22481-9

2023年8月第1版　　开本880×1230 1/32
2024年8月北京第2次印刷　　印张13⅝
定价:98.00元